国家出版基金项目
NATIONAL PUBLICATION FOUNDATION

海上絲綢之路文獻集成

總主編　陳支平　陳春聲

歷代史籍編 17

主編　范金民

海峽出版發行集團
THE STRAITS PUBLISHING & DISTRIBUTING GROUP
福建人民出版社

本册目次

瀛環志略十卷

〔清〕徐繼畬撰

《瀛環志略》十卷，清徐繼畬撰。繼畬（一七九五—一八七三）字健男，號松龕，山西五臺人。道光六年（一八二六）進士，歷官翰林院編修、廣西潯州知府、福建布政使、福建巡撫兼署閩浙總督、總理各國事務衙門行走、總管同文館事務大臣。鴉片戰爭時任職閩粵，接觸涉外事務。初於道光二十三年撰成《瀛環考略》二卷，繼又撮録中外相關著述，廣述亞、歐、非、美四大洲各國之地理位置、山川氣候、物産風土及政治制度，乃於道光二十八年撰成此書。以圖爲綱，各卷均附地圖，凡四十餘幅。據清道光二十八年刻本影印。

道光戊申年鐫

壁星泉先生
劉玉坡先生
鑒定

瀛環志畧

本署藏版

序

吉甫撰郡縣之志未盡域中景純注山海之經空談荒外亘以地理之學難精而滄溟之大尤不易知也五臺徐松龕中丞博學多聞兼綜條貫嘗與論歷代典章制度以及前言往行無不元元本本考核精詳又以其餘釐正古書鉤稽戎索軼亥章之步盡儵忽之疆㮣括鯤程包舉薈萃著爲瀛環志略若干卷自東南海島諸國西至蒲昌鹿渾北極伊連渤鞮其疆域之延袤道里之遠近創建因革之故山川民物之名前史所未詳博物所不紀靡不瞭如示掌浩若吞胸聽鄒衍之談天小儒咋舌覽木華之賦海才士傾心蓋公自觀察此邦駐旌泉郡值番船通商之際正譯書畢集之

時鯛鱎魚辨圖披王會象胥能節職在周官固已訪埨影於酉陽獲鱗書於丙穴鱓更可數犀照無遺洎乎攄采遠之藎忱臢巖丑之重寄三山甘雨萬里恬波既覩十郡之康遂續九邱之志寒暑再易勒爲一編洋洋乎宇宙之鉅觀古今之絕業也夫六合之外聖人以不論存之千歲之日智者可坐而致之故詢天之高廣則仲尼子貢不能知極人之短長則僬僥防風可以決豈非無徵者不信多識者有功歟是書博采前賢箸述正其舛誤得所折衷帝虎魯魚無訾後世石華海月廣撥前聞洵堪備史館之參稽恢職方之紀載者矣公今宣力閩疆遲承

宸眷勳猷所至學望日隆方將黼黻球圖焜煌鐘鼎移海國見聞

之筆作太平寰宇之書錫文錦以招來毀毛車而更造上佐
天子布大德於埏紘下綏黎元樂匡生於衽席豈惟是書之成爲
足縱橫八極表示千秌而已哉
道光二十八年歲在著雍涒灘長洲愚弟彭蘊章拜譔

地輿廣矣重譯之外耳目所不及無稽之說羣起而簧鼓之欲折以理無由也松龕中丞治閩政通人和旁及柔遠之略得泰西人所繪地圖反覆詢譯參以史錄所紀訂其舛誤閱五年成瀛環志略一書凡各國之沿革建置與夫道里風俗人情物產咸備焉暇日出以相示披讀一過覺荒陬僻壤無不如指掌紋如燭幽察而又於奇奇怪怪之中芟夷古今荒唐之說歸於實是以是歎見聞果確理無不通而公之不憚旁搜博採積歲月以成此書者非公之好奇正公之精於窮理也慶偕幸與參訂之役謹跋簡末以志服膺

道光戊申秋八月會稽陳慶偕謹跋

序

天下有道守在四夷王者不勤遠略而德意所涵濡威靈所震攝類皆有襲括區夏甄鑄埏垓之勢故禹貢紀要荒周官有職方氏之掌東南置侯西北置尉至於王母呈圖鬼方效順凡夫乾坤之所開陰陽之所接九夷八蠻之國如在犇庭葢自羲軒以迄姬周之盛鮮不由此我

國家金甌鞏奠淳風遐洽罔有內外悉主悉臣幅員之廣超古軼今其已隸典屬奉正朔歲時貢獻修職而來者固已駢蹄接踵摩肩延頸懽忻奔走相望於道矣即至窮髮赤裸燋齒梟瞯之國負固匪茹閉亦難馴而德威所播帖然就軌由是海宇鏡清飛艘雲集

表裏肅清中外褆福於鑠乎盛哉洵建中之上儀混一之隆軌也中丞徐松龕先生以淹雅之才兼文武之畧文章經濟炳爍一時筮仕已來徧歷海疆近開府七閩時

天子方有事於柔遠倚先生爲長城畀以東南重任先生沈毅靜鎮又推誠待物宣揚仁風恩威並濟遠人安之相與婆娑謳吟鼓腹而笑時古大秦所分諸國悉遣渠酋航海梯山翕然嚮至先生撫綏之暇每咨訪其形勢得所謂地毬圖並泰西人所繪各國地圖暨東南海島諸國山川風土物產習尚與夫古今沿革變遷之故瞭如指掌又考訂古籍著爲之說此瀛環志畧一書所由作也且夫四裔之荒非耷客所能周歷也重譯之遙非章亥所能盡履也六幕之大四維之廣非局蹐一隅執管測蠡者所能臆度也是故傳十賁之文鄉不離夫蓮石探九梯之穴國尙限於抱婁寸覩咫聞非所以邵張乾樞櫟貫坤紐也夷考山海經所傳怪奇惝恍荒誕而難憑至穆天子乘八駿馬周游八極而瑤華所載疆索不詳降及逸史方言權輿於爾雅濫觴於稗海其書亦往往行於世而言人人殊徵實則繆若先生以淵淵著作之材精心考證麟麟炳炳足以補廣雅廣記所未逮他日藏之

祕府頒在學官備輶車之咨采佐史宬之蒐稽振古覽奇之士饋餉靡窮而於

國家撫馭之策控制之方實有裨益緝熙

帝圖潤色鴻業此物此志也夫豈第遠搜僻壤博采叢書侈招摭之富夸聞見之奇已哉　澤不敏曩嘗監司浙東歷沿海諸郡邑近復奉檄來閩因得從先生之後勷理通商事務時與泰西諸國人相往來亦欲有所采擇成一家之言而才有未逮靡所取裁觀先生此書躊躇滿志不翅遺我以測土之圭授我以縮地之術班孟堅云博我皇道宏我漢京方茲褊矣昔在成周之世越裳來貢周公作指南車以歸其使他日有策日影而至者即以此書爲指南之式也可謹書其沿起而爲之序

道光二十八年歲次戊申秋七月福山鹿澤長謹序

地理非圖不明圖非履覽不悉大塊有形非可以意爲伸縮也泰西人善於行遠帆檣周四海所至輒抽筆繪圖故其圖獨爲可據道光癸卯因公駐廈門晤米利堅人雅裨理西國多聞之士也能作閩語携有地圖冊子繪刻極細苦不識其字因鈎摹十餘幅就雅裨理詢譯之粗知各國之名然匆卒不能詳也明年再至廈門郡司馬霍君蓉生購得地圖二冊一大二尺餘一尺許較雅裨理冊子尤爲詳密并覓得泰西人漢字雜書數種余復搜求得若干種其書俚不文淹雅者不能入目余則薈萃採擇得片紙亦存錄勿棄每晤泰西人輒披冊子考證之於域外諸國地形時勢稍稍得其涯略乃依圖立說採諸書之可信者衍之爲篇久之積成卷

帙每得一書或有新聞輒竄改增補稿凡數十易自癸卯至今五閱寒暑公事之餘惟以此爲消遣未嘗一日輟也陳慈圃方伯鹿春如觀察見之以爲可存爲之刪訂其舛誤分爲十卷同人索觀者多慫恿付梓乃名之曰瀛環志畧而記其緣起如此道光戊申秋八月五臺徐繼畬識

凡例

一此書以圖爲綱領圖從泰西人原本鈎摹其原圖河道脈絡細如毛髮山嶺城邑大小畢備既不能盡譯其名而漢字筆畫繁多亦非分寸之地所能注寫故河道僅畫其最著者山嶺僅畫其大勢城邑僅標其國都其餘一槪從畧

一此書專詳域外葱嶺之東外興安嶺之南五印度之北一切蒙回各部皆我
國家候尉所治朝鮮雖斗入東海亦無異親藩胥
神州之扶翊不應闌入此書謹繪一圖於卷首明拱極朝宗之義而不敢贅一辭

一南洋諸島國葦杭閩粤五印度近連兩藏漢以後明以前皆弱小番部朝貢時通今則胥變爲歐羅巴諸國埔頭此古今一大變局故於此兩地言之較詳至諸島國自兩漢時即通中國歷代史籍不無紀載然地名國號展轉淆訛方向遠近亦言人人殊莫可究詰轉不如近時閩粤人遊南洋者所紀錄爲可據此書於南洋諸島國皆依據近人雜書而畧附其沿革於後五印度現爲英吉利屬部皆依據泰西人書其歷代沿革過於煩瑣且半涉釋典僅於篇中畧敘數語以歸簡淨

一西域諸部迤南之波斯天方諸國泰西人繪有分圖其葱嶺之西裏海之東波斯愛烏罕之北峩羅斯之南泰西人繪爲一圖

總名爲達爾給斯丹斯丹一作士丹西域言國主也元史訛爲算端又作算灘乃古時康居大夏大宛大月氐奄蔡諸國歷代變更沿革亂如棼絲近世士大夫從軍西域者亦多所撰述今止就見於官書者約畧言之不敢涉考據之藩籬亦聊以藏拙云爾

一日本越南暹羅緬甸諸國歷代史籍言之綦詳今止就其現在國勢土俗立傳而畧附其沿革於後至歐羅巴阿非利加亞墨利加諸國從前不見史籍今皆遡其立國之始以至今日其古時名國如巴庇倫今土耳其東土波斯即今波斯希臘今土耳其西土猶太即拂箖今土耳其東土羅馬即大秦今意大里亞列國厄日多即麥西在阿非利加北境非尼西亞即加爾達額在阿非利加北境之類皆别爲一傳附於今本國之後庶幾界畫分明不涉牽混

一泰西諸國疆域形勢沿革物產時事皆取之泰西人雜書有刻本有鈔本并月報新聞紙之類約數十種其文理大半俚俗不通而事實則多有可據諸說間有不同擇其近是者從之亦有晤泰西人時得之口述者湊合而敷衍成文期於成片段而已取材既雜不復注其出於某書也

一泰西人如利瑪竇艾儒略南懷仁之屬皆久居京師通習漢文故其所著之書文理頗爲明順然夸誕詭譎之說亦已不少近泰西人無深於漢文者故其書多俚俗不文而其敘各國興衰事蹟則確鑿可據乃知彼之文轉不如此之樸也

一外國地名最難辨識十人譯之而十異一人譯之而前後或異葢外國同音者無兩字而中國則同音者或數十字外國有兩字合音三字合音而中國無此種字故以漢字書番語其不能脗合者本居十之七八而泰西人學漢文者皆居粵東粵東土語本非漢文正音展轉淆訛遂至不可辨識一波斯也而或譯爲白西轉而爲包社巴社訛而爲高奢余嘗令泰西人口述之則曰百爾設又令其筆書之則曰比耳西今將譯音異名註於各國之下庶閱者易於辨認然亦不能遍及也

一泰西人於漢字正音不能細分斯也士也是也實也西也蘇也混爲一音而剌與拉無論矣土也都也度也杜也多也突也混爲一音而撒與薩無論矣故所譯地名人名言人人殊

一泰西各國語音本不相同此書地名有英吉利所譯者有葡萄牙所譯者英人所譯字數簡而語音不全葡人所譯語音雖備而一地名至八九字詰屈不能合脗如花旗之首國英人譯之曰緬葡人譯之曰賣內賣讀如美內讀如呢今姑用以紀事無由知其孰爲是非也

一地名中亞字在首者皆讀爲阿在尾者多讀爲訝加字多讀爲嘎平聲亦有讀爲家者內字皆讀平聲音近尼疴字讀如訶

一各國正名如瑞國當作瑞典嗹國當作嗹馬西班牙當作以西把尼亞葡萄牙當作波爾都噶亞然一經更改閱者猝不知爲

何國故一切仍其舊稱

一外國地名人名少者一字多者至八九字絶無文義可循數名連寫閲者無由讀斷今將地名人名悉行鈎出間加圈點以醒眉目明知非著書之體姑取其便於披閲耳

瀛環志畧

五臺徐繼畬松龕輯著

會稽陳慶偕慈圃叅訂
　
麗山鹿澤長春如
　
沁水霍明高磬生採譯

目錄

崞縣徐新德
堂弟繼墉
甥蕭于逵　校字

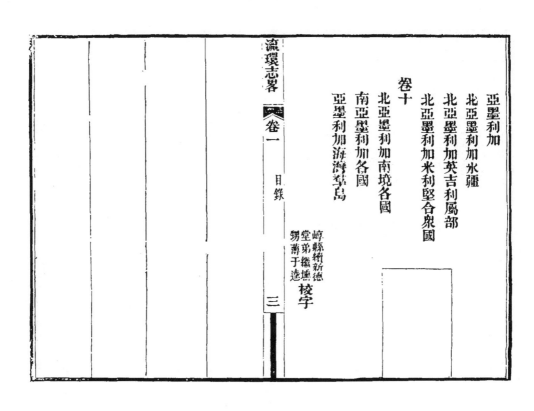

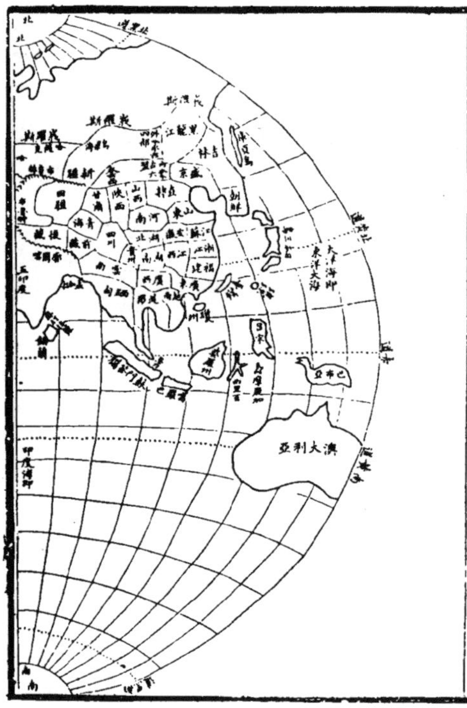

瀛環志畧

卷一　地球圖

一

地球圖

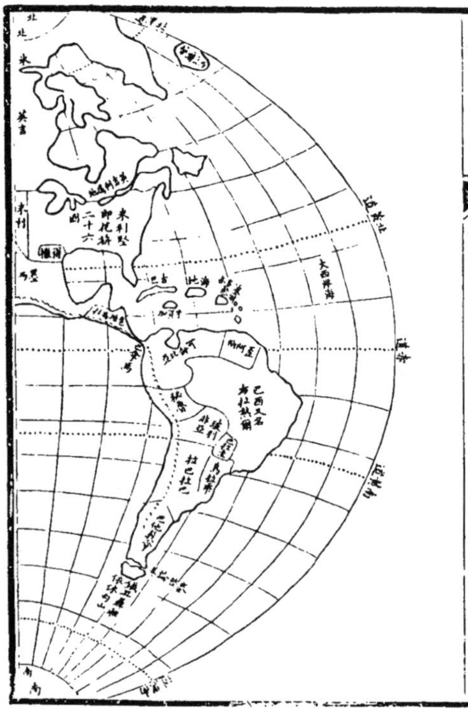

瀛環志畧

卷一　地球圖

二

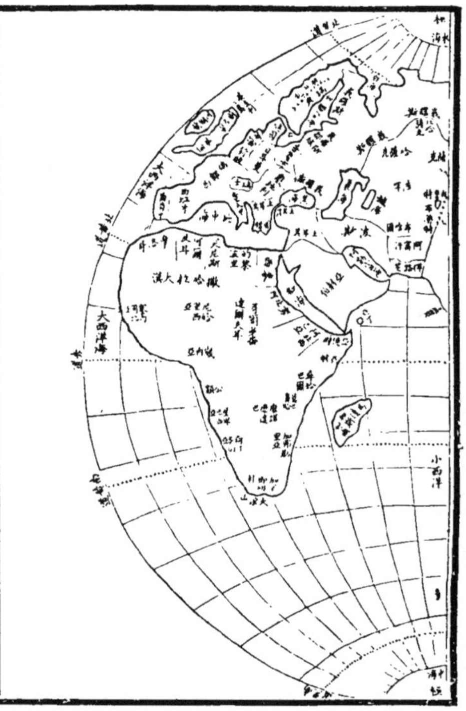

瀛環志畧　卷一　地球圖　三

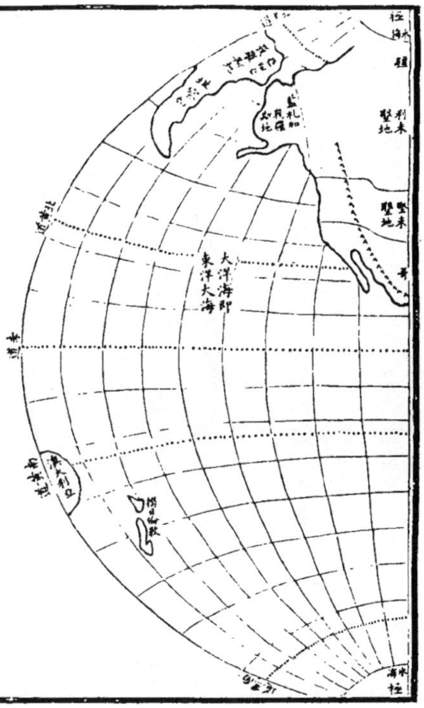

地球

地形如球以周天度數分經緯線縱横畫之每一周得三百六十度每一度得中國之二百五十里海得十之六有奇土不及十之四泰西人推算其詳數不贅

地球從東西直剖之北極在上南極在下赤道横繞地球之中日馭之所正照也赤道之南北各二十三度二十八分爲黄道限寒溫漸得其平又再北再南各四十三度四分爲黑道去日馭漸遠凝陰冱結是爲南北冰海

地球從中間横剖之北極南極在中其外十一度四十四分爲黑道再外四十三度四分爲黄道限再外二十三度二十八分赤道環之

瀛環志畧　卷一　地球　四

按北冰海人人知之南冰海未之前聞頃閲西洋人所繪地球圖於南極之下註曰南冰海以爲不通華文誤以北冰海倒稱之也詢之米利堅人雅裨理則云此理確鑿不足疑也赤道爲日馭正照之地環繞地球之正中中國在赤道之北即最南濱海之閩廣尚在北黄道限内外較之北地寒暖頓殊遂以爲愈南愈熱抵南極而石爍金流矣殊不知日馭所行乃地球正中之地由閩廣渡海而南水程約五六千里而至婆羅洲一帶乃正當赤道之下其地隆冬如内地之夏初然再南而至南黄道限之外其氣漸平再西南而至阿非利加之岬朴則已見霜雪

又再西南而至南亞墨利加之鐵耳聶離已近南黑道則堅氷不解當盛夏而寒栗由此言之南極之為氷海又何疑乎中國舟行不遠以閩廣為地之盡頭遂誤以赤道為南極固宜其聞此說而不信也

大地之土環北氷海而生披離下垂如肺葉凹凸參差不一其形泰西人分為四土曰亞細亞曰歐羅巴曰阿非利加（一作利未亞）此三土相連在地球之東半別一土曰亞墨利加在地球之西半（四大土之名乃泰西人所立本不足為典要今就泰西人海圖立說姑仍其舊近又有將南洋萃島名為阿塞亞尼亞州稱為天下第五大州殊屬牽強）

亞細亞者北盡北氷海東盡大洋海南盡印度海西括諸回部西

南抵黑海在四土中為最大中國在其東南卦兼震巽壤盡膏腴秀淑之氣精微之產畢萃於斯故自剖判以來為倫物之宗祖而萬方仰之如辰極我

朝幅員之廣曠古未有東三省之東北隅地接峩羅斯正北之內外蒙古諸部悉其庭幕編入八旗為臣僕西南之青海兩藏置侯尉而安枕西北之新疆回疆包漢志西域諸國之大半而卡外之哈薩克布魯特諸部歲以牲畜供賦役東海之朝鮮琉球南裔之交阯暹羅緬甸南掌廓爾喀諸國修貢職無愆期是亞細亞一土未奉我正朔者僅有東海之倭奴北裔之峩羅斯極西之弱小諸回部南荒之印度諸國耳則中國之在亞細亞固不止得其半也

歐羅巴者亞細亞極西北之一隅地形與海水相吞齧比之亞細亞不過四分之一部落甚多就其大者言之約十餘國其人性情精密工於製器長於用舟四海之內無所不到越七萬里而通於中國凡中國之所謂大西洋者皆此土之人也

阿非利加在亞細亞之西南當羅經坤申之位東西南三面皆大洋北面兩內海界隔（紅海地中海）僅一綫與亞細亞相連其地廣莫約得亞細亞之半迤北有回部餘皆黑夷天時炎酷土脈粗頑人類混沌在四土中為最劣

亞墨利加在地球之西半與三土不相屬地分南北兩土中有細腰相連北亞墨利加之北界直抵氷海其西北一角與亞細亞東

北一角相近中隔海港數十里東面與歐羅巴諸國隔大西洋海遙對西面大洋海直抵亞細亞之東方見畔岸南亞墨利加與北亞墨利加一綫相續其極南地盡之處已近南氷海兩土合計約與亞細亞袤延相埒其地自剖判以來未通別土歐羅巴人於前明中葉始探得之

四土皆從北極紛披下垂南黃道之南僅有島嶼再南則汪洋一水直至南極無片土矣土在上而水在下亦坤輿自然之理也

雅裨理云兩年前佛郎西英吉利米利堅西班牙四國曾遣四舟向南探之近南氷海一帶尚有國土其廣狹未能詳也

四大土之外島嶼甚多最大者澳大利亞餘則亞細亞之南洋諸

島亞墨利加之海灣羣島皆商艘數至之地也。土之外皆海也一水汪洋誰爲界畫就各土審曲面勢強分爲五曰大洋海曰大西洋海曰印度海曰北氷海曰南氷海

大洋海者由亞細亞之東抵南北亞墨利加之西即中國之東洋大海泰西人因其風浪恬平謂之太平海洋面之廣闊以此爲最蓋環繞地球之半矣米利堅人謂赴粵買茶由此路可近三萬里因其過蝦處太險(山之盡頭番謂之蝦)且汪洋數萬里無添備水食之處卒亦罕有行者

大西洋海由歐羅巴阿非利加之西至南北亞墨利加之東遠者萬餘里近者不足萬里

印度海北至亞細亞東至澳大利亞西至阿非利加由適中之印度一土而南望故西人以此稱之即中國之南洋暨所傳之小西洋

北氷海者亞細亞歐羅巴北亞墨利加三土之北境環而拱之近岸千百里霜雪凝結堅氷不解海有大魚能吞舟莊子所謂北濱有魚其名爲鯤者殆謂是歟

南氷海在南極之下氣候與北氷海相若

亞細亞有阿勒富海(在波斯阿剌伯之間)又有紅海(泰西名勒爾西)皆由印度海分注歐羅巴有地中海(泰西名墨力特爾勒尼安一作美的德拉底)又有黑海(泰西名勒必西)又有黃海(泰西名波羅的海)皆由大西洋海分注惟亞細亞西境之鹹海(一名死海又名鹽海泰西名亞拉爾西域稱爲達里岡阿泊)裏海(泰西名喀爾士必安又作加斯比約)則與大海絕不相通蓋本大澤強名之爲海耳

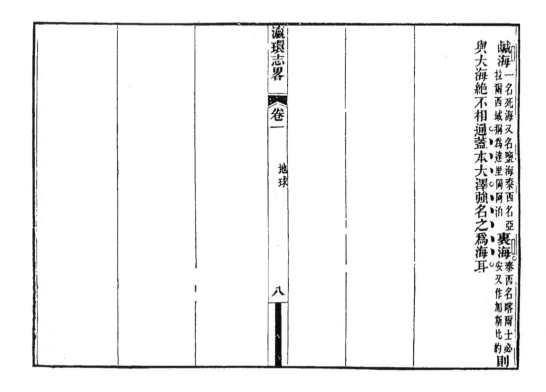

亞細亞圖

瀛環志畧　卷一　亞細亞圖　九

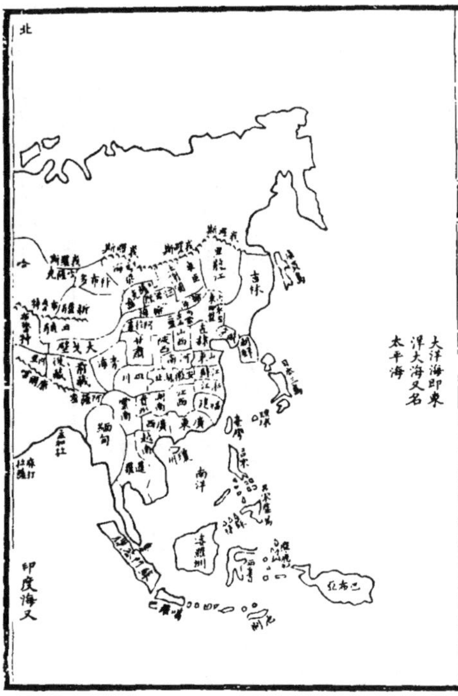

瀛環志畧　卷一　亞細亞圖　十

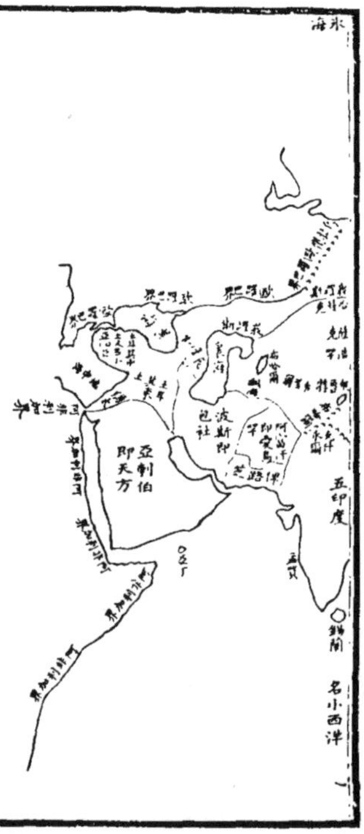

亞細亞

亞細亞。本土耳其買諸古時地名。（土耳其西土國名有東中西三土共中土名買諸今稱小亞細亞）泰西人於此土之東統名曰亞細亞。幅員之廣。為四土之最。居是土者。為中國之十八省。東三省。內外蒙古諸部。新疆回疆。青海。前後藏。其北際海為峩羅斯之東境。其東濱海藩國曰朝鮮。海中三島曰日本。又小島曰琉球。其南與中國之滇粵諸省毗連者曰安南。暹羅。緬甸。南掌。散布南海之中者。曰南洋羣島。其西北與新疆回疆毗連者。曰西域諸回部。其西南與兩藏毗連者。曰廓爾喀。曰五印度。再西為阿富汗。俾路芝。波斯諸回部。再西南為阿剌伯回部。再西北為土耳其之東土。（即猶太諸部）再西為土耳其之中土。買諸所謂小亞細亞者也。北距北冰海。東距大洋海。（即東海）南距印度海。（即南海及小西洋海）西距紅海。地中海。黑海。是為亞細亞之全土。

按峩羅斯境土在亞細亞者十之六。而其國都在歐羅巴之波羅的海。土耳其東中兩土在亞細亞。而其建都之西土亦在歐羅巴。兩國分圖俱歸之歐羅巴。紀其實也。

皇清一統輿地全圖

皇清一統輿地全圖

亞細亞以中國爲主疆域之界畫山川之形勢人人知之不煩覼縷我

國家龍興艮維奠基遼海吉林一省東盡赫哲費雅諸部黑龍江一省北跨外興安嶺周迴萬餘里皆自古重譯不到之地至若旗裘氈幕棊布北庭（內外蒙古諸部）雪嶺天山蟠迴西域（新疆回疆）襄平箕子之遺封（朝鮮）烏斯吐蕃之舊部（青海兩藏）昔限異方今歸典屬輶車往復幾赤無殊且又

內府圖志考據綦詳諸子百家論述尤夥非卮言之所能盡亦非外史之所宜言謹摹

皇朝輿地全圖於卷首而說不贅焉

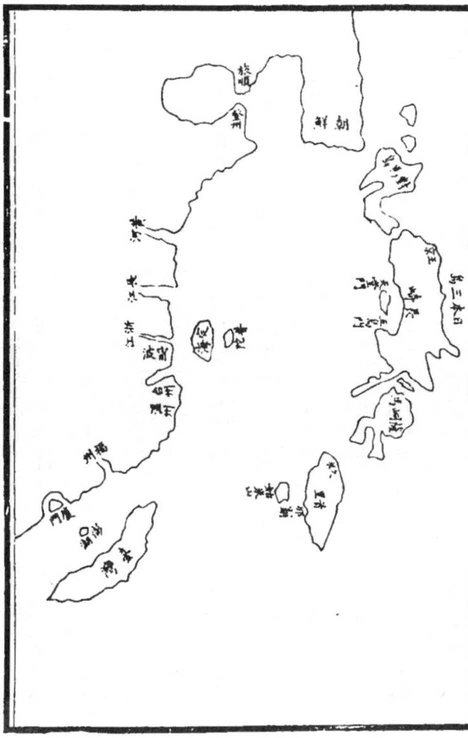

東洋二國圖

東洋二國

東洋浩渺一水直抵亞墨利加之西界數萬里別無大土附近中國者止有日本琉球二國蓋神州之左翊也（西洋人海圖將日本三島列朝鮮以北係屬錯誤彼市船罕到東洋就所傳聞者以意爲之耳茲據海國聞見錄更正之）

日本古稱倭奴其國在東海中平列三大島北曰對馬島與高麗南境相直一夜可達明季關白爲亂者是也中曰長崎土較大與浙海普陀山相直內地商船互市於此南曰薩峒馬與浙之溫台相直人強健刀最利兼產馬明嘉靖年間擾閩浙之倭寇薩峒馬也三島之外小島甚多王居長崎之東北地名彌耶穀譯曰京官皆世祿仍漢制稱刺史二千石文字同中國讀以倭音國事柄於上將軍王不干預僅食厚稟受方物上將軍有時展覲而已歷代以來不爭王而爭上將軍故上將軍第宅時更新主而王無易姓以寬永爲年號歷世不改立法嚴人少鬬爭犯法者輒走山谷自殺呼童僕鳴掌則應竟日不聞人聲好佛敬祖先得香花佳果必供佛或走獻祖墳俗尚潔街衢時時掃滌男女皆大領闊袖女加長以曳地繪染花卉褌裏帛幅著短襪曳絲履男髡鬢而雉頂額留鬢髮至腦後闊寸餘綰爲髻髮長者剪之女多美髮日洗滌薰以楠沈前後挽髻插玳瑁簪其男女眉目肌理髣髴華土信東方秀氣之所鍾也長崎與普陀東西對峙水程四十更（六十里爲一更）横洋翦渡風浪極險廈門至長崎水程七十二更由臺灣雞籠山之北

渡米糠洋香簟洋北風從五島門進南風從天堂門進前明中葉大西洋之葡萄牙嘗欲據其海口又以天主教誘其土人日本與之戰荷蘭以兵船助日本葡萄牙遁去故其國與通商者中國與荷蘭而已所產者紅銅硫磺海菜之類節採海國聞見錄

顧亭林天下郡國利病書云倭奴隣三韓而國故名韓中倭後自惡其名更號日本在東南大海中依山島而居地方數千里為畿五曰山城曰太和曰河內曰攝津曰和泉共統五十三郡為道七曰東海統一百十六郡曰南海統四十八郡曰西海統九十三郡曰東山統一百二十二郡曰北陸統三十郡曰山陽統六十九郡曰山陰統五十二郡為島三曰伊岐曰對馬按海國聞見錄稱日本平列三大島其逾北者名對馬島而此所云對馬島止統兩郡蓋對馬本北境小島之名後來遂以為北境總名余皆見日本人所作廣對馬島賦倣選體極瑰麗自注云島小不足賦故廣言之亦一證也曰多褹各統二郡地皆依水附與郡之大者不過中國一村落戶可七萬課丁八十萬有奇國王一姓歷世不易初號天御中主居築紫宮其子號大村雲尊自後皆以尊為號傳世三十二至彥瀲尊第四子號神武天皇徙太和州彊原宮傳至守平天皇凡四十一世復徙都山城國其國文武僚吏皆世官自兩漢時始通中國魏晉以後得五經佛教於中土於是沙門之教盛行唐貞觀間嘗遣使往諭宋初遣國僧奝然浮海貢獻太宗賜紫衣厚存撫之其傳國已六十四世矣按後漢書倭在韓東南大海中依山島為居凡百餘國自武帝滅朝鮮後通漢

者三十許國大倭王居邪馬臺國男子皆黥面文身男女無別飲食以手俗皆徒跣云云是日本在漢時并非一國土俗與諸番島無異其文字官制自是兩漢通中國後始學得之此所云六十四世溯之當在商周其國王一切名號當係通華文後增飾為之耳又元史世祖至元間遣的黑由高麗往諭日本日本不納又命祕書監趙良弼往日本始遣使臣彌四郎來然良弼再往皆僅至其太宰府未至王京十一年命經略忻都等以舟三百載兵一萬五千人征之入其國敗其兵矢盡而還十八年命范文虎阿塔海將兵十萬以戰船九百征日本至平壺島大風破舟文虎等乘堅船遁還棄十餘萬衆於山下盡為日本所殲得還者三人而已後再議征討以劉宣言而止又明史洪武四年日本國王良懷遣僧祖朝來貢七年以後屢寇山東浙江沿海備之永樂元年國王源道義遣使入貢賜以金印仍寇抄不已十七年總兵劉江大破倭於望海堝俘斬二千餘人由是稍斂迹嘉靖初國王源義植幼闇不能制命羣臣爭貢僧宗設與僧瑞佐在甯波爭坐次相仇遂大肆殺掠屢寇甯台歙人汪直為倭船渠魁奸民徐海陳東毛烈並引倭為寇沿海騷動王忬督師至浙薦材勇將俞大猷等大有斬獲既而罷去以張經督軍務大破倭於王江涇因趙文華讒搆論死倭遂犯蘇松諸郡縣所至殘破胡宗憲為總督以計誘殲徐海俘麻葉陳東復誘汪直內渡斬之賊渠畧盡而汪直餘黨趨閩海大肆殺掠屢破郡邑宗憲尋被逮自殺命戚繼光劉顯俞大猷協力剿閩廣賊屢

戰克捷擒斬畧盡倭患始息萬歷二十年倭酋平秀吉寇朝鮮秀吉者薩摩州人販魚爲業關白信長（關白日本官名）收養之能畫策會信長爲其下所殺秀吉平其亂遂居關白之位以誘刼降六十六州朝鮮之金山與日本對馬島相望時朝鮮王李昖湎於酒秀吉謀取其國遣其渠行長清正率舟師數百艘過釜山鎮朝鮮望風潰王奔平壤復奔義州倭遂入王京剽府庫八道幾盡沒王復奔避愛州遣使告急朝議救之前軍失利兵部尚書石星議遣人探之嘉興無賴子沈惟敬應募往尋以李如松爲東征提督襲平壤大捷斬級千二百餘皆焚溺死行長遁還龍山官軍乘勝輕進敗於碧蹄館已而封貢之議起石星主之爲

倭所紿乃再議東征以邢玠總督薊遼楊鎬駐天津倭渠淸正攻南原守將楊元棄城遁官軍退守王京麻貴攻尉山垂克而遁收軍官軍尋大潰死者萬餘時劉綎以川兵至約行長爲好會行長以五十騎來綎伏兵欲擒之行長馳去無何平秀吉死諸倭引兵歸劉綎等邀擊之有斬獲倭遂揚帆去諸帥以大捷聞論功有差沈惟敬以通倭棄市云余嘗謂日本一國耑耑大海之東倜倣周漢文同斯邈非以寇攘爲俗者自通中國以來雖共球不時至而未嘗西向遣一矢付之度外何損華威元世祖雄心夸肆忽欲強以臣妾招諭不從威以兵力無端舉十萬之師坑之海外輪臺旋悔不謀再舉倭人自是遂有輕中國之心有明一代寇掠頻仍馴至東南半壁蹂躪無完宇而朝鮮亦幾遭蠶食皆由元人爲之禍始也我
國家龍興遼瀋聲靈先播暘谷扶桑片土讋慄有年故靜守東隅不敢箕踞向漢又禁絶貢舟我之估帆往而彼之市舶不來二百年中遂相安於無事信籌邊自有長策矣

元王惲汎海小錄云由對馬島六百里踰一岐島又四百里入容浦口又二百七十里至三神山其山峻削羣峯環繞海心望之欝然爲碧芙蓉也上無雜木惟梅竹靈藥松檜杪羅等樹其居民多徐姓自云皆徐福之後海中諸嶼此最秀麗方廣十洲記所云海東北岸扶桑蓬邱瀛州周方千里者也余按三神山

本方士夸誕之說用以欺誑人主果即係日本附近小島則當日船交海中何爲求之不得後漢書倭國傳稱會稽海外有夷洲及澶洲秦始皇遣方士徐福將童男女數千人入海求蓬萊神仙不得徐福畏誅不敢還遂止此洲世世相承有數萬家人民時至會稽市王惲小錄所云或即夷洲澶洲之類至三神山之名其爲傅會無疑也泉州陳資齋提軍（倫炯）少時嘗附商舶遊日本言其風土甚悉云日本人皆覆姓單姓者皆徐福配合之童男女也徐福所居之地名徐家村其塚在熊指山下云徐家村熊指山不知在日本何地蓋華人入倭自徐福始其遺民年久繁衍遂散布於通國倭人通中國文字當係君房教之特海外

遠夷輶車罕至往來者皆商賈之流無由探悉其原委耳
琉球在薩峒馬之南東洋小國也周環三十六島皆海中拳石其
國都之島較大南北四百餘里東西不足百里舊分山南山北中
山三國後幷入中山爲一故稱中山王王尙姓自紀載以來一姓
相傳無改步國小而貧逼近日本屬役甚苦自前明世修貢職我
國家煦育寰瀛禮卹尤至其貢舟三年一至許其販鬻中土之貨免
其關稅藉國賴此爲生王薨則世子遣使請
命例遣文臣二人爲正副使
賜一品服持節航海册其世子爲中山王故其國之風土多有能言之
者由福州之五虎門放洋用卯針約四十餘更至孤米山其國之

大島也再東卽至其國國分三路曰首里曰久米曰那霸由內地
往收泊必於那霸其地商賈萃集爲大都會王居首里山之脊也
國與中國同文官之最尊者爲金紫大夫歲得俸米百石以次遞
殺守土之官曰按司一按司所轄約六七里土磽瘠產米絕少以
地瓜爲食卽番著非官與耆老不食米地無麻絮以蕉爲布類織蒲
負戴者圍下體餘皆裸露海風最烈屋瓦常飛故搆屋甚卑簷與
肩齊王居與使館較軒昂以大繩繫柱而釘於地防海風也其士
大夫以黃帛爲冠似浮屠氏之冠大領博袖繫帶
周海山尙書嘗使琉球著中山志云琉球自古未通中國隋時
有海船望見之始知有其地因其島與紆蟠如虬龍流動之形
故稱爲流虬後乃改爲琉球字唐宋以後漸通中土明初入貢
太祖賜以閩人善操舟者三十六姓修貢職甚謹封舟頻往後
爲日本所滅王被虜不通音信者數十年已而遣使來言王被
執不屈倭送還復國由是復修職貢加常期云余按琉球東洋
小島受役於倭貧弱不能自存惟賴貢舟販鬻稍得餘貲以餬
口資本皆貸於日本販回之貨運往日本者八九國人貧甚不
能買也其國比之南澳平潭差大而不及臺灣之半益滄海之
一粟耳然累世效貢職受正朔遂爲東海藩臣比於朝鮮交阯
國貫自立豈不信哉

南洋濱海各國圖

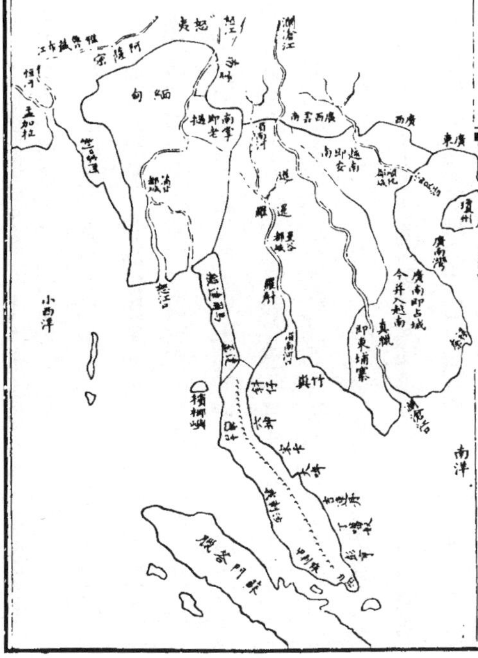

南洋濱海各國

亞細亞大地由中國之西南斜伸入海迤邐漸削至彭亨息力而盡東爲中國之南洋西爲小西洋中間大國三曰越南曰暹羅曰緬甸小國一曰南掌四國內附多年南掌彈丸地不濱海今記南洋諸國連類及之

越南即安南古之交阯秦以後唐以前皆隸版圖南界之林邑漢末即自立爲國後稱占城國安南至後五代時乃列外藩今并占城爲一國復兼眞臘北境安南故地南境占城眞臘故地稱曰廣南北界廣東廣西雲南三省西界暹羅東南面大海都城曰順化在富良江之南岸衣冠仍唐宋之制坐則席地貴人乃施短榻取

士用策論詩賦設鄉會科士大夫皆好吟詠詩或劣不成句而人人喜爲之國分四十餘省一省所轄止數縣文武官名畧同內地總督皆阮姓王之族也貴官坐堂皇或解衣捫蝨其簡陋如此宴客設銅盤置蔬肉各少許無醯醢以腌魚汁代之鴉片之禁甚嚴犯者立寘重典東南臨海有都會曰祿奈（或作祿賴一作龍奈一作農耐）占城之故都也南境臨海有都會曰東埔寨眞臘之故都也閩廣商船每歲往來貿易別國商船入港譏防甚嚴榷稅亦重諸國惡其煩苛故市舶罕有至者所產者番木沉楠諸香鉛錫桂皮象牙燕窩魚翅之類其入　貢由廣西之太平府入關不由海道（安南本中國地諸書言之綦詳故不多贅）

顧亭林天下郡國利病書云安南古交阯也秦開嶺南以交阯隸象郡漢武帝置交阯九眞日南三郡光武中興以任延錫光爲交阯九眞守教耕種制冠履始知婚娶立學校女子徵側徵貳反馬援討平之建安中改爲交州前五代並因之唐初改安南都護府安南之名始此五季梁貞明中爲土豪曲承美所據自是迭相篡奪國內大亂有丁部領者平之宋乾德初上表內附詔以部領爲安南郡王自是始爲外夷矣部領傳子璉及璿大校黎桓篡之傳二十年至子龍廷爲李公蘊所篡李氏傳八世二百二十二年至李昊旵無子女昭盛立遜位于夫陳日照詔封日照爲安南國王傳至日烜元世祖召使入覲不奉命大發兵討之尋遣使謝罪修職貢陳氏傳十二世凡一百七十年至明洪武二十一年陳煒爲其國相黎季犛所弑季犛子蒼更名胡奃改國號曰大虞永樂二年老撾送日烜孫陳天平至諭奃迎還故主奃陽奉命天平至伏兵刦殺之命朱能張輔沐晟等率兵討之生擒黎季犛黎蒼（卽胡奃）遂復安南爲郡縣立都布按三司分爲十五府五州後因中官馬騏貪黷誅求盜賊蠭起土官黎利乘之爲亂宣德元年命王通柳升討之柳升敗死王通棄地與利盟約而退宣宗由是決意棄安南黎利尋奉表謝恩命利權署國事黎氏傳十世一百十年嘉靖元年黎譓爲其臣莫登庸所篡命仇鸞毛伯溫討之登庸面縛降以爲安南都統

使自是來貢不絕云云按莫氏之後復爲黎氏所奪兼并占城爲一國稱占城爲廣南以大酋阮氏世守之漸成尾大我
朝乾隆末年黎維祁爲廣南大酋阮光平所逼棄國來奔大兵征之光平初拒命尋乞降入　朝受封傳子光纘爲黎氏之甥阮福暎所滅福暎請更國名改封越南國王至今世修貢職焉○

又天下郡國利病書云占城古越裳氏地在交州之南秦爲象郡林邑縣漢末大亂功曹子區連殺縣令自號爲王謂之林邑國數世後其王無嗣甥范熊代立傳子逸晉咸康二年逸死夷奴范文篡立都典衝侵擾交州進寇九德傳子佛孫胡達屢寇日南九眞交州遂至虛弱至胡達孫文敵爲扶南所殺大臣范諸農平其亂自立爲王傳子陽邁孫咄宋元嘉二十年使宗慤檀和之討之乃遣使朝貢隋初未賓服遣劉方甯長眞伐之其王梵志遣使謝罪于是朝貢不絕唐貞觀中王頭黎死子鎮龍被弑立頭黎女爲王國人不服更立頭黎姑之子諸葛地爲王妻以女國乃定周顯德五年王釋利因德漫遣使朝貢始自稱占城國有宋一代屢入貢時時與交州搆兵乾道四年占城以舟師襲眞臘入其國都慶元五年眞臘大舉伐占城殺戮殆盡俘其王以歸國遂亡其地悉歸眞臘因名占臘云其後國王或云眞臘人或云占城恢復無可據者元世祖至元十五年遣使貢方物奉表降十九年以其國王孛由補剌者吾旣內屬卽其

地立省而其子補的負固不服遣唆都征之自廣州航海至占城港分遣陳仲達等由瓊州三道攻之入其國其王逃入山遣使求歸順復潛殺使臣唆都轉戰至木城下阻隘不得進遂引還後雖歸款終無順志明洪武元年遣使入貢二年遣行人吳用賜以璽書自是常修貢職迄嘉靖年間朝貢不絕云云余按占城自漢末自立爲國相傳千有餘年後爲安南所并名其地爲廣南今王安南之新阮舊阮皆由廣南藩封得國蓋江黃之、、、、、不祀久矣○又天下郡國利病書云眞臘一名甘孛智一作甘莫惹又作澉浦只又作干波底阿俗稱東埔寨又曰吉蔑本扶南屬國隋時始通中國唐貞觀初并扶南而有之唐人虬髯客傳疑是寓言扶南即狼腺躶國其先女子爲王號曰葉柳柳音聊其南有徼國人名混浩來化葉柳遂以爲妻惡其躶教著貫頭國內效之男子下體著橫幅曰水幔其後天竺僧橋陳如有其國教國人事天神每旦誦經咒故易世既久眞臘重僧云唐永徽初并有鳩密富那伽乍武令僧高等國神龍以後國分爲二其南近海號水眞臘其北多山阜號陸眞臘後復合而爲一及滅占城號爲占臘役屬參半眞里登流明蒲甘蒲甘即緬甸等國各領聚落大者十餘地方七千餘里元元貞中遣使招諭之乃始臣服明洪武永樂年間累次朝貢又云眞臘城周二十里戶口二萬餘石濠廣二十餘丈屬城三十各數千戶王宮及官舍皆面東城門上有石佛頭五飾其中者以

金當國中有金塔金橋王宮正室瓦用鉛歲時相會則羅列玉猿孔雀白象犀牛於前飲食用金盤金盌故俗稱富貴眞臘云又陳資齋海國聞見錄云東埔寨介居兩大之間東貢安南西貢暹羅稍有不遜水陸各得并進而征之余按據顧書則眞臘在明初尚稱富盛據陳錄則眞臘在　國初尚存小國今則爲越南之嘉定省不知何時夷滅蓋安南雖累世通貢而蠻觸相吞向無入告之說故占城眞臘之亡於何時竟未有能言之者陳資齋海國聞見錄云安南以交阯爲東京以廣南爲西京由廈門赴廣南取道南澳見廣之魯萬山瓊之大洲頭過七洲洋取廣南外之咕嗶羅山而至廣南計水程七十二更赴交阯則由七洲洋西繞北而進計水程七十四更七洲洋在瓊州府萬州之東南往南洋者必經之路中國商船行海以望見山形爲標識至七洲洋則浩渺一水無島嶼可認偏東則犯萬里長沙千里石塘偏西則溜入廣南灣舟行至此罔不惕惕風極順利亦必六七日方能渡過七洲洋有神鳥似海鴈而小紅嘴綠脚尾帶一箭長二尺許名曰箭鳥行舟或迷所向則飛來導之俗傳紅毛船最畏安南不敢涉其境其人善於泅水遇紅毛夾板則遣數百人背竹筒攜細縷沒水釘於船底從遠處登小舟牽曳之俟其擱淺乃火焚而取其貨又或謂安南人造小舟名曰軋船能攻夾板船底故紅毛畏之以今考之皆不甚確蓋占

城之北海形如半月海水趨灣其勢甚急海船或溜入灣內無西風不能外出紅毛夾板入溜擱淺曾敗數舟故至今歐羅巴人涉海以望見廣南山爲厲禁商船入安南內港土人皆用小船繫繩牽引乃慮其擱觸礁淺藉爲嚮導即中國各港之引水船反用之以碎敵船理或有之惟汲水而釘船底則事涉杳茫矣至軋船之製曾有繪圖做造者施之海面仍無異常船耳食之談施之實事往往鑿枘正不獨此一事也

澎湖有蔡進士名廷蘭者爲諸生時渡海遭颶風飄至安南之廣義王從陸路遣送歸自廣義至諒山歷安南十四省所至之地必有閩粵人聚處各有庯長司其事閩則晉江同安人最多蓋不下十餘萬也所著安南紀程言之甚悉

暹羅南洋大國也北界雲南東界越南南臨大海西南連所屬各番部西界緬甸西北一隅界南掌其地古分兩國北曰暹南曰羅斛暹多山瘠食羅斛傍水有餘糧暹乃降於羅斛合爲暹羅國國有大水二一曰瀾滄江發源青海歷雲南入暹羅之東北境至東埔寨入海一曰湄南河發源雲南之李仙把邊等河至暹北境會諸水成大河至羅斛南境入海海口曰竹與由竹與入內港至曼谷都城一作萬國長一千數百里水深濶容洋艘出入大城皆在河濱最著者曰湛地門曰萬巴瀝故都曰猶地亞在湄南河上游沿河一帶居民皆架屋水中華人搆瓦屋樓閣相望土人所居皆蘆蓆

湄南河勢緩而散田疇藉以肥沃農時掉舟耕種插秧畢而河水至苗隨水長不煩耨溉水退而稻熟矣米極賤每石值銀三星時載往粵東售賣王衣文彩佛像體貼飛金用金皿乘象輦以閩粵人爲官屬理國政掌財賦俗崇佛僧沿門募食各施精飯食餘則飼鳥雀蘭若無舉火者又信番僧符咒一種人善咒法刀刃不能傷名爲共人王養以爲兵衛犯事應刑令番僧以咒解之方與施刑西界有大城曰馬耳大萬南界有大城曰剌郡皆著名富庶之地國之西南有斜仔六坤宋卡大哖吉連丹丁噶奴諸番部皆其屬國所產者銀鉛錫沉香束香降香象牙犀角烏木蘇木冰片翠毛牛角鹿筋籐席佳紋席籐黃大楓子豆蔻海參燕窩海菜其入貢由海道抵粵東

天下郡國利病書云暹羅國本暹與羅斛二國地古赤土及波羅剎也暹國土瘠不宜耕藝羅斛平衍而多稼暹人歲仰給之隋大業三年屯田主事常駿等自南海郡乘舟使赤土至今訛傳爲赤眉遺種元元貞初暹人嘗遣使入貢至正間暹始降於羅斛而合爲一國明洪武初遣使朝貢進金葉表七年九年二十年皆入貢二十八年遣內臣趙達宋福等使暹羅祭故王賜其嗣王文綺永樂元年遣使賀即位自是入貢不絕十七年遣使諭其國王毋與滿剌加平即麻喇甲十九年遣使貢方物謝侵滿剌加之罪自正統至嘉靖間入貢如常期云云按暹羅自我

朝定鼎之後修貢職尤恭謹乾隆中國爲緬甸所滅旋恢復故王無後推立大酋鄭昭爲長 昭中國人 子華嗣立

詔封爲暹羅國王相傳至今焉暹羅爲蠻方大國隔以安南緬甸與中國地界相接者僅滇省邊徼之一隅故自古無擾邊之事而恪修貢職自元明迄我

朝五六百年無改易可謂不侵不叛之臣矣

海國聞見錄云厦門至暹羅水程過七洲洋見外羅山向南見玳瑁洲鴨洲見昆侖偏西見大眞與小眞嶼轉西北取筆架山向北至竹嶼港口計一百八十八更入港又四十更乃抵萬國都城共水程二百二十八更而由厦門至東埔寨僅水程一百十三更何以相去甚遠蓋東埔寨南面之海盡屬爛泥名曰爛泥尾下接大横山小横山是以紆迴外繞而途遠也

暹羅流寓閩粵人皆有之而粵爲多約居土人六分之一有由海道往者有由欽州之王光十萬山穿越南境而往者其地土曠人稀而田極肥沃易於耕穫故趨之者衆也然其國多蠱祟信符咒風俗政治遠遜安南蓋安南夙隸版圖漸被車書之化而暹羅則終古荒服僅達梯航故宜其相遐庭也

緬甸一名阿瓦 種人之名 蠻部大國也北界野夷東北界雲南南掌東界暹羅西南距印度海西北連東印度其都城距雲南省三十八程山曰小豹水曰怒江一名潞江又稱大金沙江發源前藏歷雲南

入緬界濶五里緬人恃以爲險其俗剽悍性多詐有室廬以居象馬以耕舟筏以濟其文字進上者用金葉次用紙次用檳榔葉謂之緬書男子善浮水綰髻頂前用青白布纏之婦人綰髻頂後事佛敬僧有大事則抱佛說誓質之僧然後決國有五城以木爲之曰江頭曰太公曰馬來曰安正國曰蒲甘緬王城王所居也其王稱達喇瓦底向由雲南入　貢先是英吉利蠶食東印度諸部將及緬界道光四年緬王率大兵迎擊之英師敗績已而英人以兵船入內港 卽怒江口 緬人奮力搏戰爲炮火所轟而潰英師將逼都城王不得已議和讓海濱曠土爲英埔頭其西南曰馬爾達般曰達歪其西北曰阿喀喇緬人時懷報復之志尚未動也 英吉利有新闢之地曰阿薩密在緬甸西北本土東地英人從東印度跨割有之詳五印度圖說

南掌 一作纜掌 卽老撾 北界雲南東界暹羅西南界緬甸地甚褊小本緬甸別部　國朝內附貢馴象

天下郡國利病書云緬人古朱波也漢通西南夷後謂之撣唐謂之驃宋元謂之緬自永昌西南山川延邈道里修阻因名之曰緬也漢和帝永元五年撣國王雍繇調重譯奉珍寶賜以印綬安帝永寧元年遣使朝賀獻樂及幻人唐德宗十八年驃國王雍羌遣其弟悉利移來朝獻國樂其曲皆梵音經論憲宗元和元年懿宗太和六年皆遣使來貢宋徽宗崇寧四年緬甸貢白象五年蒲甘入貢 今緬甸王城 高宗紹興間俱來貢元世祖至元

中由吐番三討之後於蒲甘緬王城置邦牙等處宣慰使司明洪武間始歸附永樂間遣翰林張洪使其地正統間宣慰莽次剌數犯麓川叛夷思任思機來獻並以地嘉靖初孟養思倫猛密思真連兵侵緬殺莽紀歲緬訴於朝委官往勘不聽嘉靖中紀歲支子瑞體起洞吾復有其地東破纜掌（即南掌）南取土啞（暹羅地）攻景邁服車里四思個陷罕拔號召三宣爲西南雄瑞體死應裏繼之萬歷十三年其族弟莽灼來歸應裏怒攻之灼奔騰越自是屢爲邊患滇南爲之騷然後爲暹羅所攻乃不暇內犯云

余按滇南諸蠻部即漢之徼外西南夷種類甚繁明初置六宣慰使司曰車里曰木邦曰八百大甸曰老撾曰孟養曰緬甸所謂滇南六慰者也（後又增而爲十）此外則孟定孟艮威遠灣甸鎮康置土府州南甸干崖隴川耿馬孟密蠻莫潞江置宣撫司芒市孟璉茶山里麻鈕兀置長官司其後諸蠻蠢動屢煩征討麓川之役二思授首武功雖赫而勞費半天下緬甸則莽氏創霸之後頻歲窺邊烽燧時舉蠻人好反其性固然武鄉侯之攻心至於七縱七擒馴擾殆非易易也我

朝德威遠播悉主悉臣自西林相國建改土歸流之議草薙禽獮經營八九年而後定由是諸蠻部盡入版圖熙熙耕鑿無復帶牛佩犢者其南荒列外藩者僅有南掌緬甸兩國南掌弱小不足言緬甸則依山負海疆土遼闊我

朝定鼎之初助剿明桂首先效順乾隆中倔強犯邊旋仍賓服今且間隔印度爲南海之屏藩關係亦非淺鮮矣

按南荒諸蠻部安南暹羅緬甸國勢相埒歐羅巴諸國自前明中葉即航海東來南洋各番島處處占立埔頭三國地皆濱海豈無繁盛之區動其盼羨安南雖有廣南灣之險而內地商船時時販鬻我能往彼豈不能往暹羅則內港深通駛行甚便乃歐羅巴於此二國皆未嘗措意即緬甸亦僅於海濱荒曠之土草刱一廛而未嘗深入割據者何也若謂因其貧瘠不屑經營則又不然安南最貧然物產未必遜於諸番島暹羅緬甸則夙稱豐饒謂西人概從唾棄非情也蓋西人以商賈爲本計其沿

海設立埔頭專爲牟利若處處留兵護守則得不償失南洋諸島大小不同皆四面環海不相聯絡其人則巫來由番族性既愚懦復不知兵地形可以周覽而盡伎倆可以一試而知震以炮火即鳥驚獸駭竄伏不敢復動故西人坦然據之而不疑至安南等三國地雖濱海而境土則毘連華夏山川脩阻丁戶殷繁進可以戰退可以守與各島之孤懸海中者形勢迥別又立國皆數千百年爭地爭城詐力相尚戰伐之事夙昔講求其意計之所至西人不能測也設強據其海口即一時倖勝能保諸國之甘心相讓乎留重兵則費不貲無兵則恐諸國之乘其不備聚而殲旃市舶雖往而埔頭不設殆爲是耳

瀛環志畧　卷二　南洋各島圖　一

南洋各島圖

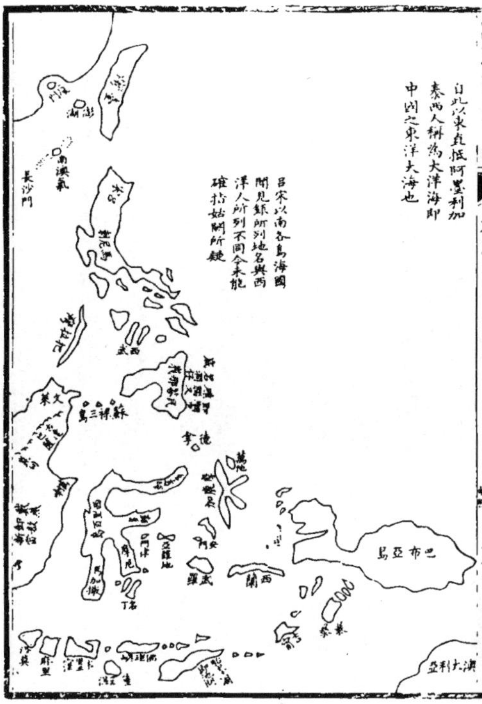

瀛環志畧　卷二　南洋各島圖　二

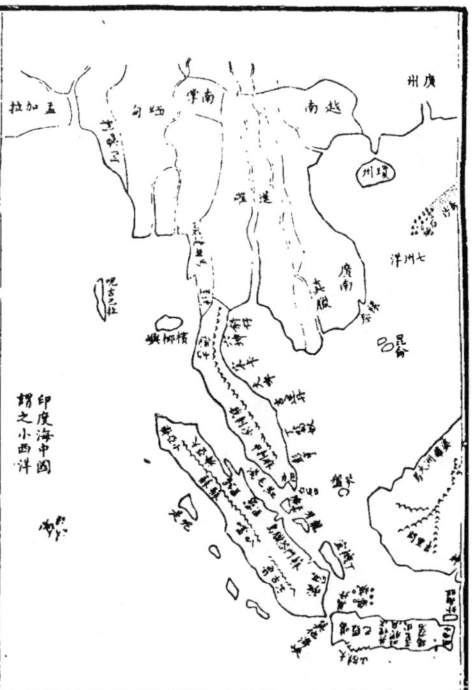

南洋各島

坤輿四大土皆周迴數萬里惟中國之南洋萬島環列星羅碁布或斷或續大者數千里小者數百里或數十里野番生聚其間榛狉相仍自爲部落其種人統名巫來由（一作無來由）又有稱爲繞阿（即爪亞）武吃者（一作無吉）西漢時諸番始通貢獻唐以後市舶麕集於粵東明初遣太監鄭和等航海招致之來者益衆迨中葉以後歐羅巴諸國東來據各島口岸建立埔頭流通百貨於是諸島之物產充溢中華而閩廣之民造舟涉海趨之如鶩或竟有買田娶婦留而不歸者如呂宋噶羅巴諸島閩廣流寓殆不下數十萬人則南洋者亦七鯤珠崖之餘壤而歐羅巴之東道主也

按南洋各島泰西人所繪圖最爲審細而其說不甚詳譯寫地名亦多舛異歷考諸家雜說各有短長陳倫炯海國聞見錄得其大致而方向界址大半迷誤其所云水程更數亦多舛錯（如息力至麻剌甲僅二三百里而陳錄云廈門至息力一百六十更至麻剌甲二百六十更大誤）王大海海島逸志言噶羅巴事最詳彼僑寓其地者十餘年躬所履覽自不誣也其餘半涉影響惟謝清高海錄於暹羅諸屬國暨婆羅洲蘇門答臘兩大島縷悉言之確鑿可據蓋曾游覽其地者其餘各島則有乖有合此外史籍官書半由採輯僅可志其沿革不能據爲典要今就泰西人原圖博採諸家之說又詢之泰西人及廈門曾歷南洋之老舵師參互考訂約畧言之不能保其必無舛午也

呂宋在臺灣鳳山縣沙馬崎之東南由廈門往水程七十二更北面高山一帶望若鋸齒俗名宰牛坑即呂宋之北境也地形似魚振尾南北約二千餘里西界瀕海一帶多腴壤迤東山嶺錯雜林莽深阻有火峯時時地震山內野番黑面拳毛結茅蔽衣樹皮與臺灣內山生番相似地本巫來由番國前明隆慶年間歐羅巴之西班牙國遣其臣咪牙蘭駕巨艦東來行抵呂宋見其土廣而腴潛謀襲奪萬歷年間以數巨艦載兵僞爲貨船餽番王黃金請地如牛皮大陳貨物王許之因剪牛皮相續爲四圍求地稱是月納稅銀番王已許之不復校遂築城立營猝以炮火攻呂宋殺番王

滅其國西班牙鎮以大酋漸徙國人實其地其國負東向西有內中外三湖各廣三百餘里西人建城於外湖西海之濱名曰龜豆又於城之左角曰庚逸與者作炮臺以控扼之建城之地名馬尼剌（一作蠻哩喇）人稱爲小呂宋而以西班牙本國爲大呂宋云（或謂西班牙本名呂宋故以馬尼剌爲小呂宋殊不知西班牙之據此島在萬歷年間而洪武七年入貢其國即名呂宋本係客籍主名反謂主借客名蓋亦未考其緣起耳）馬尼剌帆檣輳集百貨流通埔頭之盛甲於諸洋土肥濕宜稻產米最多又產白糖棉花麻煙草加非可可子（加非似扁豆青黑色炒而煮之味苦香似茶西洋人用以代茶或沃糖酥飲之可可子亦果名即藥料中訶子西洋人亦以代茶）金珠玳瑁冰片燕窩海參烏木紅木○呂宋迤南大小十餘島閩人稱之曰利仔戊曰甘馬力曰班愛曰惡黨曰宿霧曰貓霧煙曰網巾礁

腦（一作蚊巾焦老又名澗仔低）泰西人稱之曰撒馬曰馬隣得曰把拉灣曰泥鄂巴曰尼末巴地曰西武曰馬逆曰邦閔曰多羅來地曰民答那峩皆巫來由土番族類天時與呂宋相倣中國商船由呂宋分往貿易所產鹿麂牛皮筋脯蘇木烏木降香速香黃蠟燕窩海參之類島番愚蠢無蓄積須中國布帛以蔽形大半歸西班牙管轄

海國聞見錄云呂宋下接利仔友水程十二更至甘馬力二十一更至班愛十更至惡黨二十三更至宿霧二十四更至網巾礁腦五十八更其圖附於四海總圖以意爲之殊不足據泰西人所繪圖呂宋迤南大小凡十餘島而其地名與聞見錄全不同蓋以閩音譯番語已多恍惚而以漢字書番語尤言人人殊

且歐羅巴人多隨意命名不盡係各島本名今就各島地名詳譯之甘馬力似即馬隣得班愛似即把拉灣惡黨似即泥鄂巴宿霧似即西武貓務煙似即馬逆最南一島較大海國聞見錄稱爲網巾礁腦似即歐人所云民答那峩海島逸志稱爲澗仔低者究亦未知其是否也

邵星巖（大綸）薄海番域錄云明洪武七年呂宋同瑣里諸國貢方物萬歷四年助討逋賊有功尋入貢取道福建先是華人販呂宋旣夥畱居澗內名壓冬積至數萬人萬歷三十年有妄男子張嶷稱呂宋機易山生金豆時礦務方殷詔遣漳州郡丞王時和偕嶷往勘是時呂宋已爲西班牙所據（原文誤爲佛郞西今更正之）守土者乃西酋時和至酋陳兵問山各有主何得越採且金豆生何樹時和不能答酋自是疑華人以兵圍而坑之死者二萬餘僅餘三百人華船遂絕迹臺官奏劾嶷坐誅時和悸死三十三年遣商船諭呂宋無生事西酋亦悔前事復厚遇華人估帆稍稍復集其後畱者復成聚云又海國聞見錄云呂宋原係土番今爲是班牙（即西班牙）據轄漢人娶本地土番婦者必入其教禮天主堂用沖水畫十字於印堂名曰澆水焚父母神主老終歸天主堂空坑土親屬而埋之富者納貲較多寡埋堂上基內貧者埋牆外三年一清棄骸骨於深澗所有家貲天主妻子作三股均分土番善爲蠱母傳女而不傳子如牛皮火腿咒法縮小如沙

令人食而脹斃又有蝦蟆魚鼈之類彼能咒解從口躍出成盆晨鳴鐘爲日方許開市午鳴鐘爲夜闔市寂閉不敢往來昏鳴鐘爲日燈燭輝煌如晝夜半鳴鐘爲夜以閉市肆晝夜各以三時辰爲日爲夜日方午而禁夜亦異俗也又黃毅軒（可垂）呂宋紀畧云呂宋爲干絲蠟（一作干絲臘）干絲蠟在海西北隅地多產金銀（產於南北亞墨利加墨西哥秘魯諸國乃干絲臘屬藩非其本國也）與和蘭（即荷蘭）勃蘭西（即佛郎西）紅毛（即英吉利）相鼎峙俗呼爲宋仔又曰實斑牛（即西班牙轉音）人之狀貌類中華帽高角衣狹袖飲食器用畧同於和蘭閩廣所用銀餅肖其國王之貌而鑄者也閩海之東南數千里即呂宋在焉東界萬瀾澗仔低大海西界閩廣大海南界蘇祿大海北界萬水朝

宗大海計其地三千里有奇南北東西相去各千餘里（此不甚確其地）（南北長而東西狹）土番戶口不下數十萬餘金珠玳瑁冰片燕窩海參烏紅木魚鹽之利甲於海外前明時干絲蠟據其國設巴禮院（即天主教）行禮拜之教巴禮者番僧也（天主教之師）以濂水爲令不祀先祖所奉之神惟哄氏而已（即耶蘇）濂水者以巴禮王（即羅馬教王）之尸煎爲脂膏將奉教之時令人自誓其身爲哄氏所出巴禮將脂水滴其頭故曰濂水娶妻謂之牽手親迎之日敎父（即教師）以鍊環男女之頸每七日至院乞巴禮改罪日看彌卅有女尼院專司財賄以供國用其院封鎖甚嚴男子絶跡日用所需之物壁上用轉斗傳進女子有欲進院修行者悉入爲余按呂宋一島

在閩海東南距臺灣不遠地形風土俱相似臺灣頃爲荷蘭所據鄭氏奪還遂歸版籍呂宋稍遠西班牙以詭謀取之倚爲外府者數百年矣陳黃兩書所記大半皆天主教規乃西班牙本國之俗其以一晝夜爲兩晝夜相傳爲防變而起惟種蠱之說泰西向無此事當是土番舊俗耳地近閩疆漳泉兩郡之民流寓其地者不下數萬其例內地客民每年輸丁票銀五六兩方許居住當臺灣未開之前呂宋之米時時接濟閩中近廈門通商呂宋之米復至較之珍奇玩好其爲利益也大矣

近年諸番來粵東者多聚於馬尼剌米利堅佛郎西遣酋來通市其船皆會集於此蓋其地爲七洲洋之東岸轉柁北行即入長沙頭門而抵粵東諸番倚爲東道之逆旅薪水糗糧皆取辦於此故近來小呂宋之繁盛爲南洋諸島之最

又黃毅軒呂宋紀畧云乾隆年間西北海之英黎（即英吉利）猝造甲板船十餘直溯呂宋欲踞其地化人巴禮納幣請解英黎乃返余按化人巴禮即天主教之師泰西人皆奉天主教每用其人以解紛然英人之遽肯收兵亦非信巴禮之說也西班牙之有呂宋已二三百年不特市舶流通資爲外府而國勢之所託儼然東西兩境若爲英人所奪則干絲臘亡其半矣彼即中衰究係西洋大國命脈所關勢且背城借一英國雖強豈遂能滅此朝食割土於重譯之外延敵於門闕之間非計也故呂宋之不

可奪英人亦明知之特脅之以威力待其哀請而罷兵使之提我德我不敢抗我願行然後我之市舶東來即以彼土爲東道主而彼不敢靳噶羅巴之已奪而復還亦同此意皆情勢之顯然可見者

由呂宋正南視之有大島踞於巳方曰西里百（一作失勒密士又作細利窪）島分四支如人臂股汊港尤爲奧曲北一支曰馬拿多（一作茫拿陀）東向兩支曰多羅曰摩尼南向一支曰馬加撒（一作芒佳虱又作望加錫又作茫加薩）荷蘭於南北兩支各立埔頭建砲臺戍以兵馬加撒土番在巫來由中別一種類稱曰蕪吉（或作武吃氏）剽猛好武技擊最精男女自童時即習之一人持短刀可敵數十人每揚帆海上海賊望而引避閩

其名無不辟易者其種人散布諸島國人皆重之獲利則歸養其親舊本噶羅巴屬國魁處馬甲撒山中自稱營喏如爪亞之稱巡欄不受荷蘭約束與盟約爲兄弟而已又一種番名武敦剛猛類武吃氏居於馬甲撒之南諸島物產與呂宋畧同幼布海參最良

按蕪吉在島番中別一種類泰西人稱爲南海之傑其人武勇且知孝養得此輩數萬可以固圉可以創霸而惜其僻處荒島無奇傑以爲之倡也果有其人泰西諸國何遽能得志於南洋耶

呂宋羣島之西南婆羅洲之東北有小國曰蘇祿接連三島島俱渺小而戶口頗繁本巫來由番族悍勇善鬬民多習爲海盜西班

牙既據呂宋欲以蘇祿爲屬國蘇祿不從西人以兵攻之反爲所敗其海產明珠玳瑁山產蘇木荳蔻降香籐條又產鸚鵡戶口繁多地磽瘠食不足糴於別島廈門商船時由呂宋往貿易由廈至蘇祿水程一百一十更（海國聞見錄謂蘇祿與吉里問文萊共一土係屬錯誤今更正之）

薄海番域錄云蘇祿分東西峒有三王明永樂十五年東王巴都葛巴叭答剌西王麻哈剌吒葛剌麻丁峒王巴都葛巴剌卜並率其屬三百餘人來貢方物各給印誥封爲王東王歸次德州卒命葬以王禮令其子都麻含還國留次妃葛木甯次子安都祿等守墓歲支米七十五石萬歷中裁其五世孫安守孫奏復之我朝雍正六年遣使至閩貢方物求內附以其險遠未之許也余按蘇祿南洋小國獨喁喁慕義累世朝宗當西班牙荷蘭虎視南洋諸番國咸遭吞噬蘇祿以拳石小島奮力拒戰數百年來安然自保殆番族之能自強者哉

由呂宋西南視之有大島居於午位曰婆羅洲（一作浡泥又作蟠尼阿）其島周迴數千里大山亘其中曰息力由東北而西南山之西畔極北曰文萊（一作文來）極南曰吉里問（一作吉里門又作吉里地悶又作葛里悶）山之東畔極南曰馬神（一作馬辰）與吉里問接壤馬神之北曰新當再北曰卸敖再北曰戴燕再北曰萬喇（一作萬瀾又作萬郎又稱萬老高）再北曰崑甸再北曰巴薩極北曰古達由古達逾山而西北卽文萊界矣自古達至新當舊

皆馬神所屬故諸書統稱馬神而諸部之名不著山之西廣莫荒涼其海濤瀧壯猛多礁石舟楫不能近岸故土番南惟吉里問北惟文萊餘皆人迹不到之穢墟卽兩國亦貧甚多駛船海中爲盜山之東物產槇盈海道通利又產黃金鉆石攻礦之工所萃故丁戶殷盛部落較多諸番皆巫來由種類沿溪箸屋爲居身不離刃精於標鎗見血卽斃性喜銅鉦器皿皆用銅上衣曰沙郎下衣曰水幔貧者以布富者用中國雜色絲綢裂條縫集爲文采俗從回教七日禮拜不食猪肉（巫來由皆從回教回教興於小西洋之亞剌伯故傳染於南洋）山中別有獠人性兇頑喜殺然不敢出山肆擾諸部舊多噶羅巴屬國荷蘭船初到此洲入馬神內港欲據其地番畏炮火避入深山以毒草

濆水上流荷蘭受毒狼狽去後卒於海濱立埔頭四曰八三（即巴薩）曰本田（即崑甸）曰萬郎（即萬喇）曰馬生（即馬神）繁盛遠遜噶羅巴又海盜時時鈔掠貿易益微息力大山金礦極王則有鉒山產鉒石鉒石即金剛石俗名金剛鑽有五色金黑紅者爲貴歐羅巴人以爲至寶大如碁子者值數萬金細碎者釘磁之工用之近年粵之嘉應州人入內山開礦屯聚日多遂成土著初娶獠女爲婦（巫來由女不嫁唐人）生齒漸繁乃自相婚配近已逾數萬人擇長老爲公司理事謂之客長或一年或二年更易丁口稅銀由客長輸荷蘭洋船凳頭金（船稅也）亦荷蘭征收番酋聽荷蘭給發不敢私征每歲廣潮二府有數船入港貿易獲利甚厚諸國土產金與鉒石之外鉛錫冰片豆蔻胡椒海參燕窩玳瑁翠羽烏木檀香籐條由廈門往文萊取道呂宋往吉里問馬神者取道七洲洋由茶盤轉而東向

薄海番域錄云婆羅一名文萊負山面海俗素食念佛禁食豬肉犯者論死有東西二王永樂四年各遣使來朝相傳國王閩人隨鄭和往因留鎮焉王府旁有漢字碑番人嫁娶請王金印印背印篆文獸形云是永樂間賜王髡髮裹金繡巾腰插雙劍步行親屬稱班奇蘭嚴重亞於王國有木石二城因長腰嶼築岸禦潮拆石城以爲塘止存木城云又云吉里地悶（即吉里問）滿山皆旃檀至伐爲薪田肥宜穀氣候苦熱午必俛首向水坐差可避瘴男女斷髮短衫俗以立爲尊不知年歲無文字以石片記

事滿千石則總於繩爲一結訟者兩造各牽羊曲者沒之蓋猶有結繩束矢之風焉又明史浡泥於古無考（此浡泥當是馬神）宋太宗時始通中國洪武三年遣使自泉州往閱半年始抵其國時其國爲蘇祿所侵頗衰耗又素屬闍婆（即噶羅巴）闍婆人間之其王意頗中阻使者諭以闍婆久臣服中國爾畏闍婆反不畏中國耶乃遣使奉表進貢洪武八年命其國山川附祭福建山川之次永樂三年入貢封爲國王賜印敕其王率妃及子女弟妹陪臣泛海來朝十月王卒於館舍帝哀悼賜祭葬謚曰恭順其子襲封定爲三年一貢又乞封其國之後山（即息力大山）敕封爲常甯鎮國之山御製碑文勒其上洪熙後貢使漸稀云又謝清高海錄

云古達息力大山西北一國也王居埔頭有荷蘭人鎮守由埔頭買小舟沿西北海順風約一日到山狗王（地名）爲粵人貿易耕種之所由此登陸東南行一日到三晝又名打喇鹿其山多金內山有名喇喇者有名息邦者又有烏落新泥黎各名皆產金而息邦所產爲佳巴薩在古達南沿海順風約日餘可到地不產金華人居此者惟事耕種所轄松柏港產沙籐極佳亦有荷蘭人鎮守崑甸在巴薩南沿海順風約日餘可到海口有荷蘭人鎮守買小舟入內港行五里許分爲南北二河國王都其中由北河東北行約一日至萬喇港口萬喇水自東南來會之又行一日至東萬力其東北數十里爲沙喇蠻皆華人淘金之所

萬喇在崑甸東山中由崑甸北河入萬喇港口舟行八九日可至山多鑽石亦有荷蘭人鎮守戴燕在崑甸南由崑甸南河溯流而上約七八日至雙文肚卽戴燕境又行數日至國都乾隆末粤人吳元盛刺殺番酋國人奉以爲主元盛死子幼妻襲其位至今猶存卸敖在戴燕南由戴燕逆流而上約七八日可至新當在卸敖南由內河行約五六日程馬神在極南由崑甸沿海順風行五六日可至疆域較大產鑽石金藤席香木豆蔻海參佳紋席猩猩有荷蘭人鎮守蔣里悶（卽吉里問）在馬神西順風約二日可到疆域稍狹土產與隣國同文來（卽文萊）在極北界幅員甚長中多亂山絕無居人土番亦無來由種類喜中國布帛土

產燕窩冰片沙藤胡椒云云余按婆羅洲爲南洋第一大島西洋人稱爲蟠尼阿卽浡泥之轉音唐高宗總章二年入貢謂之婆羅國宋太宗太平興國年間入貢謂之浡泥國明初入貢又分吉里地悶文萊浡泥等國蓋浡泥爲此島總名宋明之稱浡泥者乃馬神疆域較大力能駕諸部之上故以全島之名爲國名猶大亞齊之獨稱蘇門答臘耳陳資齋海國聞見錄謂息力大山踞其中外吉里問文萊朱葛焦喇馬神蘇祿五國環而居之今考蘇祿在馬神東北乃海中三小島與此土不連朱葛焦喇別書不見其名惟王柳谷海島逸志云荷蘭所推甲必丹（見噶羅巴訛）有大雷珍蘭武直迷朱葛焦諸稱呼似陳錄所云誤以官

名爲國名矣又陳錄謂吉里問在文萊之北與諸書皆不合自是舛誤（海島逸志云由噶羅巴往馬神道經吉里門日曙電光青面不成條噶羅巴在馬神之西南往馬神而路經吉里門其在馬神之西可知）謝清高海錄紀此洲最詳惟歷數諸國俱云某國在某國東南揆之西洋圖地形方向尙有舛誤今據圖稍更正之荷蘭人於南洋各島遍設埔頭諸番皆奉命惟謹馬神獨能犇流退師可云錚佼然卒爲西人所制番族固無遠謀也息力大山夙稱金穴近年粵東流寓幾於成邑成都倘有虬髯其人者創定而墾拓之亦海外之一奇歟

由厦門趨七洲洋用未針指西南過昆侖越茶盤歷水程二百八十更而抵噶羅巴（或作噶剌巴又稱咬嚁巴又稱呀瓦卽瓜哇國）噶羅巴者南洋大島西

界與蘇門答臘隔一海港峽口曰巽他（峽兩岸卽巽港地）爲泰西諸國東來必由之路其國東西橫亘約千餘里背負南海以火燄山爲屏障左曰萬丹（卽古闍婆地）右曰井裏汶其北兩山夾峙如巷曰狹內狹南諸與羅列有王與夾板與鼎馬與白與草與等名謂之與城歷與城而抵其國門戶重疊形勢甚壯舊本繞阿番部（或稱爪亞又作爪鴉又作繞亞皆繞阿之轉音乃巫來由別種元史稱撾哇明史稱瓜哇哇卽亞之轉音撾瓜又爪之轉音也）其王稱巡攔居於山中地名覽內各部之渠稱史丹王官有雙柄伽頭山海美色葛內外淡板公杯突公勃壠諸名目史丹官屬有把智淡板公把低箒名自古爲南洋名國附近諸番島半歸統轄前明中葉荷蘭兵船避風入巴地見其土地雄闊可建城池乃入萬丹餌以卑辭

厚幣借海岸片土修船又以設立木栅蔽內外爲請續阿貪利從之遂襲破萬丹幷取巴地繞阿震慴不敢爭荷蘭與盟約每歲納租銀其沿海一帶之地幷歸荷蘭統轄巴王由是爲荷蘭所制惟命是從王死王子非荷蘭命不得立除授官職亦聽命於荷蘭荷蘭鎭以大酋於海口建城邑設市廛街衢方廣貨物充牣閩廣之海船大小西洋之夾板每歲往來以千百計遂爲南洋第一都會其地當赤道之南炎熱異常隆冬如內地之初夏花木四時相續春雨秋旱歲止一收而土田肥沃米價極賤閩廣之民流寓其地者以數萬計荷蘭擇其賢能者爲甲必丹（歐羅巴官名如中國州縣之類）專理華人詞訟近年因華人把持行市禁新到唐人不准留住（諸洋番稱中國爲唐）

人（猶西北諸部之稱漢人）其部落幷褒汶之東南爲北膠浪北膠浪之東北有大埔頭曰三寶壠商船萃集之地富盛不亞巴城再東爲揭力石又極東臨海爲士里莫東北臨海爲外南旺巴城以西之萬丹古稱闍婆國荷蘭據其濱海之地立埔頭繁盛亞於三寶壠巴地所產者米穀白糖加非燕窩近年學種閩茶味頗不惡但不甚多附近諸番島以噶羅巴爲總匯之地貨物畢萃於斯

天下郡國利病書云瓜哇國（卽噶羅巴）古訶陵也一曰闍婆又名莆家龍在眞臘之南海中洲上其屬國有蘇吉丹打板打綱底等國（卽史丹淡板公把低之訛誤以官名爲國名）有文字知星歷宋元嘉九年始通中國後絕至唐貞觀二十一年與墮和羅墮婆登皆遣使入貢天寶中自闍婆遷於婆露伽斯城宋淳化五年入貢元時始稱瓜哇世祖大舉兵征之不克後命將史弼破其國擒酋長以歸尋放還明洪武二年遣行人吳用錫以璽書隨入貢封其王昔里八達刺爲國王三佛齊（卽舊港見後）其屬國也八年二月令三佛齊瓜哇山川之神附祭於廣東山川之次後分爲東西二國永樂年間並遣使朝貢東王孛爲西王所滅天順四年復入貢自是不可考云云 按噶羅巴爲南洋大國劉宋時卽通中土西包三佛齊東括數十番部偃然海外雄藩乃一旦爲荷蘭所紿門庭戶牖悉滋他族奄然跧伏幾於陳蔡不羨彼西人炮火之威抵禦固非易易然馬辰以壽流獲全蘇祿以血戰自保

而噶羅巴乃獨以貪餌釀禍繞阿素黠竟智出兩部下平荷蘭據巴國海口年月不可考大約在明之中葉自是粵海無瓜哇片帆矣鯨鯢既已橫絕鰈鶼無效順之路可哀也夫

海島逸志云噶刺巴海中澤國由廈門往水程二百八十更四季皆如夏候炎風暴厲觸之生疾河水甘涼浴之卻病米價平賤人民富庶貨物皆各處屬國輻輳以趨貿易者非巴中所產也地本爪亞之國和蘭（卽荷蘭）所居邊海之地十不得一爪亞之人數百倍於和蘭俗尚質樸人愚蠢性柔怯畏懼和蘭聞其名則合掌主僕之分最嚴見主人必屈膝合掌名曰占巴春雨後田水平滿拋種於田不煩耘鉏自然暢茂米價極賤其米粒長

而嫕內地不及也家計生產皆婦人主之生女爲貴贅壻於室生男則出贅於人室如亭四面開窗無椅榻席地而坐地皆鋪席施帷幔男女盤膝雜坐見客以握手爲禮俗重檳榔客至則捧以爲敬食不設箸以手掬之啖牛肉不食猪犬女子不施脂粉不簪花衣無領裙而不袴男子則衣有領髻簪花身有袴百花四季不凋百果相續不絕味皆美於閩廣蔬菜價倍於雞鶩綠米價賤人不肯竭力灌園也巴國以風爲鬼以水爲藥凡感冒風熱浴於河則愈產婦及小兒出痘皆浴於河雖盛暑不敢露體扇風卧必密室施帷幙少冒風則病立作所以窗戶皆用玻璃取不透風而光亮也以上皆言爪亞土俗自明初迄今四百餘載閩

廣之人興寓者生齒日繁富商大賈獲利無窮因納賄和蘭求其推舉爲甲必丹華人角口鬬毆皆質之甲必丹長揖不跪自稱晚生是非曲直無不立斷至犯大罪并嫁娶生死皆申報和蘭水旱來往皆給與文憑使不得濫相出入人命惟重見證見證必斬雞發誓方敢花押定案所以殺人往往無償無敢作見證故也巴城地勢不坦人居稠密出鑒光城市皆爲園地而和蘭園林相接聯絡數十里其中樓閣亭臺橋梁花榭曲盡精巧每七日一禮拜於巳刻入寺講經念咒拱聽者或低首垂淚似能感發人心也者約半時許散去是日不理事入園林遊賞盡一日之歡云此言荷蘭制度風俗○三寶壠一作三巴郎巴國所屬之區百貨所聚賈帆湊集甲於東南諸洲北膠浪背森其左右翼也嘮吶吽其倉廩也提瑚二胞綫其門戶也所轄上下數百里土田肥沃人民殷富爲諸邦之冠天氣清涼人少疾病遠勝巴國米價尤賤市無饑者風俗質樸道不拾遺夜不閉戶和蘭有官駐守職名鵝鑾律又有杯突大寫財副新蟯咖嗹等屬分司各事凡推華人爲甲必丹必申詳其祖家巴中甲必丹權分而利不專三寶壠甲必丹則利權獨擅煮海爲鹽丈田爲租皆甲必丹有也故得膺其職者則富逾百萬矣禮拜寺有高樓鐘聲四達丑未之初爲一點鐘至十二點而止未正丑正爲二點鐘則家家閉戶而卧路無行人是一日如兩日一世如兩世矣此與呂宋同俗或泰

西本有此俗也○北膠浪巴國東南之區面山背海列屋而居南北限以柵華人萃處其中俗呼爲八芝蘭番言街衢廈屋連延危樓高聳西向者爲甲必丹第有園數畝樹木亭沼幽雅特絕迤北有澤海眞人祠柵門外爲泊面番言稅館徵往來之稅隨河而北約半里爲外泊面稽查偷漏又四五里達於海口有聖墓極靈舟楫往來必具香楮拜禱浪中有和蘭官杯突駐守有城有兵城與八芝蘭隔一河城之南園林深邃傑閣巍峩者杯突居焉浪中爲巴國山僻之地景色天然不假修飾夕陽在山漁歌互答有似楚江音節河水不深不淺菱芡縱橫彷彿蘇杭景象俯仰之間皆足以遊目騁懷者也○萬丹古稱闍婆國在巴國之西爪亞

所居地方寬廣土田肥沃貨物繁多人皆富裕所產佳紋席幼席爲南洋最和蘭據海遊招集諸夷往來交易納其租稅史丹（爪亞之主）處於山中居第極壯麗第外築一小城和蘭官十二人兵百人居之名曰護衛史丹實鈐禁之史丹歿其子非和蘭命不得立也爪亞四處散處雖有國主惟知畏和蘭而已〇噶羅巴漳泉之人最多有數世不回中華者語番語衣番衣食番食讀番書不屑爲爪亞而自號曰息坔（南字去聲）其寄居未久及時往來者服食語言仍華俗和蘭專設甲必丹以理華民爲甲必丹者皆漳泉人或以此致富則滿載歸來不復往漳人陳聽代其堂兄映爲三寶壠甲必丹番官淡板公往候之隊馬數百整肅而

來至柵門外則下馬入門則膝行而前聽危坐俟其至乃少欠身爪亞之敬畏和蘭如此（王柳谷居噶羅巴十年贅於甲必丹某之家巴國境內遊歷殆遍故言巴事最爲詳覈今摘錄數則於此）

按海南饒沃之土以噶羅巴爲最荷蘭以詭謀取之遂致富強明季甲板四出侵擾閩浙實倚巴地爲巢穴也其後漸以揞克爲事華人販鬻其地者許置貨不許攜銀貨又產於別島不能時至華船守候過時歸途多遭颶颱以此咸懷怨咨嘉慶年間荷蘭王爲佛郎西拿破侖所逼走死荒野國爲佛郎西所并英吉利恐佛人之兼有巴地也嘉慶十四年秋以舟師逼巴城荷蘭酋堅守不下逾年復往以天炮環攻荷蘭酋遁去地遂爲英所有除荷蘭苛法商旅便之一時譁傳荷蘭爲英吉利所滅即此事也後數年拿破侖敗荷蘭復國其王以卑禮厚幣請於英英復以巴地還畀之然英船視巴地爲東道主荷蘭不敢迕也

噶羅巴迤東諸島接連由東南而東北土里莫之東曰洛莫（一作淪泊）洛莫之東曰麻里（一作巴里又作貓釐又作麻黎）洛莫差大麻里亞之兩島土腴宜稻平疇萬頃產米最多麻里之東曰松墨窪（一作遜巴氐）島形楂牙港汊環曲地差大於洛莫松墨窪之東南曰薩爾溫（一名檀香山）地如松墨窪之半薩爾溫之東北曰佛理輿（一作弗羅力士）東西狹長地倍於薩爾溫佛理輿之東有六小島接連相望六小島之南有大島曰池問（一作知汶又作地門又名胎墨爾）池問譯言東也地倍於佛理輿東畔有葡

萄牙埔頭西畔爲荷蘭埔頭曰古邦以上諸島皆與噶羅巴東西平列鱗鱗相望由池問而北隔海面數百里曰武羅（一作木魯）係荷蘭埔頭地如池問三之一人戶甚稀亦無物產武羅之東曰西蘭（一作西爾郎莫）地倍武羅野番不解耕作食沙穀米（沙穀米非穀也番島有此種樹伐其枝條搗碎浸水中樹汁凝水底成白粉取粉曬乾爲細末噴水滾成小珠形如粟米煮粥味淡而滑似倉中陳粟米南洋島番多以此爲糧）武羅西蘭之直北有大島曰摩鹿加（一作士羅洛又作蘇洛又作美洛居又作馬路古）荷蘭所屬地形如人臂股與西里百相似物產頗豐摩鹿加之西南曰安門（一作安汶）荷蘭大酋所駐統轄羣島海口設炮臺東北曰萬他有火山多地震摩鹿加之西有小嶼曰德拿其地天時和煦園林極佳惟火山一發遍地皆灰燼西蘭之東南有吉甯暴暴諸島摩

鹿加之西南有亞羅地門律兩島皆野番所居不屬荷蘭大抵自洛莫至池悶一帶舊皆噶羅巴屬島迤北諸島亦有歸噶羅巴統轄者自噶羅巴受制於荷蘭諸島半屬荷蘭埔頭其人皆巫來由亦有野番野番面黑色或毛髮螺拳醜惡如夜叉或深目高準口闊至耳男女皆穿耳而大其孔瑱以杙所產者胡椒燕窩海參魚翅海菜玉果籐條蘇木玳瑁鶴頂紅龍涎香丁香木香豆蔻血竭之類

考泰西人書諸島之外尚有提該義羅羅巴治安等名與王志謝錄所云各島地名多不同大半皆噶羅巴舊屬爾時南洋東畔無緬國獨噶羅巴早通中土其聲名足以自耀又疆宇恢闊

市舶通行諸島之影附響臻亦勢所必然自噶羅巴遭荷蘭禁錮號令不行於四境諸島亦隨風而靡半爲荷蘭役屬大者且不能抗況於培塿之瑣瑣當前明隆慶年間葡萄牙船初抵摩鹿加之德拿與西班牙船適相值爭此羣島互相攻擊至泰昌年間荷蘭以兵船逐兩國遂專擅摩鹿加羣島之利然所售之丁香豆蔻等物不足補防守之費又禁絕他國貨船不准入口故獲利甚微而羣島亦終古荒僻也

摩鹿加之東南有大島曰巴布亞（又名那吉尼）形如昂首之龜幅員亞於婆羅洲其地自古未通別土草木蒙翳深昧不測野番從林中跳出黑面拳毛見人則攫而裂之爭啖其肉別有一種似巫來由者稍通人性道光十三年荷蘭人初開港道調兵防守商船偶有至者物產未詳

按巴布亞爲東南洋極大之島荒穢與澳大利亞同（即新荷蘭）荷蘭既失澳大利亞又復經營此島蓋亦不得已而思其次也

由七洲洋過昆侖越真臘之爛泥尾趨暹羅內海之西岸地形如股由西北伸於東南中有連山如脊山之東有小國七極北界暹羅者曰斜仔（一作埬仔）南爲六坤（一作六崑）再南爲宋卡（一作宋腳）再南爲大哖（一作大年又作大呢）再南爲吉連丹（一作吉蘭丹）再南爲丁噶奴（一作丁加羅）皆暹羅屬國極南爲彭亨俱由小真嶼向西分往自廈門往水程一百五六十更不等諸國皆巫來由番族躶體挾刃下圍幅幔所產者黃

金鉛錫翠毛燕窩海參籐條冰片惟丁噶奴胡椒最良貿易難容多艘閩廣販洋之船時有至者

通考四裔門云埬仔（即斜仔）在西南海中男子服短衣布幔跣足持刀女子穿花色衣被絲幔曳淺拖鞵土產燕窩番錫象牙綿花距廈門水程一百八十更六崑（即六坤）與埬仔接壤風俗物產相同又謝清高海錄云宋卡（一作宋腳閩音謂腳爲卡讀如克上聲）或作宋腒勝在暹羅南由暹羅陸路十七八日水路東南順風五六日可到疆域數百里土番名巫來由俗不食豬與回回同鬚止留下頷出入懷短刀自衞男多贅於女家俗以生女爲喜爲可以贅壻養老也分貲財男女各半死無棺槨葬棚樹下不墓不祭王傳

位必以嫡子庶子不得立君臣之分甚嚴王雖無道無敢覬覦者婦人穿衣褲男子唯穿短褲裸其上有事則用寬幅布縫兩端襲於右肩名沙耶民見王及官長俯而進至前蹲踞合掌於額立而言平等相見唯合掌於額山多古木產孔雀翡翠瑇瑁象牙胡椒檳榔椰子銀鐵沈降速伽楠諸香海參魚翅歲貢於暹羅大呢即大哖在宋卡東南陸路五六日水路順風一日夜可到連山相屬疆域亦數百里風俗土產與宋卡畧同海艘所泊處謂之淡水港其山多金產金處名阿羅帥中華人多往淘金國屬暹羅歲貢金三十斤吉蘭丹即吉連丹在大呢東南由大呢沿海順風約日餘可到疆域風俗土產畧同大呢亦無來由種類

爲暹羅屬國王居在埔頭埔頭洋船灣泊處也種竻竹爲城加以木板僅一門民居環竹外王及官長俱席地而坐裸體跣足無異居民出則有勇壯數十擁護而行各持標鎗見者咸蹲身合掌王過然後起王日坐堂酋長咸入朝環坐有爭訟者皆持燭一對俯捧而進王見燭則問何事訟者陳訴命傳所訟者進質王決以片言無敢不避者如是非難辨則令沒水令兩造出外遇道路童子各執一人至水旁延番僧誦咒以一竹竿令兩童各執一端同沒水中先浮起者爲曲又有探油鍋法盛熱油滿鍋取一鐵塊投鍋中番僧誦咒令兩造探而出之曲者手爛直者手不傷居民皆奉佛甚虔土番居埔頭者多操小舟捕魚早出暮歸居山中者或耕種或樵採唯剝大樹皮圍其下體無屋宇穴居巢處土番俱善標鎗能

擲殺人於數十步外爭訟有不能決者常自請於王願互用標鎗死無悔王亦聽之但酌令理直者先標不中則聽彼反標顧鮮有不中者凡獻饋食物皆以銅盤盛之戴於首而進飲食不用箸以右手撮取重右輕左若以左手取食物相遺則怒爲大不敬云其地有雙戈呀喇頂等處皆產金中國每歲至此者數百人閩人多居埔頭販賣貨物種植胡椒粵人多居山頂淘取金沙納稅按船大小大者洋銀五六百枚小者二三百枚謂之凳頭金其釀酒販鴉片開賭場稅亦特重賭賬追比最力各國多如此食鴉片則吉蘭丹爲甚其土產唯檳榔胡椒爲多以金三十斤爲暹羅歲貢按此篇言巫來由土俗最詳故錄之以例其餘丁加羅即丁噶奴在吉

蘭丹東南由吉蘭丹沿海約日餘可到疆域風俗與上數國畧同而富強過之各國俱喜養象丁加羅尤甚聞山中有象先以木柵圍之由遠而近俟其饑困然後用馴象勾致之土產胡椒檳榔椰子沙藤冰片燕窩海參油魚鮑魚帶子蚶類似江瑤柱紫菜孔雀翡翠速降伽楠諸香胡椒最佳甲於諸番歲貢暹羅安南及據噶羅巴之荷蘭彭亨在丁加羅南由丁加羅陸路約二日可到疆域風俗民情均與上數國同亦產金而麻姑所產爲最土產胡椒冰片沙穀米由彭亨東南行約日餘復轉西入白石口順東南風約日餘則到舊柔佛及薄海番域錄云彭亨一名彭坑土沃候溫宜稼饒蔬果俗尚佛殺人血祭明洪武中貢方物

余按明初入貢諸國有彭亨之名而丁噶奴以北六國無聞或因夙事暹羅荒服附庸不能自達於中朝耳眞臘盛時常幷有嶋嵤寗那迦諸國當即斜仔至彭亨一帶其人躶體與眞臘同俗蓋皆狼䑋躶國之種類也

過昆侖入白石口轉而西北即彭亨至斜仔一山之背地形如帶與蘇門答臘相對彭亨之南當地盡處谽谺成內港有地曰息力一作實力一作息辣舊名柔佛英人名爲新嘉坡一作生嘉波又作新奇坡又作星隔伯兒舊本番部嘉慶二十三年英吉利有之其地當南洋小西洋之衝爲諸海國之中市英人免稅以聚商船西洋夾板每歲來者以數百計閩粵販洋之船南洋諸國之船亦時至帆檣林立東西之貨畢萃爲南洋西畔

第一埔頭每年交易之貨價數千餘萬圓英人築樓館以居戶口無多閩廣流寓萬餘人巫來由土人與蕪吉客民居於海濱由息力循海岸而西北約三百餘里曰麻剌甲作麻六甲即滿剌加一本暹羅屬國前明時葡萄牙據之旋爲荷蘭所奪嘉慶年間地歸英吉利立爲埔頭繁盛不如息力麻喇甲西北海中有島曰檳榔嶼英人稱爲新埠內有高峯山水清勝居民五萬四千閩廣人居五分之一亦歸英吉利管轄英有大酋駐息力總理三埠貿易之事息力麻剌甲檳榔嶼三埠所產者金銀鉛錫犀角象牙胡椒玉果降香蘇木燕窩翠毛佳紋席之類厦門至息力水程一百七十三更息力至麻喇甲七更由麻喇甲過紅毛淺有國曰沙剌我亦巫來由番部山中皆獠人裸體跣足與巫來由不相爲婚沙剌我之西北曰吉德亦名計噠後山與宋卡毘連土產亦相類閩粵商船間有至此兩國貿易者過此則緬甸南界接連印度諸部稱爲小西洋內地舟楫不能往矣

明史柔佛近彭亨一名烏丁礁林萬歷間其酋好搆兵鄰國丁機宜彭亨屢被其患華人販他國者其人多就之貿易時或邀至其國國中覆茅爲屋列木爲城環以池無事通商於外有警召募爲兵稱強國焉字用茭葦葉以刀刺之見星方食歲序以四月爲首死者皆火葬產犀象玳瑁片腦沒藥血竭之類又謝清高海錄云舊柔佛在彭亨之後陸路約四五日可到疆域亦數百里風俗與彭亨等國畧同爲巫來由種類本柔佛舊都後

柔佛土番徙於別島故名舊柔佛嘉慶年間英吉利以此爲海道四達之區墾闢土地招集商民薄其賦稅數年來海船輻輳樓閣連亘遂爲勝地番人稱其地爲息辣閩粵人謂之新州府亦或作新嘉坡土產胡椒檳榔膏沙藤紫菜檳榔膏即甘瀝可入藥云云余按息力舊本荒僻小番部無足輕重自英吉利創設埔頭遂爲東西扼要之地英船東來至息力如歸故土行李之乏困咸取辦於此近年中國盛傳新奇坡意其爲廣土衆民洋洋大國而不知固海濱一廛也○又天下郡國利病書云滿剌加國古哥羅富沙也漢時常通中國後爲頓遜所羈屬其國傍海山孤人少受役屬於暹羅每歲輸金爲稅明永樂三年遣

使入貢十年命太監鄭和等統官兵二萬七千餘人駕海船四十八艘往諸番島開讀賞賜封西利八兒達剌爲國王九年七月嗣王拜里迷蘇剌率其妻子陪臣九百四十人來朝京師厚加賞賜道歸嗣後朝貢不絕（云云）按滿剌加卽麻喇甲本暹羅屬國明初其王率妻子陪臣傾國來朝慕義可謂至矣後爲葡荷兩國所據今爲英吉利埔頭其或僅據海口如瓜哇之拳贅抑竟頭尾流離如柔佛之他徙不可得而知也

息力之南噶羅巴之西有大島橫亘西南曰蘇門答臘（一稱亞齊）長約二千餘里中有大山綿亘曰萬古屢迤東窪下海潮侵漲林莽穢雜道路難通迤西平坦有大河縈帶地產沙穀米沙籐胡椒檳榔

血竭冰片安息香山產黃金銅鐵硫磺河產金沙海產龍涎香獸多水馬狒狒熊虎木多椰子處處成林部落之大者曰大亞齊在此島北面之西界西洋人稱爲亞珍唐宋以來朝貢中國封蘇門答臘國王者卽此國也大亞齊之東曰錫里再東曰雷里與息力隔海相對大亞齊西盡海轉而至島之南面曰小亞齊小亞齊迤東曰蘇蘇再東曰叺嗬再東曰茳古魯（卽萬古屢或作南勃利）茳古魯之東盡海轉而北入峽口峽之兩岸曰舊港本名三佛齊王居峽西此東界部落之大者出峽口而西北又至島之北面海中別一嶼曰岡甲再西北別一嶼曰龍牙龍牙之西卽新柔佛與雷里又相望矣諸部皆巫來由番族荷蘭英吉利分據海口各立埔頭近年英吉利以此島埔頭易麻剌甲遂全歸於荷蘭其大埔頭在南界者曰巴唐（卽叺嗬）在東北界者曰巴隣傍巴隣傍卽舊港之西岸東岸爲噶羅巴之西界峽口闊止數十里名曰巽他歐羅巴諸國東來必取道於此是爲南洋之總門戶若由麻剌甲息力轉折而來則間道也○岡甲嶼又名丁機宜產鉛錫最多荷蘭設官榷稅閩廣販洋之船時往貿易又巴唐之西南有小島曰呢士（一作亞尼）亦產鉛錫大亞齊西北海中有孤島曰尼古巴拉野番所居以椰子魚爲糧不穀食

天下郡國利病書云蘇門答臘（或稱須文達那）古大食也（大誤）宋初與占城通貢南唐遂達於宋淳化四年舶主蒲希密獻方物後與賓

童龍國來朝自是入貢不絕尋分部領勿斯離（疑卽錫里）弼琶羅巴跋布（疑卽巴唐）那姑兒（疑卽茳古魯）等國洪武年間蘇門答臘入貢永樂三年酋長宰奴里阿必丁隨中官尹慶朝貢封爲蘇門答臘國王宣德六年復來貢十八年復請封其子爲王初太監鄭和奉使至蘇門答臘僞王蘇幹剌方謀奪王位怨使臣賜不及己邀擊官軍和擊敗之追至南勃利國（卽茳古魯）幷其妻子俘之以歸永樂十三年斬於行在諸番震服蘇門答臘西去一晝夜程有龍涎嶼每至春間羣龍交戲於上遺涎則國人駕獨木舟採之以爲香一觔値其國金錢一百九十二枚嘉靖年間奉旨採辦每觔給銀一千二百兩又云三佛齊國古千陀利也居眞臘瓜哇

之間。其王號詹卑。其人多姓蒲。梁天監元年入貢。後絕。唐天祐初。始通中國。宋建隆初。遣使朝貢。淳化年間。爲闍婆所侵役（即噶羅巴之萬丹）。南渡後。入貢不絕。明洪武二年。遣行人趙述使其國。隨入貢。册封爲三佛齊王。後爲瓜哇（即噶羅巴）所廢。以其地爲舊港。仍立頭目。以司市易。永樂三年。遣行人譚勝受。千戸楊信等。往舊港。招撫廣州逃民梁道明。五年九月。太監鄭和使西洋諸國。還至舊港。遇海賊陳祖義等。與戰。殺其黨五千餘人。擒祖義。械送京師。斬於市。諸番讋服。是年。舊港頭目施進卿遣使入貢。詔以進卿爲舊港宣慰使。自是朝貢不絕云。又謝清高海錄云。三佛齊及蘇門答臘島。在新柔佛島對渡（舊柔佛爲西人所據。其土番徙新島。在息力南。周圍數百里）。西南海中。別峙一大洲。九國環之。曰噹里。曰錫里。曰大亞齊。曰小亞齊。曰蘇蘇。曰叭噹（即巴唐）。曰茫古魯（即萬古屢。一作南勃利）。曰舊港。曰龍牙。大小亞齊及蘇蘇。皆蘇門答臘故地。舊港則三佛齊故地也。噹里在柔佛西南。由柔佛渡海而南。約日餘可到。疆域數百里。風俗土產與柔佛同。潮州人多貿易於此。錫里在噹里西北。疆域風俗與噹里同。由噹里買小舟沿海行。約四日可到。海東與麻剌甲相對。土產魚肚。冰片。椰子。胡椒。大亞齊在錫里西北。疆域稍大。由紅毛淺外海西北行。日餘即到。由國都西北陸行五六日。則至山盡處。俱屬大亞齊地。風俗與巫來由各國同。山盡處與新埠（即檳榔嶼）斜對。土產金。冰片。沙籐。椰子。香木。海菜。

由大亞齊山盡處。北行少西。順風約十一二日。至尼古巴拉。海中小島也。土番皆野人。性情淳良。日食椰子熟魚。不食五穀（按此島去蘇門答臘甚遠。不在九國之中）。小亞齊一名孫支。在大亞齊西。由大亞齊西北行。經山盡處。轉東南行。約日餘可到。疆域亦數百里。風俗與大亞齊同。土產金。胡椒。椰子。冰片。沙籐。蘇蘇在小亞齊南。水路順風約二日可到。疆域風俗土產與小亞齊同。叭噹在蘇蘇東南。水路順風亦二日可到。疆域風土與上畧同。叭噹之西有島峙海中。曰呢士（即亞尼）。又名哇德。民似中國而小。常相擄掠販賣。出入持標鎗。不食五穀。惟以沙穀米合香蕉煮食。其地產鉛錫（按此亦附近小島。與蘇門答臘一土不連）。茫古魯在叭噹東。水路順風約五六日可到。沿海都邑近爲英吉利所奪。國王移居內山（按英人近年以蘇門答臘所得地易麻剌甲於荷蘭。即此錄所云茫古魯與舊港也）。土產海參。丁香。豆蔻。胡椒。椰子。檳榔。舊港即三佛齊也。在茫古魯東。疆域稍大。由茫古魯東南行約三四日。轉北入葛剌巴峽口（即巽他峽口）。順風行半日。方出峽。峽東西皆舊港疆土。峽西迤北大山。名綱甲（即崗甲。又名丁機宜）。別峙海中。產鉛錫。山麓有文都。上盧寮。下盧寮。新港等處。文都有英人鎮守。榷錫稅（近年已歸荷蘭）。國王所都。在峽西。由文都對海入小港。西行四五日方至。兩岸居民俱臨水起屋。頗稱富庶。土產金。錫。沙籐。速香。降香。胡椒。椰子。檳榔。水鹿。龍牙在舊港北。由峽口水路到此約三日。由此北行日餘。則至柔佛。西北行日餘。則至噹里。龍牙

多木大者數十圍中華洋船至此多換桅柁凡舊里錫里皆巫
來由種類惟大小亞齊及蘇蘇民稍淳頁餘俱兇悍以盜刼爲
生云云余按蘇門答臘一土古名婆利洲爲西南洋極大之島
明人不知爲何地以附海萬里之大食（即今波斯一帶）當之誤之甚矣
此島部落之名尚有屠椗黎代之屬時代變更譯音轉易莫可
得而稽近時惟謝氏海錄最爲詳確西界雖分數部而以大亞
齊爲綱領獨擅全島之名稱蘇門答臘國固南洋大部也東界
之三佛齊爲自古朝貢之國自瓜哇廢其國爲舊港漸以式微
前明中葉以後荷蘭人據沿海要口營立埔頭諸番族爲所鈐
制不復能自列於王會亦可慨夫

瀛環志畧　卷二　南洋各島　圭

蔴海番域錄云丁機宜地近柔佛屢爲所侵始通婣好幅員最
狹酋衆僅千餘以木爲城王居列鐘鼓樓與華人舟中互市歲
首十月盡奉瓜哇正朔云按海國聞見錄謂丁機宜在呂宋羣
島之南與萬老高芒佳虱同居巳方頃余在廈門晤老舵師陳
姓往來西南洋最熟曾屢至丁機宜詢其方向則云過昆侖用
未針與噶羅巴相近所言與海國聞見錄異甚以爲疑近閱蔴
海番域錄云丁機宜地近柔佛乃知即蘇門答臘東境之崗甲
與老舵師之言信不誣矣其地產錫故廈門販洋之船時往貿
易

泰西人萬國地理書云南洋諸島沿海土人皆巫來由番族黑
面長髮頭纏布赤足腰圍花紋布穿袍插短刀多駕船捕魚或
爲海盜皆奉回回教內地有黑面土番居山穴樹林如中國苗
猓之類中國流寓甚衆廣州嘉應州之人爲工潮州之人爲農
泉州漳州之人爲商獲利多者爲泉漳人閩粵游手謀生無策
往往自投絕域不復首邱或娶番婦生子女遂化爲異族

按南洋一水萬島環生補罅維之空缺其種人名爲巫來由黑
醜無慧蠢蠢如豕鹿漢平南越後諸番稍通貢獻唐宋兩朝番
舶乃聚於粵東明成祖好勤遠畧特遣詔使遍歷各番島開讀
於是諸番島喁喁內嚮效共球者數十族如呂宋瓜哇婆羅洲
蘇門答臘之類幅員差廣可稱爲國亦有蕞爾洲島戶不盈千

瀛環志畧　卷二　南洋各島　圭

仰慕威靈擕挈求覲遂至漁獠蜑戶概錫王封雖云盛事抑未
免夸而濫矣中葉以後歐羅巴諸國航海東來啚謀襲奪番族
愚懦不能與校於是呂宋羣島遂爲西班牙所據而蘇門答臘
以東大小數十島處處有荷蘭埔頭萬歷後諸番國朝貢之舟
無復抵香山嶴者以爲遠人之日久寖疎而不知其流離瑣尾
地已爲他族有也自泰西據南洋諸島城池堅壯樓閣華好市
廛繁富舟楫精良與前此番族之荒陋氣象固殊而中土之多
事亦遂萌牙於此英吉利諸埔頭在息力以西南洋諸島非其
有也然國勢既強西班牙荷蘭非其匹敵莫敢迕視其視南洋
諸島若己有之修船炮備糗糧諸島皆奉承唯謹不必涉息力

以西而後能辨應也昔之南洋為侏儒之窟宅今之南洋乃歐羅之逆旅履霜冰至豈伊朝夕事勢之積漸蓋三百餘年於茲矣

天下郡國利病書云漢時朱崖之南有都元諶離夫甘都盧黃支等國近者十餘日遠至四五月程前後遣使入貢多異物武帝時遣應募人與其使俱入海市明珠璧琉璃奇石異物齎黃金雜繒而往所至國皆廩食為耦蠻夷賈船轉送致之夷珍貨流入中國始此桓帝時扶南之西天竺（即五印度）大秦（即羅馬）等國皆由南海重譯貢獻而賈胡自此充斥於揚粵矣其貢玳瑁象齒古貝（樹名可以作布）沈水香琥珀獸則馴象元犀猩猩之屬多不可殫紀

三國時吳孫權遣宣化從事朱應中郎康泰使諸番國其所經及傳聞有數百國康立傳記謂之扶南土國曰蒲羅中曰優曰橫跌曰諸簿曰北擄曰濱那專曰烏文曰斯調曰林陽曰馬五洲曰蒟歎洲曰躭蘭洲曰巨延洲晉武帝平吳後入貢者林邑扶南之外曰牟羅曰橫嶺曰末利曰卑離曰滿都曰纏余曰沙樓曰蒲林皆昔所未聞者也劉宋蕭齊時入貢者有師子毗加梨（即孟加拉）干陀利（即三佛齊）闍蒲（即噶羅巴）婆黃阿羅陀（即麻剌甲）阿羅單婆使狼牙修（即錫蘭）盤盤頓遜等十餘國梁武帝時通貢者有婆利（即蘇門答臘）丹丹（即萬丹）毗騫（即噶羅巴）等國隋時入貢者益多有投和邊斗之屬其貢大抵金寶香藥等物亦有獻佛牙舍利者皆奉婆羅門教故也余按以上諸番國歷代異名重譯之餘展轉淆訛莫可究詰其為今何國何島有可考有不可考大約近者為南洋諸番遠者至五印度而止海外諸番之通貢實萌芽於兩漢歐羅巴諸國市舶之來粵則始於前明今南洋印度諸島國皆變為歐羅巴諸國埔頭地則猶是也而主者非其舊矣〇又天下郡國利病書云置嶺南市舶使始於唐以嶺南帥臣監領之設市區令蠻夷來貢者為市稍收利入官貞觀十七年詔三路舶司番商販到龍腦沈香丁香白荳蔻四色並抽解一分武后時都統路元叡冒取番酋貨物酋不勝忿殺之後於廣州設結好使每番舶至則審事宜以聞貞元間嶺南奏請移番市於安

南陸贄在中書奏議駁之宋開寶四年置市舶司於廣州以知州兼使通判兼判官淳化二年始互抽解二分凡諸番之在南海者並通貨以金錫緡錢易其犀象珊瑚琥珀珠琲鑌鐵鼊皮玳瑁瑪瑙水晶番布烏樠蘇木香藥等物太宗立榷務於京師詔諸番貨至廣州非出官庫不得私相貿易其後又詔非珍奇物皆聽市後又詔他物之良者亦聽市其半大抵海舶至徵其什一而給其餘價值歲入以數十巨萬計縣官經費有助焉熙寗中廣州市舶歲課虧折或以為市易司擾之故令提舉究詰以聞於是務官呂邈以闌取番物劾免後以言者罷杭州市舶諸司皆隸廣州元豐三年中書言廣舶已修定條約宜選官推

行詔廣東以轉運使孫迥罷帥臣兼領大觀元年復置廣浙福建三路市舶提舉司三年詔番商欲往他郡者從舶司給券毋雜禁物其防船兵仗給之建炎二年詔市舶多以無用之物枉費國用取稅榷自今以後篤耨香指環瑪瑙貓兒眼睛之類博買前來及有虧番商者重治其罪惟賜臣寮象笏犀帶可者量令輸送紹興二十七年詔廣南經略市舶司察番商假託入貢隆興中臣寮以象齒珠犀比他貨最重請十分抽一罷博買乾道初臣僚又言福建廣南皆有市舶宜置官提舉淳熙二年詔廣州市舶除榷貨物他物之良者止市其半宋自南渡後經費困乏一切倚辦海舶歲入固不少然金銀銅錫錢幣亦用是漏泄外境而錢之泄尤甚法禁雖嚴奸巧愈密其弊卒不可言元世祖嘗立提舉司尋罷至英宗治平六年遣使榷廣東番貨乃復立之聽海商貿易歸征其稅順帝元統六年罷廣東提舉二司至正二年復立廣東提舉司申嚴市舶之禁三年總海商貿易歸征其稅明制諸番例三年一貢世見來王准互市立市舶提舉司以主諸番入貢應入貢番先給以符簿及至三司與合符視其表文方物無僞乃送入京若國王王妃及陪臣等附至貨物抽其十分之五其餘官給之直暹羅爪哇二國免抽其番商私賚貨物入爲市易者悉封籍之抽其十二乃聽貿易然閩廣奸民往往有椎髻耳環效番衣服聲音入其船中導之爲奸

因緣鈔掠傍海甚苦之初洪武三年頒科舉詔於安南占城以其通中國文字也海外諸番自是朝貢不絕永樂改元遣行人聞良輔內臣侯顯鄭和等招諭西南諸番暹羅爪哇以至西洋古里諸國諸番貢獻畢至奇貨重寶前所未有乃命內臣監鎮市而設公館於城南水濱後改建於郡西仙湖永樂四年置懷遠驛於廣州城蜆子步翻房百二十間以居番人隸市舶提舉司然內官總貨提舉官吏惟領簿而已成化宏治之世貢獻至者日盛有司惟容其番使入見餘皆停留於驛往來設宴管待方許入城衣服詭異亦有帽金珠衣朝霞者老稚咸競觀之椒木銅鼓戒指寶石溢於庫市番貨甚賤貧民承令博買多致富正德十二年西海夷人佛郎機亦稱朝貢突入東莞縣大銃迅烈震駭遠近殘掠甚至炙食小兒（詳佛郎西圖說）海道奉命誅逐乃出境自是海船悉行禁止例應入貢諸番亦鮮有至者貢舶乃往漳泉廣城市貿蕭然非舊制矣於是兩廣巡撫都御史林富稽祖訓會典奏上得允於是番船乃通焉嘉靖中諸夷市船抵粵內臣乘船至澳遣知縣有廉幹者往船盤抽提舉司官吏亦無與焉余按南海諸番之通中國自漢始而嶺南之榷番稅自唐始唐以前之通番不過求珍異之貨誇王享之儀其重在貢而唐以後則權其貨稅以益國用其重在市由唐至明中葉閩廣之所謂番船者不過南洋小西洋諸島國非今日歐羅巴之

番船亦無所謂鴉片毒物也然南宋時已有錢幣漏泄之憂前明時已有奸民假冒之弊殆所謂勢有必至理有固然者歟古聖人不貴異物不寶遠物豈惟謹節制度杜侈汰之萌而防患未然之意亦可謂深切著明矣顧亭林海外諸番貢市一篇頗爲詳核故採錄之以資考鏡焉

海國聞見錄云南洋爲閩粵商船數至之地海道有數險舟師皆謹識之最險者爲南澳氣古稱落漈在南澳之東南隔水程七更嶼小而平四面挂腳皆亂石生水草長丈餘氣吸四面之流船不可到到則隨溜吸閣不能返氣之北浮沈皆沙垠約長二百里盡北處有兩山名曰東獅象與臺灣沙馬崎對峙隔洋

面水程四更名沙馬崎頭門氣之南續沙垠至粵海爲長沙頭南隔斷一洋名曰長沙門又從南首復生沙垠至瓊海萬州曰萬里長沙沙之南又生亂石至七洲洋曰千里石塘皆南洋極險之地海船遭風或舟師迷誤犯此數險鮮不敗者長沙一門西北與南澳西南與平海之大星適成鼎足之勢門南北約闊五更粵之番船商艘往東南洋呂宋文萊蘇祿數國貿易者皆從長沙門出北風以南澳爲準南風以大星爲準惟江浙閩三省往東南洋者從臺灣沙馬崎頭門過而至呂宋諸國西洋夾板從昆侖七州洋之東萬里長沙外過沙馬崎頭門而至閩浙日本以取弓絃直洋中國往南洋者以萬里長沙之外渺茫無所取準皆從沙內粵洋而至七州洋汪洋一水之中生此界限亦滄渤之戶闔也○七州洋之南有大小二山屹立澎湃稱爲昆侖（或作崑屯）南洋必由之路山產佳果幽寂無人蹟神龍所宅昔荷蘭失臺灣歸途過昆侖欲建立爲埔頭龍與爲患荷蘭以大礮與龍鬭久之多發狂病斃乃揚帆去至噶羅巴而舟覆康熙四十五六年荷蘭又圖昆侖就海濱營埔頭夜輒爲鱷魚所吞又爲廣南海盜所刼殺乃仍虛其地凡中國洋艘過昆侖天時極晴霽瞥見黑雲一點蜿蜒搖曳狂風立至頃刻而止俗呼鼠尾龍雲白者風尤烈日兩三作或四五作舟人焚雞毛鱟殼使龍觸穢氣而遠避過昆侖即無此事○由昆侖而西南有小

島曰茶盤爲西南洋分路之地往息力者西行往噶羅巴者南行

天下郡國利病書謂眞臘民色甚黑號爲昆侖唐時所謂昆侖奴也今考南洋諸島番面色大半皆黑不獨眞臘爲然且黑有甚於眞臘者至昆侖二山乃南洋小島蛟龍之宅寂閴無人地雖近眞臘而非其所屬何以黑民獨稱眞臘而又以昆侖爲名耶蓋昆侖爲南洋往來必由之路海船皆耳熟其名遂相沿爲諸番之通稱而因以爲黑民之別號唐代正當眞臘強盛之時嘗役屬南洋諸番部故又以昆侖專屬之眞臘也（宋史稱波斯入貢其從者目深體黑謂之崑崙奴波斯黑奴當是印度人似又指西域之崑崙矣）

東南洋大洋海各島圖

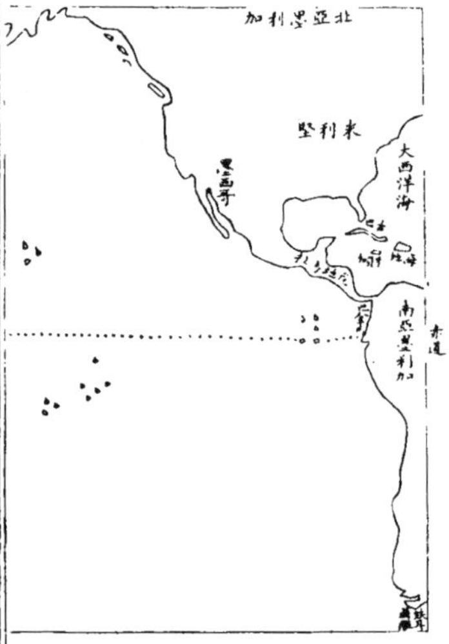
北亞墨利加
米利堅
大西洋海
墨西哥
南亞墨利加
赤道

亞細亞
中國東三省
中國十八省
日本
大洋海即東洋大海又名太平海
赤道
亞利大澳

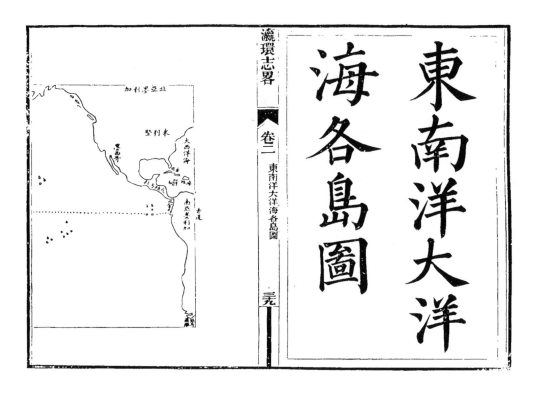

東南洋各島

澳大利亞一名新荷蘭在亞細亞東南洋巴布亞島之南週迴約萬餘里由此島泛大洋海東行即抵南北亞墨利加之西界其地亘古窮荒未通別土前明時西班牙王遣使臣墨瓦蘭由亞墨利加之南西駛再尋新地舟行數月忽見大地以爲別一乾坤地荒穢無人迹入夜燐火亂飛命名曰火地又以使臣之名名之曰墨瓦蠟尼加西班牙人以此侈航海之能亦未嘗經營其地也後荷蘭人東來建置南洋諸島展轉畧地遂抵此土于海濱建設埔頭名之曰澳大利亞又稱新荷蘭旋爲佛郎西所奪佛人尋棄去最後英吉利得之因其土地之廣堅意墾闢先流徙罪人於此爲屯

田計本國無業貧民願往謀食者亦載以來他國之民願受一廛者聽之地在赤道之南天氣炎燥海濱多平土山嶺高者不過三十丈江河絕少雜樹荒草灌莽無垠鳥獸形狀詭譎與別土異土番黑而披髮裸體食草根山果結巢於樹孚之酒一飲即醉臥泥中如豕負塗男役女若畜怒輒殺之英人流寓者墾海濱濕土種麥與粟草肥茂牧羊孳乳甚速毛毳細軟可織呢絨現居民不足十萬每年運出之羊毛值銀二百餘萬兩百物未備日用之需皆從別土運往英人於東境海口建會城曰悉尼居民二萬捕鯨之船時時收泊貿易頗盛而流徙之戶本莠民飲博蕩侈相習成風流寓良民亦頗染其俗南境濱大南海英人新徙人戶已成聚落

西境亦創置一壘在江河之濱北境近赤道天氣酷熱產海參海菜燕窩英人派陸兵駐守以防侵奪計澳大利亞一土英人四境所耕收僅海濱片土不過百之一二其腹地則奧草叢林深昧不測土番如獸老死無往來不特風土無從探訪即山川形勢亦無由乘軺歷覽英人謂此土雖荒曠而百餘年後當成大國南海諸番島當聽役屬如附庸也近命名曰南亞細亞

按澳大利亞即泰西人職方外紀所云天下第五大州陳資齋海國聞見錄繪四海總圖東南隅有片土畧曰人迹不到處即此土也地之廣莫爲東南洋諸島之冠野番獸處亘古昏蒙西班牙既探得亞墨利加兩土侈心不已展轉西尋忽見此土以

爲搜奇天外而不知地球圜轉已至亞細亞之東南洋也荷佛爲鷸蚌之爭旋以窮荒棄之英吉利惜其廣土極意經營欲收效於數十百年之後亦可謂好勤遠畧哉

班地曼蘭島（一作地閩島）在澳大利亞之東南隅相隔一港地週迴約七八百里土脈膏腴五穀薯芋蔬菜皆可種植英人開墾已及大半居民務農之外兼捕鯨魚沿海港口甚多貿易頗盛

搦日倫敦兩島一名新西蘭在班地曼蘭之東幅員倍之有高山插霄漢頂上終年積雪燦白如銀雪水消融由澗壑分流而下可以灌溉土番黑醜畧知人事有酋長凶頑好殺獲仇則臠食其肉藏其頭以示武其土極腴宜麻穀蔬菜英人買其土徙戶口墾種

之漸以耶蘇教化其土人捕鯨之船時至以鳥鎗羢氈易食物土番徒有力鯨船間僱爲水手然不過數人多則恐其生變嘗有鯨船僱土番數十駛海中土番忽羣起盡殺船戶炙其肉而啖之○兩島別有佛郎西割據之土

東南洋番島甚多泰西人就其形似隨意命名有新危尼新耳蘭新撒羅門希伯等名或有酋長成部落或野番散處野番皆黑面雉身禽獸無別或有別土人登岸則磨牙吮血攫而食之

大洋海羣島

自澳大利亞迤東迤北抵南北亞墨利加之西界謂之大洋海水程數萬里島嶼甚稀間數千里乃一遇其島四圍多磐石亦生珊

瑚海船近輒擱淺故不能遍及大洋海風浪最恬泰西人稱爲太平海各島天氣晴和水土平淑產椰子芋薯果實足供採食土人織草爲衣以蔽形性馴而慧異於迤西島番之悍獷近年耶蘇教之徒遊其地而誘進之多有信從易俗者島名不能盡悉其人因教事而命以名○一曰會羣島言其入耶蘇之會也島之大者曰阿他害地附近羣島甚多以此島爲綱領其地山水秀淑風景宜人土人篤信耶蘇教廣設學館又阿歪希者亦大島屬島甚多有國王嘉慶年間舉國奉耶蘇教學館尤繁其王頗諳武備常有師船巡海○一曰友羣島言與耶蘇教爲友也土人形貌端正有心計耶蘇教之徒時遊其地誘化之有加羅林者屬島最多內有一族頗通藝術商船偶過其地亦停泊貿易○一曰賊羣島言其非善類也各島多西班牙所據西人以天主教誘勸之土人不肯從遂至互相攻擊交鬨不已○此外小島尚多名不盡著土產惟椰子人戶甚少未與他國往來○道光二十二年佛郎西新開馬耳其殺羣島風土未詳

按四海之中惟大洋海最大卽中國之東海直抵亞墨利加之西境四萬里茫茫巨浸別無廣土卽島嶼亦晨星落落據泰西人所傳述各島風土人類遠勝於亞細亞南洋諸島然帆檣偶涉率畧未詳蓋由東道往水程當十餘萬里由西道往須歷南亞墨利加之鉄耳聶離途既險遠又無利可牟故商船罕有至者惟捕鯨之船專騖大洋無所不到於諸島數數遇之乃得稍通聲聞耳

五印度圖

瀛環志畧　卷三　五印度圖　一

瀛環志畧　卷三　五印度圖　二

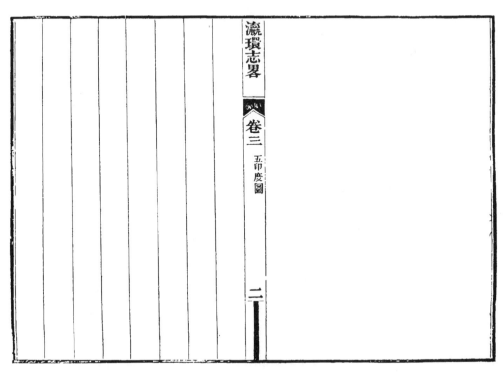

五印度舊圖

米利堅人繪

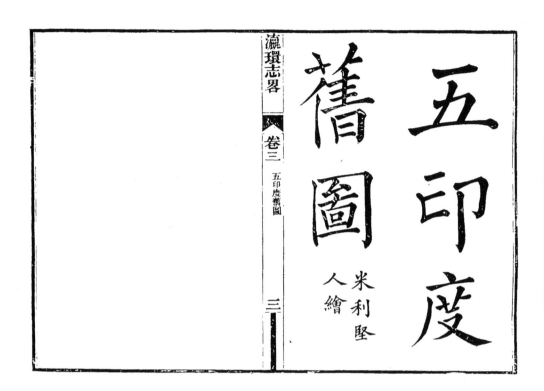

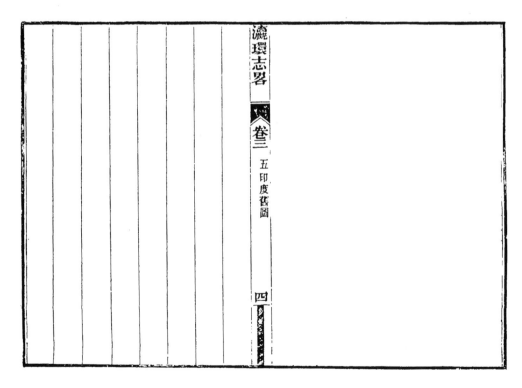

五印度

緬甸之西，西藏之西南，有廣土突入南海，形如箕舌，所謂印度者也。(漢書謂之身毒，又稱天竺，六朝以後釋典皆稱印度，今稱溫都斯坦，一作痕都，又作忻都，又作興都。身毒、印度、溫都、痕都、忻都、興都本一音，以華文譯之，遂人人殊，凡外國地名皆類此。)印度有五，地形入海之處為中、南兩印度。東印度東界緬甸，北連後藏。北印度雪山拱抱，東為後藏之阿遜微，西為西域之札布(即布哈爾東南部落)。西印度跨印度河，與西域之阿富汗、俾路芝接壤。東西約五千餘里，南北約七千餘里。境內名水二：東曰安額河，發源西北，東南流至孟加拉，雅魯藏布江從東北來會之，入海，印度人稱為聖水，佛書所謂恒河者也；西曰印度河，發源後藏之阿里，西行繞雪山之背，至北印度之西北界，轉而南

行，北印度諸水會之，至信地入海。此外西有逆埔他答地諸河，南有莪他帷利、吉那加帷利諸江。北境倚雪山，南境沿海，有連山環繞，中間數千里皆平土。西北界有沙磧，餘多沃壤。迤北寒暑適平，迤南近赤道，炎歊特甚。土宜五穀，宜棉花，宜罌粟花。山水之所產者，金剛鑽、黃玉、寶石、青精、瑪瑙、明珠、珊瑚、藥材、香木、海味，又產獅子、馴象、大鳥。其人多黑面青唇(迤北稍皙，迤南黑甚)，以白布裹頭，故粵東呼為小白頭國。地本雕題種類，貴人額塗日光花卉，或以粉點面如星；庶人額刺紋，胸臂務烙卦畫形，皆雕題遺俗也。男裸上體，耳掛環，下著圍裙；女加上衣，穿耳鼻，掛金銀環，臂脛俱帶釧鐲。人習技巧，金漆雕鏤皆精絕，所製玉器薄如蟬翼。其地為佛教所從出，故

自古著名。自後漢通中國，唐時屢入貢，趙宋時為回部所侵割。元起北方，括地西南，太祖征服西北印度，世所傳遇角端而迴兵者。至憲宗朝，復征服中印度，以宗王駙馬分王其地，東南諸部皆聽役屬，由是五印度為蒙古別部。元末，駙馬帖木耳王撒馬兒罕，威行西域，印度諸部皆臣服。明嘉靖間，撒馬兒罕別部莫臥爾攻取中印度地立國，勢張甚，力尙回教，黜佛教(蒙古在蔥嶺西者，至元末皆入回教)，諸部皆納貢為藩屬。久而陵夷，弱肉強食，時時搆兵。先是明宏治八年，歐羅巴之葡萄牙航海至印度西南界之孟買，開鑿海港，建立城邑，市舶通行，以此致富。荷蘭忌之，以兵船相攻，亦攘其地立埔頭，設公班衙，擅印度海之利權者數十年。迨英吉利東來，驅除兩國

而有其地。佛郎西亦於南印度之東界立埔頭。康熙七年，英吉利在東印度之孟加拉買地建館，築炮臺，造屋七十所，帆檣雲集，百貨流通，埔頭日益富盛。乾隆十七年，孟加拉酋長毀其居，囚其人，英人以大兵攻之，遂滅孟加拉，乘勝兼南中諸部。諸部合縱禦之，心力不齊，紛紛潰敗，有為英所滅者，有聽其置吏僅擁空名者，有受役屬為藩國者。由是五印度全土歸英轄者十之七，僅餘西北敝部尙未服也。英人於沿海立藩部三，曰孟加拉，曰麻打拉薩，曰孟買；內地立藩部一，曰亞加拉。

余嘗見米利堅人所刊地圖，五印度共二十餘國，在東者曰孟加拉，曰麥哈爾，曰尼泊爾，曰阿力色；在北者曰克什米爾，曰勒

懐曰威聊曰烏訥曰聶離在中者曰阿爾各拉曰阿拉哈板特曰工窪納曰馬爾窪在南者曰甘勒士曰彌勒爾曰海特爾拉蠻曰麻打拉薩曰嗒納的曰孟買在西者曰爾勒士布他拉曰阿布爾信據米人雅裨理云此係五印度舊部落之名自英吉利據印度後有分析有改革與此圖不同後見英人所刻五印度圖與米利堅圖全不同地名繁簡亦異地既屬英當就英圖立說附米圖於後以資考核

孟加拉（或作旁葛剌又作網加拉又作孟加臘）印度極東之地其會城曰加爾各搭（或作甲谷他）在安頟支河之濱溝壕深廣城垣鞏固城内館舍閎敞達衢矢直高樓對起皎如白雪城外萬艘鱗集百貨所萃富盛爲五

印度之最英吉利有大酋統轄印度全土駐於此城額兵英軍三萬土軍二十三萬謂之敘跛兵文職皆幼年從英國來學習土語職以洊升祿甚厚加城之東有城曰勢他加織工所萃布帛山積昔爲孟加拉大酋駐札之地轄三部西北曰巴哈爾（一作八拿即米圖之麥哈爾）西南曰岡都亞那（即米圖之工窪納）西南濱海曰猗黎薩（一作八拿力即米圖之阿力色）巴哈爾戶口繁密人多造硝種鶯粟青靛又種玫瑰醸釀造香露猗黎薩佛教最盛之地也○阿薩密（一作阿三又作亞桑又名徹地缸）在孟加拉之東北緬甸之西北前藏之東南距雲南邊徼不遠西北與布魯克巴相連東西約一千一百里南北約五百里北面高山綿亘迤南平衍膏腴雅魯藏布江由兩藏來折而南下經此土西行入

孟加拉地本土夷部落俗崇佛教英人既取孟加拉湖藏江漸拓而東遂據其地立爲別部會城曰若爾合德其土宜茶近年英人試種每歲得二十餘萬觔性寒劣飲之多作泄（阿薩密不在五印度界內因英人由東印度跨割與孟加拉藩部相連故附記於此）

按西藏志布魯克巴之東工布之南爲戳猓烏魯爾苑族稱爲狢㺄野人國其種人名老卡止嘴割數缺塗以五色穴室巢屋獵牲爲食阿薩密之東北境即在狢㺄稍南東與雲南騰越徼外之猓夷㺜夷相接其未與前藏接壤者隔於狢㺄與布魯克巴未與滇省接壤者隔於猓夷㺜夷然距兩處邊界均不甚遠

麻打拉薩（或作馬搭剌又作曼噠喇薩又作馬達拉斯大）在孟加拉之西南城建於海濱

沙坡之上波潮衝激登岸最險英人設會城於此專爲控扼南方其人面多純黑肢體便捷工百戲部名曰加爾那的（即米圖之嗒納的）轄五部迤北曰北西爾加耳（一作西令牙巴坦）迤西曰巴拉加（一作北剌利）西南曰哥英巴都爾（一作班牙樂）再西曰馬拉巴爾（一作骨他巴）再西濱海曰加那拉（一作骨他羅利）北西爾加耳本印度大國嘗募兵欲逐英人英人進攻割其國三分之一嘉慶三年再搆兵爲英所滅巴拉加城建山頂路惟蜿蜒一綫一夫可以當關哥英巴都爾炮臺堅固街衢方廣內有故王之宮英所滅也屬邑曰撒林民多織布造硝馬拉巴爾山嶺崎嶇爲流徙罪人之地加拉那沿海一綫其城內萬廈整潔頗稱饒裕麻打拉薩之南有本地治里城（一作奔的支黎又作笨支里）爲佛

耶西埔頭未能辟土。止據一城而已。

孟買（一作網買，粵東稱爲港腳）在印度西界，沿山傍海，地形狹長，其民勤於生計，供太陽火神，死者不葬，以飽烏鳶。明初，葡萄牙初開海港，建設埔頭。康熙初年，爲英人所奪。其地所產者，棉花、胡椒、椰子、珊瑚之類。海舶甚巨，有載二萬二千五百担者。粵東最大之洋艘，皆從港腳來也。部名曰痾隆加巴（一作亞麥大巴）。舊有回部大城，居民逾十萬，遭地震而殘毀，故以孟買爲會城，轄三部。東北曰根的士（即米圖之甘勒士），西北曰古塞拉德，南曰北曰不爾。孟買之北海濱，舊有蘇辣城，昔爲商賈雲集之地，城內有禽獸院，養犬牛之老邁者。自市舶移於孟買，此城日益蕭索。根的士界內有埔拿城，本馬剌他之都城（米圖

作馬爾唑，一作馬盧襪）。嘉慶年間，英人滅之。其地產鴉片最多。北曰不爾之南濱海有地名痾襪（一作俄亞），俗稱小西洋，長一百二十里，闊六十里。明正德五年，葡萄牙取之，建城設險，役屬鄰藩。自葡萄牙衰，而其地貿易亦微。又荷蘭有城在海濱，曰可陳（一作固貞），近年亦爲英人所取。

亞加拉（米圖作亞爾各拉，又名頟納特珂克）在五印度東西適中之地。元時蒙古初據印度全土，以此爲都城，所謂中印度也。殿閣宏敞，百官之署畢具。城內有塧，陟其頂可周視九十里。城外有蒙古王墳，墳亦作塧形，週圍數十丈，工作極奇麗。城四面築炮臺，俱搋[illegible][illegible]。民皆回回，不崇佛教。舊時本大都會，自蒙古衰廢，荒殘久矣。近年生聚漸繁，貿易復盛。道光十三年，英人於其地立藩部，稱爲地內省，轄四部。東南曰阿拉哈巴（即米圖之阿拉哈板特）。迤北曰德列（即米圖之畢離）。極北曰古爾瓦勒（即米圖之威聊）。迤西曰亞日迷爾（一作亞北得希）。亞日迷爾本回回大部，明嘉靖五年，撒馬兒罕蒙古別部（即莫卧爾）取其地立國，歷二百三十餘年。當其盛時，印度諸國皆入貢。後權臣專政，四鄰內侵，國王孱弱，不能自立。乾隆二十五年，求援於英，英師未至，王已爲敵所虜，矐其目，使自尋導者以爲笑樂。英人以勁兵破敵，乃免。然從此地歸英轄，王僅居宮殿，食俸糈，足以養其宗族而已。

按五印度別國埔頭，尚有數處。屬佛郎西者，本地治里之外，曰加黎架爾（在加爾那的部內），曰牙那安（在北西爾加耳部內），曰商德爾那哥耳（在孟

加拉部內），曰馬黑（在馬拉巴爾部內）。屬葡萄牙者，痾襪之外，曰達蒙（在古塞拉德部內），曰的玉，曰奔達，曰加那哥納，曰比這靈，曰薩達利，曰比爾凝，曰阿斯德拉加爾，曰巴黎，曰英巴爾巴升，曰順達拉瓦的，曰加哥剌（皆海濱小聚落）。屬嗹國者，曰西林不爾（在孟加拉部內），曰達耶給巴爾（在加爾那的部內）。大約不過一城一邑，或海濱一廛，藉以僑寓客商，居積財貨，非裂其壤土而有之也，則亦不足著錄矣。

錫蘭（錫倫、西崙、僧伽剌、楞伽山、賓渚、則意蘭、則意拉）在南印度之東南海中，大島也。周迴千餘里，中有崇山，高阜近海，窪下地多雨，多迅雷。山川靈秀，花木繁綺，禽聲歡樂，風景足怡。林內多象，土人用之如牛馬。居民皆崇佛教，云佛生於此土。生齒繁多，穀不足，仰食印度諸部。山

出寶石海濱出明珠所產桂皮最良勝於粤西前明中葉葡萄牙
據錫蘭海口立埔頭尋爲荷蘭所奪嘉慶元年英吉利驅逐荷蘭
盡有海濱之地時錫蘭酋殘虐失民心其都城在海濱名可倫破
英人屢進攻內潰而亡全島遂爲英有英以大酋鎮守海船屯集
之地名停可馬里
天下郡國利病書云錫蘭山國古狠牙脩也自蘇門答剌順風
十二晝夜可至其國地廣人稠貨物多聚亞於瓜哇中有高山
上產鴉鶻寶石每遇大雨衝流山下從沙中拾取之隋常駿至
林邑極西望見焉番語謂高山爲錫蘭因名相傳釋迦從迦藍
與來登此山猶存足迹山下有寺中貯釋迦涅槃眞身及舍利

子明永樂六年遣太監鄭和等詔諭其王亞烈若奈兒賚供器
寶旛布施於寺建石碑賞賜國王頭目有差亞烈若奈兒負固
不服擒之以歸擇其支屬賢者亞巴乃那立之十四年偕占城
瓜哇滿剌加蘇門答剌等國貢方物正統十年天順三年復入
貢云云○余嘗閱米利堅人雅裨理云錫蘭爲天竺本國今稱五
印度爲天竺乃世俗相沿之誤按後漢書卽以天竺爲身毒似
非以一島之名概全土雅裨理所云不知何所據也
五印度中東南諸國大半爲英所夷滅分隸四部尚有十餘國納
款稱藩僅存故號者英人各派大酋駐札代理國政○德干又名
尼桑一作尼散米圖作海特爾拉發乃其都城之名又米圖之彌勒爾係其屬部在南印度腹地幅員

之廣爲中南諸部之最國無政而好戰民多怨畔四鄰并侵英人
助以兵力乃免於亡遂降於英爲屬國其地天氣炎熱物產豐饒
風俗邪淫最甚地分五部曰海德拉巴米圖作海特爾拉發其都城也曰比
德爾曰比拉爾米圖作彌勒爾曰亞瓦郎加巴曰北乍不爾○那哥不爾
一作納不邦在德干之東北幅員半之素以盜刦爲俗飛騎四出剽掠
諸鄰英人力征降之今爲屬國其都城與國同名所屬通商之地
曰罷架爾曰耶德各曰昭布爾曰拉登不爾曰馬合罷曰列不爾
曰古達曰威拉合爾○剌日不德卽米圖之爾勒士布他拉又名澳地在西印
度幅員遼濶西境沙磧居多東境土田最沃江河足資灌溉舊本
大國夙稱富饒以力不敵而降英地分九部曰日宜不爾曰哥達

曰奔的曰痆代不爾曰入德不爾曰當克曰日薩爾迷耳曰比加
尼爾曰巴的○賣索爾一作買素又作邁蘇耳卽米圖之買若爾在南印度南界素稱
強國地多沃土農功甚力其王好戰侵伐四鄰連年不息英人力
戰取其地散其兵乃降爲屬國都城與國同名所屬通商之地曰
邦加羅爾曰幾那巴登曰幾德爾德拉克曰賽拉曰哥剌爾○烏
德米圖作烏訥西藏稱爲盆烏子在東印度北境與尼泊爾爲鄰力不敵英降爲
屬國都城曰盧各腦所屬通商之地曰非薩巴爾曰幾拉巴曰巴
來支曰丹達○西林德在北印度隆德勒至河之左本塞哥國左
部降於英爲屬國地分四部各有酋長曰巴的亞拉曰達內薩爾
曰拉的亞納曰翁巴拉○邦德爾干波保爾曷爾加那皆中西印

度小國與新的亞犬牙相錯孱弱不能自立降附於英。曰瓜爾又名古宜加瓦爾在西印度西南隅三面懸海素以寇掠為俗印度人稱為賊渠為強敵所迫降於英都城曰巴羅達（一作巴羅他）。曰薩達拉英之屬國在德干之西南都城同國名所屬通商之地曰馬合比里昔爾曰美黎至曰般德爾不耳曰台達尼。曰達拉王哥爾亦英屬國在南印度極西南海角都城曰的里彎德棱所屬通商之地曰達拉王哥爾曰波爾架曰固蘭曰安任加。曰哲孟雄（一作者木雄）在東印度北境介尼泊爾布魯克巴之間北連前藏壤地最狹人戶止五六千降於英為屬國。此外中西印度尚有數小部皆屬於英。

按印度中東南諸部皆已屬英內德干等十餘部因納土歸降未夷九縣然各國皆有英酋駐札代理國政名號空存塊然守府介於若存若亡之間亦終歸於絕滅而已

布魯克巴（一作不丹）在前藏之正南其北境與前藏之帕爾接壤東南界英人新闢之阿薩密西南界孟加拉西界哲孟雄與孟加拉東西約一千五六百里南北約六七百里為紅教喇麻總持之地與兩藏之奉黃教同舊分布魯克噶畢兩族雍正年間兩族相仇殺先後赴藏投誠貝勒頗羅鼐為和解之各遣使奉表貢方物後噶畢合於布魯克為一國其地時序和平類中國遠勝兩藏土田肥沃湖河交貫五穀蔬菜瓜果皆宜戶口極繁產棉花大黃黑金紋石地分二部曰德白拉作（即布魯克巴）曰比斯尼（即噶畢）都城在德白拉作曰達西蘇敦（西藏志作札什曲宗乃國王避暑之地國王所居名坪湯距札什曲宗二百里）西藏喇麻往來五印度率取道於此（按布魯克巴在廓爾喀之東中間僅隔哲孟雄一小部泰西人地圖附見於五印度而其書則別稱為不丹國不列五印度諸國之中蓋其地勢偏東不在五印度界內也今附錄於此）

廓爾喀（一作庫爾卡）本名尼泊爾（一作尼巴爾又作尼博拉）又稱巴勒布（一作巴爾布）或稱白布廓爾喀乃其別部城名當孔道而貿易繁故其名獨著猶西域浩罕之稱安集延也在東印度北境東西南皆界英人孟加拉亞加拉屬部東界哲孟雄北境毘連後藏東西約一千六百里南北約四百里舊分葉楞布顏庫庫木三部雍正九年各以金葉表文貢方物後併為一國乾隆五十六年侵擾後藏陷札什倫布

大掠而去相國福文襄公率索倫勁旅征之懸軍深入累戰克捷逼其都城先是英人既滅孟加拉東印度諸部皆降獨廓爾喀血戰保疆未遭蠶食且數攻英屬部至是英人聞中國進兵亦與兵擾其邊廓夷震恐赴大軍乞降獻還所掠并獻首禍沙馬爾巴之尸部許其內附五年一貢由四川北上其北境連雪山淩摩霄漢終年積雪土肥沃產二麥黍稷各豆甘蔗棉花丹參肉蔻其人短身勁狠多力戶口約百餘萬嘉慶二十年與英人交訌搆兵累年近年復相攻互有勝負其國亦雕題種類彩衣塗額與印度諸部同面色尚不甚黑俗崇佛教紅黃喇麻雜相錯惟不能操大權國分九部曰

尼泊爾首城名加德滿都（一作甲曼土又作陽布）其國都也曰念四汗首城名廓爾喀曰念二汗首城名齊伊利曰馬各王不爾首城名同曰幾拉德斯數酋分據首城非一曰加當首城名希當曰札言不爾首城名同曰薩巴帶首城名那剌加利曰廢隆首城名那剌加利爾

按廓爾喀地形狹長幅員非廣當英吉利破滅孟加拉席卷長驅諸部望風瓦解獨廓爾喀自保疆圉不失寸土其陰鷙多謀習於戰攻實爲印度諸部之最然輔車無鄰獨支大敵亦岌岌之勢矣（廓夷稱英人屬部爲披楞又稱爲里底）

西藏志附錄稱距後藏塞爾地方十日程係白木戎界管九部

曰納噶爾汗曰雜納曰餘隆巴曰拉不立曰額耶紬曰隘巴曰立巴曰雜不立其地稱爲小西天東與朱巴連界南至大西天盆烏子西至白布北至後藏曰蓋子又云由白木戎西去十日交大西天界再行十日始到小西天不爾牙王子住處從此上船由海中行半月即至大西天（云云）余按大小西天本番僧夸誕之稱大約以印度之東北一帶爲小西天而餘則稱大西天與前後藏接壤者東有布魯克巴西有廓爾喀中間止有哲孟雄小部別無大國此所云白木戎東至朱巴朱巴不知爲何地西至白布白布實即廓爾喀南至大西天盆烏子似即廓爾喀南隣之烏德然則所云白木戎者仍即白布仍即廓爾喀耳兩藏與印度以雪山爲界雪山嶔嵜谽谺中藏川谷原非一帶齊截橫亘如垣中間夾雜之番戎小部容或有之然斷無極大部落而人皆茫昧之理又所云白木戎行二十日至不爾牙上船入海至大西天（云云）今攷印度東界入海之處惟孟加拉最近此所云不爾牙應即是孟加拉由廓爾喀至孟加拉約千餘里似白木戎之爲廓爾喀無可疑也至番部地名本多恢詭重譯之餘言人人殊固亦不足怪耳

塞哥（一作悉國又作西刻）北印度大國西域稱爲克什米爾（一作加治彌爾又作加支迷爾又作夾氏米里）乃其別部之名（其國自古以此部爲國名新唐書謂之箇失密又謂之迦溼彌羅宋史謂之迦溼彌勒元人謂之乞石迷耳皆克什米爾之轉音也）猶尼泊爾之稱廓爾喀浩罕之稱安集延

也東北雪山環抱與後藏西徼毗連西北隅接西域之札布西界阿富汗俾路芝西南界信地東西約千里南北約二千五百里其地時序和平山水明秀沙磧雖多而土田極沃農功甚勤戶口約三百萬商賈善於行遠西域回疆後藏處處有之國舊分左右部以隆德勒至河爲界河左之西林德部已降英吉利爲屬國餘諸部皆在河右各有酋長不相統屬乾隆末勞爾（即剌合）酋長林日星兼并河右諸部爲一又逾印度河割阿富汗數城繼立之王尤雄武以歐羅巴人爲將戰勝攻取四鄰畏服道光十九年王卒宗孫嗣立信任讒佞大柄旁落國勢頓衰先是英吉利攻滅孟加拉乘勝脅降諸部值塞哥兩世得賢主國治兵強故英人止戈修好未

嘗措意至是昏庸在位開隙可乘遂連年大舉深入侵割其疆土過半其所失爲何部尚未得其詳也國分九部首曰本若都城建於拉維河岸曰勞爾（一作剌合米圖作勒懷）貿易繁盛爲通國大都會曰固宜斯丹首城名拉德如爾曰克什米爾首城同名曰着這首城名亞德各曰亞薩勒曰北朝威爾曰幾爾加爾不耳曰木耳丹曰勒亞曰德勒義斯馬伊爾汗曰德拉合西汗曰巴合瓦爾不耳首城皆同名（道光二十年粵東譯出英人新聞紙有英軍攻阿付顏尼峩羅斯約木哈臘欲取阿付顏尼之說意在爭北印度也二十六年傳聞英人用兵於北印度有取得西刻之加治彌爾與後藏接壤欲赴藏通市之說西刻即塞哥加治彌爾即克什米爾據西人所刻地圖克什米爾在塞哥極北界英人果割地至此則已拊塞哥之背不止喪地實多抑且危如朝露矣）

新的亞（一作新地亞）在中印度地形曲折迴環與英人屬部屬藩交錯紊以剽掠爲俗飛騎出沒屢與英人搆兵地分三部各有酋長不相統屬曰亞加拉（亞加拉舊都巳爲英屬此蓋其西南部落）首城名瓜利爾其王都也曰干德宜至首城名不耶不爾曰馬盧襪（即米圖之馬爾窪一作馬剌他其都城巳爲英屬此蓋其東北部落）首城名痾日音馬盧襪爲鴉片總聚之地每年運出二萬餘箱

信地（即米圖之阿布爾信）在西印度極西南隅北界塞哥西界俾路芝南臨印度海印度河由此入海南北約千里東西約五百里都城曰海德拉巴其國未歸英轄

按以上五國惟布魯克巴偏東不在五印度界內然東西南三面皆介英人新闢之土亦可危也廓爾喀強悍能自立且發焉思啟實英人東面勍敵塞哥地大兵強新的亞剽輕善戰信地遠在邊隅勢異魯縞又逢弩末故三國徼幸未亡也然近年塞哥境土巳亡失過半而新的亞包括英土之中四面受敵臥榻之旁難容鼾睡安陵之能否獨存尚未可知倘竟不支則脣亡之信地取之有如拾芥五印度之全爲英有固意中事耳（前藏以布魯克巴爲屏蔽後藏以廓爾喀爲屏蔽兩部藩籬一撤則兩藏直與之接壤矣）

五印度在亞細亞一土正當午位北面雪山綿亘南境斗入溟渤袤延蓋萬餘里漢武帝欲由身毒通大夏斷匈奴右臂西南夷之役由此而興然單車之使卒未能度恆河（即安頽河）而西發東漢時顯宗求佛法始一遣使由是漸通朝貢唐代往來尤頻數

北宋時亦屢來貢獻元太祖起於漠北未削金源先開西土由印度之西北轉戰而南憲宗繼之五印度遂全歸囊括亘古蠻荒之域使以鞭箠頤行莫逆功烈可謂奇矣惜乎有其土莫能變其俗宗王國戚遠授蠻封魋髻箕踞佗自泰迨元政既衰聲靈隔絕諸部之酋雖強半蒙古苗裔而與昔日之蠻荒亦無大區別也歐羅巴諸國之居印度始於前明中葉倡之者葡萄牙繼之者荷蘭佛郎西英吉利皆以重貲購其海濱片土營立埔頭蠻人憒憒不察葡牙英吉利漸於各海口建立炮臺調設兵戍養銳蓄謀待時而動迨孟加拉一發難端遂以全力進攻諸蠻部速雖棲桀等於拉朽折枯於是五印度諸部夷滅者十

八九哀哉英人自得五印度榷稅養兵日益富強其陸地與西藏之南界滇省之西界雖壤地幾於相接而梯度繩懸往來不易水程則自孟加拉至粵東兼旬可達邇年英人貨船自印度來者十之六七昔日之五印度求疏遏而不得今日之五印度求隔絕而不能時勢之變固非意料所及矣

英吉利印度埔頭孟加拉最盛孟買次之麻打拉薩又次之英吉利本國商船與歐羅巴諸國之船每歲往來以數千百計其稅銀每歲得千餘萬養兵太多支銷之外所餘亦無幾

中國之布從前皆以麻織自元太祖征印度乃得棉花之種（棉花初稱吉貝）流傳中土至今衣被九州功駕桑麻之上其利溥矣乃鴉

片之毒亦出於此五印度諸部皆產此物而最多者爲馬剌他（川南滇西地近印度故亦有栽種鶯粟者）鴉片分兩種成團者爲大土其價昂聚於孟加拉麻打拉薩成片者爲小土其價廉聚於孟買五印度貨物惟棉花鴉片最多近年竟以鴉片爲主每歲出運數萬餘箱宇宙浮孽之氣乃獨鍾於佛國何其怪也

回疆葉爾羌等城時有克什米爾溫都斯坦兩處之人往來貿易西域聞見錄謂兩部皆回部大國由葉爾羌南行六十餘程至克什米爾又四十餘程至溫都斯坦以今攷之克什米爾即塞哥爲北印度大國溫都斯坦則五印度總名部落既多西域不能辨識自克什米爾之外概稱爲溫都斯坦耳又云兩廣福建之物往往由溫都斯坦販至回疆此無足怪溫都斯坦之孟加拉孟買皆英吉利大埔頭閩粵之貨山積由兩處至回疆皆商賈通行之熟路轉運固甚便矣

謝清高海錄云明呀喇（即孟加拉）土番有數種一曰明呀哩一曰夏哩一曰吧藍美明呀哩種較多而吧藍美種特富厚明呀哩食牛不食豬夏哩食豬不食牛吧藍美則俱不食富者衣食居處頗似英吉利以華麗相尚貧者家居俱裸體以數寸寬幅布圍其腰又自臍下絆至臀後以掩下體男女皆然謂之水幔（此與巫來由風俗相同）出門所圍布幅稍寬有吉慶則穿長衣窄袖其長曳地用白布二丈纏其頭以油徧擦其身所居屋盡塗以牛糞俗以

螺殼有文彩者爲貨貝交易俱用之娶妻皆童養夫死婦不再嫁鬄髮而居各種不相爲婚男子胸烙小印數處額上刺紋女人皆穿鼻帶環吧藍美死則葬於土餘皆棄諸水有老死者子孫親戚送至水旁聚而哭之各以手撫其尸而反掌自舐之以示親愛徧則棄諸水急趨而歸以先至家者爲吉明呀哩間有以火化者更有伉儷敦篤者夫死婦矢殉先積薪於野置夫屍於上火之婦則盡戴所有金銀珠寶玩飾繞火行哭親戚亦隨哭極慟見屍將化婦則隨摘諸飾分贈所厚而跳入火衆皆嘖嘖稱羨俟火化而後去每歲三四月羣聚賽神廟門外先竪直木一再取一木度其長之半鑿孔橫穿直木上令活動可轉橫

木兩端。各以繩繫鐵鈎二。有數人赤身。以長幅布圍下體。手綰一籃。籃內裝各種時果。立其下。衆先取兩人。以橫木兩端鐵鈎。鈎其背脊兩旁。懸諸空中。手足散開。狀如飛鳥。觀者舉橫木推轉之。其人取籃中果分撒於地。羣爭拾之。果盡。復換兩人。衆皆歡笑。不以爲苦也。得果者歸以奉家長及病者。以爲天神所賜云。土產棉花鴉片煙硝牛黃白糖海參瑇瑁訶子檀香。鴉片有二種。一爲公班。皮色黑。最上。一名叭第咕喇。皮色赤。稍次。皆華人所謂烏土也。出於明呀喇屬邑地名叭旦拏。即八拏其出曼噠喇薩者。亦有二種。一名金花紅。爲上。一名油紅。次之。出馬拉他。及盎叭哩者。名鴨屎紅。皆華人所謂紅皮也。出孟買及啣肚者。則爲白皮。○曼噠喇薩即麻打拉薩在明呀喇西南。由葛支里沿海陸行約二十餘日。水路順風約五六日。亦英吉利大埔頭。有城郭。其地客商多阿哩敏、番、即來粵戴三角帽者是也。土番名雪、那哩。風俗與明呀哩畧同。土產珊瑚珍珠鑽石銀銅棉花訶子乳香沒藥鴉片魚翅猳棱豸。棱豸形如小洋狗、又有金邊洋布。價極貴。一疋有值洋銀八十枚者。內山爲嘵包補番。嘵包補華言大也。本回回種類。其間國名甚多。○笨支里即本地治里一作房低者里在曼噠喇薩西南。爲佛郎機所轄地。由曼噠喇薩陸行約四五日。水行約日餘。即到。土產海參魚翅訶子棉花猳棱豸。○呢咕叭當。即海國聞見錄所云尼顏八達舊爲荷蘭埔頭在笨支里西嶺介中。疆域甚小。土

番名糯亞。即繞阿一作爪亞○西嶺。又名咕嚕慕。由笨支里水路約六七日可到。土番名高車子、風俗與明呀哩畧同。土產海參魚翅棉花蘇合油。以上各地名皆東印度及中南印度東畔沿海各埔頭○打冷莽柯。即達拉王哥爾在西嶺西北。順風約二三日可到。疆域甚小。土番極貧而性頗淳良。風俗與上畧同。屬邑有地名咖補。西洋客商皆居此。土產海參魚翅龍涎香訶子。○亞英咖在咖補西北。順風約五六日可到。土俗與上畧同。土產棉花燕窩椰子訶子。○固貞。即可陳在亞英咖西北。順風約日餘可到。本荷蘭埔頭。近亦爲英吉利轄。土產乳香沒藥魚翅棉花椰子蘇合油血竭砂仁訶子大楓子。○隔瀝骨底在固貞北少西。順風約二日可到。土俗與上同。產胡椒棉花椰子。俱運至固貞售賣。○馬英在隔瀝骨底北少西。順風約二日可到。爲佛郎西所轄地。即馬黑風俗物產與上畧同。○打拉者在馬英西北。陸路約數十里。土俗與上同。產胡椒海參魚翅淡菜。○馬剌他。即馬盧藏一作馬爾塞本印度大國英人滅之地產鴉片最多在打拉者西。疆域甚長。沿海分爲三國。一小西洋。一孟婆囉。一麻倫呢。爲回回種類。凡拜廟。廟中不設主像。唯於地上作三級。各取花瓣徧撒其上。羣向而拜。或中間立一木椎。每月初三。各於所居門外向月念經。合掌跪拜稽首。土產棉花胡椒魚翅鴉片。○小西洋。即俄亞在馬剌他西北境。爲大西洋即葡萄牙所轄地。土番名盈、丟。奉蛇爲神。所畫蛇有人面九首者。婚嫁與明呀哩同。死則葬

於土每年五月男女俱浴於河延番僧坐河邊女人將起必以兩手掬水洗僧足僧則念咒取水讀女面然後穿衣起又有蘇都嚕番察里多番咕嚕米番三種多孟婆羅國人西洋人取以爲兵其風俗與盈丢畧同○孟婆囉在小西洋北山中由小西洋順風約日餘可到王都在山中以竹爲城風俗與小西洋同土產檀香犀角○麻倫呢在孟婆囉北順風約日餘可到風俗與孟婆囉同土產海參魚翅鮑魚二國貨物多運至小西洋售賣○盎叭哩在麻倫呢北少西順風約一二日可到風俗與小西洋畧同土產瑪瑙棉花鴉片洋葱洋葱之白寸餘熟食味極美○孟買在盎叭哩北少西相去約數十里爲英吉利大埔頭

有城郭土番名叭史顏色稍白性極淳良家多饒裕土產瑪瑙大葱棉花阿魏乳香沒藥魚膏魚翅鴉片番鹹棉花最多○蘇辣（即蘇剌）在孟買北水路約三日可到土番名阿里敏物產同上○淡項（讀平聲）在蘇辣北水路約日餘可到土產同孟買○喞肚在淡項北疆域稍大順風約二日可到風俗與盎叭哩諸國畧同土產海參魚翅俱運往蘇辣孟買販賣（以上各地名皆中南印度西畔沿海各埔頭）自曼噠喇薩至喞肚土番多不食豬牛羊犬唯食雞鴨魚蝦男女俱帶耳環自明呀喇至喞肚西洋人謂之哥什塔（一作戈什塔）中國稱爲小西洋土人多以白布纏頭所謂白頭番也遇王及官長蹲身合掌上於額過然後起子見父母亦合掌於額平等相見亦如之其來中國貿易俱附英吉利船亦土船從無至中國中國船亦無至小西洋各國者○余按此錄所載乃東中南三印度沿海大小各埔頭其腹地國土疆域謝清高均未涉歷故不能言其詳因其敘述諸番風俗物產頗爲明備故附錄於此

印度爲佛教所從出晉法顯北魏惠生唐元奘皆遍歷其地訪求戒律大乘要典紀載特詳其所謂恒河者即今之安額河印度人稱爲聖水諸佛菩薩羅漢繪塑之像多裸上體或耳帶環脛束釧乃印度本俗至今未改所衣袈裟即印度人所著遮漫郎僧人爲禮合掌膜拜亦皆印度土俗也佛法自後漢入中國

至南北朝而達摩航海東來演教外別傳緇流遂布滿中國紅衣喇嘛教起於烏斯藏其地本毘連印度至前明中葉宗喀巴別唱宗風演爲黃教內外蒙古暨瓦剌各部靡然從風其教可謂盛矣然自回教興於唐初由天方漸傳東北不特玉門以西多花門種類而佛法最盛之五印度亦大半舍牟尼而拜派罕（派罕巴爾即摩哈麥回教之祖也）元起北方最崇佛教太祖憲宗取印度建爲外藩乃其地已半從回教不特不能改革而蒙古居其地者亦改從回教蓋自宋元以後五印度佛教已不如回教之多至今日而印度各國備歐羅巴之東藩又參以耶蘇教而佛教愈微矣慧光照於震旦而淨土轉滋他族物莫能兩大想佛力亦無

如之何耶

近刻有將巴社阿丹兩回國稱爲西印度并極西之如德亞亦隸之西印度者其說甚奇不知何所本五印度者漢之天竺身毒也巴社即波斯漢之安息也阿丹即亞刺伯漢之條支也（說詳回部四國圖後）如德亞即拂箖古羅馬之東境漢之大秦國也漢書列安息爲一國條支爲一國大秦爲一國天竺爲一國今曰皆西印度則是有天竺而無安息條支大秦也夫天竺自古之弱國也幅員雖廣而怯懦不善鬭西北諸胡取而代之者屢矣東漢時大月氏方強嘗殺其王而置將令統其人唐時亞刺伯回部方強屢侵割其境土趙宋時半爲回部所割據至元明而五印

度全爲蒙古所囊括是他國之兼有印度者代有之矣未聞印度之兼有他國也漢書天竺傳稱月氏高附國以西南至西海皆身毒之地或者因此傳會歟高附不知爲今何地其國介天竺罽賓安息之間大約在印度河左右南至西海者指印度海非指地中海也唐沙門元奘訪求釋典遍歴五印度各有紀載其記西印度諸國總不離印度河左右而曰自此西北至波剌斯非印度之國也西北接拂懔西南海島有西女國並非印度境波剌斯即波斯所謂巴社也拂懔即拂箖（泰西人稱猶太國其都城曰耶路撒冷轉音爲拂懔拂箖）所謂如德亞也（如德亞之北曰西里亞西女即西里之訛有女無男之說世俗所附會也）元奘親歴其地而斷其非印度境今乃無端而隸之印度義何取乎如曰其國在印度之西不妨名爲西印度則葱嶺東西之城郭諸國以及烏斯藏衛皆可名爲北印度滇池緬甸暹羅安南真臘皆可名爲東印度乎廣印度於天下其意何居爲此說者當代博雅名流或其別有所本而非予之所及知也書之以質所疑

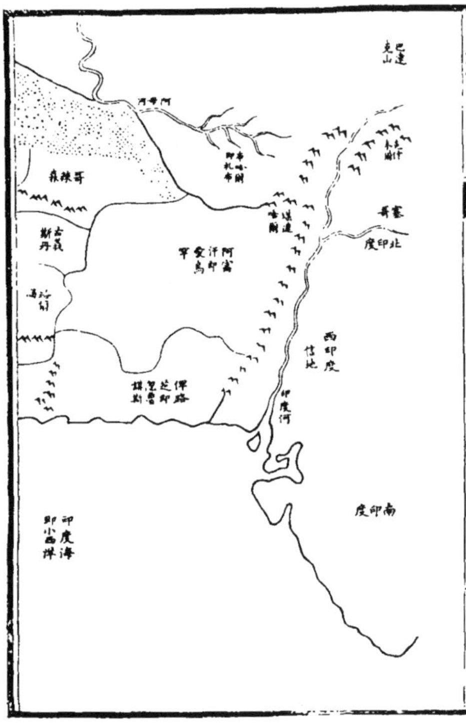

瀛環志畧

卷三

印度以西回部四國圖

三七

印度以西回部四國圖

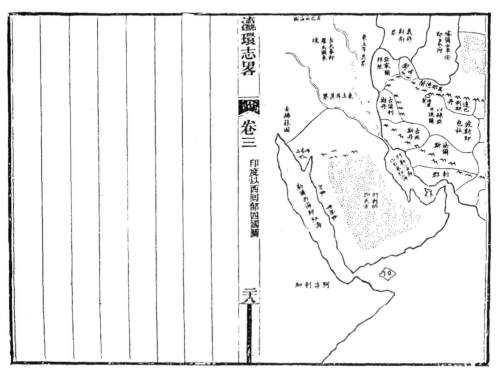

瀛環志畧

卷三

印度以西回部四國圖

三八

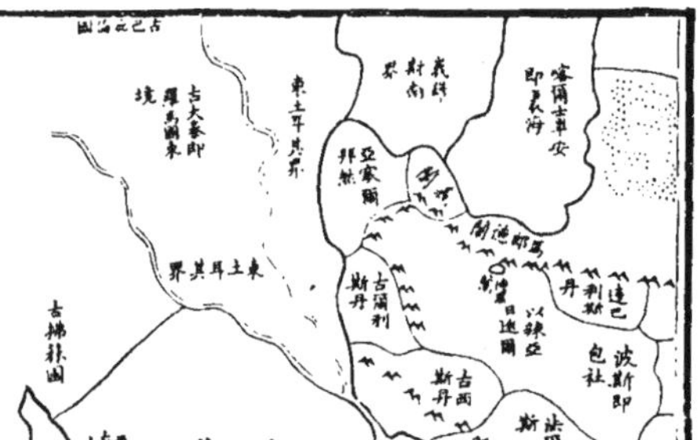

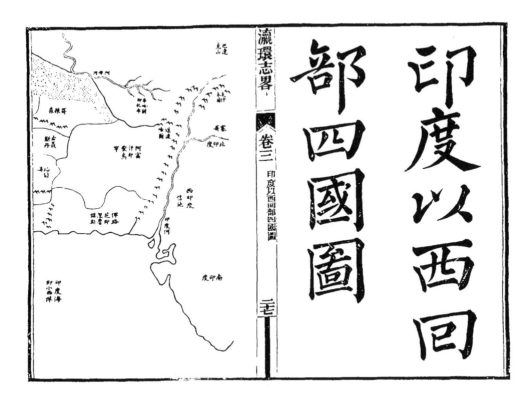

印度以西回部四國

阿富汗（阿富汗尼士丹○愛烏罕○阿付顏尼）回部大國也。北界布哈爾，東界印度，南界俾路芝，西界波斯。東西二千餘里，南北千餘里。乾隆二十四年，因拔達克山內附，歷貢良馬。其國本波斯東境，明正德初有巴皁爾者，取喀布爾（一作喀奔）、堪達哈爾、濟斯尼三城，自立為國，傳二百餘年。至康熙中，波斯衰亂，阿富汗乘勢并兼，得其全土。越十七載，波斯復興，那的爾沙既得國（詳波斯傳），盡銳東伐，滅阿富汗。那的爾沙死，阿富汗王子亞美里沙收復故土，仍與波斯并立。乾隆五十四年，王塞曼沙為弟馬慕所篡，國大亂者十餘年。北印度之塞哥（一作悉國，已詳五印度圖說）與阿富汗隔印度河為鄰，阿富汗盛時嘗渡河取塞哥邊地（俗傳愛烏罕滅溫都斯坦，即此事也）。至是內訌，塞哥勞爾部（塞哥都城，一作勒懷，已詳五印度圖說）酋長林日星收復河東地，并渡河割數城，阿富汗由是不振。近年與英吉利所屬之印度西部搆兵數年，講和而罷。其國介印度、波斯之間，天氣酷熱多雨，西界有沙磧，餘皆沃壤。俗事耕種，無游牧。城池壯麗，戶口殷繁，勝兵數萬，軍器用鳥鎗、長矛、腰刀，不習弓矢。風俗與波斯同。土產鐵、錫、礬、鹽、硇砂、硫磺、煙葉、棉花、阿魏、青黛、丹參、甘蔗、地毯。○阿富汗分九部：首部曰喀布爾（一作喀奔），其都城也，地處平原，烟戶湊密，景象繁華；曰堪達哈爾，在國之東北，四面皆山，亦大都會；曰哈斯那，與上二部皆商賈輻輳之地；曰羅各曼；曰日剌拉巴；曰維西；曰發來；曰都札克；曰伊隆達爾。

按阿富汗本波斯東境，前明中葉乃裂波斯數城自立為國，前此固統於波斯，別無名號也。世多傳其兼并溫都斯坦，今攷溫都斯坦乃五印度總名，與阿富汗為鄰者，為北印度之塞哥國。兩國本以印度河為界，阿富汗嘗逾河而割塞哥之西境，迨後塞哥亦逾河而割阿富汗之東境，所謂疆場之邑，一彼一此者耳。西域聞見錄謂敖罕與溫都斯坦地界毘連，各以威力相制，迭為強弱。今攷與溫都斯坦為鄰者，阿富汗之外別無敖罕國名。蓋阿富汗一作愛烏罕，愛烏合音近敖，遂誤以愛烏罕為敖罕，而安集延之浩罕（一作豪罕，又作霍罕）都城亦稱敖罕，論者遂以此譏椿園之謬妄，謂其移極北之回部於南方，實則轉音之淆訛，而不足深訿也。又聞見錄云：敖罕之人種類不一，有與內地回子相似者，有與安集延相似者，有與土爾扈特相似者，有毛髮拳曲與峩羅斯相似者。又一種人，亦回子衣帽，鬚繞頰如蝟而赤，染以茜，其人多力，善用木矛，西域人多畏之。又一種人，闊領大袖，衣冠類漢唐，貌清奇似朝鮮人，或謂是後漢之遺種云云。又云：敖罕西域之大國，亦西域之亂邦，詐力相尚，日日皆逐鹿之勢，蓋自古而然云云。余攷西洋人地圖，阿富汗境土縱橫皆不過一二千里，幅員既無莫大之勢，種族安得如許之繁？蓋其國本波斯所分，迨後由分而合，復由合而分，西域不知波斯國名，遂以波斯各部種類並歸之阿富汗耳。泰西人亦稱波斯客籍流

寓種類甚多語音不一有額力西者（即希臘）有阿丹者（即阿剌伯）有羅
汝者（即羅馬）有都魯機者（即土耳其）正與聞見錄所云相合至兩國再
合再分兵爭數起又復時時內訌迭相篡奪所云日日皆逐鹿
之勢殆不虛也

俾路芝（密羅既、北雜吉、忽魯謨斯、思布）在阿富汗之南亦回部也東接西印
度西接波斯南臨印度海東西約一千七八百里南北約六七百
里岡阜重疊沙磧廣莫田土甚瘠僅敷耕食時序和平物產與阿
富汗畧同國無王分六部曰薩拉彎曰加戈干達瓦曰倭拉彎曰
盧斯曰美加蘭曰古義斯丹六部各有酋長國小而強習於攻戰
與英吉利所屬之印度西部時搆兵互有勝負

按俾路芝立國不知所自始明初鄭和等使西洋乃有忽魯謨
斯國名泰西人舊地圖阿富汗俾路芝皆歸入波斯不列爲國
蓋阿富汗本波斯東北境則俾路芝自是波斯東南境回族分
爭偶然割據遂別成部落耳又四裔考謂父烏罕之南有思布
部落過思布亦海也云云正指俾路芝也

波斯（白西、包社、巴社、高奢、百爾設、法耳西、北耳西亞、巴爾齊亞、伯爾西亞、伊蘭、哈烈、黑魯、塞克）
回部大國粵東呼爲大白頭呼印度爲小白頭兩地皆有白布纏
頭之俗因以爲名者也東北連沙漠界布哈爾東界阿富汗俾路
芝西接東土耳其北抱裏海與峩羅斯接壤南抵阿勒富海（俗稱東紅海）
與阿剌伯毘連一隅其國地界遼濶長約四千餘里廣約三千
里雄富多寶貨與中國貿易最早所謂碧眼波斯胡也立國在有
夏之初春秋時居魯士由馬太開基稱雄一時後與歐羅巴之希
臘諸部時時搆兵迨羅馬既興猶太以西囊括無遺獨波斯未入
版圖其俗舊奉太陽火教（古時內地有火祆祠由此而來）唐初回教興於阿剌伯
波斯與之鄰國爲所奪由是爲回回大部唐宋兩朝屢貢方物元
末駙馬帖木兒據撒馬兒罕富強無敵（今葱嶺以西裏海以東諸回部皆撒馬兒罕所屬）
遣其子沙魯哈據波斯稱哈烈國明永樂間嘗入貢爲西域諸部
之首後爲土耳其部人所奪傳二百餘年而衰亂廢弑頻仍尋爲
阿富汗所兼并康熙三十三年故王後裔達馬斯募兵攻畧恢復
舊土大將那的爾沙本盜渠達馬斯倚以集事賞不酬勞遂舉兵

反弑達馬斯代其位攻阿富汗滅之乾隆十二年那的爾沙爲其
下所殺國又大亂東境復爲阿富汗所據那的爾沙部將給靈據
西境立國惠愛其民稱爲賢主在位三十年而卒弟薩的謀鴆嗣
王外戚亞里木拉以討亂爲名起兵攻陷都城殺薩的并弑嗣王
遂僭位亞里木拉死大酋日非爾代之寺人馬何美攻滅日非爾
據王位馬何美死姪巴巴塞爾達耳繼立今有國者不知爲誰都
城周十四里極鞏固王宮壘石爲屋平方若高臺不用梁柱瓦甓
中敞虛空數十間窗牖門扉悉雕刻花文繪以金碧宏麗無比別
有園林池沼尤極幽奇國王最尊嚴刑賞任意視臣工如奴僕土
肥沃節候多暖少雨產良馬紅棗白鹽銅鐵金銀琉璃珊瑚琥珀

珍珠翠羽又產獅子獅子生阿木河即阿母河漢書稱爲嬀水上游在布哈爾境內蘆林中初生目閉七日始開土人於目閉時取之調習其性稍長則不可馴其民強健男女多美姿容風俗繁華好修服飾國尙武功交戰殺敵必割耳以爲信嘉慶十八年與峩羅斯搆兵敗績割北境之日爾日部道光初年波斯欲窺印度度磧圍札布即布哈爾之希辣城英人以兵拒之乃引還○波斯地分十一部中地之部曰以辣亞日迷爾一作以辣地多山阜都城曰德黑蘭建於北境之平原北方三部極西北曰義蘭一作伊蘭又作倚蘭稍東曰馬郎德蘭一作馬散地蘭兩部皆背負裏海前阻連山膴原衍沃林密草芳河流足資灌溉耕牧皆宜義蘭在西域最著名昔有大城極富庶今廢東南曰達巴利斯丹建有大城商賈所萃西方三部極北曰亞塞爾拜然迤南曰古爾利斯丹一作古爾的斯丹巴爾三再東南曰古西斯丹三部土甚沃水利足資灌溉惟西鄰土耳其時被寇鈔民恆苦饑南方二部曰法爾斯在以辣之南山水最爲清勝其東曰給爾滿一作克爾曼地多沙磧有草場羊馬孳息土人以羊毛造氊帕極精緻法爾斯之東南臨海曰剌郡又名法南地褊狹多沙所產惟紅棗東方二部北曰哥剌森北界布哈爾東界阿富汗土甚沃而北方游牧者時侵掠之居民不得安業迤南曰古義斯丹與阿富汗俾路芝爲鄰法爾斯之西南有海口曰亞不支爾爲通國大埔頭東南隅有惡末與者古時海船互市於此久已荒廢瓦礫之場有古殿太陽火神祠也

西域聞見錄云塞克西域一大國也在敖罕西絕非回子種類稱其王曰汗部落數百各有統轄之人皆其汗之阿拉巴圖奴僕也事權歸一無跋扈叛弒之事城池巨麗人民殷庶居室寬敞整潔人家院落中各立木竿向之禮拜冬夏和平風俗坦白尙宴會喜歌舞人多力善射與敖罕稱勍敵云云論者極詆其謬妄謂敖罕之西並無此國殊不知椿園之所謂敖罕者乃愛烏罕並非安集延之敖罕所云塞克者卽波斯國也波斯開國最早漢書稱爲安息唐書稱大食波斯泰西人記居魯士分國爲二兩子治之其一波斯本國漢書所謂安息也其一泰西人未紀其國名考之漢書有烏弋山離國在罽賓之西南犂鞬條支之東北似卽波斯所分國蓋安息得其西北烏弋得其東南也然亦未有確據泰西則稱爲波斯至今未改或譯爲包社白西亦猶是波斯轉音元人稱爲哈烈乃以蒙古語更易地名其國在布哈爾之西南愛烏罕之正西並非絕域其人長於服賈西域諸城亦必往來數數而近來記西域事者絕無一語及於波斯蓋賈人止稱城邑聚落之名紀事者因訛襲謬遂不復知爲何國耳椿園考謂愛烏罕取默沙特諸部於伊蘭伊蘭卽義蘭乃波斯北部著名大城又首部名以辣亞日迷爾以辣亦音近伊蘭其爲指波斯無疑惟波斯亦奉回教而椿園謂非回子種類又謂去葉爾羌二萬里失之太遠皆傳聞影響之說不足深辨又云塞克西北與峩羅斯薩穆接壤或云與阿剌克等國犬牙相錯云云今考波斯西北隅實與峩羅斯接壤

西與東土耳其接壤所云薩穆背即猶太之撒馬利亞南界與亞剌伯隔阿勒富海相望陸地亦毘連一隅此云阿剌克即阿剌伯指畫地界處處脗合塞克之爲波斯尚何疑耶

泰西人記波斯古事云波斯立國最早夏后不降時其王有札的勞厤者初造兵端嘗侵厄日多掠其財貨（厄日多即麥西詳阿非利加圖說）歷商及周部落事蹟無攷成周中葉分數部有馬太者波斯大部其王有女將嫁麥葡萄生懷中遍覆亞細亞地疑女生子將背叛已而女産子王命格殺之使者不忍付牧人牧人妻方生子而殤乃乳哺王甥爲已子名曰居魯士（一作西祿斯又作西洛）後王知其不死急捕之不得怒使者之紿已也烹其子而食之居魯士

既長英武過人汎愛得衆心時馬太王暴虐國人側目居魯士因募兵攻王王命將征之將即子被烹者以全軍降居魯士合兵攻王王敗走死於荒野居魯士遂王馬太時周靈王五年也居魯士既得國修法度詰戎兵兼并小弱諸部聲威大震時波斯別部有呂底亞國富厚甲於諸鄰聞居魯士逐外祖父而自立欲伐之其臣諫曰馬太族貧而悍得其地無利於國況其勢方強不可犯王不聽遂起兵居魯士禦之境上陳兵大戰波斯軍皆乘駝而呂底亞軍乘馬馬聞駝鳴馬見輒反走波斯軍乘勢崩之呂底亞軍大潰逐北至都城一鼓而下擒其王縛置積薪上將燔之王大慟曰悔不聽賢臣之言以至於此居魯士詢

得其故惻然釋其縛赦臣民秋毫無犯民大悅舉國皆降波斯之西有巴庇倫（一作巴必鸞又作巴必犨尼亞詳土耳其圖說）據亞細亞地（即土耳其東中兩土）（後來自此以東皆謂之亞細亞）傳國已千餘年其屬國有猶太者（詳土耳其圖說）西土文教之邦壤地雖狹四國皆欽重之巴庇倫遇藩國無禮猶太不朝貢周簡王年間巴庇倫以大兵伐猶太破都城猶太王自殺巴庇倫縱兵淫掠又脅遷其民每猶太人千餘間勁兵一隊鞭撻驅行老弱轉死數百里僵屍相屬哭聲振野猶太人恨之次骨每食必祝其速亡居魯士既興巴庇倫王淫虐無人理國大亂猶太族日備壺漿待王師周景王八年居魯士大舉伐巴庇倫巴庇倫望風奔潰破其都城巴庇倫亡乃釋猶太民歸國

居魯士北征卒於軍分國爲二兩子治之後有乾庇西王者（一作岡比斯）好用兵嘗使麥西（又名厄日多詳阿非利加圖說）麥西潰遣使招降麥西民殺使者王怒圍都城破之戮壯者二千人并殺王之子麥西王僅以身免後乃降附王沈湎於酒諫者輒射殺之以妹爲妃妃乃臧之死有弟聰敏忌而殺之醉後舞劍自傷其股而死無子有冒王弟者欲纂立國人殺之羣臣議所立未定約騎馬同出日馬先嘶者立爲王已而大流士（一作達黎約）馬先嘶遂即王位時周敬王年間也大流士有權畧好征伐巴庇倫叛圍之一年八月城破釘其民千人於十字架後伐希臘而敗憤懣死子澤耳士（一作捺衛時斯）嗣立復以三十萬衆伐希臘全軍皆殁（詳希臘圖說）

勢遂衰周顯王年間希臘馬基頓王亞勒散得以三萬五千人伐波斯波斯潰馬基頓圍蘇撒（波斯都城）城幾陷會亞勒散得卒於軍希臘兵乃散走亞細亞麥西諸地俱爲希臘諸將所分割西漢時羅馬混壹西土拓地至西里亞（即亞細亞）以兵伐波斯波斯以奇兵絕其糧道羅馬兵潰歸波斯尋遣使修好故羅馬之兵不復東（漢書所云大秦即羅馬安息即波斯詳意大里圖說）唐初阿剌伯人摩哈麥創立回教因起兵攻阿剌伯奪其國時波斯衰弱爲摩哈麥所兼并故自唐以後波斯遂爲回回國

按上古時波斯天竺皆事火神拂箖（即猶太）以西皆事天神事火神者拜旭日或燃柴薪向之禮拜民非火化不生非白日則宇宙無睹故兩地之夷上古即有此俗義起報本非邪神也事天神始於摩西時在有商之初（沃丁年間）託言天神降於西奈山（在阿剌伯境內）垂十誡以教世人七日安息禮拜即起於此距耶蘇之生尙隔一千數百年乃天主教之所自出非即天主教也天竺自佛教興而祀火之俗改今西域之乾竺特南印度之孟買仍有拜火之俗是其明證波斯則自唐以前尙未改後其國爲回部所奪始改從回教然至今禮拜仍兼拜火神故末惡與有太陽火神古殿也中國自前五代時有祆神祠又有胡祆祠火祆祠唐時有波斯經教天寶四年詔改兩京波斯寺爲大秦寺又有景教流行中國碑建中二年大秦寺僧景淨述今考祆字从示从

天即天神其教起於拂箖（即猶太摩西初建此國耶蘇乃其裔孫）本大秦國之東境（大秦即意大里之羅馬國漢人因其人長大平正有類中國故稱爲大秦其本國並無此名）謂胡祆之即祆神祆神之即天神（祆字本中國人所造西土不同文安得有此等字）而屬之大秦似也（拂箖自漢初隸羅馬至唐時乃爲阿剌伯所奪）是即耶蘇教之嚆矢也若火神教則出自波斯與大秦無涉謂爲火祆則已混火神於天神謂波斯教出於大秦則又迦本支於異姓景教一碑尤爲荒誕景教即火教中間景宿告祥懸景日以破暗府亭午昇眞云云皆指太陽火也又云判十字以定四方七日一薦云云又牽涉天主教其所謂三一妙身无元眞主阿羅訶者不知何人而一切詞語又皆緣飾釋氏糟粕非火非天非釋竟莫名爲何等教矣蓋波斯之祠火神本其舊俗而佛教行於天竺乃其東鄰天神教行於大秦乃其西鄰至唐代則大秦之天主教又已盛行胡僧之黠者牽合三教而創爲景教之名以自高異中國不知其原委遽從而崇信之正昌黎所謂惟怪之欲聞者耳又碑中云貞觀十二年大秦國大德阿羅本遠將經像來獻上京阿羅德果自大秦來其爲天主教無疑其經當即歐羅巴所傳之聖書福音其像當即耶蘇被釘十字架之像乃當時不聞有此而其所謂景教者依傍於波斯之火神潤色以浮屠之門面是不可解也

自唐以後佛教盛行胡祆火祆之祠波斯大秦之教俱不復見據泰西人所紀載惟阿非利加北土之阿北西尼亞尙有大秦

教名亦仍是波斯之火神教耳
阿剌伯（亞拉彼亞○亞拉鼻亞○阿爾拉密阿○阿辣波亞○阿黎米也○阿丹○阿蘭○天方○天堂）回教初
興之國也北界東土耳其東界波斯及阿勒富海南距印度海西
抵勒爾西海（俗稱紅海）長四千餘里廣三千餘里其地西南濱海一帶
有腴壤中央皆戈壁（沙磧也）商旅必結隊以行否則虜盜刦且慮風
沙埋沒物產唯駱最多人與畜皆食之產名馬牧者愛養如兒子
能一日行五六百里駝尤良負重行遠皆賴之又產加非香料沒
藥之類其地古時爲土夷散部恒役屬於波斯陳宣帝大建元年
有摩哈麥者（或作摩哈黙又作瑪哈穆特）生於麥加（一作默伽又作美加）少年爲商往來
西國娶富商之寡遂致大富不識字而性聰敏以佛教拜偶像爲

非而泰西諸國耶穌教已盛行思別創教門以自高異入山讀書
數年著書曰可蘭宣言於衆謂獨一眞主上帝命聖者教化世人
初命摩西次命耶穌兩人之教雖行然不能遍及也復命摩哈麥
立教以補其缺入其教者焚香禮拜念經禁食猪肉唐高祖武德
四年逃難於麥地拿（一作黙德那又作美的納）土人靡然從教卽以是年爲元
紀（今回教稱一千二百幾十年卽本於此歐羅巴則以耶蘇生年爲元年故稱一千八百幾十年）其後徒黨日衆
不入教者率衆攻之兵敗徒散收合復起遂滅大敵據阿剌伯全
土布其教於四鄰鄰部皆畏而從之回教遂蔓延西土當其盛時
嘗篤滅波斯荐食羅馬（猶太買諾諸部）據阿非之北境（紅海地中海南岸諸部）裂歐
羅之西垂（西班牙葡萄牙）縱橫三土（亞細亞阿非利加歐羅巴）幾於無敵後爲土耳其

所攻屬藩盡失日就衰微卒乃納貢於土耳其稱藩國焉西域稱
摩哈麥爲派罕巴爾華言天使也其苗裔稱和卓木華言聖裔也
巴達克山塔什干皆其支派而霍集占兄弟稱大宗回部以爲貴
種所至輒擁戴之黠虜藉其名以號召回衆數數犯邊遂爲西鄙
長患云麥加麥地拿皆在紅海之濱摩哈麥生於麥加其地有黑
石上作大殿周一里許麥地拿爲摩哈麥葬處斂以鐵棺每歲諸
回回來兩地禮拜南洋西域泰西阿非利加近者數千里遠者數
萬里接踵膜拜以數萬計○阿剌伯地分六部首部曰黑德傒斯
都城曰麥加建於山谷之中夏屋雲連街衢潤直海口甚大出運
之貨以加非爲主販行歐羅巴各國次曰也門曰亞達拉毛曰阿

曼曰剌沙曰內德惹其海口在西方者曰熱他富商所萃在東方
者曰木甲與英吉利米利堅定約通商以兵船巡海護之○亞丁
小島也在紅海口門之外現爲英人所據

按阿剌伯古條支國也回教既興乃有天方天堂等名皆花門
誇耀之稱比其國於天上其實本無此名其國在波斯之西南
前明時累次朝貢多由西域陸路來明初鄭和等由海道使西
洋至天方而止稱爲西洋盡處彼蓋由印度海駛入紅海遂以
爲海盡於此而不知小西洋之外尚有所謂大西洋也

佛教興於印度以慈悲爲主以寂滅爲歸中土士大夫推闡其
說遂覺元悟可喜摩西十誡雖淺近而平正無訾耶蘇著神異

之迹而其勸人爲善亦不外摩西大旨周孔之化無由宣之重譯彼土聰明特達之人起而訓俗勸善其用意亦無惡於天下固不必操儒者之繩墨而議其後也摩哈麥本一市儈忽起而創立教門其禮拜與天主教同所別異者僅不食猪肉一端而其獸處無倫則又爲泰西諸國之所唾棄乃自李唐以後其教漸行於西域今則玉門以西盡亞細亞之西土周迴數萬里竟無一非回教者鴟梟嗜鼠蝍蛆甘帶孰爲正味正難深求於侏㒧之俗矣

考泰西人所刻地圖及所著書五印度之西土耳其之東（土耳其東土卽西里亞猶太諸地在大秦國之東境）止有波斯一國阿富汗俾路芝皆波斯地乃近代所分割非古建國稽之前後漢書出莎車南道西踰葱嶺爲大月氏安息諸國毗連者爲罽賓烏弋山離條支諸國證以泰西人地圖波斯西南之阿剌伯東界阿勒富海（俗名東紅海）南界印度海西界勒必西海（俗名紅海）惟西北一面通陸路與漢書條支傳所云海水曲環其南及東北三面路絕惟西北隅通陸道者一一脗合是條支之爲阿剌伯確鑿無疑又前漢書安息傳北與康居東與烏弋山離西與條支接又稱其國臨媯水商賈車船行旁國又後漢書大秦傳稱大秦王欲通使於漢而安息欲以漢繒綵與之交市故遮遏不得自達今考波斯東北界有沙磧臨阿母河卽古之媯水其西界接土耳其東土正古

瀛環志畧　卷三　印度以西回部四國　卌二

大秦國東境由大秦通漢舍此別無道路是今波斯之爲安息亦無可疑也惟大月氏罽賓烏弋三國爲今何地迄無定論或謂愛烏罕爲大月氏北印度爲罽賓中印度爲烏弋山離殊未的確大月氏本湟中行國爲匈奴所破西擊大夏而臣之都媯水北爲王庭今考媯水卽阿母河源分十數支皆在雪山之北葱嶺之西滙流之後西北行約二千餘里又北折行約千里而入於鹹海（在裏海之東非裏海也）大月氏王庭既在媯水之北則其部曲自在媯水左右乃今布哈爾境土愛烏罕在媯水之南距媯水尚遠以地勢攷之似卽古之罽賓其地與印度之克什米爾接壤風土物產亦相類以罽賓爲北印度始於唐釋元奘證之新唐書殊爲未合新唐書曰天竺居葱嶺南幅員三萬里分東西南北中五天竺南天竺濱海北天竺距雪山圍抱如壁東天竺際海與扶南林邑接西天竺與罽賓波斯接指畫地界確鑿分明證以泰西人地圖亦絲毫不爽罽賓爲天竺接界之國則其不在天竺界內不待辨而明矣既在天竺之西則其爲今之愛烏罕又不待辨而明矣如舉北印度而屬之罽賓則天竺有東西南中而無北何以謂之五天竺不曰北印度卽罽賓而曰與罽賓接是二非一彰彰明甚烏弋山離國前漢書稱東與罽賓北與撲挑西與黎靬條支接後漢書稱自皮山西南經烏秅涉懸度歷罽賓六十餘日行至烏弋山離國又西南馬行百餘日

瀛環志畧　卷三　印度以西回部四國　卌二

至條支是其國在罽賓之西南條支之東北乃今俾路芝及波斯極南境黎軒即黎鞬大秦國之別名其東境正接波斯條支即阿剌伯其西北隅亦接波斯波斯即漢之安息若謂烏弋即中印度則中隔數千里之安息何由得與黎鞬條支接耶五印度西界有印度河河西山岡連屬是即天竺與迤西諸國天然界限若謂罽賓爲北印度烏弋爲中印度西印度亦必包於兩國之中是所謂天竺者將專指東南兩印度乎且漢書明列罽賓烏弋天竺爲三國今乃割天竺之大半屬之罽賓烏弋而合天竺本國轉無位置之處恐孟堅蔚宗無此紕繆文法也又天竺傳稱從月氏高附國以西南至西海東至磐起國皆身毒之

地身毒有別城數百城置長別國數十國置王雖各小異而俱以身毒爲名磐起不知爲何地高附別有傳云在大月氏西南本屬安息及月氏破安息乃得高附云云度其地總在附近印度河一帶曷嘗云西至罽賓烏弋皆身毒之地俱以身毒爲名乎又天竺傳稱天竺在月氏之東南數千里曷嘗曰在罽賓之南烏弋之東乎諸胡弱肉強食一彼一此數十年即有變更而大地山河萬古不易按圖而稽固歷歷可攷耳

後漢書東漢和帝永元九年西域都護班超遣掾甘英往通大秦抵條支臨海欲渡安息西界船人告以海水廣大往來須齎三歲糧英疑憚而止大秦屢欲遣使於漢爲安息遮遏不得通桓帝延熹九年其王安敦遣使自日南徼外獻象牙犀角瑇瑁始得一通云云考泰西人地圖安息即今之波斯條支即今之阿剌伯東漢時大秦即意大里之羅馬正當全盛未分東西詳意大里圖說其國都在意大里之羅馬東境至西里亞猶太即唐書之拂菻國與安息接壤若由安息往大秦渡嫣水入安息境約三千餘里即今波斯即已入大秦東境今土耳其東土美索不達迷亞部之巴索拉地再西北行約三千餘里今土耳其東土中土渡海峽即君士但丁黑海峽口歷希臘之北境今土耳其西土約二千里至意大里之東北境今奧地利亞地又西南行千餘里即至大秦都城即今羅馬計陸路萬里而近自西里亞以西皆大秦地漢書所云從安息陸路繞海北行出海西至大秦人庶連屬十里一亭三

十里一置從無盜賊寇警者的確不誣又云道多猛虎獅子遮害行旅不百餘人齎兵器輒爲所食按西里亞以西皆大秦名都大邑四達通衢安得有猛獸遮害行旅蓋安息貪繒綵交市之利必不欲大秦之通漢故爲此誕說以阻漢使之西行所謂遮遏不得通者此也若由條支從海道往則阿非利加之大浪山一路自明以前未通舟楫即今歐羅巴諸國貨船往來之路明宏治間葡萄牙始創行之歐羅巴東來海道率取道於地中海紅海條支都城在麥加乃紅海北岸漢書云條支城在山上周迴四十餘里正今之麥加城也而其東境又臨阿勒富海甘英所臨之海未知其爲阿勒富海抑即紅海若爲阿勒富海則須繞條支三面之海計水程六七千里至紅海之尾而海盡

行陸路一百七十里地名蘇爾士至地中海之東南隅再登舟西駛約六千餘里而抵大秦都城即羅馬計水程約一萬三千餘里若所臨係條支都城之紅海則西北駛千餘里已至紅海之尾計水程不足萬里中間隔陸路一百七十里不能一帆直達明以前歐羅巴大船不能直抵中國即因此阻隔海國聞見錄所謂恨不用刀截斷者也近年英吉利用火輪船遞送文報皆由此路地中海另有火輪船接遞然舍此別無道路計其水程速則四五十日遲亦不過兩三月半載儘可往返何至須齎三歲糧蓋安息總不欲大秦之通漢故使西界船人麥加距安息已遠甘英所設臨之海當係阿勒富海也此詞以難之甘英憚於浮海遂中止耳至安敦之入貢由日南徼外即今越南南境之占城一帶乃由紅海駛入印度海東南行至蘇門答臘噶羅巴之巽他海峽轉而北行入南洋抵越南之南境今歐羅巴諸國來粵東繞阿非利加至印度海後亦由此路若從陸路須由日南歷暹羅緬甸抵東印度越中印度至西印度無論中間歷數十番部使幣難通而西印度以西仍須經過之安息方達大秦東境故知其必由海道無疑也○大秦國之北方亦有陸路可通中國須從塞地利亞東北行歷峩羅斯南境至裏海之北岸轉而東行歷西域游牧城郭諸部可抵玉關此則不入安息境無從遮遏之矣然兩漢時大秦北境至日耳曼而止塞地利亞以東以北皆匈奴別部時峩羅斯尚未立國時擾大秦邊境斷無可通之理故通中國惟安息一路既爲所遮遏不得不由海道也

瀛環志畧　卷三　印度以西回部四國

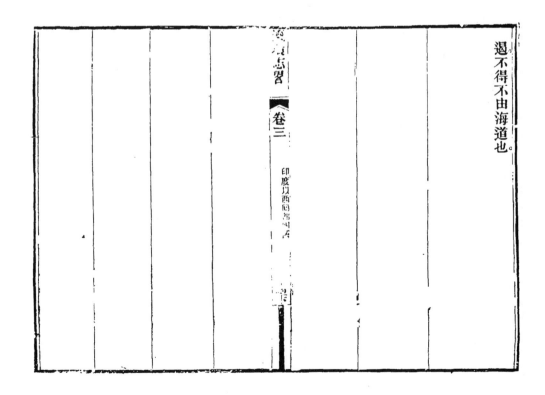

西域各回部圖

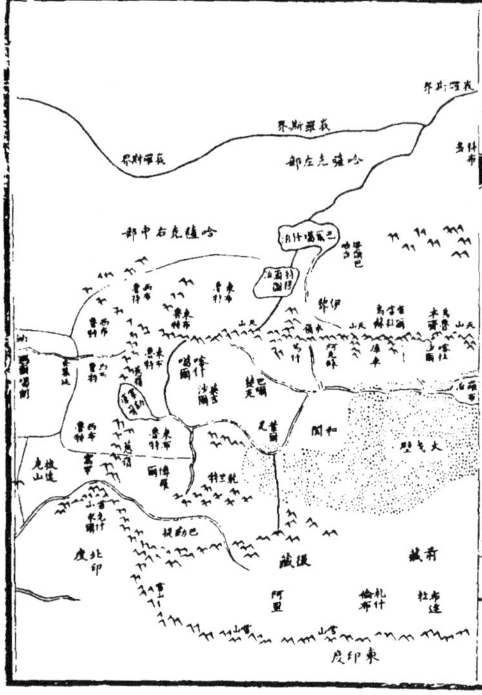

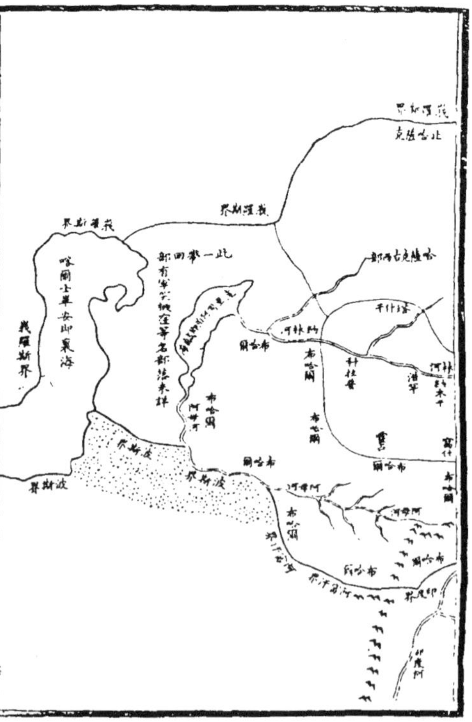

西域各回部

西域廣莫兩漢以來諸部弱肉強食時合時分地名國號變更以數千百計元起北方先開西土歷代史籍所稱西域諸部幾於囊括無遺元氏既衰諸部紛紛割據內多蒙古苗裔亦有回回種族

我

朝定鼎之後準噶爾噶爾丹恃其兵力侵擾喀爾喀蒙古部落我

聖祖仁皇帝親統六師犂庭掃穴漠北肅清烽燧息警其後策旺阿拉布坦餘燼復燃并兼坐大據伊犁為巢穴游騎四出鄰部咸被侵噬易世內訌阿睦爾薩納款關請討

高宗純皇帝神幾獨運命將西征電掣星馳拓地萬里其後阿睦爾薩納

霍集占相繼畔亂應時戡定於是天山以北之準部天山以南之回部遍列戍屯凡漢志所云西域諸國隸版圖者十六七峩羅斯當元氏之衰崛起西北其國都在歐羅巴之波羅的海隅漸拓地東南至亞細亞黑海之東岸再拓而東南至亞細亞裏海之北之西泰西人所刻地圖新疆回疆後藏之西峩羅斯之南之東波斯阿富汗印度之北統名之曰達爾給斯丹（或作達爾郎）又謂之韃韃里（韃靼之轉音）韃韃里者游牧行國無城郭室廬歐羅巴人罕涉其地故不詳其部落之名綜其大勢東起葱嶺西抵裏海（泰西人稱為喀爾士畢安一作加斯比約）不過四五千里南起波斯阿富汗印度北抵峩羅斯界亦不過三四千里其間部落之大者不過六七東北多行國西南多城郭國諸書博引繁稱半多舛悞今就其可據者言之（泰西人紀載有軍突機窪等名大約在鹹海裏海之間其境土國勢未詳故未立傳）

哈薩克回部之大者也東北界科布多所轄之烏梁海迤南界塔爾巴哈台東南界伊犂北界峩羅斯西南界塔什干浩罕布魯特諸部地分三部左部曰鄂爾圖玉斯在伊犂之西北右二部亦稱中部西部中部曰齊齊玉斯西部曰烏拉玉斯兩部在伊犂之正西乾隆二十年準部底定阿睦爾薩納叛逃左部誘其汗阿布賚合兵拒戰我軍擊破之左部遂降中西兩部亦詣軍門納欵皆授王公台吉世爵三年一貢歲一市以馬羊易緞布而稅其百一左部自古為行國逐水草游牧與準部蒙古同俗而從回教右二部

則有城郭右二部之北別有部曰北哈薩克以寇鈔為俗時侵掠峩羅斯邊境峩設兵防之

布魯特分東西部東部五在天山北準部之西南舊游牧於特穆圖泊左右部長稱鄂拓克後為準部所逼西遷寓安集延王師定伊犂乃復故地乾隆二十三年率戶口歸附散處新疆回疆卡外西部十有五在葱嶺之西與哈薩克浩罕拔達克山毘連每部所轄多者千餘戶少者二百餘戶共二十餘萬口以額德格納部為之長二十四年歸附各授其頭目品官凡二品至七品貢市如哈薩克之例兩布魯特皆游牧行國而奉回教與哈薩克左部同俗性剽悍喜擄掠

巴達克山葱嶺西南城郭回國也扼葱嶺之右距葉爾羌千有餘里北部有城曰窩罕（一作幹罕又作瓦漢）其地羣山環繞田土膏腴築室以居耕田而食亦兼牧獵之利戶口十餘萬頭目戴紅氈小帽束以錦帕衣錦氈衣腰繫白絲縧足躡黑革鞮女則披髮雙垂餘與男子同民人帽頂似葫盧邊飾以皮衣黃褐束白絲縧乾隆二十四年逆回酋霍集占兄弟爲王師所敗奔巴達克山縱兵肆掠其酋素爾坦沙禽波羅尼都霍集占囚之王師壓境檄索乃縊殺之而獻其馘率所部十萬戶及鄰部博羅爾俱納欵受　封賞甚厚

博羅爾在巴達克山之東城郭回部也四面皆山西北有河人戶三萬有奇乾隆二十四年與巴達克山同時內附其人別一種族

築屋而居有村落無文字與諸回部語言不通惟衣帽與安集延相倣人皆深目高鼻濃髭繞喙男多女少恆兄弟四五人共娶一妻生子女次第分認無兄弟者與戚里共之土半沙鹵故其人苦貧地多桑取葚曝乾爲糧飲山羊之乳以馬湩爲酒稱其酋曰比以人口爲賦稅生子女納其半賣於各回城爲奴婢值頗昂每口以五六十八九十金爲率

乾竺特（或作退擺特）別一種族在葉爾羌南地與後藏相接無城郭宮室鑿山爲穴以居種米麥以食亦有以游牧爲生者人皆薙髮耳綴金環其俗敬火每晨以柴燒火向之禮拜地鹵斥富者僅自給貧者多傭工於他國稱其酋曰汗汗亦貧甚惟取所部子女鬻於各處取其值以自贍與博羅爾相似

巴勒提（一作巴爾替又作哈拉替艮）在博羅爾南重山複嶺之中人戶寡弱不足六七千有屬邑曰哈普倫稱其酋曰比俗遵回教不薙髮不食豬肉衣帽語言與安集延同以游牧爲業冬日嚴寒覓山坳溫處以蘆荻結寮人畜共處其中十月雪已盈丈三月雪消始出地產獨峯之駝

浩罕（一作敖罕又作豪罕又作霍罕）俗稱安集延回部城郭之國也地在葱嶺之西有四大城俱當平陸最東爲安集延與布魯特毘連其人長於心計好賈遠游南北各城處處有之故西域盛稱安集延今遂爲浩罕種人之名從安集延西百有八十里爲瑪爾噶朗城又西八

十里爲納木干城（一作奈曼）又西八十里爲浩罕城其汗居之四城皆濱那林河岸又所屬小城三曰窩什在東南曰霍占在西南曰科拉普在西北近年塔什干亦附之故浩罕又稱八城云元人所置撒馬兒罕城在浩罕城西今成廢墟浩罕風俗畧同南路諸回城而鷙勇過之性最陰狡習於攻掠西南與布哈爾毘連世爲勍敵乾隆二十四年大軍追霍集占霍集占欲投安集延安集延不納其酋額爾德尼旋奉表貢馬其後霍集占兄弟爲巴達克山所殲波羅尼都次子薩木薩克逃赴浩罕故浩罕有逆酋遺孽云

按西域卡外諸回部哈薩克最馴擾布魯特好鈔掠而部落瓜分不相統一其餘或寡弱或荒遠俱不能爲邊患獨浩罕一部

毘連布魯特附近吾圉其人長於服賈心計精密卡內之南北各城卡外之回部各國足迹無不到之地性貪而狠狡焉思啟子女玉帛之所在刻刻垂涎逆酋波羅尼都遺種於茲浩罕藉其和卓之名居爲奇貨（和卓或作霍卓華言聖裔也其初祖摩哈麥創立回教撕派罕巴爾華言天使也其子孫分布西域俱爲和卓木以其爲教祖貴種回人皆敬信之）頃遂擁逆裔張格爾誘脅布魯特攻陷四城括其蓄積捆載而去嗣復擁玉素普鈔掠喀城蓋其虎狼之性蹯距之謀乘機即發而布魯特愛曼（聚落也）散處本以寇鈔爲俗聽其驅役嘗爲先導是此時邊防之最亟者惟此痾爾

塔什干（一作塔什罕）亦城郭回部在浩罕之西北與哈薩克右部毘連

地處平原多園林饒果木土宜五穀民居稠密舊爲右哈薩克屬部乾隆二十三年遣使奉表求內屬尋入貢後又附浩罕爲屬城蓋其國介哈薩克浩罕之間弱小不能自立故兩部皆得役屬之云由塔什干踰錫爾河又逾納林河爲賽瑪爾堪城（即撒馬兒罕今在浩罕境內）又西南爲嚼拉克則城又西爲烏爾根齊城（兩城當是布哈爾地）又西臨達里岡阿泊（即鹹海）

布哈爾（布嚕爾○札布○茶札布○甲不布哈拉○木哈臘○黑拉德）回部大國也東接拔達克山諸部東南連北印度之克什米爾南界阿富汗西南界波斯北境與浩罕接壤包浩罕西界抱鹹海而達裏海幅員之恢闊諸回部殆無與比東境多山嶺西界有大戈壁（沙磧也）有城郭而兼游牧戶口不繁部落甚多屬城有鄂勒推帕（疑即西域聞見錄之郭罕）濟雜克拜爾哈嚼斯呢等名亙阿母河兩岸皆布哈爾境土元人所置行省者也其地氣候頗炎冬無大雪產五穀瓜果又產骨重羊俗長騎射與浩罕時時搆兵鄂勒推帕部山徑斗絕人強悍尤浩罕所忌云（或云巴爲浩罕所破）乾隆二十九年因巴達克山請內附道光十九年峩羅斯欲窺印度密差頭人至布哈爾使與英吉利印度屬國搆兵英人率兵入險講和而罷

按西域諸國布哈爾最大其地西接波斯東連印度爲西南回部之樞紐道光二十年粵東譯出英人新聞紙（即月報）有云五月十四日接印度來信論及峩羅斯欲攻打印度之事蓋我英國

之印度兵攻取與都哥士山（即雪山）南邊各部落而峩羅斯邊境在此山之北三年前尚有回部四五國亘隔今止隔一大山而已（因布哈爾已附峩羅斯故云止隔一大山）峩羅斯近日直攻至韃韃里之機窪（韃韃里即游牧回部機窪一作基瓦又作其護當在鹹海之西裏海之東）皆因我等攻取阿付顏尼部（即阿富汗尼士丹又作愛烏罕已詳前圖）故峩羅斯亦攻至荷薩士河（即阿母河）已約木哈臘（即布哈爾）同取阿付顏尼部以攻打印度爲我兵頭沙阿力山及馬約里治堵禦故計不行峩羅斯前在希臘（即額里士歐羅巴小國）與包社人（即波斯）立約欲收復阿付顏尼以攻取印度亦因我兵頭律勿蘭所拒後詭稱收回逃散奴僕攻取機窪及木哈臘人皆謂峩羅斯得此二地（布哈爾不聞有并入峩羅斯之事大約歸附爲屬國耳）當必退兵乃

又使人日日學習印度事務又與木哈臘人立約同取阿付顔尼不知峩羅斯人要到何地方肯住手峩羅斯人曾以兵威自黃海（即波羅的海）攻至黑海（即勒必西海）一帶地方以廣其國境所以今日必要隄防其在荷薩士河駐扎之兵云云又英人所著萬國地理書云道光十九年峩羅斯私差奸人至甲不（即布哈爾）兜攬事情遍滋事端云云 即此事也余按峩羅斯近年疆土日廣其國之南境已盡裏海之西北兩岸由裏海之北岸直趨東南中間所歷之韃靼回部如機窪之類皆冗弱無足比數我馬往來如若無人布哈爾較大實爲東道關鍵故峩羅斯脅而降之以爲進窺印度之計也英人之取印度也由海峩人之窺印度也由陸論巧則峩不如英量力則英不如峩兩國之在西土可稱勍敵數十年後當不知作何變動矣

西域諸回部七椿園西域聞見錄言之最詳官書如一統志四裔考之類世不經見遂以此錄爲典要而不知其訛謬駁雜殆不止一二端也控噶爾之荒唐退木爾沙之謬誤人皆知之愛烏罕之訛爲敖罕波斯之訛爲塞克（圖說見前）議者徒知掊擊卒未有遡其原委而爲之辨明者其所稱大西洋諸國大半影響惟西域之博羅爾退擺特（即乾竺特）哈拉替艮（即巴勒提）三部言其土俗頗詳足補官書之所未備餘則不足深考矣又新疆識畧及西域水道記所載諸部落之名距回疆較近者曰滾曰綽禪曰差特拉勒（一作沙克拉）曰赫斯圖濟曰羅善曰克什南（即西域聞見錄所云沙關記也）曰達爾瓦斯距葉爾羌十三站至十八站不等皆雜冗小回部錯處於布魯特浩罕之間稍遠者曰依色克曰差普雅曰渾堵斯曰塔爾罕（以上四部似是布哈爾屬部）皆距回疆二十餘站至三十餘站不等至若瓦罕爲巴達克山之屬城哈普隆爲巴勒提之屬城窩什霍古科拉普爲浩罕之屬城鄂勒推帕濟雜克拜爾哈噶斯呢爲布哈爾之屬城堪達哈爾爲愛烏罕之屬城賈人往來喀葉諸城多稱其城邑之名而不復稱其國土之名遂致茫昧紛紜不可辨識其地形方向諸書或同或不同不敢意爲位置也

葱嶺之塞勒庫爾東流入羅布泊（即星宿海）所謂崑崙河源者也其葱嶺以西之水分三大支一支發源後藏西流至克什米爾西界轉而南行會北印度諸水至西印度之信地入大海所謂印度河也其餘兩支皆自東而西南一支爲阿母河泰西稱亞木達里亞發源葱嶺會布哈爾境內諸水西行二千餘里北折入於鹹海之南北一支爲納林河泰西稱西爾達里亞發源葱嶺會北方諸水西行二千餘里入於鹹海之北鹹海又名死海西域稱達里岡阿泊泰西稱亞拉爾南北約六七百里東西約二三百里水鹹凝結成鹽不通大海故名死海鹹海之西約千里有大澤曰裏海泰西人稱喀爾士畢安一作加斯比約南北約三千餘里東西約千里所受者西北諸國之水汪洋似海而不通

大海故名裏海其東岸爲西域回部極西之境逾裏海而西即峩羅斯東南境與波斯西北境世多以裏海爲雷翥海誤矣按水經注稱嬀水入雷翥海嬀水即今之阿母河也嘗見泰西人地圖大二尺許畫阿母河極詳細由東南發源支流從兩岸匯入者十六道行千餘里乃成獨流向西北行約二千里又北折行約千里入於鹹海將入鹹海先匯爲小湖由小湖北注洲渚錯雜畫繪極細然則嬀水所入之雷翥海其爲鹹海無疑矣裏海在鹹海之西絕不相通較之鹹海大幾十倍東來之水盡入鹹海亦絕無涓滴入於裏海蓋昔時止知有雷翥海迨泰西通中國之後始盛傳裏海遂以爲非裏海不足當雷翥海之名而不知其渺不相及也惟前漢書稱康居西北可二千里有奄蔡國臨大澤無涯此則爲裏海無疑即以是爲史籍言裏海之始可矣

歐羅巴圖

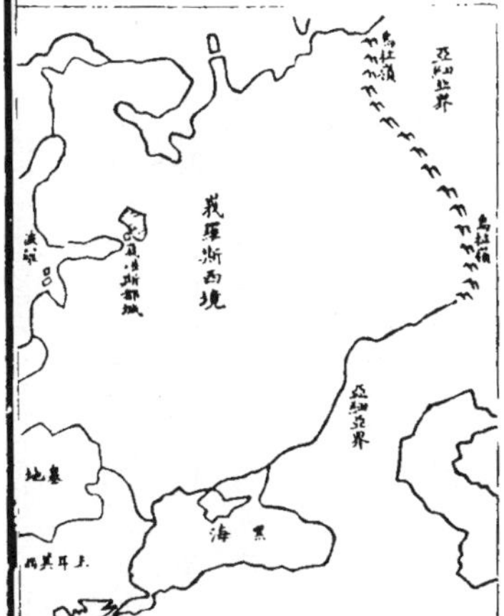

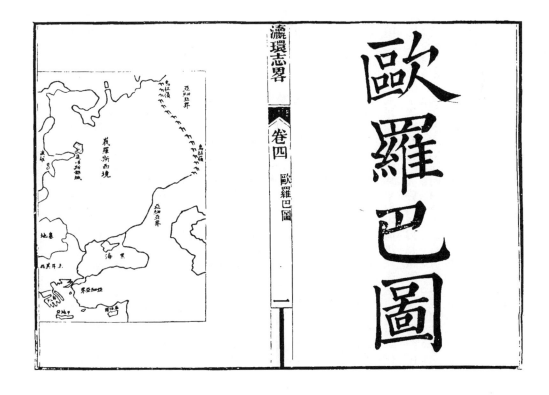

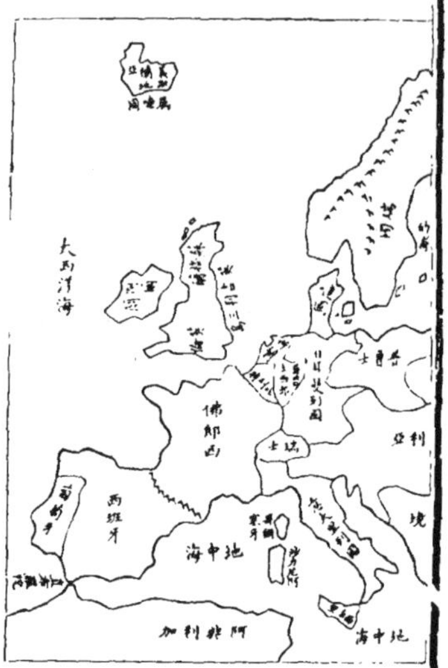

瀛環志畧　卷四　歐羅巴圖　二

歐羅巴

歐羅巴（或作友羅巴）一土，在亞細亞極西北隅，以烏拉大嶺爲界（詳峩羅斯圖說）。中國之所謂大西洋也。絕長補短，約得亞細亞四分之一。西距大西洋海，海水由西北灣環注入大地，曰波羅的海（一作八得海，俗名黃海），轉注東北，分兩汊，約三四千里。波羅的海之南，海水由正西注入大地，曰地中海（泰西名墨力特爾勒尼安，一作美的德拉虐），由西而東約七千餘里，再分小汊注東北，成巨浸，曰黑海（泰西名勒必西），周迴約二三千里。環波羅的海，南盡地中海、黑海之北岸，爲歐羅巴全土。其地自夏以前，土人游獵爲生，食肉寢皮，如北方蒙古之俗。有夏中葉，希臘各國初被東方之化，耕田造器，百務乃興。漢初，意大里亞之羅馬國創業

瀛環志畧　卷四　歐羅巴　三

并統，疆土四闢，成泰西一統之勢，漢史所謂大秦國也。前五代之末，羅馬衰亂，歐羅巴遂散爲戰國。唐宋之閒，西域回部方強，時侵擾歐羅巴諸國，蒼黃自救，奔命不暇。先是火炮之法創於中國，歐羅巴人不習也。元末有日耳曼人蘇爾的斯始倣爲之，猶未得運用之法。明洪武年閒，元駙馬帖木兒王撒馬兒罕威行西域，歐羅巴人有投部下爲兵弁者，攜火藥砲位以歸，諸國講求練習，盡得其妙，又變通其法，創爲鳥鎗，用以攻敵，百戰百勝。以巨艦涉海巡行，西闢亞墨利加全土，東得印度南洋諸島國，聲勢遂縱橫於四海。現大小共十餘國。

波羅的海之東岸，有大城曰彼得羅堡（一作必特爾士木爾），峩羅斯之都城

也波羅的海之西岸與大西洋海相表裏地形如葵扇下垂曰瑞國從南岸突出如臂亘波羅的海之門闕與瑞國作凹凸之勢曰嗹國嗹國之南曰日耳曼列國爲歐羅巴之中原日耳曼之東北臨波羅的海曰普魯士日耳曼東南曰墺地利亞墺地利亞之東南臨地中海曰土耳其（土耳其有三土此其西土中東兩土在亞細亞界內）土耳其之南地形如人掌拊於地中海曰希臘日耳曼之南曰瑞士再南如人股之著屐入於地中海曰意大里亞列國日耳曼之西北臨海曰荷蘭荷蘭之南曰比利時比利時之南曰佛郎西佛郎西之西南曰西班牙西班牙之西臨大西洋海曰葡萄牙佛郎西之西北有三島雄峙海中曰英吉利

歐羅巴諸國之名諸書異說幾難辨識有一國本有數名者有本係一名而譯寫轉音遂致言人人殊者今採輯於後以資考核

峩羅斯　俄羅斯○鄂羅斯○厄羅斯○阿羅思○斡魯思○兀魯思○羅刹○羅車○葛勒斯○縛羅答○莫哥斯未亞○薩爾馬西亞○魯西亞○沒壽听

瑞國　瑞典○蘇以天○瑞丁○綏林○瑞西亞○綏亦古○西費耶斯科○里都亞尼亞○匪馬爾如○波的亞○藍旗

嗹國　嗹馬○領墨○者因○丁抹○大尼○丹麻爾○大馬爾○齊○峕際亞○蘇厄祭○盈黎馬祿加○低納馬爾加○黃旗

日耳曼　阿勒曼○阿里曼○占曼尼○耶馬尼○熱爾麻尼○亞勒墨尼亞

普魯士　普魯社○部魯西亞○埔魯寫○圖理邪○破魯西○北阿爾彌亞○單鷹國

墺地利亞　奧斯的里亞○阿士得懶亞○阿士氐拉○歐塞特里阿○莫爾大未亞○東國○雙鷹國

土耳其　土耳磯○都耳基○多爾其○特爾濟○都魯機○杜爾格○控噶爾○痾多馬諾○阿多曼

希臘　額里士○額力西○厄勒祭○厄肋西亞

瑞士　瑞子○東色楞○綏沙蘭○蘇益薩○黑爾威西亞

意大里亞　以他里○以他利○伊達利○羅問○羅汶○那嗎○薩都爾尼啞○厄諾地里啞○奧索尼啞

荷蘭　和蘭○賀蘭○法蘭得斯

比利時　比勒治○惟理儀○北義○比爾咟喀○比爾日加○密爾閏○彌爾尼壬○比利閏

佛郎西　佛蘭西○法蘭西○佛郎機○佛朗機○拂朗祭○奧盧○奧祿○牙里亞

西班牙　是班牙○斯扁亞○士便○干絲蠟○義斯巴尼亞○以西把尼亞○大呂宋○意卑里亞

葡萄牙　葡萄鵶○葡萄庫耳○布路亞○波耳都欺○博爾都噶亞○伯爾都牙里○大西洋○盧西達尼亞

英吉利　英機黎○英圭黎○膺吃黎○諳厄利○英倫的○及列的不列顛

按以上各國惟峩羅斯與中國互市在西北陸路不由海道其至粵東貿易者英吉利船最多居各國十分之六西班牙之船大半自呂宋來粵東稱大小呂宋不稱西班牙船之多幾過於英吉利而洋米之外少别貨此外則墺地利亞普魯士次之嗹國荷蘭又次之瑞國又次之佛郎西貨船每歲來粵多不過三四隻少則一二隻所載皆呢羽鐘表諸珍貴之物葡萄牙即居澳門之大西洋其本國商船來者甚稀日耳曼之翰堡（一作昂不爾厄）北閔（一作不來梅）兩埠間有貨船來粵比利時現求通商船尚未來意大里亞近分四國商船無來者土耳其係回回希臘新造小

國向未通商

泰西人有歐羅巴列國版圖說一曰峩羅斯國王主治地三百二萬正方里居民四千一百萬人每年進帑五千二百萬圓洋銀皆以圓計重者七錢二分輕者四五六錢不等國家欠項二萬萬圓額兵六十萬戰時百萬餘師船三十六隻○二曰英吉利女主主治地三十萬正方里居民二千二百萬人每年進帑二萬二千八百萬圓欠項三十五萬萬圓額兵九萬戰時三十七萬師船六百十隻戰時千餘隻○三曰佛郎西國王主治地六十三萬正方里居民三千二百萬人每年進帑一萬五千七十萬圓欠項四萬八千萬圓額兵二十八萬戰時三十二萬師船三百五十隻○四曰墺地利亞國王主治地七十五萬正方里居民三千二百萬人每年進帑五千二百萬圓欠項二萬萬圓額兵二十七萬戰時七十二萬師船三十一隻○五曰普魯士國王主治地三十萬正方里居民一千二百萬人每年進帑三千萬圓欠項一萬一千四百萬圓額兵十五萬戰時五十二萬師船未詳○六曰西班牙女主主治地四十一萬正方里居民一千三百萬人每年進帑二千六百萬圓欠項二萬三千餘萬圓額兵四萬六千戰時十七萬師船今無○七曰土耳其國王主治地六十萬正方里居民九百餘萬人每年進帑一千一百萬圓欠項三千六百萬圓額兵八萬戰時二十萬師船百有餘隻○八曰瑞國國王主

治地六十七萬正方里居民三百八十萬人每年進帑七百萬圓欠項一千七百萬圓額兵四萬五千戰時十三萬師船三十隻○九曰嗹國國王主治地一十五萬正方里居民二百萬人每年進帑四百萬圓欠項四千萬圓額兵三萬八千戰時七萬四千師船一百隻○十曰葡萄牙女主主治地一萬八千正方里居民三百七十萬人每年進帑八百七十萬圓欠項二千四百萬圓額兵四萬戰時七萬師船二十三隻○十一曰荷蘭二王分南北主治北曰荷蘭南曰比利時共地七萬七千正方里居民六百九十餘萬人每年進帑一千二百萬圓欠項一萬七千八百萬圓額兵四萬三千戰時六萬九千師船一百餘隻○十二曰拿破里一名捏不爾士又作那不勒斯意大里亞所分國國王主治地一十二萬正方里居民七百四十萬人每年進帑一千二百萬圓欠項八千四百萬圓額兵二萬八千戰時六萬師船十二隻○十三曰撒地尼一作沙力尼阿又作薩爾的尼亞亦意大里亞所分國國王主治地七萬四千正方里居民四百一十萬人每年進帑八百七十四萬圓欠項二千四百萬圓額兵二萬八千戰時六萬師船八隻意大里亞本分四國兩國之外尚有羅馬突加拿二國此說遺之○十四曰瑞士無國王民自推鄉長理事地三萬二千正方里居民二百萬人每年進帑二萬五千圓鄉兵三萬三千丁○十五曰希臘國係新造地域稅入兵額未詳○十六曰日耳曼分四國一曰巴華里一作拜焉又作巴威也拉有國王地九萬正

方里居民四百萬人每年進帑一千四百萬圓欠項四千四百萬圓額兵五萬三千戰時七萬一千二曰漢那華（一作漢挪瓦又作亞諾威爾）有國王地四萬二千正方里居民一百五十萬人每年進帑四百六十八萬圓欠項一千二百萬圓額兵一萬二千戰時二萬六千三曰味耳典白（一作威丁山又作瓦爾敦巴耳）有國王地二萬正方里居民一百五十萬人每年進帑三百三十四萬圓欠項一千萬圓額兵四千戰時二萬七千四曰撒遜（一作撒孫又作薩克索尼亞又作塞循）地一千五百正方里居民一百四萬人每年進帑八百七十四萬圓欠項一千二百萬圓額兵一萬三千戰時二萬四千別有大小侯國二十餘不在此內云○余按此說各國地域之正方里與中國開方法不同不知其如何折算其所列進帑兵額師船之數與別書多不合殊不足據所謂欠項者乃國所欠於民之數西土之例國有兵事則聚鄉紳於公會令其籌辦兵餉皆貸於富商大賈而歲償其息愈積愈多或罄一歲之入而不足以償則加稅額以取盈焉民之怨畔國之衰弱半由於此

歐羅巴一土以羅經視之在乾戌方獨得金氣其地形則平土之中容畜滄海數千里迴環吞吐亦與他壤迥別其土膏腴物產豐阜其人性情縝密善於運思長於制器金木之工精巧不可思議運用水火尤爲奇妙火器創自中國彼土倣而爲之益加精妙鑄造之工施放之敏殆所獨擅造舟尤極奧妙篷索器具無一不精測量海道處處誌其淺深不失尺寸越七萬里而通於中土非偶然也

西北之耀武功始於漢故稱中國爲漢人嶺南之聚番舶始於唐故稱中國爲唐人然唐時之番船亦不過南洋小西洋諸島國王涯之胡椒八百斛故南洋產也後來盛稱波斯胡波斯即今之包社在印度之西中土統謂之小西洋歐羅巴諸國之東來先由大西洋而至小西洋建置埔頭漸及於南洋諸島然後內嚮而聚於粵東萌芽於明中濫觴於明季至今日而往來七萬里遂如一葦之杭天地之氣由西北而迴於東南倘亦運會使然耶

歐羅巴之人長大白皙隆準深眶黃睛（亦有黑睛者）鬚多連鬢或繞頰有條直似中土者有拳曲如虬髯者有全薙者有全留者有分別留鬚髯如中土者不關乎老少也髮留二三寸許長則翦去鬚與髮多黃赤色（明季稱荷蘭爲紅毛近年稱英吉利爲紅毛皆因其鬚髮之黃赤然歐羅巴人皆如此非獨兩國爲然也）間亦有黑色者（髮黑者睛亦黑）女子髮與睛亦然或云居中土久則鬚髮與睛漸變黑其男女面貌亦有半似中土者男子冠平頂圓筩窄簷高三四寸或氈或帛見客則釋冠以爲禮皆闊領及領窄袖束身長僅及腹袴亦緊束於股外襲之衣略寬長可及膝敞其前襟其衣內用布外用呢冬不裘夏不葛履鞾並著以革爲之女人髮全留挽髻略似中土衣亦窄袖貼身而無領前露胸與肩之半後裸背之近項者約五六寸出門則襲闊領之衣掩蔽之下著裳長

拂地腰皆襞積約五六層男女皆好潔日就浴盤

歐羅巴諸國迤南者在北黃道之北寒暑略似中原迤北者在北黑道之南積雪至五六尺堅冰至三四尺俗傳西洋人畏冷誤矣冬月室皆爐炭衣氈數重無著皮者所傳畏冷者乃黑夷黑夷皆印度或南洋各島人與赤道相近亘古未見冰雪其遇祁寒而瑟縮也宜矣

歐羅巴五穀之種皆備極北嚴寒多種油麥日耳曼以南以小麥大麥莜麥爲主峩羅斯南境及土耳其以粟米黍米高粱爲主種秔稻者惟意大里西班牙地處極南故也果實則桃杏李柰梅檬柑橘葡萄櫻桃橄欖桑葚無花果甘蔗皆有之蔬菜多種以番薯爲重食以麥麪燒作餅餌牛羊豕皆炙熟沃以醯醢食用刀匕不用箸飲用加非煮湯和以酥糖油以橄欖爲之淸香不減胡麻釀酒以葡萄間有用櫻桃果仁大麥爲之者不如葡萄所釀之醇羽緞用旄牛之毛大呢用緜羊之毳棉花由五印度米利堅販運用火機織布工省而價廉五金之鑛各國多有之而峩羅斯產鐵最多諸國皆取給焉銀鑛曾產日耳曼之撒遜近年取之南亞墨利加材木隨處成林橡松樫榆椵爲多紋緻而質堅中國牲畜皆備牛與豕極大

歐羅巴諸國來粤東皆從大西洋海開行沿亞非利加之西岸南行至盡頭之岌阿穩島朴一作好望角俗名大浪山乃轉而東北舟行至此風濤最惡彼土人慣於浮海亦罔不慄慄危懼過此乃額手稱慶浮印度海東北行入蘇門答臘噶羅巴之巽他海峽又東北而至粤東計程約七萬餘里俗稱來三去五蓋由大西洋來中國約三月程回國則須五月程往返同途而遲速不同者非盡由風信之順逆也四海之水皆東趨至尾閭而入大地又從萬派源泉分流而出由歐羅巴至中國則爲順流由中國西旋則爲逆流故遲速不同耳

按七椿園西域聞見錄云峩羅斯之西北有大國曰控噶爾包峩羅斯東西界之外所轄各城自萬戶至十餘萬戶不等小城屬於大城每一大城屬小城三四以至十餘大城計一千四百餘都城名務魯木南北馬行九十日東西亦然城門二千四百城內大江三山河藪澤不可勝計宮室綿亘數十百里黃屋朱門皆以珠寶爲飾云云　余嘗讀之而疑其誕以今考之則西方並無此國峩羅斯之北界直抵北冰海無別壤其西則與歐羅巴之瑞典普魯士奧地利亞接壤西南與土耳其接壤東南與波斯接壤乃知所謂控噶爾者蓋指歐羅巴之全土所云與峩羅斯交兵之控噶爾乃係指土耳其詳峩羅斯土耳其圖說今大小有數十國爭城爭地時合時分不相統一千餘年之前惟意大里亞爲一統之朝歐羅巴諸國皆其臣僕其都城極大名曰羅馬與椿園所云務魯木者譯音相近然亦不過七八十里安得馬行九十日耶意大里亞早

巴四分五裂廢爲弱小之邦安得一姓稱雄如所云云耶又俗傳控噶爾有大河長萬餘里闊數千里以今考之即地中海乃海水之東注非河水之西流椿園又云控噶爾富甚其汗每暗攜金銀潛擲人烟聚集之區如有多人爭拾則惻然憫惕必廣爲施濟比戶豐裕而後已此則尤誕彼土以貿易爲生嗜利如命稅課百計取盈猶嫌不足安得如許金錢博施濟衆耶椿園得之耳食姑妄言之而世乃據爲典要亦謬甚矣

歐羅巴諸國皆善權子母以商賈爲本計關有稅而田無賦航海貿遷不辭險遠四海之內徧設埔頭固由其善於操舟亦因國計全在於此不得不盡心力而爲之也

歐羅巴諸國自漢以後皆奉天主教教王居於羅馬操列國興廢之權明初日耳曼人路得別立耶穌教自是諸國從天主教者半從耶穌教者半君民之相仇戮列國之相攻伐半由爭教而起然所謂天主者即耶穌其書同而講解異天主教供十字架肖耶穌像而耶穌教無之其餘教規大致相同詳意大里圖說

歐羅巴諸國紀年皆稱一千八百幾十年非其傳國之年數也各國皆奉耶穌教以耶穌降生之年爲元年至今凡一千八百餘年耳至各國祚數或修或短惟佛郎西傳世最久其餘多者亦不過數百年且時立女主族姓潛移俗傳西洋諸國自古未易姓者妄也

歐羅巴所刻通書不置閏有三十一日爲一月者有三十日二十九日爲一月者

西洋諸國語言文字相同者普魯士奧地利亞與峩羅斯地相接也英吉利與米利堅西班牙與墨西哥以南諸部葡萄牙與巴西本三國之所分也餘皆不相同

峩羅斯圖

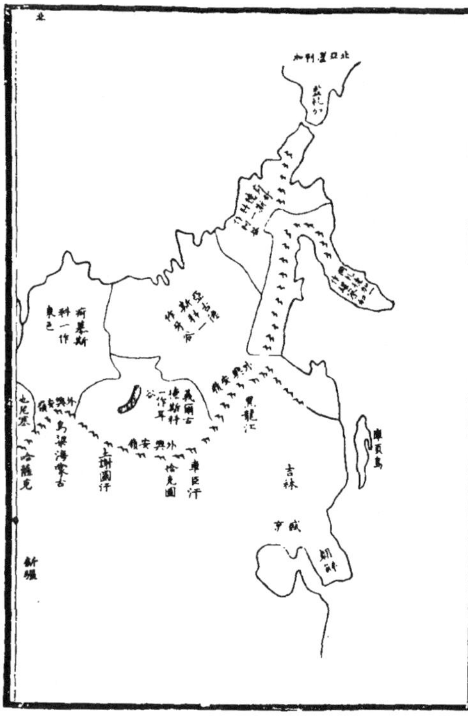

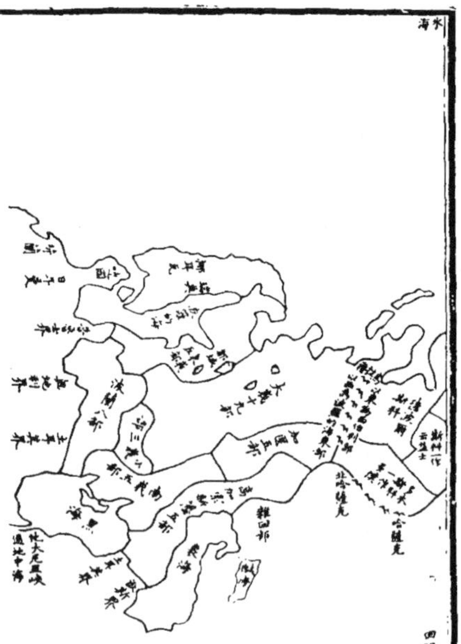

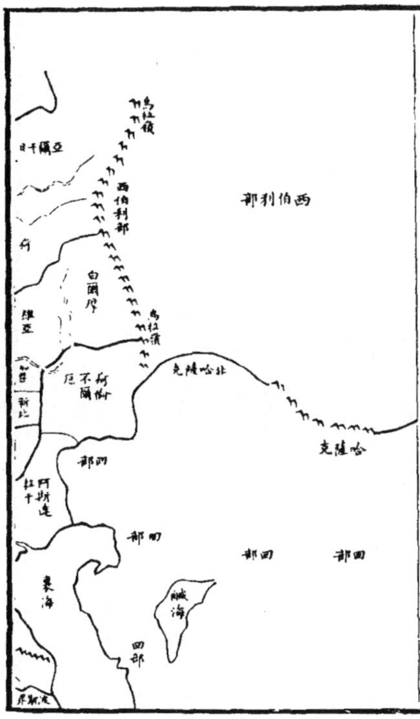

峩羅斯西境圖

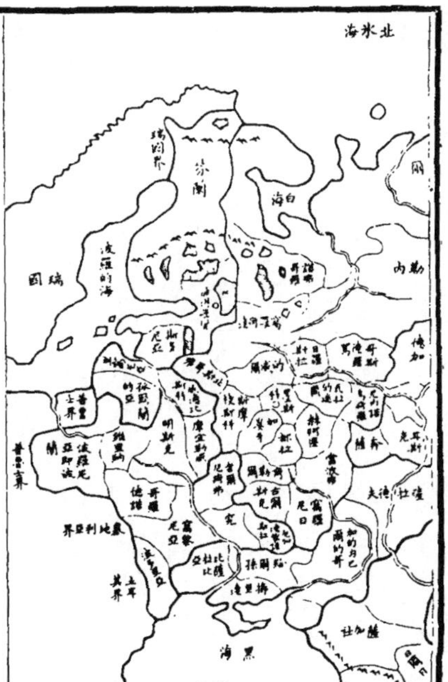

峩羅斯國

峩羅斯國俄羅斯○鄂羅斯○厄羅斯○阿羅斯○斡魯思○兀魯思○羅剎○羅車○葛勒斯○縛羅答○莫哥斯未亞○魯西亞○没壽啡據亞細亞歐羅巴兩土之北境復跨海據亞墨利加之西北隅拱北氷海如玦環長約二萬餘里宇內第一大國也其西土西界瑞典普魯士墨地利亞南界土耳其波斯東界西域回部其東土南界哈薩克回部喀爾喀蒙古黑龍江綜其全土在亞細亞者十之六在歐羅巴者十之四然其新舊兩都城皆在歐羅巴其富盛之部落雄麗之城邑萃於西偏迤東之地雖廣莫乃荒寒不毛之土其會盟戰伐亦皆與歐羅巴諸國爲緣國勢在西而不在東故隸之歐羅巴其國古稱薩爾馬西亞自唐以前爲西北

散部受役屬於匈奴唐懿宗咸通年間有酋長祿利哥者招引族類肇造邦土傳至烏拉的米爾訝羅斯訝兩世立國始有規模周世宗顯德年間有王后理國政始崇希臘天主教其嗣位之王有十二子分國爲十二部由是兄弟鬩牆互相攻伐日就衰亂宋理宗年間元太祖西伐滅阿羅思阿速欽察三部皆今峩羅斯地立長子朮赤爲汗由是爲蒙古別部元衰峩羅斯故王後裔乃稍稍振起明嘉靖初借瑞典兵力驅逐蒙古復其土宇後有國王號以萬者一作伊挽又作宜萬有雄畧拓地日廣達於東海之隅性殘忍好殺戮臣民數萬人由是舉下離心傳至波利斯後國勢寖弱內訌四起時波蘭方強日見侵削國人恫懼思得賢主以靖國康熙四十年立彼得羅爲國王一作伯多羅又作彼達王即別書所云察罕汗彼得羅幼時其姊貪權欲據王位彼得羅避禍隱寺內爲僧旣爲衆所推立卑禮招致英賢與圖國事躬教士卒騎射兼習火器悉爲勁旅由是政令更新國俗爲之一變境內旣平乃巡行邊界開通海口嘗以峩人不善駛船變姓名走荷蘭投舟師爲弟子盡得其術乃歸治舟師與瑞典戰勝之瑞典割芬蘭以講遂建新都於海濱曰彼得羅堡一作必特爾士木爾又作北特革又作桑比斯德爾不爾扼疏通波羅的海道水陸皆操形勢戰勝攻取雄土愈闢峩羅斯近世之強大實自彼得羅始也彼得羅殁其后嗣位敏慧有權謀所任大將名震隣國疆土益廣乾隆二十年王后加他隣一作加達利納即他書所云扣肯汗嗣位淫蕩多嬖而精於理事招致他國

百工厚給廩餼教國人以藝事廣延文學兼修武備南隣之土耳其回部大國與峩搆兵數十年后累挫其鋒割其北境又分割波蘭三分之二后死嗣王即位見弒子亞勒山德黎繼立與佛蘭西連兵數年講和而罷弟尼歌拉士嗣立一作尼哥勞伐土耳其大捷波斯來侵擊退之割其日爾日等屬部威聲甚著即今在位之王也

其國大畧分四部在歐羅巴境內者曰波羅的海東部曰波蘭部在亞細亞境內者曰高加索新藩部曰西伯利部

波羅的海東部西抵波羅的海東至烏拉嶺烏拉嶺北起北氷海南至白爾摩長約四千里歐羅巴亞細亞兩土以此嶺爲界北距北氷海南盡黑海南北約七千餘里東西約五千餘里峩羅斯本國之全土也地形平坦東方始見山嶺

大勢分五域曰東峩曰大峩曰加匽峩曰小峩曰南峩○東峩在國之西北境因據波羅的海東岸故稱東峩地分五部首部曰彼得羅堡其故王彼得羅建新都於此因以爲名者也沿海一帶平野蒼茫松榆茂密間有狹田地氣寒甚冬氣居六月之久都城在尼瓦河口近偪海港西風起則水湧入城街衢泛溢城內多廣厦傑構王廷長四十五丈闊三十八丈金彩耀目宏麗爲西國之最泰西人造屋皆層樓疊架繞以迴廊外無牆垣院落雖王宮亦如此居民四十二萬五千內水陸兵五萬五千客民二萬五千別有藏軍器之城曰立冕彼得羅堡之西南曰斯多尼亞部再西南曰里窩尼亞部兩部內港有大埔頭曰利牙每年出入商艘千餘再南曰孤爾蘭的亞部彼得羅堡之北曰芬蘭部本瑞典東北境峩戰勝割得之地極廣莫而氣候寒冽人戶貧乏○大峩峩之中原毘連北地幅員遼闊故稱大峩地分十九部首曰墨斯科部一作木吉在四境適中之地峩之舊都也規制鉅麗百官之居皆飾以金銀嘉慶十六年佛郎西拿破侖新得國勢方張欲混一西土以大兵伐峩圍墨斯科城將陷峩人恐其據之也燒之而走火旬日不息佛師退乃次第修復王殿廣七十七丈長二百一十丈宇內宮闕之高大殆無與比墨斯科之左曰瓦拉的迷爾部曰尼內諾烏痾羅部舊爲國之大市今已衰廢曰赫阿匽部墨斯科之右曰加婁牙部百工萃集之地曰斯摩棱斯科部墨斯科之南曰都拉部其民冶鐵鑄造各器曰當波弗部曰

瀛環志畧　卷四　峩羅斯國　九

痾勒爾部曰窩羅尼日部曰古爾斯克部墨斯科之北曰哥斯德羅馬部曰日羅斯拉部曰的威爾部曰北斯哥弗部再北曰痾勒內部曰窩羅痾達部曰諾弗哥羅部三部地氣皆寒冽極北臨北冰海曰亞爾千日爾部廣莫倍芬蘭而荒寒不可耕人戶甚稀多以捕魚爲業加匽諸部之粟時由內河往鬻極北濱海之民皆短小以犬爲馬以鹿爲牛有天使頭城在白海內港之濱冰消之時商船可以出入○加匽峩在大峩之東本回部地明嘉靖間峩攻得之分爲五部地腴坦宜稼產穀甚豐又產木材銅鐵番鹼其民善於硝皮首部曰加匽加匽之南曰新比耳斯克部新比耳斯克之西曰奔薩部加匽之北曰維亞德加部再東北曰白爾摩部○小峩在大峩之西南舊本峩地爲波蘭回部所侵割尋復奪還其地氣候溫和川原清曠綠柳垂楊相望葡萄柑橘皆繁生其民耕田熟皮造番鹼各勤本業分三部曰究部曰厄加德黎諾斯拉部曰者爾厄痾弗部○南峩在大峩小峩之南土脈膏腴產穀最多分羅諸國地分五部曰加的勾巴爾的哥部曰給爾孫部曰比薩拉比亞部在黑海中者曰擣里達部小山疊秀地氣溫煦稱樂土加的勾巴爾的哥之東曰薩拉德夫部其種人曰可薩悍勇善戰馳騎如飛峩人毎用以破敵稱爲勁旅其開拓西伯利廣土皆此部兵力也西伯利部戍守之兵亦皆此部人波蘭部一作破蘭又作波羅尼亞又作慈鹿慈也在海東諸部之西南先是有查遮爾

瀛環志畧　卷四　峩羅斯國　二十

倫國者與波蘭隣其王贅於波蘭女主遂與波蘭合後爲峩羅斯所取稱爲西峩其人白皙又稱白峩迨後波蘭衰亂峩羅斯與奥地利亞普魯士瓜分其國峩得三分之二道光十二年波蘭遺臣據地起兵與峩軍戰潰敗而逃其地卒歸於峩合前所得白峩地統稱波蘭部白峩地廣闊平坦草茂土肥宜耕宜牧其民修潔屋宇整峻分六部曰威德比斯科部曰摩宜勒威部曰明斯克部曰維里納部曰哥羅德諾部曰窩黎尼亞部曰波多里亞部波蘭地蕩平如砥林茂草芳榖果俱豐兼産材木煤炭蠭蜜分八部曰馬索維亞曰加拉哥維亞曰三多迷爾曰加利斯曰魯伯林曰波羅咯曰波達拉給亞曰亞烏斯多窩（八部地界原圖未分晝）

高加索新藩部（一作笛甲俗）在海東諸部之東南亞細亞極西之土也南境有高加索山西壓黑海東抵裏海綿亘蜿蜒千峯矗起其北境環抱裏海地勢平闊達於加匽部之白爾摩舊本游牧回部峩羅斯以兵力取之迤南在高加索山南北者皆土番種類獷悍異常舊屬土耳其波斯兩國近年俱爲峩羅斯所剳置新藩五大部極北者曰痾倫不爾厄部（一作阿隣堡）地接西域回部豐草鋪原蒙回各部互市於此以馬牛羊易布疋痾倫不爾厄之西南曰阿斯達拉干部（一作迓大罕）爲五藩部之都會窩瓦河從西北來由此入裏海兩岸草場豐美牧畜蕃庶（即土爾扈特寄居游牧之地西域聞見錄謂烏巴錫因河氷未合牽河南戸口內附而遺其河北今考窩瓦河自西北而東南烏巴錫之東徙蓋攜其河東戸口而遺其河西也）其地通衢四達西域游牧各部互市者絡繹於途故富饒爲五部之最女子絕美各部爭買爲婢妾價極貴有才能者或爲妃后裏海產鱣魚龍土人長於釣捕販行甚遠阿斯達拉干之南曰薩加社（一作色爾各設又作額勒阿西）在高加索山之陰種人居巖谷不事耕作貧甚而性特悍猛習於剽刦鄉皆土堡自練丁壯爲兵梗令揭竿時時有之峩軍收捕往往挫衂僅羈縻以固邊圉不能使之馴擾也薩加社之南曰諾尼阿部（一作額里）在高加索山之陽本屬土耳其後稱兵叛土峩羅斯征服之收爲藩部其地山嶺崎嶇戸口繁而貧販鬻男女爲奴婢民俗悍獷甚於薩加社諾尼阿之東曰日爾日部（一作熱阿義）東距裏海跨高加索山之南北本屬波斯嘉慶十八年峩羅斯戰勝割取

之民俗與諾尼阿同男女多美姿容會城曰得勒甚卑陋峩人修飾之漸改觀矣（薩加社諾尼阿日爾日三部近年又分爲八部曰日爾日曰是爾魯曰亞爾美尼亞曰義米勒多曰明哥勒里亞曰達日斯丹曰西爾加西亞曰亞巴西亞八部之外又別立高加索省原圖皆未分晝）

西伯利部（一作西畢里亞又作悉北畿）亞細亞之北境也西起烏拉嶺東距大洋海北距北氷海南抵外興安嶺界黑龍江索倫喀爾喀烏梁海蒙古哈薩克回部長約一萬三千里寬約五千餘里地處窮髮之北限以峻嶺崇山自古輻車之所未至歷代行國之所不居在大地爲別一區宇其地氣候極寒迤南猶見草木迤北勾萌鮮茁僅有矮松白楊一年中氷雪凝結者九閱月其人種類各殊戸口甚稀游牧者或偶至焉寒冽不可久留故庭幕不傳於紀載元代有

漠北藩王嘗探悉其地欲跨嶺割據之以險遠而止前明中葉峩羅斯既與有商船於冰消時駛至西伯利海岸以洋貨易皮貨日漸狎熟盛誇峩之富強其頭人有率戶口至峩者睹其國都市廛宮殿之壯麗傾心歸向各部競相傳播咸貢方物爲藩屬峩建炮臺於烏瀰河口扼險要以控制之漸徙罪人供力役築城戍於是西伯利西方諸部不費兵力咸爲峩有尋復展轉東畧阻於冰雪獨薩拉德夫之兵能躡冰前進遂征服東方諸部達於東海之隅（峩羅斯與我爭雅克薩城即此時事）至加他隣后時遣其臣墨領向東北探尋知亞細亞與亞墨利加一土不連中隔海峽數十里遂名其峽曰墨領峽因跨海據亞墨利加之一隅綜西伯利全土東部所產惟皮貨

狐狸兎貂鼠獺之類皆備專售中國西部兼產金銀銅鐵各鑛鐵尤多每歲得百餘萬担泰西諸國皆仰給焉地分八部曰德波爾斯科曰多木斯科曰也尼塞斯科曰痾慕斯科曰義爾古德斯科曰亞古德斯科曰痾哥德斯科曰岡札德加○德波爾斯科與海東部之亞爾干日爾痾勒內白爾摩等部相連以烏拉嶺爲界地氣寒甚產金銀銅鐵鑛○多木斯科（一作多僕）在德波爾西南與海東部之白爾摩痾倫不爾厄等部接壤其南與西域之哈薩克回部毘連游牧者時來侵掠雖有防兵不能禁也峩有大酋駐此總理東方兼督鑛務○也尼塞斯科（一作云谷士）在德波爾之南多木之東有草場出各鑛南境與哈薩克毘連駐兵四千以防侵擾○痾慕斯科（一作東色）在也尼塞之東地頗豐饒善醸酒人多沈湎南境抵外興安嶺與烏梁海各部接壤○義爾古德斯科（一作耳谷）在痾慕之東地極廣大出銀鉛鑛兼產皮貨每年所得鉛與皮甚多足助國用其人多美丰姿頗講文學南境抵外興安嶺與喀爾喀蒙古土謝圖汗車臣汗兩部接壤南界有甲他城即內地所稱恰克圖中國與峩人互市於此庫倫辦事大臣司其事彼以皮來我以茶往○亞古德斯科（一作牙谷）在義爾古德之東南境抵外興安嶺與黑龍江接壤康熙年間議定疆界立有界碑其地寒甚冰雪之消融者每歲止得三四月人戶稀少射獵之外無生計峩人取其所得之皮以當賦稅○痾哥德斯科（一作阿谷）在亞古德東北地盡亞細亞之東

北隅寒冽過於亞古德土人亦以獵獸爲生峩設官以賦其皮城建海濱與海東各島通商以收皮貨○岡札德加（一作堪察加）在痾哥德之東東界斜伸入海形如大刀頭其地終年寒冽草木稀疎海鳥翔集如蠅蚋居民捕魚爲食穴地而居（即東省所謂魚皮韃子）峩人設口收皮朝臣有重罪者流竄於此○自亞細亞極東北至亞墨利加海中各島稱亞律孳島迤南接日本各島稱古利孳島皆產皮峩船往來收皮鬻於中國○北亞墨利加之西北隅曰監札加峩人逾痾哥德之墨領海峽跨而有之地寒凍無他產所得者皮貨而已

峩羅斯雖分四大部而大勢則東西兩土西伯利其東土也海東

波蘭二部其西土也高加索新藩部地雖在亞細亞而與海東部
牙錯亦西土也東土曠邈無垠雪窖氷天自古爲不毛之土境內
有勒拿葉尼塞阿比等大河大半發源漠北流入北氷海湖之大
者曰蘇米曰排半土人戶口稀疎雜以流寓亦甚寥落種族難稽
土俗亦無可言物產則東皮西鑛皆獲無窮之利亦外府之一奇
也西土三部周迴萬餘里半皆平土立國雖在北境沃壤則多屬
南方河流之最長者曰窩瓦東南流七千餘里而入裏海地尼伯
河南流入黑海頓河西南流入亞速（即阿速）海灣土味拿河西北流
入波羅的海隅阿尼牙河北流入白海西北多大湖曰剌多牙曰
阿尼牙曰西峩其海口之可通舟楫者北方則白海之隅澤加牙

之灣西北則芬蘭利牙之灣西南則亞速之灣港汊四通舟行似
便惟因地氣嚴寒海水之不氷者歲不過六七月或四五月船不
能以時往來其南界之黑海由他大尼里海峽與地中海一綫相
連海道不如他國之通利是以遠涉爲難其民各分種族一曰薩
剌瓦族居齊民之大半曰力丁族居波羅的沿海曰芬族（即芬蘭土人）
居西北方曰韃韃里族游牧於南方奉回教（即西域回部種類）曰甲才族
亦游牧奉佛教（蒙古種類）曰日耳曼人墾種新地曰猶太散民務百工
地之所產者五穀之外麻與皮爲多麻織帆布售於各國皮轉售
於中國其木多橡榆松由海道運於各國南方多馬北方多牛牛
之油與皮運出無窮東界之山產金銀銅鐵金鋼石其民衣長衫

冬著羊皮食物最粗以大麥粉爲湯粉水爲飲人多嗜酒身體不
浴冬月嚴寒卧爐上以取溫其俗重希臘教門亦天主教別派京
師有總教主大有權勢其各教師散居各部有廟七十萬間僧一
十六萬人男寺四百八十所女寺一百五十六所
峩羅斯有宰相筦政事有大事王召貴者一百二十人議於公會
其部有八畧如中國之六部並以宗人理藩每年關稅田賦雜稅
共銀七千八百萬兩陸路額兵六十一萬長於馬隊火器亦精水
師大兵船四十隻戰船三十五隻兵船二十八隻小船三百隻水
手四萬丁軍法嚴每排陣軍士屹立如磐石無敢移步者用刑最
酷榜掠之刑慘於死俗尚畜奴僕貴官富商每人所畜以數十百

計通國奴僕凡百餘萬浮於兵額
按峩羅斯舊國在秦漢爲渾庾屈射堅昆丁零諸部受役屬於
匈奴在唐爲黠戛斯骨利幹等國宋末元太祖起北方拓地西
域以阿羅思等（即峩羅斯轉音）三部分其長子乃東峩大峩兩部地非
今日峩羅斯之全土也元氏既衰峩羅斯故王後裔再燃餘燼
假隣國西費耶忒兵力（今瑞典國）驅逐蒙古恢復疆土迨後日益強
盛沿北海漸拓而東繞出西域回部外蒙古諸部之北直達黑
龍江東北徼外名曰西伯利部我
朝順治年間築城於雅克薩侵擾索倫諸部稱爲羅刹屢遣兵毀
其城輒復據之康熙年間兩致國書復由荷蘭附書諭其國王

其王乃遣使上書乞撤雅克薩之圍分定疆界立碑爲志通貿易於車臣汗部之恰克圖幷遣人來　京師學習漢文每十年更易沿爲常例其西境自彼得羅崛起日益恢拓西割瑞典之芬蘭南兼高加索迤北諸部西取白峩諸部又割波蘭三分之二土耳其波斯北境亦多被侵割於是峩羅斯境土北環北氷海西據波羅的海東距大洋海即東海又跨海據北亞墨利加之一隅長約二萬餘里其南北之勢則西土較闊約六七千里東土較狹約四五千里宇內疆土之恢闊無過峩羅斯者宜其強大莫與京矣然在歐羅巴諸國中亦不過比肩英佛而未能定霸於一方者何也嘗以詢之雅裨理曰彼所有者多北裔窮荒

之土其東部層氷積雪草不繁牲不育不可遊牧故漠北諸部棄而不居峩人得之收其皮鑛之利所謂人棄我取非力能驅除而據爲己有也迤西入歐羅巴界戶口稍盛再西至大峩東峩之南不乏名都大邑然較之英佛諸國總覺土滿舟楫之利火器之精心計之密又遠遜於諸國逐鹿海隅往往瞠乎其後特因其疆土之廣究係海內大國故諸國亦未敢輕視之比權量力不過齊秦晉楚相爲匹敵已耳

峩羅斯都城臨海亦有巨艦數十然水戰究非所長故不能在大海中與諸國角勝其貨船亦止往來西洋諸國未嘗涉大洋而至粵東蓋其國物產之最多者曰銅鐵曰麻布曰木料曰牛馬隣近諸國皆仰給焉不必求售遠方最珍貴者皮貨如狐貂海龍駱駝絨洋灰鼠之類專以供中國之用入海船而載至炎方計無不朽敗者通市之在陸而不由海職是故也

西域聞見錄云峩羅斯本控噶爾屬國峩羅斯缺其朝貢又與兵擾其邊控噶爾以大兵臨之峩羅斯恐懼乞降增其歲貢控噶爾乃舍之又云當峩羅斯與控噶爾連兵屬國土爾扈特不堪徵調之苦其汗烏巴錫叛峩羅斯率其人戶度戈壁內附正乾隆年間勘定西域之時也今考歐羅巴諸國幷無控噶爾之名百年以來諸大國與峩羅斯搆兵者止有土耳其佛郎西波斯三國佛郎西之侵峩係嘉慶十六年峩人焚舊都以避之其

禍最烈事在土爾扈特投誠之後波斯之役亦係近年惟土耳其與峩羅斯連兵前後近百年道光初年猶交鬨未已聞見錄所云交兵事其爲土耳其無疑土耳其都城名君士但丁一作康思坦胎諾格爾噶爾即格爾上五字之訛爲控或由於轉音省文舊本羅馬東都後來猶冒羅馬之名故聞見錄稱控噶爾都城名務魯木魯木即羅馬之轉音也土耳其本回部大國所據者西土形勝之地恃其虓悍敢於侵擾強隣峩羅斯與之搆兵至數十年之久徵發及於屬藩蓋非得已烏巴錫素不知兵出颺撓敗多所亡失又爲舍楞所慫欲恢復伊犁舊牧傾國東徙爲哈薩克所掠過入沙漠種類幾致覆滅乃決計內附賜牧

於喀拉沙爾峩羅斯與控噶爾連兵之事即土爾扈特人所傳述然土耳其雖稱強大比權量力究非峩敵疆場之役峩屢勝而土屢北未聞峩之挫於土也烏巴錫怨峩羅斯徵調之煩致已狼狽失國故盛誇敵人之強大以輕蔑之乜椿圖於大西洋國土形勢揔乎未有聞遽信其夸誕之說杜撰一莫大之控噶爾比諸懸圃瑤池同一荒唐矣或云控噶爾乃圖理雅國王之名曾與峩羅斯爭地相戰烏巴錫傳述此事誤以汗名為國名今考泰西人紀載圖理雅即普魯士國勢遠遜於峩乾隆年間並無與峩交兵之事

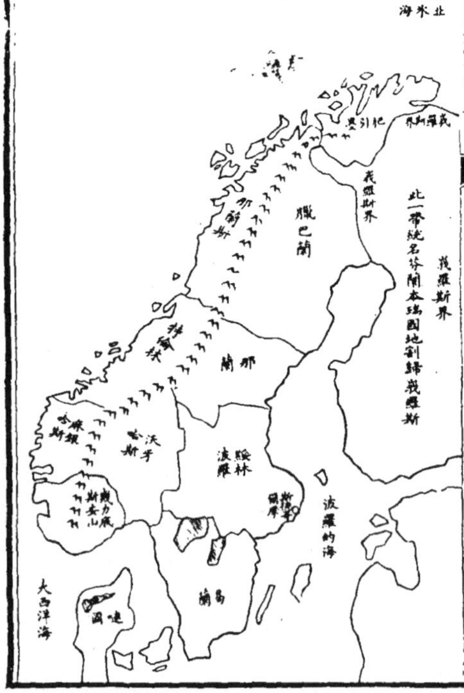

瑞國圖

瑞國

瑞國（瑞典蘇以天瑞丁瑞西亞綏林綏亦古西費耶斯科里都亞尼亞匪馬爾加波的亞藍旗）歐羅巴極西北境舊分瑞典挪耳瓦（一作訥爲又作諾爾威呀）二國今并爲一國東南距波羅的海西北距大西洋海北負北冰海南北約三千餘里東西約一千餘里地形如葵扇下垂中有連山脊起瑞立國在山之東西則挪耳瓦故地也地極廣莫而荒寒特甚土復磽瘠故民食鮮薄戶口稀疏古時爲野番部落兩漢時流入日耳曼界內散處各國趙宋初有大酋厄里哥招集部人建造城邑是爲瑞典立國之始是時挪耳瓦亦推大酋合羅爾德爲王數傳後挪耳瓦爲嗹國所兼并明洪武年間嗹王后馬里加爾達有權畧以術招

誘瑞民隸大尼（即嗹國）爲一國嗹國由是日強再傳至后孫殘忍好殺瑞民多怨畔瑞有王孫曰撒瓦（一作古斯達阿）英果不羣隱圖恢復嗹人繫之獄易服逃回瑞地嗹使吏逐捕撒瓦走北地匿僧舍乃免因涕泣募土人誓以除虐復仇引兵伐嗹累戰皆捷故土全復嘉靖二年撒瓦即王位威惠並行瑞國大治王卒世子嗣位荒淫無政爲國人所囚仰藥死萬歷三十八年王俄世答嗣位時日耳曼王（即奧地利亞）尚天主教諸國避耶蘇教者咸被攻伐瑞素崇耶蘇教王救諸國之同教者帥師伐日耳曼中礮殞於陣其大將卒戰勝乃班師王女基利斯的那嗣位癖好文學厭苦兵事遜位於外戚加爾祿斯之羅馬游學不復反加爾祿斯以康熙三十八年嗣位（加爾祿斯一作查理第十二加爾祿斯即查理譯音之不同也）年十八血氣方剛銳於戰伐以兵威侵波蘭割其境土之半波蘭大尼峩羅斯連兵來伐王擊敗之威聲震一時後再攻波蘭之烏哥來納部全軍盡覆親赴土耳其求援五年不得請乃歸復引兵攻挪耳瓦之非德黎沙爾戰死城下峩羅斯因以大衆戚之嗣王累戰皆北割東境之芬蘭以講峩兵乃罷當峩兵之方急也諸酋各懷去就或專擅自恣王衛之事定之後王與諸大邦聯盟將討諸酋之不軌者諸酋權謀弒王禮拜日伏客以火鎗擊殺之王子嗣位性卞急好用兵師屢撓敗括餉愈急國人噪變逐王嘉慶十四年國戚加爾祿斯攝王位其養子伯爾拿多的佛耶西人曾爲大將智畧過人攝王委以政柄修武

備結會盟用兵謀定而後戰所向克捷攝王因傳以位亦更名加爾祿斯即今在位之王也西境之挪耳瓦本屬嗹國嘉慶二十年各國公使會議於維也納以瑞地之附近於嗹者歸嗹而以挪耳瓦歸瑞

瑞典本國氣候極寒迤北沙磧低窪皆不毛之土南界土稍沃而濱海多淖泥農作甚艱極苦乏食富者啗餅薯貧者屑樹皮雜醃魚噉之所產者木料銅鐵舉國以此爲生計亦產銀鉛礬磺獸皮境內小河甚多皆自西而東入波羅的海其流湍急而短舊分四大部建都之部曰綏林波羅都城曰斯德哥爾摩（一作士突訓）建於美拉爾湖濱廟堂華煥樓閣重疊外通海口爲通國之大埔頭南曰

曷蘭三面界海北曰那蘭再北曰臘巴蘭（一作勒必蘭）後又分爲二十四部曰斯德哥爾摩曰烏布薩拉曰威士德來斯曰尼哥兵曰痾勒波羅曰加爾雜斯達曰斯德拉哥巴爾卑曰日非勒波爾曰靈哥兵曰加爾馬耳曰仍哥兵曰哥羅諾卑爾曰波勒金日曰斯加拉波爾曰厄爾弗斯波耳曰痾德波耳曰亞爾慕斯達曰基利斯的安斯達曰馬爾摩呼斯曰痾德羅曰諾爾波敦曰威斯德爾波敦曰威斯德爾諾耳蘭曰仍德蘭（二十四部原圖未分畫）○挪耳瓦在瑞國大山之背地形狹長如帶北抵氷海西面大西洋海山脚槎牙入海如蠏爪波濤蕩激礁石嶙峋海舟誤觸立糜南界有腴壤稼穡四旬卽熟迤北多沙磧且寒凍不毛民多以魚爲穀舊分六部極

南曰幾力底斯安山迤北東曰沃牙哈斯西曰麻鋘哈斯再北曰特倫林再北曰那蘭斯極東北負北氷海曰肥引墨後又分爲十七部曰亞日胡斯曰斯馬勒雞曰里德馬爾根曰基利斯的安曰不斯給盧曰巴拉德斯北爾曰內德尼斯曰滿達爾曰斯達完白爾曰仍爾盧斯卑爾曰南卑爾仁曰北卑爾仁曰羅慕斯達爾曰南德倫的音曰北德倫的音曰諾爾蘭曰分馬爾根（十七部原圖未分畫）土產五金銀爲多又產花紋石民情樸厚善待商旅○瑞典之臘巴蘭挪耳瓦之那蘭斯肥引墨背負氷海非人所居稍南夏日長九時冬夜長九時極北冬有夜無晝不見日者七十五日夏有晝無夜不見月者七十五日五六兩月暴暖蚊蚋密如塵沙過此雪霰飛集皆寒凍之日矣居民身不逾四尺有野獸形似鹿豢之以當牛馬乘騎馱載皆用之饑則食其肉剔其筋以爲弓○波羅的海東岸有廣土曰芬蘭與臘巴蘭肥引墨相連本瑞典東境康熙年間割歸峩羅斯（瑞典有西費耶之稱費耶合音爲芬卽指芬蘭也）

按瑞國處窮髮之北在歐羅巴諸國中最爲貧瘠而能發奮自保不爲強隣所幷兼安樂者禍之萌憂患者福之基雖荒裔亦如是也其商船時有來粵東者

嗹國圖

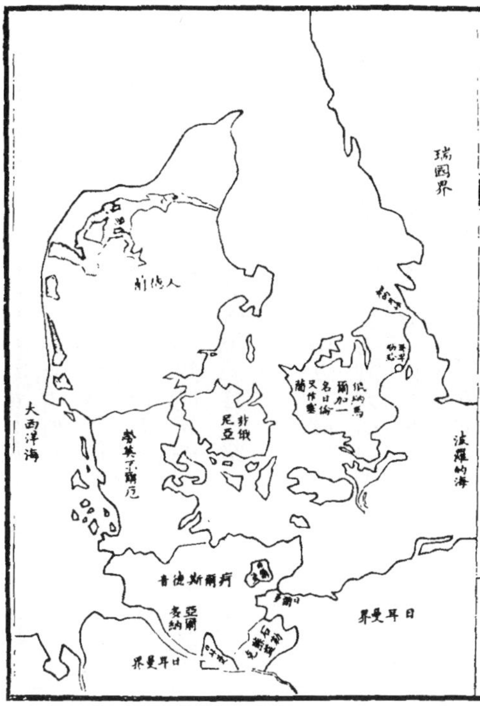

嗹國

嗹國（嗹馬○領墨○咨因○丁抹○大尼○丹麻爾○大馬爾齊雪際亞○蘇厄祭○盈黎馬祿加○低納馬爾加○黃旗）歐羅巴小國也其商船常掛黃旗故粵東稱爲黃旗國地形從日耳曼北出如人之握拳伸臂於海中者與瑞典南境相對作凹凸之形北西東三面皆海南界日耳曼列國南北約千里東西闊處四五百里狹處二三百里古時爲土番部落性波羅非內寨各種居之後爲峩特族所據與瑞典挪耳瓦合稱斯干的挪瓦國地瘠食不足沿海之民皆捕魚爲糧因操舟學泛海漸劫掠爲海盜諸國患之趙宋初有大酋哥衛摩者衆推爲王突以兵船攻英吉利英人蒼黃避之遂據國都英以厚賂緩兵尋以計殲其衆嗹舉兵

復仇連年侵擾不已英許歲賂與之和是時諸國以海寇目之不齒數於列國也後其王有駕奴特者（一作加奴度）能修國政賞罰嚴明北伐挪耳瓦滅之伐英吉利破倫敦遂兼王英土駕奴特死其子繼立爲英北族威廉所殺嗹國幾危後復有賢主嗣位四境乃安明洪武十年女主馬里加爾達嗣位號賢明內修政事外聯與國於是瑞典亦納土爲北藩威權大振嗣王能守其法擴疆土創科條四隣咸服其子嗣立性酷虐多內寵戮酋長九十人復欲盡滅諸酋之家諸酋乃集議廢王立大酋基利斯的亞奴爲王時瑞典已立故王之裔兩國搆兵數十年乃罷嘉慶二年英吉利師船至波羅的海嗹欲耀威列巨艦陳大礮扼之於港口英人以師船攻

之英師勝而船多損乃講和而退嘉慶九年佛郎西拿破侖以大兵伐嗹嗹與之和拿破侖密約嗹以舟師襲英英人偵知先以大衆攻嗹圍都城燔郭外四百椽城垂陷乃乞盟復搆兵六年國虛耗不可支近年貿易頗盛元氣漸復嗹舉國奉耶穌教迤北語音近瑞典迤南近日耳曼所產惟五穀牲畜每歲賣馬萬餘匹牛七千穀有餘糶於英吉利

嗹國分五部西四部與日耳曼相連爲波羅的海之門戶橫亘如棖西面沿海窪下築長隄以捍海潮大風起則飛沙覆田壠畝全沒故多種樺以堅其沙極北曰入德蘭地極廣莫多沙磧有大湖七迤南曰勞英不爾厄再南曰蘇爾斯德音再南曰石勒蘇益克

後兩部地連日耳曼公會應出防兵三千六百名（說詳日耳曼）南界有大埔頭曰亞爾多納與日耳曼之昂不爾厄相近時有釁爭又有大書院曰基里東北有大島曰錫納馬爾加又名日倫都城建於此島之東北隅曰哥卑納給（一作可品哈音）爲國之大埔頭城內街衢繩直屋宇軒敞居民十萬諸國貨船出入波羅的海必經由此港峽口名加的牙關僅數里嗹設關榷稅不則搤之使不得過諸國無如之何亦遂安之其國之富強以此日倫之南有兩島相連入德蘭之東南有大島曰非俄尼亞西界海中多小島民乏生計以魚爲糧○西北大海中有大島曰義斯蘭地亞（一作西哀爾蘭）嗹所屬也地在英吉利三島之北數千里氣候寒冽同於瑞典之北境有火山曰挨哥辣時迸流火燎焚廬舍地震最烈往往山陵陷爲坎窞其民善捕長鯨取其油獵海犬剝其皮以爲衣

按嗹國之在歐羅巴壤地甚褊未堪與諸大國比權量力也而加的牙一港扼波羅的海數千里之喉嗹人實擘其筦遂翹然爲一方之傑國之強弱豈盡在乎疆土之廣狹哉

奧地利亞圖

瀛環志畧

卷五 奧地利亞圖

一

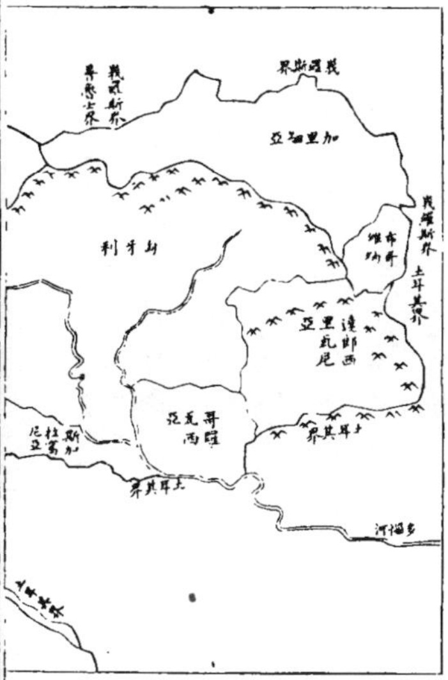

瀛環志畧

卷五 奧地利亞圖

二

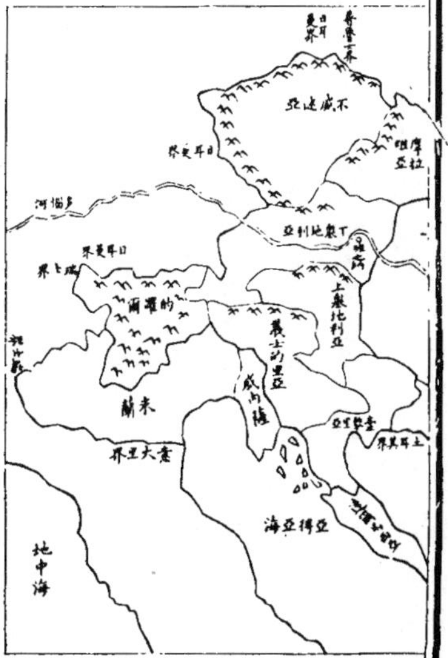

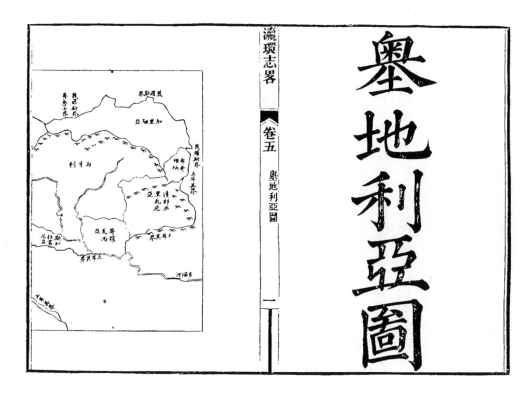

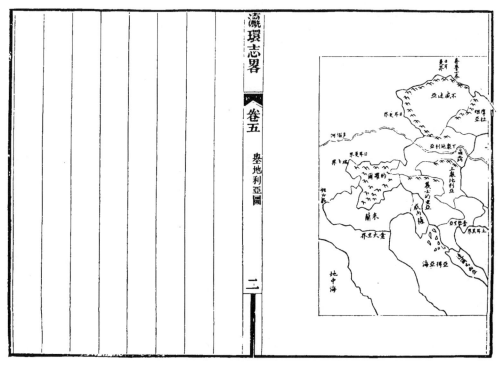

奧地利亞國

墺地利亞（阿士得釐亞○臬斯的里亞○阿士氏拉○歐塞特里阿○莫爾大未亞○東國○雙鷹國）歐羅巴大國也其商船初抵粵東時旗畫雙鷹遂訛稱爲雙鷹國北界普魯士峩羅斯南界土耳其抵亞得亞海隅意大里亞各國西界瑞士暨日耳曼各國東西三千一百餘里南北一千八百餘里其地古時爲勒西亞諾力加巴訥尼亞等國羅馬征服之後爲北狄所據唐貞元間佛郎西取其地立爲別部元初日耳曼有酉羅爾德福者號聰敏攻獲墺地日耳曼各部推立爲王稱爲東國然疆土褊狹無大權傳至阿爾麥配何牙利女主何牙利因合於墺聚益疆土數千里遂爲大國明正德十四年國內亂時西班牙王查理

第五賢能得民譽日耳曼諸部招之來墺奉以爲日耳曼王王治軍行法聲威大著佛郎西來攻王與戰破之禽佛王徙之西班牙佛人以金贖之乃放還嘉靖四年復得伯閔地（即不威迷爾）疆土愈廣查理第五歿其弟嗣位明於法律簡任廉能國大治時意大里衰亂帥師伐之割其北境圍羅馬一年城幾陷意大里諸部皆臣服由是日耳曼稱霸西土萬歷四十六年王匪耳地難嗣位先是查理第五尚天主教禁耶蘇教至是臣民復有從耶蘇教者王禁之甚力違者加以刑臣民合黨攻王王誅滅之遂與國奉天主教無敢異康熙三十九年日耳曼各部皆自立爲王從此東國稱墺地利亞不復稱日耳曼時西班牙王歿無子墺王以爲其宗國也欲立其子而佛郎西王欲立其孫兩國搆兵十餘年佛王卒立其孫爲西班牙王康熙四十九年王查理第六嗣位委政臣下尋歿無子傳位於女女聰敏能持國柄治軍嚴整鄰不敢侵女主歿王約色弗第二嗣時波蘭衰亂王與峩羅斯普魯士瓜分其國由是幅員之大遂洸洋於西土王好耶蘇教廢天主教天主教之黨欲爲亂王悖歿嘉慶年間佛郎西拿破侖得國恃兵力征伐四鄰日耳曼列國皆納款墺屬藩比利時亦被侵割（詳比利時圖說）而不爲之下佛無如之何也拿破侖既敗喪嘉慶二十年歐羅巴諸國各遣公使赴維也納（墺地利都城）會議凡佛郎西摧破各國皆申畫疆圻重定盟約以日耳曼列國雖各復故土而散弱不能自立乃議立公會聯

結爲與國以墺爲會盟之長日耳曼列國之主時來朝議國事墺嘗與土耳其搆兵三十年講和而罷其國大勢分四部曰日耳曼地墺之故土也曰意大里地曰何牙利地曰波蘭地從來之所割據也

墺地利之日耳曼故土在日耳曼列國之東南山嶺重疊產水銀硃砂鐵草場豐廣每歲所產牛馬羊以萬億計有多惱大河可通舟楫地分五部○墺地利亞內分兩部南曰上墺地利亞北曰下墺地利亞都城在下墺地利亞曰維也納（一作危阿納又作味隱）居民三十萬王宮閎麗王自奉甚約不尚體統與百姓往來如家人其民以此親附俗重紡績產布帛最多女子美姿容淫泆無閨教附近有

其耳城居民三萬六千有書院藏書七萬册○的羅爾（一作地羅里）在兩墺地利之西遍地皆山會城曰音斯不羅各（一作隱不）其民以獵爲生或擔負傭趁四方性戇直而多力當佛郎西來侵此土之民奮力擊退稱爲義勇○義士的里亞（一作以利亞）在上墺地利之西南會城曰加拉德斯（一作來八）居民一萬一千其山洞穴玲瓏巖岫重複民以造磁器織綢緞爲業○壹黎里亞在義士的里亞之東南會城曰的里也斯德（一作得利益）在亞得亞海隅爲地中海大埔頭居民四萬毎歲出入之船八千隻○不威迷亞（一作伯閔又作波希米）在下墺地利之北舊本日耳曼列國爲墺所滅地形如釜其外山嶺界隔其中川谷深邃土田之沃爲墺上壤會城曰巴拉加產五穀牲畜銅鐵

麻居民善造玻璃器運行四方獲利無算地有書院習文藝者八百餘人○摩拉維亞（一作默隣）在不威迷亞之東壤地僻小所產麻呢布甚多會城曰阿里木極堅固○以上各部皆入日耳曼同盟公會應出兵九萬四千八百（詳日耳曼列國圖說）

墺地利之意大里地總名倫巴爾多威尼西亞奴分兩部○米蘭在的羅爾之南東南際亞得亞海幅員較廣其地山水佳勝有天主廟肖像最巨闊二十七丈高三十三丈西土以爲異觀會城居民十五萬所轄百義城居民三萬額摩拿城居民二萬六千曼土亞堅城也嘗爲他國所攻久圍不能下罷味亞城居民二萬一千羅地城居民一萬八千皆意大里名邑也○威內薩（一作非匿）臨亞得亞海幅員甚狹而戶口極繁古時爲地中海最大之海口萬艘鱗集握全海之利權者千有餘年今已衰廢貿易無多居民尙十萬一千城建水中街衢皆小河飛橋橫跨不礙舟行所屬巴土亞居民五萬內有書院肄業者三百人味羅拿居民五萬五千味晉撒居民三萬蕪地拿居民一萬八千

墺地利之匈牙利地（一作翁給里亞又作寒牙里又作博厄美亞又作班那里阿）在國之東界古時匈奴有別部轉徙至此攻獲那盧彌地於趙宋咸平年間立國稱雄一時久而寖衰明建文年間女主伊利薩麻嗣位配墺王阿爾麥爲夫婦時匈牙利爲波蘭所攻土耳其屢侵南境皆賴墺地利兵力退敵保疆遂挈國合於墺其地幅員倍於墺本國半山

半土多惱河橫流其間山出金銀銅鑛毎歲得金一千餘觔銀四萬餘觔土得穀田五萬頃草場七萬五千頃林九萬頃園六萬頃產五穀牲畜葡萄酒麻丹參蜜俗不剪髮編辮戴小圓帽外加闊邊帽服色尙藍與歐羅巴諸國迥異地分五部○匈牙利內分兩部曰下那盧彌曰上那盧彌會城在下那盧彌曰伯堡匈之舊都也建於多惱河濱居民四萬一千所轄曰伯息居民六萬一千牲畜互市之地也附近有補地城居民三萬四千仲匿居民一萬七千半以攻鑛爲業產銅尤多阿丁堡居民以釀酒養猪爲業毎歲售猪八萬剌固城地當衝要土耳其數來攻五廟邑爲自古文儒聚會之區得伯新邑互市之地也士額丁居民三萬勤於農作產

煙草○達耶西里瓦尼亞又名七山在㕷牙利之東南山嶺高際雲漢出金鐵鑛會城曰黑曼居民二萬所屬冕城居民三萬與土耳其互市極繁盛有書院肄業者一千二百人○哥羅瓦西亞一作可剌在㕷牙利之南七山之西會城曰亞哥耶其民勤於農作悍勇過人奧人募為游兵能破強敵產五穀煙草○斯加拉窩尼亞在哥羅瓦西亞之西會城曰挨塞各土俗與哥羅瓦西亞同以上三部南界皆隣土耳其各練農民為鄉勇土人來侵則合力禦之○達爾馬西亞一作搭馬在亞得亞海濱與壹黎里亞相接地形狹長土磽瘠不足於耕民多捕魚或為海盜會城曰撒剌戶口甚稀山產藥材巖間出野蜂蜜所屬加他羅城壁堅池深號為險固

奧地利之波蘭地曰加里細亞一作牙里西地平坦有沙磧多林藪熊狼所宅獵者殺之獻其皮官為給價其土鹵可以煎鹽民惟務農不解紡績衣食皆粗糲會城曰棱卑爾各一作隣山內有書院○布哥維納本土耳其地奧割得之因與加里細亞毗連故附波蘭部境土數百里會城曰達爾奴波羅居民九萬三千城內多廟宇僧尼甚衆其民長於貿易雖隸於奧而自有酋長主國政

按日耳曼全國時以奧地利為共主諸部如畿內之侯當查理第五之代興也擄佛王服羅馬兼荷蘭聲靈赫濯幾於霸矣惜乎力崇天主教而仇視耶蘇教詳荷蘭圖說啓累代之兵端開殘殺之刼運則貽謀之不善也厥後日耳曼列侯皆自王其國無復臣主之分奧地利疆土之恢闊雖數倍昔時而聲威則遠遜矣今西土論國勢者英吉利第一佛耶西第二峩羅斯第三奧地利第四

普魯士圖

普魯士國

普魯士普魯社○蒲魯士○部魯西亞○不魯西亞○埔魯寫○破魯斯○破魯西○岡理雅○北阿爾獨亞○單鷹國亦歐羅巴大國亞於奧地利亞粵東稱爲單鷹國亦因其商船所畫之旗而得名也北距波羅的海東界峩羅斯南界奧地利亞西雜日耳曼列國界荷蘭比利時東西約二千一百餘里南北約一千一百餘里其地古時爲北狄所據南宋時日耳曼人征服之立爲別部後爲波蘭所兼并明萬歷間日耳曼之巴鄖德不爾厄部復取其地立國奉職忠謹日主悅之屢益以地康熙三十九年乃自王其國其王長於韜畧節衣嗇食帑藏豐盈子菲哩特第二嗣位推武有大志屢勝強敵擴地愈廣王卒姪嗣位淫泆無度沈湎

於酒國勢驟衰時佛郎西拿破侖得國嘉慶十一年以大兵伐普王非哩特威廉第三初嗣位力不能禦佛人割其境土之半普遂削弱後六年普民不悅佛政思故主王因民之怨佛也與諸國合縱攻之佛師潰而棄地普遂復其故土王乃增修國政勸農工設學館惠商旅由是百姓親附隣國之民皆喁喁慕義遂爲西土顯國其國大勢分東西兩土共八部有在日耳曼界內者有侵割他國得之者其制民及歲者工入肄秀入學否則罰其父毋年二十以上男丁皆入伍學藝三年放歸每歲秋操閱賞罰之故其國兵多而強額兵計十六萬五千內宿衛一萬八千騎兵一萬九千炮手一萬五千七百步兵十萬四千別有民壯三十五萬九千二百

舉國尙耶穌教

普魯士之東部首曰巴鄖的不爾厄一作班丁堡境內阿得河縱橫交流沿河沮洳草場豐茂便於牧畜餘地平坦多沙磧故田不足於耕松橡處處成林材木無缺都城曰百爾靈一作伯靈又作木爾林周三十六里有十五門二十二市居民二十二萬皆奉耶穌教城內有孤子院收養惸獨有醫院居旅客貧民之染疾者有武藝院教擊刺有文學院肄業者一千六百餘人有軍器局貯大炮王殿長四十六丈闊二十七丈高十丈規模極宏壯百官之居亦整潔百工諸術各有學院鐵器最精工細若金銀所造磁器尤見堅緻不亞華產而價甚廉大呢羽緞布帛山積遠客咸來貿易故稱西土大都

會所屬谷丁堅城也蘇邑稟土老皆屬邑之豐美者○波美拉尼亞一作破墨隋在巴鄖的不爾厄之北臨波羅的海其南土田肥沃其北近海窪下多沙阜出琥珀土人得之用以嵌飾寶器產木料麻五穀會城曰斯德丁一作士得丁在阿得河濱河流深廣海船可以出入以此估帆雲集貿易繁盛郊外長大之海口稱爲瑞隱口所屬卒他港城在波羅的海濱居民一萬五千麥與綿羊毛由此出運城最堅敵屢攻之不下其將誓曰懸此城於天堂我亦必取之已而竟不能破額林城有書院招進四方之遊學者吉林城在海濱有通衢廣廈文士所居薩牙居民七千廈屋雲連稱爲大邑北勒居民四千城外有池初入耶蘇教者往受洗禮以此名著西土其

地土腴腴甚穀麥有餘出糶遠方罕比近海有小河可通城內居民多以琥珀造器○細勒西亞（一作治勒）在巴郎的不爾厄東南山嶺橫亘西南阿得河由此發源其土大半膏腴可耕之田六萬九千頃然常患人滿穀不足資接糶於他部產絲最細足供機杼八千綿羊毛甚豐售於英吉利山產鐵每年得一十五萬石銀二千六百七十斤會城曰北勒斯勞（一作伯老）居民八十萬六千百工畢集文儒萃焉河濱列城五曰瑞匿曰勒匿曰額剌曰戢告曰匿士皆有金湯之勢○薩克索尼亞（一作薩普）在巴郎的不爾厄之西與日耳曼各部牙錯日耳曼小部有包括於境內者地產五穀羊毛其民溫和好禮奉耶蘇教甚篤會城曰馬得不爾厄（一作隣得堡）壘高池深屢捍大敵居民三萬二千所屬哈勒有大書院肄業者千餘人別有廣廈收養孤獨吉令堡昔為天主教女尼所掌今居民奉耶蘇教毀其祠宇○普魯士部在國之極東北境臨波羅的海與峩羅斯連界其國以此部之名為國名地分東西兩部夷坦無山產五穀堪出糶松橡高大材中舟楫半售英國會城曰哥尼斯北爾（一作王山）居民六萬三千城週二十七里空闊難守所屬但澤城在河澤河相連之海口居民六萬貿易甚繁每歲入口之船千餘運麥糶於他國其城嘗為敵所圍亡失甚多北境有城曰壘麥與西國通商又得實城極廣大嘉慶十一年與佛郎西議和於此益平城係大海口每歲入口之船一千四百○波森（一作波斯）在巴郎的不爾厄

之東本波蘭地普與峩奧兩國瓜分得之地出五穀無別產會城曰波森街市寬廣居民二萬五千嘗普人初據其地民懷故國多怨思普治以惠政民乃胥悅其俗尚崇天主教

普魯士之西部與東部不相連中隔日耳曼數小國地分二部南曰維士德發里亞（一作西法里）多大澤叢林居民以漂麻織布為業善造火腿銷售遍於西土會城曰閔士得俗尚天主教○北曰勒那（一作如勒）又分兩部曰上萊尼曰下萊尼上萊尼沿河傍山會城曰哥羅尼亞（一作可倫）在萊尼河濱居民五萬善造鐵器織綢緞布疋所製香水最佳河內販運之舟往來如織所屬木城有大書院益百田戶口繁密百工萃處突鄉在萊尼河濱城內街衢闊耶多廣廈名園○下萊尼在上萊尼之西南與維士德發里亞毗連山水清麗時有遠客來遊出葡萄酒五穀缺乏會城曰谷隣亦在萊尼河濱所屬得味居民一萬二千其城最古亞金居民三萬二千勤於紡績○普魯士東西八部除普魯士波森兩部外餘六部皆入日耳曼同盟公會應出兵七萬九千二百

歐羅巴人皆稱普魯士為善國強大不如奧地利而修政睦隣不事攫伐則遠過於奧啡哩特威廉第三遭強隣之難轉敗為功有衛文大布大帛之風其治軍亦得古人寓兵於農之意豈可以荒裔而忽之哉

日耳曼列國圖

瀛環志畧　卷五　日耳曼列國圖　十五

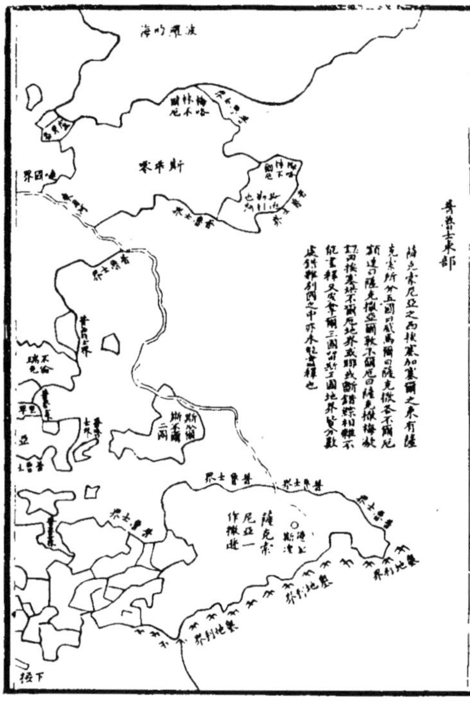

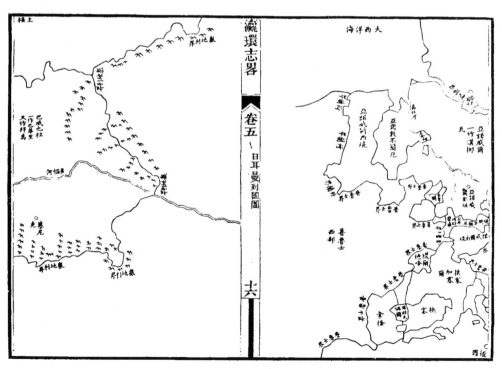

瀛環志畧　卷五　日耳曼列國圖　十六

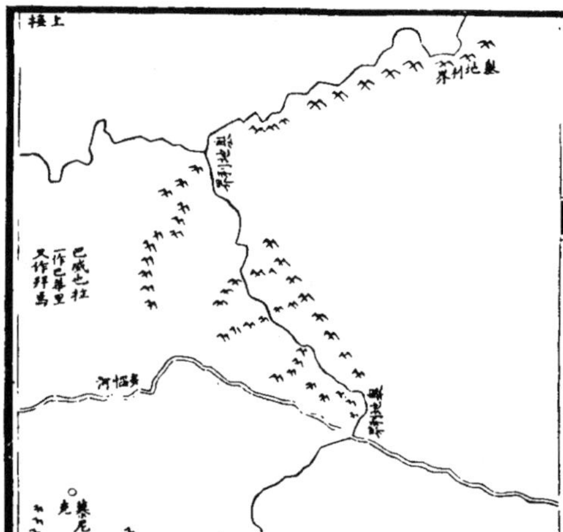

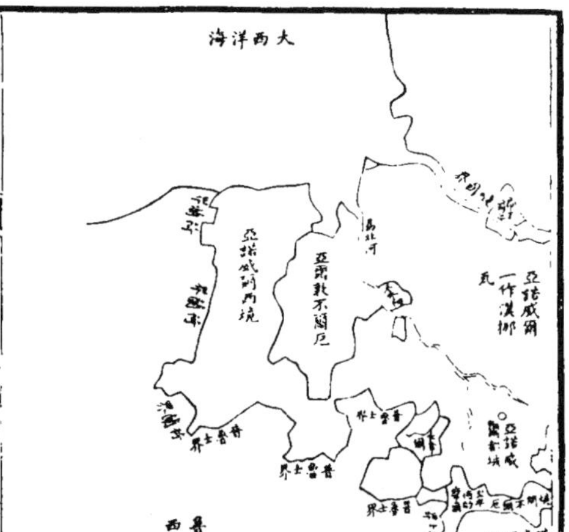

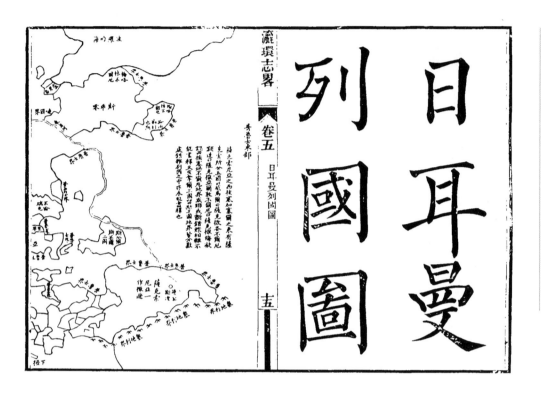

日耳曼列國

日耳曼（阿勒曼○阿理曼○亞里曼○占曼尼○耶馬尼○熱爾麻尼○亞勒曇尼亞）歐羅巴古大國也
其地縱橫皆數千里北扼波羅的海南踐地中海為歐羅巴之中
原上古時五方之民雜處分數十小部羅馬盛時征服之尚未盡
入版圖佛郎西既興其王甲利泰甫（一作加爾祿斯馬哥奴）攻滅日耳曼諸
部地隸佛版百餘年梁乾化元年部人畔佛復推佛郎哥尼亞酋
長官拉多為王王不世及惟眾所推薩克索尼亞佛郎哥尼亞蘇
亞維亞三部之酋先後據王位元初奧地利亞酋長羅爾德福為
王能服眾由此繼序不復推至明初日益強盛聲威四播幾與羅
馬代興康熙三十九年各部皆自王其國不相臣屬奧地利既并

兼坐大普魯士亦拓地稱雄兩國皆自有名不復稱日耳曼所餘
迤西一片土分三十六部稱王者四餘以次遞降如中國之公侯
伯大者千餘里小者乃數十里東界奧地利亞普魯士西界荷蘭
普魯士佛郎西北界嗹國暨波羅的海南界瑞士意大里南北約
二千四百里東西約二千二百里嘉慶十一年佛郎西拿破侖以
兵脅日耳曼列國皆降之部落多所更易後八年拿破侖敗日耳
曼列侯各復爵土嘉慶二十年各國公使會議於維也納（奧地利都城）
以奧地利普魯士本日耳曼所分而嗹國荷蘭與日耳曼牙錯合
四國於日耳曼列國稱同盟四十國以奧地利為盟長各按戶口
多寡定兵數每百人應出額兵一名每二百人出援兵一名共三

十萬四千餘各國公使皆駐佛郎渡（即佛郎克佛爾）有大事則會議防兵分十二隊畫地立營總帥一人各國公舉然爲帥者多墺地利人他國人不敢當此任也各國語音皆同有奉耶蘇教者有仍奉天主教者地氣北寒南暖多腴壤五穀百果皆宜花卉亦繁產金銀銅鐵錫鉛寶石玉石花石赭石滑石磁石陽起石黑礬白礬硝磺硇沙磁粉

巴威也拉（一作巴華里又作拜焉）在日耳曼東南方南北一千一百餘里東西八百餘里在列國中幅員最大爵稱王戶口四百七萬餘公會應出兵三萬五千六百昔時嘗與佛郎西結盟以攻日主都城曰慕尼克（一作門占）街市華潔其民善造細皮清玻璃時辰表工力巧捷

名播四方各國皆與通市其制於七千人中選明通有識者一人赴京辦事謂之副主有大事則國王會衆事主商決之初造時辰表之城曰尼林山又有兩城曰雨山曰澳堡今雖蕭索造器之工尚夥

瓦爾敦巴爾（一作威丁山又作味耳典白）在巴威也拉之西南北五百里東西三百六十里爵稱王戶口一百五十二萬公會應出兵一萬三千九百五十四境多山嶺出葡萄酒與各果實都城曰斯都德牙爾（一作突甲）

薩克索尼亞（一作撒遜又作撒孫）在巴威也拉之北爲日耳曼適中之地東西五百里南北三百里爵稱王戶口一百四十萬公會應出兵一萬二千國之南界有大山綿亘與墺地利巴威也拉毘連山產銀鑛最王開掘已五百年尚未匱竭昔時西國之銀多出於此地乏五穀居民夏則攻鑛冬則挾餘資遊四方飲食宴樂資盡而反都城曰德勒斯達（一作德停）王宮與耶蘇堂極宏麗民多養綿羊毛毳細軟用織大呢又造磁器甚精不亞中國之產前明時撒有名人曰路得能譯解耶蘇意旨別立耶蘇教名以別異於天主教由是耶蘇教盛行而天主教之權衰國有大邑曰來責每歲設市二次諸國商賈雲集其地所出者書籍鐫印最精各國之文字百家衆術之著作無不畢備每年所售無慮數萬億冊價值數百萬圓

亞諾威爾（一作漢那耳又作漢那華又作漢挪瓦）在日耳曼之西北境與嗹國接壤

南北八百七十里東西五百四十里爵稱王戶口一百五十五萬公會應出兵一萬三千五十境內平坦沙磧居半惟沿河有沃田草場兼產蠭蜜康熙五十二年亞諾威爾有王若耳治稱賢德値英吉利王威廉第三卒無子英之臣民招若耳治奉以爲主子孫承繼至於今亞諾威爾別立支子故亞諾威爾爲英之宗國百餘年來依爲唇齒道光十七年亞諾威爾內亂他姓代立都城同國名有大書院曰可宁廷收教幼學聲名最著（西境有亞爾敦不爾厄幅員頗廣列國中有薩克撒亞爾敦不爾厄乃合三邑爲國合計袤延僅百餘里與此土廣狹不侔此土或別有所屬抑即薩克撒地存俟再考）

巴敦（一作巴丁）在瓦爾敦巴爾之西南北七百里東西三百四十里侯國之最大者山嶺盤迴峯巒秀出風景清華爲日國之最爵如上

公戶口一百十三萬公會應出兵一萬都城曰加爾斯盧合（一作甲利安）地產麻豆葡萄酒

挨塞（一作黑西）在亞諾威爾之西南長三百二十里廣二百里爵如上公戶口七十萬公會應出兵六千一百九十都城曰達拉摩斯達（一作馬因）崇墉屹立炮門環繞外濬深池敵不能攻產麻烟葡萄酒

挨塞加塞爾（一作黑西加塞爾）與挨塞毘連長四百里廣二百五十里爵如上公戶口五十九萬二千公會應出兵五千六百七十都城曰加塞爾其制幼主不得治事母后或至戚居攝俟年十八乃反政地多山產銀銅鐵鑛

梅咯棱不爾厄（一作墨林堡）有二國在北方一曰斯乖零長四百里廣

二百八十里爵如上公戶口四十三萬一千公會應出兵三千五百八十都城與國名同一曰斯德勒利也斯長一百八十里廣一百里爵如上公戶口七萬七千公會應出兵七百十七都城曰疴爾敦不爾兩因地平坦饒牲畜

威馬爾（一作威密）薩克索尼亞所分國昔有薩克索王裂國之西界以封五子故五子各守封地不屬於薩克索威馬爾地錯雜於鄰國之中不相聯絡約計袤延三四百里爵如上公戶口二十二萬二千公會應出兵二千一百民多穎慧其君好招納文士故學業稱盛都城與國名同

薩克撒各不爾厄額逵（一作撒可堡）亦薩克索所分地錯雜於列國之中不相聯絡約計袤延三四百里爵如公戶口十四萬五千公會應出兵一千三百九十地有牧場山出金鑛現英吉利女主之夫博雅那郎此國之世子也都城曰各不爾厄

薩克撒亞爾敦不爾厄（一作撒黑堡屋）亦薩克索所分合亞爾敦不爾厄羅丙不爾厄挨森比爾各三邑爲國約計袤延百餘里爵如公戶口十萬七千公會應出兵一千二十都城曰亞爾敦不爾厄

薩克撒梅凝認（一作撒買凝）亦薩克索所分長五百里廣一百二十里爵如公戶口十三萬公會應出兵一千二百六十都城曰梅凝認其地產鹽

挨塞烘不爾厄（一作黑堡）亦薩克索所分國分兩地一曰烘不爾厄一

曰美塞內英合計約數十里爵如伯戶口二萬一千公會應出兵二百都城曰烘不爾厄

拿掻（一作拿埽）長二百二十里廣一百五十里爵如公戶口三十三萬公會應出兵三千二十昔嘗爲荷蘭所兼幷國人逐荷蘭酋復立故主都城曰維斯巴敦地產葡萄酒與各果實夙稱富饒

不倫瑞克（一作保林帥）地不相連有包於普魯士境內者有括於亞諾威爾境內者約計袤延二三百里爵如公戶口二十四萬二千公會應出兵二千九十都城與國同名

安拿爾（一作安合）分三國一曰德掻地錯雜列國之中約計百餘里爵如公戶口五萬六千公會應出兵五百二十都城同國名一曰伯

爾尼不爾地錯雜普魯士境內分上下二處約計百餘里爵如公戶口三萬八千公會應出兵三百七十都城同國名一曰咯敦地分四處在黑壟巴河之左者二在河右者二約計百餘里爵如公戶口三萬四千公會應出兵三百二十都城同國名三國地雖褊小而民居密匝城邑相望山水最佳足供遊賞都城各有園亭極幽雅

畱斯(一作策士)分三國一曰咯勒斯長七十里廣五十里爵如侯戶口二萬五千公會應出兵二百都城同國名一曰意士給利斯袤延約數十里爵如侯戶口三萬公會應出兵二百八十都城同國名一曰羅奔斯的音本與意士給利斯爲一國後析爲二袤延約數

十里爵如侯戶口二萬七千五百公會應出兵二百六十都城同國名

斯瓜爾斯不爾分二國俱包普魯士境內一曰盧德耳斯達長九十里廣七十里爵如侯戶口五萬七千公會應出兵五百三十都城同國名一曰孫德耳砂森長一百二十里廣六十里爵如侯戶口四萬八千公會應出兵六百九十都城同國名

里皐(一作立北)分二國在亞諾威爾之南一曰德的摩爾長一百二十里廣一百里爵如侯戶口七萬六千公會應出兵六百九十都城同國名一曰燒問不爾厄長八十里廣三十里爵如侯戶口二萬六千公會應出兵二百四十都城曰不給不爾厄

襪爾德咯(一作瓦得)長一百二十里廣八十里爵如侯戶口五萬四千公會應出兵五百十八都城曰哥爾巴士

何痕索勒爾(一作素林)分二國皆普魯士王之支庶一曰昔麻認長一百二十里廣七十里爵如侯戶口三萬八千公會應出兵三百五十都城同國名一曰挨深認長八十里廣三十里爵如侯戶口一萬五千公會應出兵一百四十都城同國名

列支敦士敦(一作光石)長六十里廣三十里在薩克索南山中爵如侯戶口六千公會應出兵五十五都城同國名

此外北境尚有小國五皆商賈萃集之地自推殷戶爲官司理事不隸王侯一曰昂不爾厄(一作漢堡)地間隔不相聯約計袤延四五十

里戶口十四萬八千公會應出兵二百九十會城在易北河口爲各國互市之地其船時至粵東一曰不來梅(一作北悶)包亞諾威爾境內袤延約三十里戶口五萬公會應出兵四百八十通商在威悉河濱其船亦時至粵東一曰佛郎克佛爾(一作佛郎渡)地不相聯袤延約三四十里戶口五萬四千公會應出兵四百七十其城臨河古時所築各國公使防兵皆駐此城每年開大市一次遠方商賈輻輳者數千帆一曰盧卑咯(一作利北)地不相聯袤延約三四十里戶口四萬六千公會應出兵四百一曰尼發深周迴僅數里戶口二千八百九十公會應出兵二十八人

日耳曼界內江河最長者爲來因河由南而北轉西至嗹國界入

海河濱土脈腴潤產葡萄最良沿河多名山古蹟風景淸美時有遠客來遊多惱河亦大水在日界內橫流如帶北方則易北河其名水也其民居北方者多強健性淳良好學術南方民風奢侈日惟醉飽無遠圖西南一帶民多勤苦謀生力作不倦界內列侯壤地雖小而與諸大國婚媾往來用敵體禮其同盟公會條約雖甚堅明然分土既衆不免蠻觸之爭遇大敵則心力不齊難於制勝幸維也納歃盟之後佛郎西止戈保境未發難端或亦慮衆怒之難犯耳

按日耳曼爲歐羅巴適中之地似中國之嵩雒其人聰明闊達西土以爲貴種其分土列爵似三代封建之制自各部擁土自王壤地利雖彊土日擴共主之名不復存然小侯數十傳爵土於子孫而諸大國無吞噬之謀則猶有古意存焉又佛郎西英吉利立國之祖皆日耳曼人諸國每遭喪亂輒招致日耳曼列侯或世子爲王大國如英吉利小國如比利時希臘皆是也殆西土王氣之所鍾歟

瑞士圖

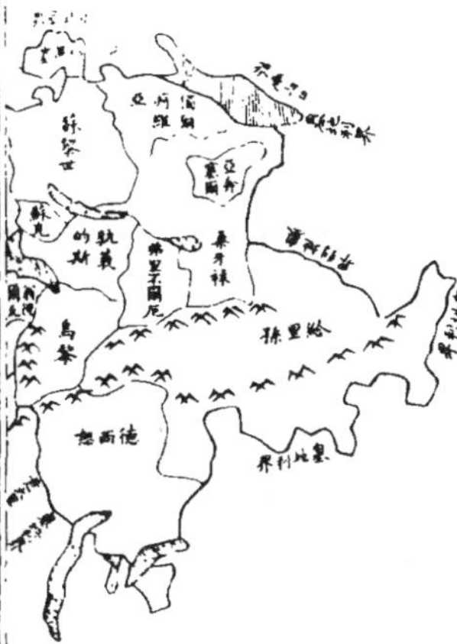

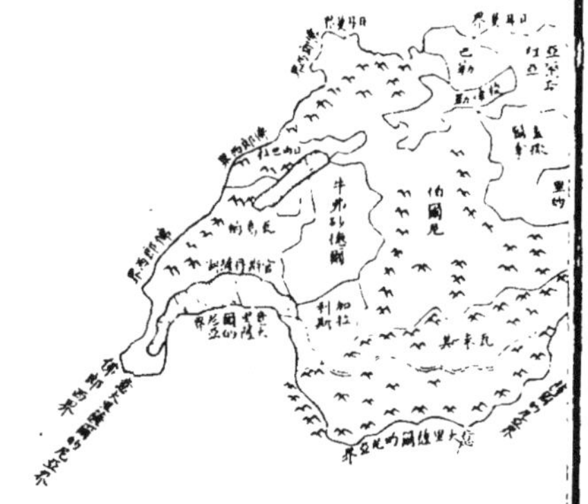

瑞士國

瑞士（瑞子、綏沙蘭、東色楞、蘇益薩）在日耳曼之南墺地利亞之西佛郎西之東意大里亞之北東西約五六百里南北約三四百里萬山疊嶠巾峯高接霄漢常積冰雪歐羅巴大河多由此發源其地山水清奇甲於歐土西境有官斯丹薩大湖圍以密林縈以清澗豐草芳緜糜鹿羣游尤爲幽勝地產五穀藥材所造奶餅極甘香居民大半以牧畜爲生夏月驅牛羊入山秋冬乃返國無苛政風俗樸淳良數百年不見兵革稱爲西土樂郊古時地屬羅馬羅馬衰亂北狄不爾給農人據之旋爲佛郎西所有後爲日耳曼所奪其民慤勇日耳曼選爲親軍臨陣皆効死力戰元大德年間日耳曼王

亞里伯爾多苛斂無藝濟以酷刑瑞士人不能堪逐日耳曼守土吏各推頭人據險畫疆告絕於日耳曼其地斗絕入健鬬日耳曼不能收復亦遂聽之初分三部後分爲十三部皆推擇鄉官理事不立王侯如是者五百餘年地無鳴吠之擾西土人皆羨之嘉慶三年佛郎西攝王拿破侖（時拿破侖尙未即位）以兵力強取入版圖改爲十九小部拿破侖既敗各國公使會議於維也納十九部之外益以牙錯之日內巴拉牛弗砂德爾（本屬普魯士）瓦來斯（本屬墺地利亞）三部共二十二部爲瑞士國仍其舊俗自推鄉官理事酌地勢按戶口拔壯丁禦侮諸大國不得鈐制

給里孫在東方長三百五十里廣一百八十里戶口八萬八千應

出壯丁一千六百地分三邑曰給里孫曰加德曰森給里至各領以鄉官頭人

伯爾尼（一作北耳尼）在腹地北境抵北方長三百里廣二百里戶口三十五萬應出壯丁五千六百二十巨室殷戶半居於此鄉官二百九十人

瓦來斯在西南本屬墨地利割附於瑞長三百餘里廣百餘里戶口七萬應出壯丁二百八十鄉官七十六人

瓦烏的（一作熱尼瓦）在極西長一百八十里廣一百五十里南界臨官斯丹薩湖風景幽絕城建湖濱居民造時辰表每歲得價銀數百萬洋船販至中國者大半瓦烏的人所造也戶口十七萬應出壯

丁一千二百八十鄉官一百八十人

德西怒在南方長一百三十里廣一百二十里戶口十萬二千應出壯丁七千八百鄉官七十六人

桑牙祿在東方長一百五十里廣一百十里戶口十四萬四千應出壯丁二千六百三十鄉官一百五十人

蘇黎世在北方長一百二十里廣一百十里戶口二十一萬應出壯丁三千七百鄉官二百十二人

盧撒爾拿在腹地長一百二十里廣一百里戶口十一萬六千應出壯丁一千七百三十鄉官一百人

亞爾痾維亞在北方長一百二十里廣八十里戶口十五萬應出壯丁二千四百一十大鄉官一百五十八人小鄉官十三人

弗里不爾厄在腹地長一百二十里廣七十里戶口八萬四千應出壯丁一千二百五十鄉官一百四十四人

烏黎在腹地長一百三十里廣六十里戶口一萬三千應出壯丁二百三十鄉官十三人別有副

孰義的斯在腹地長九十里廣六十里戶口一萬三千應出壯丁六百鄉官三百三十人

加拉利斯在西方長九十里廣五十里戶口二萬八千應出壯丁四百八十鄉官八十人

牛弗砂德爾在西方本屬普魯士割附於瑞長九十里廣五十里

戶口五萬一千應出壯丁九百六十普魯士官四十五員鄉官三十八人會同議事

獨爾痾維亞在東北長一百里廣八十里戶口八萬一千應出壯丁一千五百二十鄉官一百人

翁德爾瓦里的在腹地長八十里廣六十里戶口二萬四千應出壯丁三百八十地分上下二邑各推鄉官理事

棱律勒在北方地形槎枒半在伯爾尼界內長一百二十里廣八十里戶口五萬三千應出壯丁九百自推鄉官理事

巴勒（一作巴悉）在北方長八十里廣五十五里戶口五萬四千應出壯丁九百八十鄉官一百五十人有大書院名最著文儒所萃能宣

布耶蘇敎旨

亞奔塞爾在東北包桑牙祿界內長八十里廣六十里戶口五萬五千應出壯丁九百七十分內外兩邑各推鄉官理事

砂佛塞在極北方牙錯日耳曼界內長七十里廣四十里戶口三萬應出壯丁四百六十鄉官七十四人

日內巴拉在西方本屬晉魯士割附於瑞長七十里廣約三四十里戶口五萬二千五百應出壯丁八百八十鄉官二百七十八人

蘇克在腹地長五十里廣三十里戶口一萬四千應出壯丁二百五十自推鄉官理事

按瑞士西土之桃花源也懲碩鼠之貪殘而泥封告絕主伯亞旅自成卧治王侯各擁彊兵熟視而無如何亦竟置之度外豈不異哉花旗人甘明者嘗遊其地極言其山水之奇秀風俗之淳古惜乎遠在荒裔無由漸以禮樂車書之雅化耳

土耳其圖

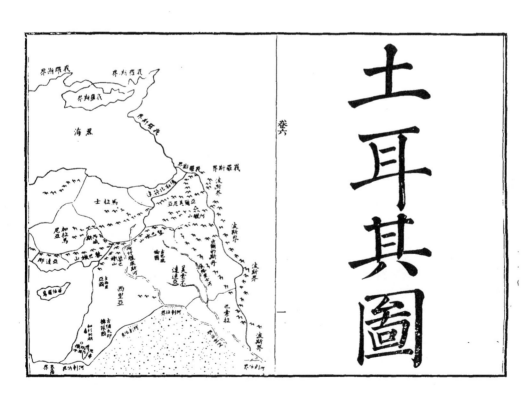

卷六

二

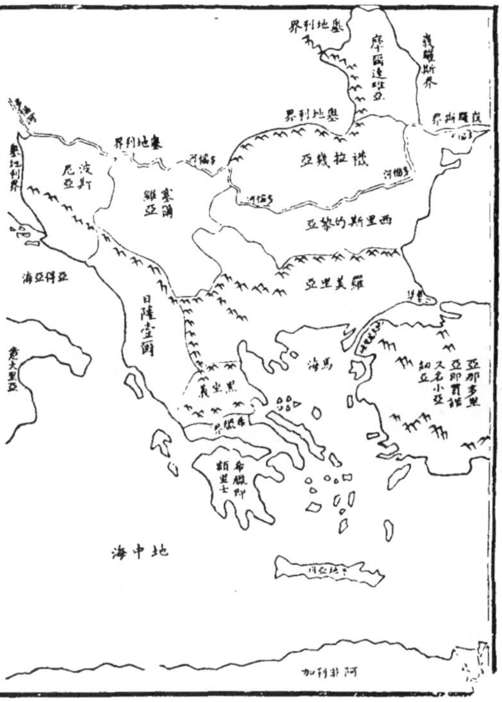

土耳其國

土耳其（土耳幾○土耳基亞○都耳基○多爾其○都魯機○特爾濟○杜爾格○控噶爾○痾多馬諾○阿多曼）○回部大國也地分西中東三土西土在歐羅巴界內中東土在亞細亞界內三土合計縱橫約四五千里古時皆羅馬東境（即大秦國）後羅馬分東西三土爲東羅馬地唐初阿剌伯回部方強取東中兩土建爲藩部土耳其者本韃靼種舊遊牧葱嶺之東（即今伊犁一帶）奉回回教展轉西徙入買諸（即土耳其中土）居於加拉馬尼亞爲亞剌伯回部所驅逃避山穴其後種族漸繁元成宗五年頭人阿多曼（一作痾多馬諾）招集種人攻奪買諸回國即名其國曰阿多曼至孫默拉德日益強盛東土之猶太敘里諸部（即土耳其東土）以次蠶食疆土愈廣佛郎西

日耳曼嘗以兵六萬來攻皆失利去元順帝至元年間土王渡海峽伐東羅馬與敵戰而勝敵有將創甚臥戰場請王親加刃死無憾王就之敵將忽躍起以短刀刺王中心死其子巴牙濟（一作巴也西得）渡海復仇虜一萬人盡殺之會蒙古來侵（即元所封之撒馬兒罕）巴牙濟禦之兵敗被虜後有摩拉多者復奮起侵割東羅馬境土過半子馬何美德嗣尤梟雄明景泰三年滅東羅馬取君士但丁城爲國都（即土耳其西土君士但丁一作康思坦貽諾格爾西域聞見錄稱爲控噶爾）三土遂全歸統轄紅海地中海南岸諸國舊屬阿剌伯者或納土或稱藩阿剌伯亦納款爲屬國復東取波斯建爲大藩幅員之廣幾比盛於羅馬全國其用兵居戮最慘每戰斬首以萬級計治法全尚刑威賦斂尤煩苛嘉

靖以後嗣王多昏庸醉飽殘殺骨肉以此篡弑頻仍稱爲亂國後宮常五六百人初生子者爲后回回教主持國柄作威福諸大酋守地者朘脂血以自肥槖滿則王賜帛自絞而籍錄其家畜西國之昏虐無政未有如土耳其之甚者也初土耳其既得三土之地各分部落領以大酋名曰巴札地廣權重漸成尾大東土尤爲遼難制康熙中其王達哈荷麻孱弱不綱諸巴札專制一方名雖爲臣徵調多不應命東偏之亞爾美尼亞古爾的斯丹皆衣租食稅不供王室巴必羅尼亞部（即美索不達迷亞部）巴札阿墨嘗據地以叛土王那達沙征之累年不能取至塞黎慕嗣位始於嘉慶八年戰勝收復甫二載新立之巴札又叛塞黎慕親征中流矢死如德亞（即猶太）

之巴札亦跋扈不共命土無如之何也中土買諸諸部爲土興基之地部民多韃靼種尙勉供賦役而西土諸部近接王都弄兵者接踵而起南境之希臘已裂土爲敵國（另有圖說）近年自立爲小國者又有三部此外藩國波斯早易姓天方（即阿剌伯）亦隔絕在阿非利加北境者阿爾及耳已爲佛郎西所滅惟突尼斯的黎波里尙通朝貢麥西爲海南上壤舊設巴札近年其巴札叛土攻取東土諸部勢將內犯英吉利佛郎西勒兵勸和乃分土稱外藩（四國詳阿非利加圖說）其王自塞黎慕東征不復國人立慕斯德發未一載廢之嘉慶十三年立馬駒美德在位年久勢益奄奄益其國中衰已百餘年今則岌岌乎有亡徵焉徒以世臣夾輔又與英佛諸大國合縱故尙

得荷延歲月耳北隣之峩羅斯大國也與土耳其中隔黑海東西壤地相接乾隆中土耳其與之搆兵（西域聞見錄所云與峩羅斯搆兵之控噶爾即土耳其也已詳峩羅斯圖說）前後數十年始猶勝負相當繼則累戰累北乾隆五十四年土王塞黎慕爲峩羅斯所敗割地以講後峩羅斯大衆來伐佛郎西救之乃免自是多惱河一帶烽燧頻警奔命不遑道光六年土人侵峩南境戰而敗績峩以大兵圍其都城國幾亡英佛爲之講和峩兵乃罷

土耳其西土古希臘十二國之地（詳希臘圖說）北界峩羅斯奧地利亞南抵地中海地形入海之處界希臘國東界黑海東南與買諸隔一海峽（峽名他大尼里後漢書大秦傳所云有飛橋數百里可度海北諸國即指此峽也究止數里黑海地中海由此相通）

（春秋時波斯王澤耳士伐希臘嘗造浮橋以渡軍相傳古時有石橋圮廢久矣）西抵亞得亞海隅縱橫各二千餘里南北高嶺橫亘多惱河縈帶其間地多山少平土南界海濱四面島嶼紛羅地爲歐羅巴初剏之土土耳其以兵力強取之其民本習天主教不樂回教又不堪土之苛斂近年已成四分五裂之勢所產者棉花煙草葡萄南果羊毛之類地分八部〇建都之部曰羅美里亞（一作路斁利）其民多土耳其種族性強悍樂於戰鬭輕死生重然諾不禁鴉片人多癮瘠都城曰君士但丁建於黑海峽口之西岸本羅馬東都土耳其滅東王遷都於此更名曰士但不城極大內有王宮殿宇崇閎城外海港深廣商船輻輳匝岸萬厦雲連各國使館在焉多瘟疫火患所轄亞得安城周十五里

內有古殿閣閎潤敞加利城在馬海灣居民一萬七千商賈互市之地也○西里斯的黎亞（一作不牙）在羅美里亞之北北阻多惱河風俗語音近峩羅斯其民勤苦力作奉希臘教會城曰所非居民五萬陸路通商之地也所轄順剌城形扼山險一夫可以當關爲土國北門鎖鑰恃此以禦峩軍多惱河一帶城堡甚多皆爲備峩而設○波斯尼亞（一作不尼）在極西北北距多惱河草場豐廣內有山產鐵甚良居民鑄爲刀劍不堪土之苛政揭竿而起者屢矣○日藤壹爾（一作亞剌萬）在海濱居民以獵爲生剛猛善戰勇於赴敵稱西土精兵會城曰藥翰尼拿昔有大酋據地以叛土王連年攻之不能克○黑坐義地形入海與希臘隣遍地皆山民居巖谷顚崖而悍

猛眦睚必報遠客來則待之甚厚○塞爾維亞（一作息味）在西里斯的黎亞之西波斯尼亞之東北距多惱河會城曰占盧德師亞（一作別甲）極堅固其民強武好鬬奉希臘教不樂回教鈐轄別推酋長起兵拒土土不能征服與之議和近已自立爲國納貢於土○襪拉幾亞（一作瓦拉基）在西里斯的黎亞之北北阻大山南距多惱河縱一千八百里橫四百五十里地形平坦河流交貫土沃宜麥草場豐茂牧畜蕃孳其民奉耶蘇教勤苦力作而土政苛虐掊克百端其地有大酋如列國小侯都城曰不加勒斯多（一作布加力）居民八萬峩羅斯時擁護之近已立國納貢於土○摩爾達維亞（一作末大味）在襪拉幾亞之北西有山嶺界隔地極廣莫居民五十萬產五穀南果葡

萄煙密蠟硝鹽馬牛猪每歲售馬隣封可萬匹其地亦有大酋如列侯都城曰醉西（一作牙西）藉庇於峩羅斯逃土政之酷虐近亦立國納貢於土○千地亞洲在海中周圍一千五百里中峻外坦近海多良田又產橄欖油極佳其民奉希臘教不樂土政據地以畔土王征之二十餘年不能服也其島山水極秀海口近爲沙淤舟行多阻

土耳其中土曰買諾亞細亞極西之地黑海地中海環其三面縱約千里橫約二千餘里（南北曰縱東西曰橫凡後言縱橫皆倣此）南北峻嶺嵯峨中多腴壤土耳其起於此土韃靼種人散布雜居故土雖中衰尚無分裂所產者穀麥五金之礦蠶絲乾葡萄南果酒油蜜香料藥材地

分六部○亞那多里亞（一作麥拿）又名小亞細亞三面界海與西土之羅美里隔一海峽會城居民十萬勤於懋遷西國商賈雲集每年出入貨價不下數百萬金城內街衢污穢每瘟疫盛行傳染殆遍所屬大城曰補撒居民六萬大邑曰加士他曰牟尼多回回廟宇○加拉馬尼亞在亞那多里亞之東土耳其人初來時寄居於此會城曰可尼土之舊都也○亞達那（一作安峩剌）在加拉馬尼亞之西南跨山臨海其山之羊毛細如絲用以織布極溫軟○西威斯（一作西氏）在加拉馬尼亞之東南臨海山出銅鑛居民善造銅器○馬拉士（一作右地亞又作路爾阿）東接東土之亞爾美尼亞西連加拉馬尼亞亞那多里亞兩部北距黑海○德勒比孫達（一作德比遜）在馬拉士之東

北隅南界亞爾美尼亞北距黑海其埔頭爲土耳其與峩羅斯通商之地〇買諾附近有數島曰居伯羅島其土膏腴所產葡萄酒南果最良居民饒裕女人美姿色舊稱樂土近困於土耳其苛政凋敝甚矣曰羅得島水土平良勤於農作舊本自立爲小國後爲土耳其所兼曰治阿島地極富庶居民十五萬不服土耳其政教道光四年土耳其以水師攻之屠爲赤地曰米地隣島產油酒土耳其東土在買諾之東亦亞細亞地北枕黑海東北隅接峩羅斯東界波斯南連亞剌伯麥西西抵地中海縱約二千餘里橫約千餘里東北一帶大山嶼聳最高者曰阿臘曰黎巴嫩阿付臘底斯河（一作阿倫得又名八河）發源西北底格里士河（一作地頟河）發源正北相對

而東南流至巴索拉合流入海西南隅有大澤曰死海本大城邑遭異災地陷爲湖其水鹹惡周圍皆瘦瘠枯山死海之北有湖曰加利利其地爲泰西諸國刱建之祖大國名都代興者凡十數自爲回部所據其民種類各殊在海岸海島者皆額力西種（即希臘）諸之上等人居於西里亞美索不達迷亞各部者半阿丹種（即阿剌伯）美揩善騎長於經商多素封居於東北山中者爲戈達曼種游牧爲生使氣好鬭好虜掠土俗類韃韃里（謂西域游牧各部）居於黎巴嫩山中者曰馬羅奈底士曰特魯西士曰黑爾西諸種皆回民馬羅奈底士爲天主教名師馬倫所化因以得名阿丹以兵力脅入回教戶口繁多其俗儉嗇特魯西果敢輕生戰不長平陸而長山險鳥鎗

從高擊下發無不中黑爾西戰鬬最勇以少敵衆從未敗衂土人與峩羅斯戰倚此兩種爲勁旅諸部地界遼闊距王都絕遠自土耳其中衰守土之酋多擁地自擅不供賦役百餘年來僅僅羈縻勿絕而已物產與中土同地分五部〇西里亞（一作敘里亞唐書之西女國即西里之訛種皆女子拂菻遣男子往配之說乃華人所傳會荒唐可笑）在地中海東岸東北距阿付臘底斯河南跨阿剌伯與麥西接壤黎巴嫩山在其北境迤運入於中土其地大勢分兩域迤北曰西里亞古之名國有海口曰地破里居民二萬五千海濱舊有兩大城一曰士羅西頓昔時商賈萃集富者埒王侯今成廢墟一曰大馬士革其地山川秀澈田園開爽花卉尤繁十里外芳馥襲人迤南曰猶太猶太舊分三部曰猶

太曰撒馬利亞曰加利利在秦漢以前爲名國都城曰耶路撒冷（唐書稱爲拂菻）極廣大城內居民逾十萬戶本羅馬屬國後衰亂羅馬以大兵合圍城破居之部民星散後再立國卒爲土耳其所取因其爲天主耶蘇生長之地故至今猶豔稱之道光十六年麥西酋叛土王以兵取西里亞美索不達迷亞二部二十年英人助土耳其將與兵麥西乃還其土〇美索不達迷亞（一作麽俗隣即巴必羅尼亞）在西里亞之東北倚黎巴嫩山兩河迴繞（阿付臘底斯河底格里士河）爲東土中原唐虞時有諸威者居此爲泰西諸國之始祖其地半河半澤農力勤甚境內有八塔者昔回部都城（亞剌伯據東土時藩國）今成廢墟又巴庇倫者（一作巴必鸞又作巴必羅尼亞）古大國都城廢滅已二千餘年瓦礫猶積成岡

阜○古爾的斯丹（一作科爾力士丹）又名野哈馬在美索不達迷亞之東
地多山瘠陋難耕部民多游牧於韃韃里會城曰亞勒破居民逾
十萬道光二年毁於地震不遺一椽由此餓莩遍野○亞爾美尼
亞（一作亞麥尼）在古爾的斯丹美索不達迷亞兩部之北阿臘山在其
境內峯巒險峻洞峽幽深水漲則巨舟泊於峯當雲擾時其地被
兵絶少故戶口較他部獨繁其民半奉耶穌教勤於商賈家有恆
產會城曰黑爾斯倫（一作葉西倫）地氣寒甚七月中卽見雪巴牙息在
山腳居民之學館也平地近河曰地里北客城與隣國通商山內
古耳得族建堡於洞壑之間素爲盜巢○巴索拉（一作巴所剌）在古爾
的斯丹美索不達迷亞之東南阿付臘底斯底格里士兩河至此

部之東南隅合流入阿勒富海爲東南大埔頭五印度商船輻輳
其城屋陋衢狹而貿易極盛
按土耳其三土古大秦國之東境（卽意大里亞之羅馬）爲西域自古著名
之地東土捌闢最早巴庇倫建國於前西里亞代興於後猶太
（一作如大又作如氐亞又作如德亞又作儒德亞）卽唐書所謂拂箖國以色列之族由
此興焉其國自夏商至漢季歷世最久介辟賢王後先輝映西
土爲希臘開基之地西國之剖啟昏濛實由此土君士但丁則
羅馬之東都比於有周之雒邑泰西遠隔神州禮樂車書之化
無由漸被而在彼土言之則此數千里者固商周之耿亳豳岐
聲名文物之所萃也土耳其本回部賤族竄身買諾遺種繁滋

遭時衰亂揭竿而起恃其兵力蠶食東西遂使名城墮毁典籍
散亡文獻無徵風流歇絶三土之民就俎醢之地而困羶汙之
俗者數百年於兹矣回回之性多殘暴不仁而土耳其爲尤甚
俗無彝倫國無綱紀日以刀俎待其民朘脂膏而供醉飽三土
之民何不幸之甚也覩泰西人所著書西土之困於苛政也尤
甚勝廣之徒時時攘臂而彼昏不知猶晏然爲羊車之游亡可
翹足而待矣
泰西諸國跨亞細亞歐羅巴兩土者惟峩羅斯與土耳其兩國
土耳其疆域之大不及峩羅斯而擅膏腴之壤據形便之地百
年來逐鹿紛紛迄無止戈之日固恃其地大兵強不肯遽爲峩

下也七椿圍不知其國之本名訛稱爲控噶爾又因其據東羅
馬故地而以千餘年前一統之羅馬移之於土耳其荒渺甚矣
又稱峩羅斯本其屬國缺其朝貢又擾其邊控噶爾用東西迭
駕之法峩羅斯大困增貢乞和乃免此出於烏巴錫詛咒之口
而刑見錄乃鑿鑿言之豈知輿尸纍纍而屢爲城下之盟者乃
卽所云控噶爾耶兩國黑海亘隔風馬牛本不相及自峩羅斯
開高加索部（詳峩羅斯圖說）而與土之東土接壤又開波蘭諸部而與
土之西土毗連其初搆兵在乾隆中年維時峩羅斯勃焉方興
戰攻甚銳土耳其衰機甫兆兵力猶強勝敗之數大畧相當後
則土勢日孱南風不競喪師失地割講頻仍近年內訌四起危

如崇朝戎則辟地益廣富強又非昔比悉銳南征何異折枯拉朽然土猶幸延至今未爲戎所兼并者由於英佛兩大國護持而排解之也歐羅巴人最惡回教土耳其之昏虐又諸國之所鄙夷英佛之於土非有所愛惜而必欲拯其危亡也峩羅斯境土得歐羅巴之大半然北地荒寒不長水戰故僅能比肩英佛而未足以定霸一方若土耳其三土一旦爲所并兼則地兼三海（波羅的海黑海地中海）於歐羅巴一土巳扼吭而拊其背奈彼且治船礮閱形勢一旦擁十萬之衆卷甲西馳諸國其能宴然已乎故英佛之存土非愛土也懼峩之兼土而事未有所止也兩國之強峩所素懾亦未敢開釁端而延大敵不得不隱忍戢兵聽土之姑延殘喘歐羅巴情勢頗類戰國故縱橫之謀有不期然而然者

泰西人紀巴庇倫西里亞古事云上古之世西土洪荒未闢猛獸食人有凝吻者武力絕倫能驅獸衛民衆推爲主處舜六載立國於亞細亞兩河之間（兩河謂阿付臘底斯河底格里河即土耳其美索不達迷亞地）曰巴庇倫始聚人民造宮室是爲西土第一國後有諸威氏之孫曰亞蘇爾亦建國於亞細亞曰尼你味與巴庇倫爲隣亞蘇爾之子曰尼奴幷巴庇倫爲一國名其國曰亞西里亞而四方仍稱巴庇倫尼奴死妻西迷拉迷斯嗣位（女主代立西土上古時即有之至今遂沿爲故）再拓地益廣亞細亞一洲（即土耳其之中東兩土非今之亞細亞也）半隸版圖其人

習天文善測星度西土推步之學由此起夏后不降十三歲西迷拉迷斯死子尼尼亞斯立務於奢靡不勤政事國勢漸衰其後傳三十餘世歷商及周在位多中主乏令聞故西史無紀載

猶太者西土名國在巴庇倫西南壤地褊小素爲巴庇倫屬國巴庇倫遇諸國無禮猶太不恭命周簡王元年巴庇倫以大兵伐猶太攻破耶路撒冷（猶太都城又名佛箖）猶太王自殺脅遷其民於巴庇倫猶太人有但耶利者聰異有學識時巴庇倫王得異夢心惡之祕不言其狀使羣臣測之中則賞否則刑羣臣憂懼罔知所措但耶利曰臣知之矣王夢大像立於前其首金其臂銀其胷腹銅其股鐵其足鐵與泥半忽大石飛墜像立碎風來吹散其塵信有之乎王大驚曰信如是其驗云何曰驗在國之興廢金首者像王也銀臂者將有旁族由褊小而興銅身者繼統之國將有廣土鐵股者再繼之國當以劍刃摧各部足之泥分土之象石碎風摧則興亡之無定也王驚異以爲神人寵待之王卒子尼布甲尼撒嗣位立但耶利爲相相三世但耶利死而巴庇倫益衰亂矣巴庇倫之東爲波斯有馬太者波斯大部其王居魯士英果善戰新兼波斯諸部方以取亂侮亡爲事巴庇倫恬不爲備時巴庇倫王荒虐無政羣下離叛周景王八年居魯士大舉來伐巴庇倫望風奔潰圍都城一鼓而下巴庇倫亡地歸波斯周敬王年間巴庇倫叛波斯王大流士以大兵圍之歷

一年八月城破釘其民千人於十字架周顯王年間希臘之馬基頓王亞勒散得大舉伐波斯波斯潰亞細亞諸部皆爲馬基頓所奪已而亞勒散得卒於軍諸將裂新辟之土自王亞細亞分爲數國日相戰攻已而并爲一國仍巴庇倫舊國名曰西里亞西里亞一作敘里亞傳國百餘年爲西土大部西漢惠帝五年爲羅馬所滅詳意大里圖說地歸羅馬又泰西人記巴庇倫城高三十五丈厚八丈七尺上設塔二百五十城門一百以銅爲之周迴一百八十里南懷仁所記宇內七大宏工有巴必鸞城即巴庇倫之轉音即此城也當其初建糜膏血而供版築自以爲子孫萬世之業然君昬士兵來曾不血刃而克之金城千仞果足恃乎巴庇倫再叛大流士惡其城垣之高拆毀其半至今猶存遺址在土耳其東土美索不達迷亞境內又英官李太郭云西里亞文字西里亞文字即巴庇倫所造文字與諸國不同與清文極相似但橫寫順讀耳因出西里亞文字冊子余翻閱之信然

泰西人紀猶太古事云猶太古名迦南有夏帝芒之世西土有至人曰亞伯拉罕生於兩河之間阿付臘底斯河底格里士河遷於迦南其苗裔稱以色列族傳數世至耶哥伯有十二子最少者曰約色弗聰慧過人諸兄忌之賣於麥西爲人奴麥西一名挨及多一作厄日多或作以至比多又作伊齊不托在亞非利加之東北境詳阿非利加圖說麥西王立以爲相以色列之族孳往歸之初至時七十人年久繁衍至六萬人麥西王忌其強

宗欲除之時迦南以色列族有至人曰摩西生而神異學識過人報仇殺人逃於荒野四十年夢神人使赴麥西救本宗至則麥西王方張網羅欲收以色列族坑之摩西密告宗人約期同發至海港潮退變陸渡畢而潮大至麥西軍追者皆溺死摩西率衆至迦南之耶路撒冷遂王其地示十誡以訓民敎以事神天敬父母勿殺勿姦勿盜勿妄證勿貪他人之財七日禮拜省過愆是爲西土立教之始泰西人相傳天神降於西奈山石上現文字摩西拜受垂爲十誡以敎民蓋託於神道以起人之崇信耳後來耶穌敎即本於此西奈山在今亞剌伯西北境摩西卒約書亞繼之分以色列族爲十宗裂地封爲小部統於耶路撒冷周武王元年有措母耳者嗣位德量過人能察民枉稱爲賢主周成王二十五年王掃羅嗣位好用兵不恤民命國人棄之立大辟爲王大辟以周昭王十年嗣位敬畏上帝稱爲聖人在位十六年卒王撒門或作瑣羅門嗣位亦稱令辟周穆王年間王羅破暗嗣位始稱猶太國羅破暗卒亞庇雅繼之三年卒亞撒繼之號爲賢能亞撒之後有何沙法者亦賢主周孝王二十一年王耶何蘭嗣位王后擅權大戮宗室羣臣誅后國乃安王烏西亞嗣位在位五十二年猶國稱治亞哈斯嗣位招異族來國助戰遂爲國患王希洗家繼之驅除異族境內復安周莊王十年王馬拿西嗣立在位四十三年王亞們繼之荒淫無道二年而卒周襄王十年王約西亞嗣立內修政事外攘寇虐威聲振於西土王禦敵

殞於陣王耶何雅金嗣立先是巴庇倫爲亞細亞大國猶太夙備西藩巴庇倫侈汰遇諸侯無禮猶太王怒絶朝貢周簡王元年巴庇倫以大兵攻之城破王自殺遷其民於巴庇倫猶太遂亡周景王八年波斯滅巴庇倫釋猶太民歸國以色列族復立故國傳三百餘年西漢時降羅馬爲屬國後復叛爲羅馬所滅屠耶路撒冷都城羅馬衰亞剌伯回部據之猶太爲耶蘇生長之地歐羅巴人時往拜其墓既爲回部所據禁不得通諸國皆怒合兵攻回部從軍者縫十字於衣血戰二百餘年卒奪回猶太地重立爲國戍以兵未幾戍兵思故土各散歸尋爲土耳其所據其部民散之四方西土各國多有之以數百萬計而總稱爲猶太族與別族不相混云余嘗聞之英官李太郭猶太人最講文字西國各種書籍多猶太人所譯解故其國紀載獨詳歐羅巴文士游學者不於希臘即於猶太蓋泰西絃誦之區也又云猶太女人姿姣好而性靈慧與別部迥異娶婦得猶太女則以爲成施在室也猶太自唐以後中國稱爲拂菻即撒冷之轉音初轉爲拂懍再轉爲拂菻唐書直以拂菻爲大秦蓋拂菻在羅馬東部中最著名遂誤爲大秦別名猶西域稱浩罕爲安集延也宋明史因之則沿唐書之誤耳

希臘圖

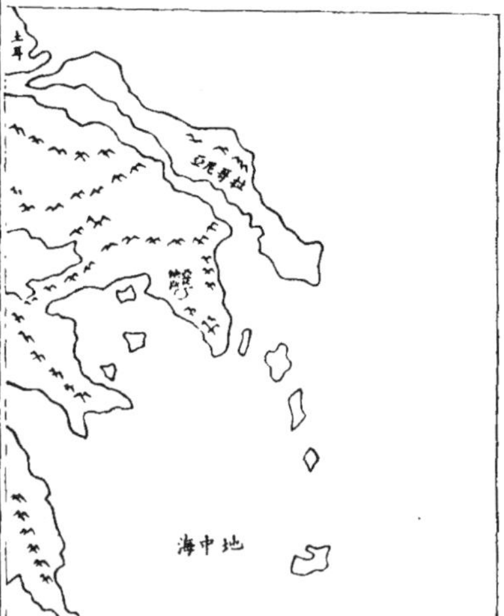

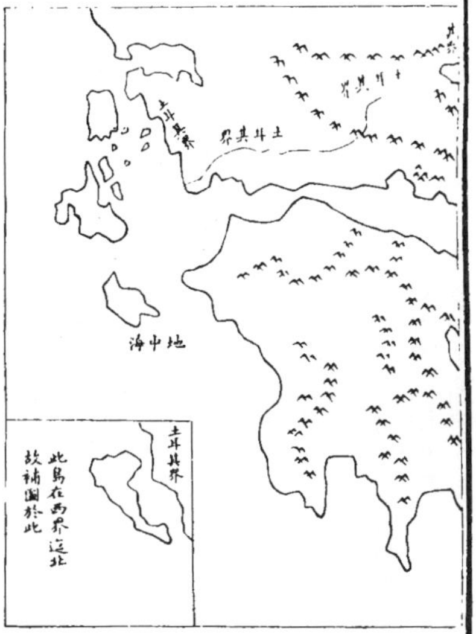

希臘國

希臘（額里士 額力西 厄勒祭 厄肋西亞）古名國也今為新造土耳其西土之南界地形如臂入地中海其盡處槎牙似人掌是為希臘國縱約五百里橫約七百五十里疆土褊小海灣繚曲汊港四迴洲嶼星列產棉花南果羊毛葡萄乾橄欖油五穀煙草當上古時歐羅巴人草衣木食昏濛未啟有夏中葉東方列國已向化義納孤（一作栝木）從迦南抵希臘（迦南即猶太）始教土人以構屋營居耕田播穀有商中葉邏哥落從厄日多來（即麥西）立國於雅典始織羊毳為衣釀葡萄為酒取橄欖為油鑄金鍛鐵作刀刃耒耜又以文字傳其土人歐羅巴之闢混閡通文學實自希臘始希臘當商周時分十二國結為

同盟周敬王年間波斯以大兵攻希臘希臘各國合縱禦之波斯敗績遁去後希臘有馬基頓王亞勒散得者合列國之兵伐波斯乘勝直抵印度王卒於軍部將分其所得之土各自王由是希臘之語言文字布於西土西漢時意大里亞之羅馬方強征服四方希臘各國亦歸版圖後羅馬分東西希臘故地屬東王為亞剌伯回部所侵日就衰弱土耳其既與滅羅馬東王以兵力取希臘全土地屬土耳其者四百年近年土政苛虐雅典之民不能堪嘉慶二十五年逐去土酋土人以兵攻之雅典堅守不下英吉利佛郎西峩羅斯三國壯希民各以兵擁護之土耳其無奈何乃聽其自立為國即今之希臘國也其地嶼山迴隔九曲盤繞羣峯競秀望

若列屛名勝甲於西土士女儀容多秀美男好華冠麗服女子美髮髻樣巧幻多式藏書之富甲於西土人多博覽各操鉛槧述事立言其宮殿古蹟爲泰西創造棟宇之初式國王名阿多本日耳曼列侯世子希民推擇立之王賢明勤於政事國雖小蒸蒸方興未艾云

希臘新分十部首部曰雅典（一作亞的架）都城在海灣曰亞德納斯自昔爲聲名文物之地今則市井寥落景象蕭條○亞爾哥黎大（一作拿破里）城在海口曰腦比里亞通商之大埔頭也○亞加亞城在海口曰巴達辣斯（一作巴洛）亦通商埔頭街衢汙穢商旅惡之○美塞尼亞（一作毘所龍義）首邑曰亞爾加的亞希之堅城土人屢攻之不能下○

亞爾加的亞首邑曰的黎波里薩（一作得破勒撒）亦希堅城昔爲土耳其攻破屠三千人希人收復之後盡戮土人之居守者○拉哥尼亞海中大嶼也首邑曰迷斯達拉（一作希達）居民六萬土磽确而農作甚勤兼務工商故恆足以自給○亞加爾拿尼亞（一作爾加地）首邑曰瓦拉說黎在西界海灣○羅哥黎大首邑曰薩羅大（一作座撒羅尼加）居民六萬勤苦力作產棉花煙○愛鳥亞西界一洲首邑曰哥羅奔多（一作尼鄂奔多）○昔加拉大首邑曰黑爾摩波利斯（一作摩力亞）中有山嶺牧人所聚豢獮盜藪（十部地界原圖未分畫）○扇鳥曰八摩昔耶蘇弟子約翰流徙於此以此著名○海灣甚多東方曰君得撒曰撒羅尼加南方曰益義拿曰拿破里曰可倫西方曰爾加地曰勒須多○希臘之西有蔘島曰各府曰散他曰藐刺曰地亞其曰客花羅尼曰息利峩曰散地總名曰以阿尼島居民共計十九萬產橄欖油葡萄乾酒蜜南果島各有渠掌政分隸於英吉利

泰西人紀希臘古事云上古之時歐羅巴草昧未闢人獸雜處有虞氏之初亞細亞兩河之間（前已見）有初立國者曰巴庇倫（一作巴必倫又作巴必羅尼亞詳土耳其圖說）夏后氏之初阿非利加之北境有初立國者曰厄日多（即麥西詳阿非利加圖說）後有諾威氏之裔曰日彎建國於亞細亞之買諾（即土耳其中土）其國人漸有渡海峽而西者（即他大尼里海峽）始知有希臘廣土夏后少康二十六歲買諾人有伯辣斯日者始立國於希臘之北境曰西西恩逾九十餘歲有厄日多人遷於

希臘名其地曰的丹立國未成衆思故土散歸夏后孔甲二十一歲迦南人義納孤（一作桔木）抵希臘之南境始鳩集人民教以營宮室種穀麥昏濛漸啓商王外壬十二祀厄日多之灑的斯人灑哥落卒其邑人遷於雅典立國曰亞德納斯（一作亞地拿）始興技業立法制辨倫類造文字灑哥落卒加拉腦斯繼之治法益詳希臘諸國聞風效慕荒陋之俗一變商王沃甲十三祀亞德納斯王昂飛的安嗣位是時希臘分十二國時有訟爭而東方諸國已造兵端昂飛的安恐諸國之自相攻且心力不齊無以捍大敵乃馳使十一國結爲同盟立公會於德爾摩比勒每國遣使二人歲二會申約結齊好惡講求利弊各以聞又各出蓄積

貯於德爾佛斯堂以備軍儲每國以二人司之由是四隣輯睦十二國如一國外侮不生晏然康阜駕舟行地中海懋遷有無勢益富强當是時十二國中惟亞德納斯與斯巴爾達（一作帕士大）最大斯巴爾達又名寨拉德摩尼亞其國初分數小部商王祖乙七祀有勒利斯者幷小部爲一國勢與亞德納斯相埒諸小國制度皆效兩國所爲亞德納斯王德修以商王廩辛六祀嗣位時國人分三等曰爵紳曰百工曰農民爵紳多專恣剝民工農貧乏國寖弱德修患之乃汰官司裁署舍抑損豪貴躬攬大權加惠黎民招徠商旅遠方之民歸之如市百工技業日精操奇贏多素封農夫積倉箱日益饒裕亞德納斯遂爲西國大都會

子哥德落斯嗣位守其成法益加惠於工農由是爵紳無權而庶民之勢重哥德落斯卒庶民私議曰賢主不可再得傳之貪殘民且重困乃揚言曰能以入必德爾爲君者當聽命入必德爾西國所奉宗祖之神也從此不立國王以長官一人治事名長官曰阿爾干以哥德落斯子孫爲之繼序如王而權與體視王稍殺越三百三十餘年（周平王三十六年）國人又以爲不便定議阿爾干三年而更尋廢阿爾干立九官以治事九官由衆推選以三年爲秩滿賢則留否則更自是事權紛錯奸宄日多國人患之有達拉固者以才學稱衆公舉修刑書達拉固性嚴刻罪無大小皆寘殊死時人號爲血書行之數十年國人側足犯法者

益衆周靈王年間公舉梭倫重定法制梭倫者望族之英素能以德服人者也删達拉固苛法酌情罪歸於平允國人大悅復建議事廳一法制司一以貲財之多寡分齊民爲四等每等百人有興革則集議於議事廳法制司設品官定員數選才德出衆者領之發號令定刑賞皆由法制司區畫精詳輿論翕然方亞德納斯之廢王而立官也德巴斯首效之諸小國亦紛紛效之德巴斯者舊本非尼西亞人（詳阿非利亞圖說）其王加達慕斯於商王武丁年間立國於希臘者也迨梭倫重定法制諸國又效之斯巴爾達自勒利斯開國傳四百餘年至周成王十一年有幽里寺德那斯伯羅刻黎斯者兄弟也同即王位自是國有二王

同朝治事其制傳八百餘年不改西土傳爲異事亦未有效之者至末造之噶黎厄美尼斯始改爲一王周夷王年間其國有賢主曰利古爾厄重定法制與梭倫所定之法大畧相同而兵制尤爲盡善其俗儉嗇其人壯武嘗伐米西奈國滅之得其膏腴之土國勢益強是時東方之波斯國方強其王大流士（一作達黎約）再滅巴庇倫勢張甚顧希臘諸國以外夷賤之不加衞禮會波斯有大將本希臘人大流士厚遇之擢其姪高班其姪叛附亞德納斯亞德納斯有罪人義比亞斯奔波斯復挑搆之周敬王二十九年大流士以舟師伐亞德納斯亞德納斯乞和不許於是希臘諸國合縱禦之波斯破亞德納斯大舉燔其城亞德

納斯大將米力泰底率衆禦之戰於馬拉多那波斯敗績米力泰底奪其七船大流士悲憤死子澤耳士立（一作捨爾時斯）誓雪仇恥以三萬人伐希臘造長橋於他大尼里海峽長二千丈以渡軍希臘大震波斯欲招斯巴爾達降斯巴爾達扼險拒之人人決死戰呼聲動天地波斯軍敗走時波斯水軍分道攻亞德納斯亞德納斯大將地米多其利率衆禦之波斯師船泊外海忽風雷大作波濤震蕩壞波斯船四百艘地米多其利以計誘其餘船入內港圍而殲之波斯軍水陸皆敗澤耳士大怒舉傾國之師三十萬攻亞德納斯亞德納斯棄城保於別嶼與波斯毁其城希臘諸國咸來助戰爭先陷陣波斯軍大潰横屍數十里狼狽東走亡失殆盡澤耳士乘漁舟遁輜重盡爲希臘所得先是希臘諸國自昂飛的安聯盟之後歷千年無改故能同心協力屢破大敵至是爭取波斯遺財頗有違言亞德納斯城扼海口操形勝且聚商船擅利權斯巴爾達素忌之既爲波斯所毁亞德納斯人欲建復而斯巴爾達阻撓之由此兩國交惡盟約解散諸小國各有所附日尋爭端亞德納斯城既新建藩屬皆納貢俯日益強盛而斯巴爾達遭地震壓死萬餘人叛奴作亂弑王米西奈城又反國衰亂者數十年亞德納斯有賢長曰比哩吉發政施仁閭閻富庶四國頌之會大疫死者相枕藉比哩吉亦染疾卒代位之長多挾私亂政民氣囂然亞德納斯之西有大

洲曰西基利（即西治里）屬於加爾達額有亞基庇亞底者生長此洲任俠好施素得衆心見亞德納斯衰亂欲取而代之因募兵攻亞德納斯破其水軍斯巴爾達與亞德納斯有夙嫌乘西基利之亂以大兵圍其都城毁之亞德納斯遂爲亞基庇亞底所據由是希臘諸國互相攻日益衰亂已而馬基頓興（一作馬斯多尼亞）馬基頓亦十二國之一在希臘北方初甚微弱周顯王年間有王曰非立（一作非黎卑）雄武有權畧與希臘諸國交兵累戰皆克使客游說之皆納欵爲屬國王欲伐波斯會中刺客死子亞勒散得（一作阿勒山德黎）嗣位年二十一才兼文武英畧過人周顯王三十五年以三萬五千人伐波斯取亞細亞（即買諾敘里猶太諸地）波斯望風奔潰波斯王棄營走虜其妃后因移兵巡行海上有土羅者加爾達額之都城（詳阿非利加圖說）王攻破之屠八千人時麥西（即厄日多）爲波斯屬部王征服之墮其沿海名城由是所向披靡游兵及五印度皆納欵列東藩波斯王悉起境內兵決死戰王擊破之圍其蘇撒都城會遘疾旋師至巴庇倫卒於軍諸將各引所部據新辟之土自王從此希臘族散布西土至漢初希臘尚餘四國曰厄多里亞曰亞加壓曰白阿西亞仍以馬基頓爲長馬基頓王非黎卑性強暴淩侮屬國三國患之時羅馬征伐四方兵力方強三國密求援羅馬命將以大兵入希臘非黎卑攜妻子逃羅馬因駐兵脅三國降三國悔失計求助於西里亞（一作敘里亞）西里

亞者亞勒散得部將所立國兼亞細亞諸部（卽土耳其東中兩土）為東方大國時加爾達額敗將漢尼巴亦赴西里亞求援（詳意大里阿非利加圖說）其王安的約哥計希臘亡勢且及已率輕兵救希臘羅馬迎擊之安的約哥大敗遁歸羅馬兵踵至圍其都城安的約哥降希臘四國聞之皆納土降地歸羅馬時漢惠帝五年也希臘諸國建於夏商至漢初乃亡凡歷一千數百年余嘗聞之英官李太郭云雅典最講文學肄習之精為泰西之鄒魯凡西國文士未游學於額里士則以為未登大雅之堂也（古希臘十二國乃今西土耳其全土新希臘則雅典一部古亞德納斯之南境也）

意大里亞列國圖

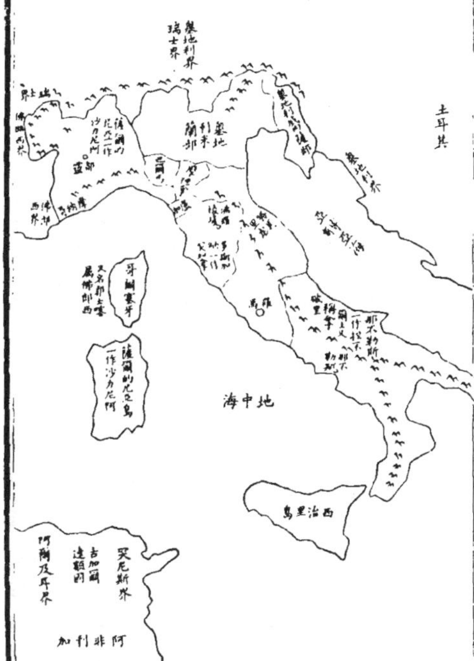

意大里亞列國

意大里亞（以他里　以他利　伊達利　羅問　羅汶　那瑪）歐羅巴古一統之國漢書所謂大秦國也東北界奧地利亞北界瑞士西北界佛郎西其餘全土斜伸於地中海似人股之著靴者中有大山綿亘如脊其地天時和正土脈膏腴穀麥昌茂花木馨芳幽谷名園相屬西土羨爲福地自周以前爲土番散部周幽王時羅馬崛起國勢漸強其後武備日精羅士四闢至西漢時北拓日耳曼諸部至波羅的海南服阿非利加北境各國西辟佛郎西西班牙葡萄牙至大西洋海又跨海建英吉利三島東并希臘諸部括買諸西里亞縱橫千萬里跨歐羅巴亞細亞阿非利加三土邊外弱小諸部皆修貢職爲

臣妾居然大一統之勢建都城於羅馬諸國仰之如周京（西域聞見錄所稱控噶爾都城務魯木即羅馬之轉音）東晉時又建東都於黑海之峽稱爲君士但丁（一作公膽廷又作康思坦胎諾格爾西域聞見錄稱爲控噶爾）其後傳世既久嗣王多淫辟敗度內亂迭生廢立屢見西北諸部皆擁土自王不復爲臣東晉孝武帝二十二年國分爲二以羅馬爲西王君士但丁爲東王東王至明景泰間始爲土耳其所滅西王居意大里故地劉宋時爲北狄戎特族所滅戎特族立國三百餘年佛郎西取之以羅馬都城奉教王後復分裂有伯棱日爾者嘗并兼諸部爲一旋以苛暴爲國人所廢奧地利亞征服之割北境之米蘭威內薩兩部自是之後諸部時合時分日尋干戈雲擾尤甚嘉慶十年佛郎西王拿破

侖畧定其地爲佛藩部拿破侖敗諸國公使會議於維也納分其地爲九大國四曰羅馬曰多斯加納曰薩爾的尼亞曰那不勒斯小國五曰巴爾馬曰摩德拿曰盧加曰摩納哥曰勝馬里諾猶總稱意大里亞其地物產豐饒兼有蠶桑之利每歲所產絲綢價值三千餘萬葡萄酒橄欖油橙柑檬栗諸果亦皆繁碩其民身體纖弱外寬柔而內陰賊往往昏夜刺殺仇人好談論游戲謳歌有稷下之風各國皆崇天主教而羅馬爲最盛

羅馬一稱教宗國古羅馬舊都也當全盛時文物聲名爲西洋第一大都會至劉宋時爲北狄戎特族所據故王宮闕大半殘毀書册舊典亦掃蕩無遺由是民變夷俗非其舊矣天主教自東漢時

傳播西土羅馬人崇信尤篤故國既爲狄所據天主教之徒乘機招誘黨羽日繁大權歸其掌握佛郎西既滅戎特族遂以其地歸天主教師號曰教王教王歿則大會各教主僉議推老成者一人嗣位畧如前後藏喇嘛坐牀之俗其教傳布各國有不遵者輒挑釁搆兵夷滅之或教其民叛主佛郎西之創霸也教王爲之加冕英吉利北族之起兵也請於教王教王封以英土其權如此至前明時日耳曼人路得別立耶蘇教稱爲正教斥天主教爲異端邪說於是諸國半歸耶蘇教而教王之權頓衰所據之羅馬都城古蹟最多天主教堂極崇宏光彩射目入教之徒如蟻各食教王俸稍別國之祭司（禮拜主事者）遠方之信士焚香禮拜者踵相接也天主

之外所崇奉者耶穌之母馬氏稱爲天后籲禱尤虔其民惰於農事野多曠土山內多藏兇盜捕急則逃入天主堂無復過問者

多爾加納（一作突加拿）在羅馬之西東北界羅馬西南臨海土地膏腴物產豐厚都城曰佛羅棱薩街衢整潔萬廈聳飛所屬有古城曰北撒昔稱繁會今已凋敝海口有城曰里窩那市舶所萃貿易甚繁

薩爾的尼亞（一作沙力尼阿又作撒地尼又作撒丁）本意大里大島其國由此島而割意大里西北境遂以島名爲國名地在多爾加納之西北與瑞士佛郎西接壤國分四部曰辟門曰熱那亞曰撒丕曰撒丁島都城在撒丕曰都靈（一作土林）殿堂宏麗西人豔之辟門多山田不足耕

其民多走別國謀生熱那亞在海隅昔爲地中海公市萬艘鱗集稱大都會意大里戰船皆屯泊於此今衰廢已久僅存各官之衙署而已撒丁島地甚廣莫而林莽居半居民披羊皮挾利刃遊牧林莽中性悍獷難於鈐束

那不勒斯（一作拿破利又作拿破里又作捏不爾士）在羅馬之南東西南三面皆海正地形似鞾履之處意大里之南境也西南有大島曰西治里（或作仕士力又作西基利又作西西里亞）與那不勒斯合爲一國都城同國名屋宇高大殿廟整肅郭外萬峯環繞高插雲表內多幽邃古洞別有火峯噴嘗出烟雲有時火石飛空墜數十里外或飛灰如霜霰積數尺壓田畝廬舍又火漿迸流如水所至草木皆燼近山有二古城灰埋巳千餘年忽土人掘出垣堞依然傳爲異事地震甚烈居民頻年被災惟土田肥沃物產豐饒故戶口繁密無肯避而去者西治里島縱橫皆四五百里土尤肥沃多五穀民釀島中亦有火峯鄉邑屢遭焚毀吏多苛政教主擅權故夙稱沃土而民恆貧乏其會城曰巴勒摩埔頭曰墨西拿

巴爾馬（一作巴馬）在薩爾的尼亞之東摩德拿之西北抵波河縱橫皆二百里戶口四十餘萬昔爲奧地利王女封地佛郎西王拿破侖之后也拿破侖既敗其后別醮仍據此地

摩德拿東連羅馬西連巴爾馬長三百里廣一百四十里戶口三十八萬

盧加東連多爾加納西至地中海長九十里廣五十里戶口十四萬餘

摩納哥在薩爾的尼亞境內長三十五里廣二十里戶口六千五百

勝馬里諾在羅馬境內袤延約五十里戶口四千餘自推酋長理事不屬教王

意大里西南有馬里他島地多磐石居民積土爲田以耕其俗儉嗇勤苦戶口極繁昔耶穌之徒保羅浮海擱淺泅登此島爲人療病著神異之迹故此島名傳西土當回部方強以兵力脅此島島酋率驍卒拒之回部竟不能取嘉慶年間佛郎西誘降其酋旋爲

英吉利所奪守以重兵爲地中海停泊戰艦之處
按西國自剖判以來惟意大里爲一統之朝肇造邦土在成周中業混壹在西漢之初分裂在東晉之末宗社之墟在明景泰間祚數之長泰西無其比也據泰西人所紀載其創業之主曰羅慕路（一作羅毋洛）於周幽王年間始建城於羅馬別五土之宜教民以耕稼造戟弩以習戰子努馬（一作又馬）嗣位初設律例愛育黎元分等威別貴賤境內大治傳七世至達爾癸虐蘇比爾伯淫虐無人理民廢王選賢者二人居高爵立公會以治事高爵毎年一易由是國無王而勢日強盛意大里諸部皆歸版圖阿非利加北境有大國曰加爾達額（一作迦大其）舊名非尼西亞立國最

早由希臘遷於地中海之南岸其國善於商賈擅地中海之利權又兼并西班牙富強無與埒羅馬初興時加爾達額屢侵軼之又奪其屬島西治里後羅馬漸強始稱勍敵搆兵數百年迭爲勝負西漢初加爾達額命其大將漢尼巴合西班牙之兵大舉伐羅馬連戰皆克陷南境諸城羅馬大將發比約馬西摩堅壁以老其師而遣別將馬爾塞羅伏奇兵邀其歸路又遣西比揚潛師渡海襲其都城漢尼巴聞警還救遇伏大潰比渡海將至西比揚回兵邀擊於海中全軍盡覆漢尼巴乘漁舟奔西里亞求援時漢高祖六年也是時希臘分數部馬基頓最強諸部爲所淩侮求庇於羅馬羅馬以兵護諸部因脅降爲屬國諸部怵之密約西里亞爲援西里亞者（一作敘里亞）亞細亞大部在猶太之北舊本巴庇倫地波斯滅巴庇倫地歸波斯後馬基頓王亞勒散得伐波斯盡取其地亞勒散得卒於軍諸將裂其土自王分爲數國後并入西里亞爲一國勢頗強大故希臘諸部欲倚之以拒羅馬而漢尼巴又盛稱羅馬師疲易敗漢惠帝五年西里亞王安的約哥帥兵赴希臘羅馬迎擊之西里亞兵大敗奔回羅馬軍乘勝逐北圍其都城安的約哥納土降漢尼巴自殺因移兵征馬基頓馬基頓亦降希臘諸部皆獻土漢景帝十年羅馬以大兵伐加爾達額圍其都城城將陷加爾達額闔城自焚羅馬毀其城因畧定其屬部復征服西班牙置爲別部（時葡萄牙

爲西班牙西境尚未立國）是時地中海南岸尚有兩強國一曰奔多一曰入占爾達奔多有高哥斯大山爲屏蔽其王覓的里達隄強武好戰恃天險不肯賓服羅馬命大將西拉盧占祿征之連兵二十六年屢破其軍覓的里達隄扼險不肯降漢文帝後元年羅馬大將奔彪（一作潘沛）攻破奔多殺覓的里達隄入占爾達尤險遠漢武帝元封五年羅馬大將馬黎約征服之由是地中海南岸諸部盡入版圖猶太麥西亦納欵北境拓地至日耳曼復西辟佛郎西渡海征英吉利土番建爲大部西土數萬里無復抗顏行者初羅馬廢國王立公會高爵由衆推選原議一年一易後因兵事不得易漸有久於位者高爵子孫名曰巴的黎西疴推舉

高爾半由巴的黎西病黎庶雖有奇傑多阻遏不得進而高爾子孫席富貴以勢淩人黎庶積不能平時諸將西征不庭各擁強兵兵皆百戰悍不馴至是四方畧定諸將各凱旋屯畿甸適有夷族自東北來侵亞細亞諸部多翻城應之大將奔彪提兵往剿方戰勝收復境土而內變作先是馬黎約之兵與西拉之兵訴訐交閧黎庶之黠者乘機倡亂殺高爾子孫民與紳鬭兵與兵訌既而兵民紳分黨相攻數旬之內反者如蝟毛而起屠戮凡數萬人奔彪聞變急回兵大將愷撒一作塞薩爾人畧方西征亦旋師共平內難盡戮反者前後死者凡十餘萬人國乃定是時大權歸兩帥奔彪征服西班牙奔多麥西猶太重定亞細亞建

功最早貪權位漸驕恣而愷撒負英畧學術過人平佛郎西英吉利建爲大部勳業尤著兩人積不相能愷撒素得民心奔彪度不能抗託故之東部起兵攻愷撒愷撒率衆禦之戰於希臘之法爾薩里亞奔彪兵潰單舸奔麥西麥西王斬其頭獻羅馬由是愷撒總大綱立法制羅馬大治時高爾有不慮多加西約者忌愷撒之得大權將帝制遣客刺殺之高爾馬爾各安多尼約因擅權專制將自王愷撒猶子唯大屋一作塞薩爾額達維約起兵攻之戰於黑細約河馬爾各安多尼約大敗攜其孥而逃不慮多加西約皆自頸死漢成帝建始二年唯大屋踐王位是爲羅馬復立國王之始當是時羅馬東境至亞細亞即土耳其中東兩土西境至

西班牙英吉利北境括日耳曼諸部南境包阿非利加之北境地兼三土亞細亞歐羅巴阿非利加周迴數萬里盡入版圖波斯遣使乞和天竺亦遣使通好徼外諸夷部皆入貢建始三年唯大屋更名曰奧古士都一作奧古士多銷兵罷戰親閉仍納廟門仍納兵主之神兵興則啟門兵罷則閉門性寬大厚待功臣親愛士民爲羅馬極隆平之世其後篤里古喇尼囉相繼立皆苛暴荒淫比於幽厲大將菲士巴山素得民譽衆推戴爲國王時猶太叛亂命其子第度伐之攻破猶太都城居之已而第度嗣立慈惠愛民稱爲賢主未幾卒其弟嗣立煩刑苛斂國人不堪其虐弒之東漢和帝九年王大喇壤嗣位時何奴侵北鄙命將擊走之王性寬惠矜庶獄有仁聲晚

歲好土木比頑童論者惜其不終繼立之王好武屢伐匈奴勝之順帝十二年王安敦嗣立博物好古明於治體修律度振綱紀號爲中興時匈奴逐水草屢犯邊王親率大兵渡河深入不解甲者數年窮追至北海犁其庭幕伏屍百萬由是烽燧銷息數十年無鳴吠之警東漢之末昏庸在位骨肉相殘國大亂蜀漢後帝年間稱王者三十人日相屠攻有奧哩都者削平僭逆光復舊物羅馬再康後因東方多邊患極屯重兵以備之晉懷帝永嘉元年王君士但丁或作公膽廷嗣位性謙柔有遠畧建大城於他大尼里海峽之北岸以控制東方即名曰君士但丁城一作康思胆胎諾格爾又作官士丹的諾伯拉又稱控嗎爾是爲羅馬東都君士但丁卒三子

爭立國又幾亂嗣立之王好佛仇耶蘇教伐波斯中流矢卒王約菲安嗣位溫恭好禮修好四鄰稱爲太平先是東北有峩特族者（一作尼都又作哥度）爲何奴所攻降於羅馬羅馬處之北境恣其游牧生聚年久日漸強盛羅馬既立東都悉以勁兵防東邊西都守備單弱峩特突以兵犯羅馬羅馬王禦之殞於陣國大震乃與之和王弟阿多西嗣位潔白自修稱爲合辟東晉孝武帝二十二年分國爲兩以羅馬爲西都以君士但丁爲東都立二王分治之其後西都屢爲峩特所侵日就衰弱王和挪流嗣立貪黷淫刑峩特屢來攻肆行殺掠城邑蕭然宋蒼梧王元徽三年峩特闌羅馬都城王出降峩特因之軍中憂懼死羅馬民私

葬之由是西都遂爲峩特所據而東都仍稱羅馬國梁武帝二十五年東王如地尼安嗣位精於吏治因舊例煩苛令羣臣刪訂之歸於寬簡臣民稱便時國人有航海至中國者攜蠶桑之種以歸試植之與土性宜由是繭絲之利興焉（泰西興蠶桑之利已一千數百年而中國之人不知以爲皆從粵東販往）唐初回回教之摩哈默興於阿剌伯新兼波斯勢張甚欲強羅馬入回教羅馬不從由是爲阿剌伯所怒數數被兵是時峩羅斯興於北土以兵侵羅馬羅馬與之和以女嫁之從此峩羅斯崇天主教已而阿剌伯攻羅馬之東境西里亞猶太買諾諸部皆陷峽東地全成敵境僅餘希臘片土（猶土耳其西土）勢益孤弱元末土耳其起於買諾兼并峽東諸部數渡

峽（即他大尼里峽已詳土耳其圖說）攻羅馬侵割其旁邑殆盡明景泰三年攻陷君士但丁都城羅馬遂亡○後漢書大秦國一名犂鞬以在海西（此海指地中海）亦云海西國所居城邑周圜百餘里置三十六將皆會議國事其王無有常人皆簡立賢者其人民皆長大平正有類中國故謂之大秦與安息（即波斯）天竺（即印度）交市於海中其王常欲通使於漢爲安息遮遏不得自達至桓帝延熹九年大秦王安敦遣使自日南徼外獻象牙犀角瑇瑁始乃一通焉（云云）考之泰西人所紀載羅馬都城最大與漢書周圜百餘里之說相合又羅馬自努馬七世後不立國王選賢者居高爵立公會以治事與漢書王無常人簡立賢者之說相合漢成帝二年

踏大屋踐王位仍世及漢書所云乃其往事又漢順帝十二年王安敦嗣位號爲中興與漢書延熹九年大秦王安敦遣使入貢之說年代名氏均相合則意大里之爲大秦無可疑矣意大里在兩漢時歐羅巴一土隸幅員者十七八故大秦之外別無海西部落之名見於范書惟安敦之入貢由日南徼外其爲航海東來可想而知然則謂歐羅巴諸國明以前未通中國者殆不其然惟市舶之聚於粵東則自前明始耳（唐宋以來皆以拂菻爲大秦不知拂菻乃大秦東鄙屬部猶之稱浩罕爲安集延也然自宋以後拂菻爲回部所據并不屬大秦中國不知其原委故因仍不改耳）泰西人所刻耶蘇之書甚多其敘述謂上古之世有至人摩西者受神天教於西奈山（在阿剌伯西北境）垂十誡以教世人其先有哲人

曰亞伯拉罕十四世而生大辟兩人皆西土名賢能教化人大辟十四世爲巴別倫巴別倫又十四世而生耶蘇基督（基督如中國之云神聖）耶蘇之父曰約色弗母曰馬利亞馬利亞感神而孕漢哀帝五年生耶蘇於猶太國之伯利恒邑有異人從東方來云有星降於猶太爲國王其王希羅得潛使人物色殺之約色弗夢神人告使避難抱兒逃於麥西希羅得死乃回以色列地又遷於加利利之拿撒勒耶蘇既長神異特甚時有先耶蘇聞道者曰約翰耶蘇就而領洗禮（洗謂澡身領洗禮蕩愛業之意）約翰知耶蘇爲至人不敢自居先輩遍告人使師耶蘇由是耶蘇宣傳教法戒殺戒淫戒盜戒誣證謂天爲父已爲上天之獨子降生以拯濟世人

謂人之生也靈魂爲重軀殼爲輕軀殼時至而毁靈魂歷刼不磨修道之人升靈魂於天國與天無極受業者十二弟子最著者爲西門彼得羅爲耶哥伯爲馬太耶蘇能以神術醫人疾病者瘖者癱者聾者蹷者以手撫摩之立愈所至男女數千人隨之喧傳耶蘇爲猶太之王有祭司元魁（主持禮拜之人）該亞法與衆謀欲擒而殺之耶蘇預知數不可逃語門人以後事門人有猶大士者受賄賣其師密導人往執之送於大吏彼拉多彼拉多審其無罪欲釋之衆怒譟謂彼拉多縱叛民堅請釘之十字架彼拉多不得已從之耶蘇遂被釘死葬之明日失其屍其後門人數數形見云耶蘇死後彼得羅與諸弟子往來各國傳布其教

有士提反者聞而篤信以傳道自任猶太人以石擊斃之有保羅者初與耶蘇之徒爲仇攻之甚力後悔悟入教進道最勇所著之書亦最多云云余嘗翻閱其書文義詰曲而俚蓋彼土學漢文者所譯其中有帶機鋒似禪語者而義則粗淺其所謂洗禮七日安息禮拜之類自摩西以來即有之非始於耶蘇也奉耶蘇之教者不祀別神不供祖先以耶蘇爲救世主而以身命倚之謂可獲福佑有得禍者則謂靈魂已升天國勝於生人世按其大致亦佛氏之支流別派歐羅巴遠在荒裔周孔之教所不及耶蘇生於其間戒淫戒殺忘身救世彼土崇而信之原無所謂非而必欲傳其教於中土則亦未免多事矣

按耶蘇生於猶太其教之盛行則起於羅馬自教王擅權之後諸國王侯聽其頤指有不從者國輒被兵主輒被弒數百年無敢違異其教稱爲天主教天主者以耶蘇爲上天之主宰也明初有日耳曼人路得者起而攻其說謂天主教解耶蘇之書皆謬誤以刑戮強人入教乃異端邪說非耶蘇本旨於是取耶蘇之書重加譯解別立教規稱耶蘇爲救世主名其教爲耶蘇教諸國之奉天主教者多翻然從之教王大怒令諸王捕殺耶蘇教人然其教已盛行不可遏止由是君與民因分教相殺國與國因分教相攻數百年來西土之民肆市朝膏原野者不知幾百萬皆因爭教而起也今歐羅巴從天主教者曰意大里亞曰

佛郎西曰比利時曰西班牙曰葡萄牙從耶蘇教者曰英吉利曰荷蘭曰嗹國曰瑞國曰普魯士曰米利堅此外兩教參雜者曰奧地利曰日耳曼列國天主教規立十字架作銅人肖耶蘇被釘受難之形旁有女人像肖耶蘇之母馬利亞耶蘇教不設十字架不肖像其餘七日禮拜安息之類皆從同又別有希臘教者亦天主教別派額里士峩羅斯尙之與兩教教規又不同近泰西人稱天主教爲公教稱路得等教爲修教余謂耶蘇之立教以救世也乃諸國因分教之故而殘殺不已耶蘇而有知也其謂之何

荷蘭圖

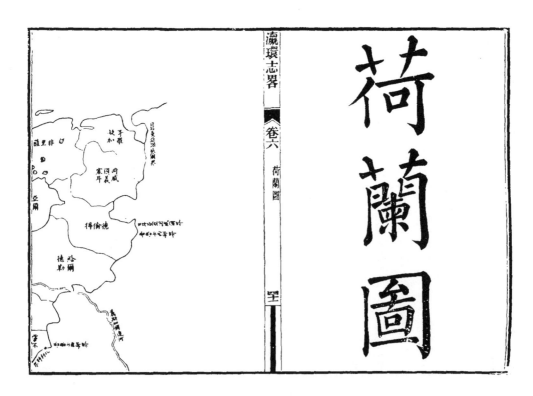

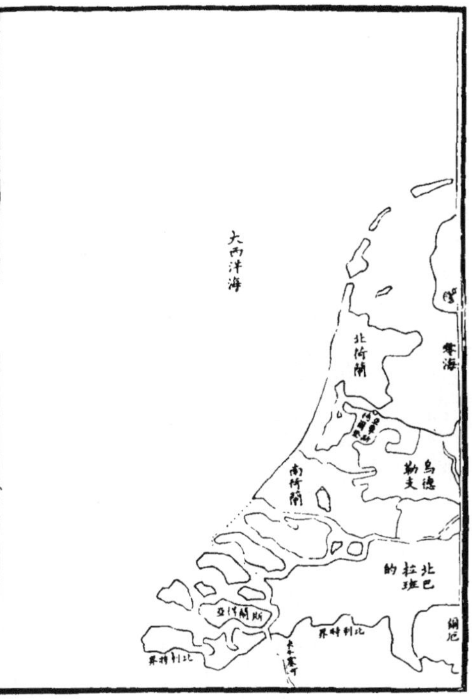

荷蘭國

荷蘭（和蘭、法蘭得斯、賀蘭）歐羅巴小國也東界日耳曼南界比利時西北距大西洋海縱約六百五十里橫約三百五十里壤地褊小爽坦無山歐羅巴地形此最低陷海潮衝齧劃爲洲渚港道縱橫交貫其地沮洳卑濕而土脈最腴民習水利善築隄防開溝洫又善於操舟能行遠故歐羅巴海市之通行自荷蘭始其地古時爲土番部落種人名曰巴達毗漢時意大里擴地至佛郎西荷蘭土番悍不聽命意大里兵阻水不能進因置爲荒服不復爭後爲日耳曼之弗郎哥人所據蕭齊時佛郎西取之置酋長分領其衆佛有內亂諸酋擁地自擅分爲十七小國後有不爾痾尼亞酋長復并諸部爲一自立爲侯國北宋時海潮決隄數百里居民皆沒都城幾陷潮退之後積水匯爲巨浸曰亞爾零海經營數十年戶口繁滋商賈通行完富過於舊時明初侯查理侵佛郎西圍其都城耀兵而還蔣荷蘭富民多恃財犯科律侯以峻法繩之刑戮過當衆怨怒有叛志佛郎西乘勢伐之侯震恐納賂請盟佛兵乃退荷蘭舊分南北部侯政苛虐南部（即比利時）畫疆不聽命侯與戰敗績墮溝中死正德季年西班牙王查理第五新爲日耳曼所推立（已詳奧地利亞圖說）有大權擊佛郎西擄其王西土諸國無敢逆顏行者遂下令兼王荷蘭荷蘭不敢抗時荷蘭富甚王減稅以悅其民而悉令入天主教有遵耶穌教者積薪燔之已而查理第五令其子西班牙王非

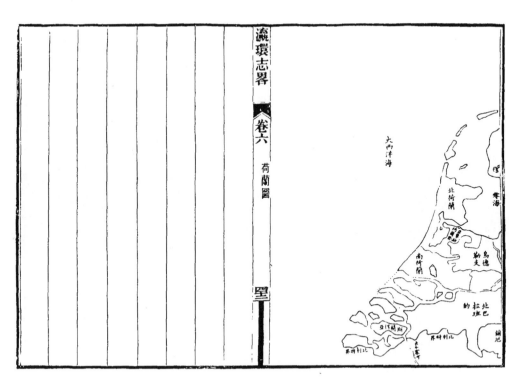

立第二萊王荷蘭禁耶蘇教尤急南部本習天主教無梗令者而北部夙崇耶蘇教堅不肯改非立第二以峻法繩之凡戮數千人荷蘭人憤甚有阿蘭治者智勇過人衆推爲主起兵距西班牙西班牙以大衆攻之荷蘭人人死戰屢敗而氣不衰佛郎西英吉利嘗引兵救之已而退去阿蘭治激其衆曰西人以我供刀俎當塗肝腦決死戰幸而勝國之福也不濟則決海隄墊妻子爲波臣不死者乘舟逃萬里外誓不爲之氓衆皆曰諾遂引軍獨進與西班牙鏖戰數十年屢挫西軍西班牙遣客刺殺之其子繼統其衆雄武過父奮力擊西軍大破之西班牙乃斂兵議和由是荷蘭復立爲國晏然安當承平者二百餘年當前明中葉荷蘭航海東來至

中國之東南洋據瓜哇海口（即噶羅巴）迤東迤北各島國皆建設埔頭迤東西七萬里之海市故國雖小而富饒甲於西土明季嘗以兵船擾閩浙襲臺灣而據之後爲鄭氏所逐小西洋各埔頭亦頗爲英佛諸國所侵佔而南洋數大島則依然荷蘭有也康熙二十七年王威廉第三有雄畧英吉利人招之渡海奉以爲王幾霸西土嘉慶初佛郎西拿破侖侵伐四國兵及荷蘭荷蘭王走死荒野地歸佛郎西英吉利乘荷蘭之亂也奪其瓜哇埔頭拿破侖既敗荷蘭復立故王之裔英人乃還其埔頭先是荷蘭南部與北部相仇嘗北部與西班牙搆兵南部附西班牙不相助嘉慶十九年南部與荷蘭合道光十一年南部復絕荷蘭立他族爲王稱比利時國

荷蘭地形平衍有水無山東偏僅有邱阜亦甚寥落北境出燕麥（中國稱油麥）又出胡麻（形似壁蝨紫黑色可以爲油山西省北有之非脂麻也）西北境出大麥中土出麻與顏料南境出小麥俗喜吸絲烟故種烟草者多草場豐廣便於牧牛所製奶餅極佳又善造火酒二者通行各國所織羽毛緞最良中國貴之其民俗樸實耐勞節衣嗇食治生最爲勤苦無游民無盜賊利之所在不遠數千萬里性喜潔房屋時時掃滌街衢有污穢必洗刷淨盡稅餉頗重聽紳士籌辦王不得專地分十一部○北荷蘭西距大西洋海東環亞爾零內海都城曰亞摩斯德爾登（一作俺奠士特爾坦又作安特堤）建於義河之濱架木水中上起樓閣以河道爲街衢居民二十萬貿易之盛爲歐土大都會又有別都

曰台其在海濱國王所居殿廷制頗卑狹而民居極整潔來丁烏特兩城有大書院文儒所萃○南荷蘭在北荷蘭之南西面大海南界內港隔斷成兩洲會城曰海牙所屬鹿特堤城內通舟樹股商所萃街市華潔○斯蘭德亞在南荷蘭之南西面大海內港縱橫界隔成八洲會城曰米德爾不爾厄○北巴拉班的在斯蘭德亞之東幅員頗廣南與比利時接壤會城曰不亞勒獨名○烏德勒支在兩荷蘭之東會城同部名○給爾德勒在烏支德勒之東北西界亞爾零內海東界日耳曼會城曰亞爾凝○德倫得在給爾德勒之北西界內海東界日耳曼會城曰亞森○痾威爾義塞耳在德倫得之北東界日耳曼會城曰索爾○非里薩在痾威爾

義塞耳之西三面距內海會城曰嚙瓦爾敦〇哥羅凝加在荷威爾義塞耳之北爲荷蘭極北境東界日耳曼會城同部名〇靈不爾厄在北巴拉班的之東南隅與日耳曼接壤會城曰貢士的里至〇十一部之外別一部曰廬森不爾厄在日耳曼界內長二百五十里廣二百里會城同部名戶口二十九萬入日耳曼公會應出兵二千五百五十。（此部圖中未畫應在日耳曼圖內）

按荷蘭爲歐羅巴澤國與魚鼈錯處受水患最甚享水利亦最優隄防溝洫猶易易耳刳木爲舟而遍行於數萬里之外則習於水之明效也勝國季年閩浙兩洋時見侵軼嘗踞舟山（定海道頭地方肖有紅毛馬頭之名）燬普陀（普陀嚴有萬歷年間宮塑佛像荷蘭以巨礮摧之收其寶藏而去）鼓棹月

港（月港即海澄縣從前海港深通大船可直抵城下荷蘭船時來遊奕後港漸淤淺乃移市舶於海門海門又淤乃移於廈門）寄跡澎湖（崇禎三年荷蘭據澎湖閩撫南居益以樓船航海擊之荷蘭遁去）卒乃據臺灣而有之彼時概稱爲紅毛即荷蘭也鄭成功長江之敗金廈不能守適荷蘭通事何斌負逋稅逃內地獻謀取臺灣成功悉銳渡海奪鹿耳據安平相持一年荷蘭大困成功乃縱之去由此絕意中國不敢復覬片土先是鄭芝龍受撫後嘗以小舟焚荷蘭三艘厥後成功拖之於臺灣幾致片帆不返以彼橫肆如鯨鯢遇鄭氏父子而弱焉亦足爲遠夷侵凌中國之炯戒矣歐羅巴諸國皆好航海立埔頭遠者或數萬里非好勤遠畧也彼以商賈爲本計得一埔頭則擅其利權而歸於我荷蘭尤專

務此其航海而東來也亞非利加印度麻喇甲蘇門答臘即已遍設埔頭噶羅巴（即瓜哇）一島大小西洋入中國之門戶富盛甲於兩洋爲諸島國之綱領荷蘭以詭謀據其海口建設城邑流通百貨由是迤東迤北諸島國如婆羅洲（一名蟠尼阿）西里百（一名失勒密士）摩鹿加（一名失羅洛）巴布亞（一名那吉尼）之類大小凡數十處（說見南洋圖）皆巫來由繞阿武吃番族荷蘭以次據口岸立埔頭有租賃其地者有侵奪得之者大約近年以來小西洋諸島國以英吉利爲主東南洋諸島國除呂宋屬西班牙餘皆以荷蘭爲主地本彈丸而圖國計於七萬里之外歷數百年無改亦可謂善於運籌者歟

鄭芝龍焚荷蘭船見閩人所著臺灣外紀其書雖小說而事多實錄非盡荒唐維時荷蘭夾板擾閩浙芝龍已受撫爲裨將奉軍門令往剿荷蘭船堅炮猛不能勝乃募死士善泅者以小船堆柴薪澆以油中藏火藥前置引線船首施短鐵鍊綴利錐死士一人持斧坐船頭數人從旁乘風潮急棹傍夷船以斧釘錐於船舷燃藥線投水鳧回藥燃火發風又猛烈荷蘭夾板被焚三艘餘悉遁去云余按芝龍本海中劇盜所養皆亡命之徒其權譎能得人死力以此出奇制勝理或有之他書言火攻者紛紛有謂用千百木筏積薪順風潮而縱之者有謂鎖千百小舟積薪艤港面而圍之者大約皆江河火攻舊說否則攻海盜舊

說施之夾板鑿柄甚矣海面寬闊夾板皆相地散泊近者相隔一二里遠者三四里木筏小舟雖多豈能塞滿汪洋如牆而進又豈能引鍼拾芥無端而使之相著此自焚舟何與彼事不如芝龍之釘船事雖難而尚有實際耳

比利時圖

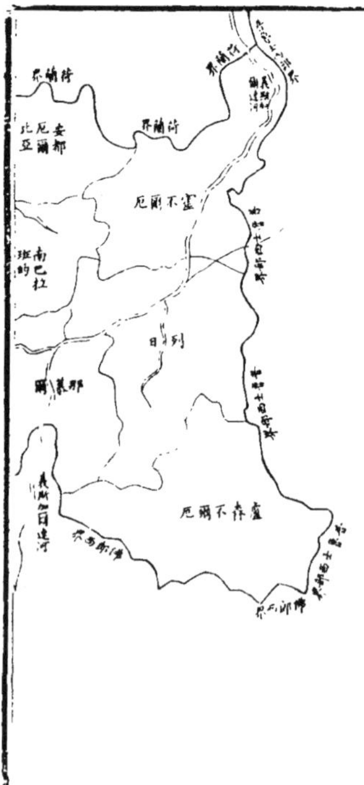

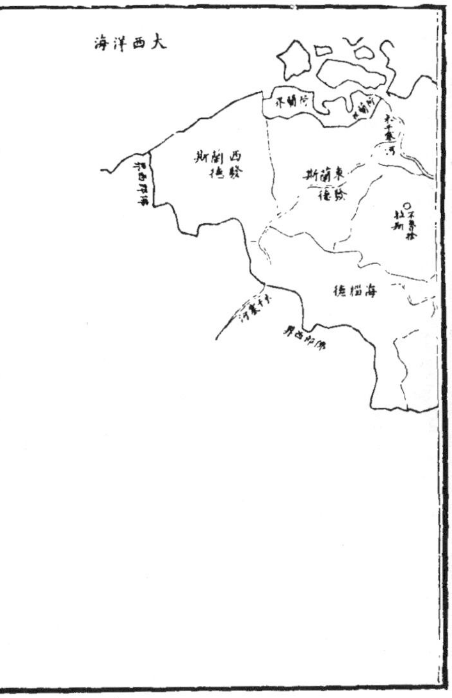

比利時國

比利時比勒治　惟理侯　北義　北爾日加　比爾百咯　密爾閏　彌爾尼王　比利閏　歐羅巴小國也北界荷蘭西北距大西洋海西南暨正南俱界佛郎西東接普魯士西部縱約五百里橫約三百里古時本荷蘭南部荷蘭多水而比利時多平陸明初荷蘭侯查理好用兵徵調煩苦比利時不聽命查理引兵突入其境掩殺八百人比利時結大隊復仇查理敗死後西班牙王非立第二兼王荷蘭兩部荷蘭人阿蘭治起兵拒戰相持數十年比利時隷西班牙未敢貳康熙五十三年西班牙以比利時歸奧地利亞爲壓藩屬者七十餘年嘉慶初佛郎西拿破侖兼幷諸國先取比利時次滅荷蘭拿破侖敗荷蘭再立國

嘉慶十九年比利時復與荷蘭合先是荷蘭崇耶穌教因此與西班牙搆兵數十年卒獲勝復國而比利時毘近佛郎西顧獨從佛俗尚天主教又夙隷西班牙奧地利皆天主教國既與荷蘭合不肯從荷俗兩部之民不相能時時搆衅而荷蘭以比利時夙附仇國不與恢復之師素薄其人不令居顯秩又不肯收教其幼學比利時人積不能平道光十一年逐荷蘭守土吏荷蘭伐之比利時諸部合兵拒戰相持數月伏屍遍野佛郎西舉兵助比利時荷蘭乃斂兵退比利時人遂招日耳曼之薩克撒各不爾厄小侯留波爾多來國奉以爲王自立爲國比利時境內大河有二曰義斯加爾達曰米干塞下游皆在荷蘭境貨船由此出運既絕荷蘭荷蘭

遏其港口使不得通乃造鐵轆轤路以石鋪路鎔鐵汁灌之使平如砥以利火輪車之行歐羅巴各國皆有之以火輪車由陸轉運以達於海。比利時平原坦闊南界僅見岡陵氣候溫平土脊腴潤宜穀果烟葉多草場便牧畜兼產煤鐵地分九部○南巴拉班的在八部適中之地都城曰不魯捨拉斯一作木蘭洛士爾士又作北律悉建於塞內河濱宮廷高大潔而不華其民工於紡績所織呢布皆精良城內外多植嘉樹為園囿供士民遊賞○安都厄爾比亞在南巴拉班的之北壤接荷蘭會城同部名向為水運大埔頭近年港口為荷蘭所封舟楫不行○東發蘭德斯在南巴拉班的之西會城曰干的織工所聚呢布由此出運○西發蘭德斯在東發蘭德斯之西西距大海南界佛郎西會城曰不魯日係水運海口○海腦德在南巴拉班的之西南與佛郎西接壤會城曰蒙肆係內地埔頭○那慕爾在海腦德之東南界佛郎西會城同部名○列日在那慕爾之東與日耳曼接壤會城同部名○靈不爾厄在列日之北東界普魯士北界荷蘭會城曰賣士的里至此與荷蘭之靈不爾厄相連會城名亦同蓋一域分為兩地也○盧森不爾厄在列日之南東界普魯士南界佛郎西會城曰亞爾倫此與荷蘭所轄之盧森不爾厄同名而會城名不同蓋地界亦相近也

按比利時本荷蘭南部兩土合併猶不敵諸大國之半其初分也因查理之妄殺西班牙之侵荷北部日尋干戈南部遂羈縻強敵其再分也則由於天主耶穌兩教之角勝於庠立教以止

殺也今乃因教而相屠豈不愚哉

比利時於　國初時曾來粤貿易絕迹多年佛郎西其姻鄰也近復為之代請通市　朝議許之

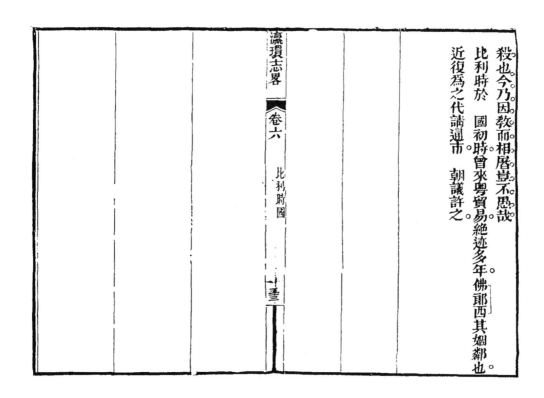

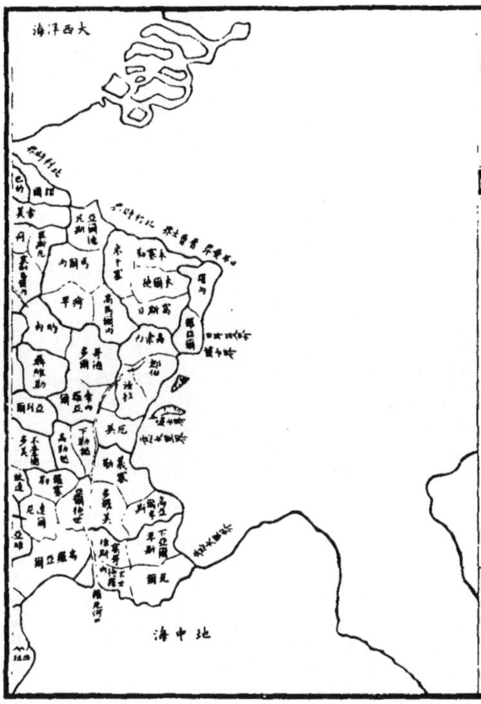

瀛環志畧　卷七　佛郎西圖　一

佛郎西圖

瀛環志畧　卷七　佛郎西圖　二

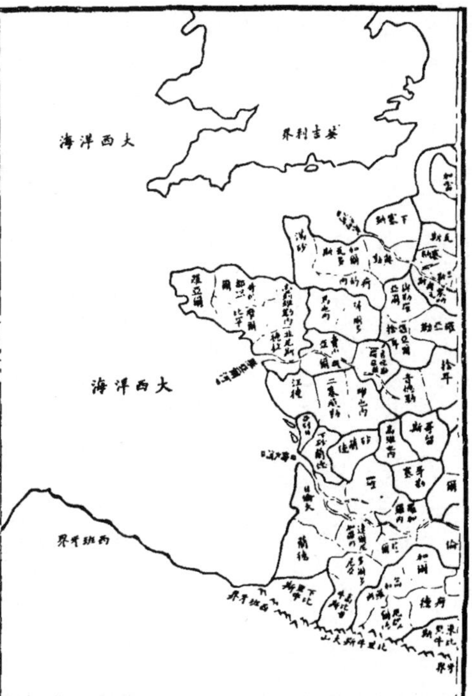

佛郎西國

佛郎西（佛蘭西○法蘭西○佛郎機○佛朗機○拂朗祭○荷蘭西）歐羅巴強大之國也東北界比利時西北與英吉利隔海港相對東界日耳曼瑞士東南界意大里亞暨地中海西抵大西洋海西南界西班牙縱約二千二百五十里橫約二千六十里其地古名塈盧又名牙里亞為塞爾達野番部落漢孝元元初年間羅馬大將愷撒征服之（愷撒一作人畧塞薩爾）命大臣鎮守墾田播穀漸化其俗由是為意大里亞西境後羅馬衰亂南境為北狄維西哥多人（即戎特族）所據西境為北狄不爾給晨人所據東北境為日耳曼之佛郎哥人所據齊高帝建元三年佛郎哥酋長哥羅味有雄畧始驅除北狄據其全土改國號曰佛郎西是為佛人立國之始傳三百餘年至給爾北里哥為國人所廢唐天寶十一年立國相北比諾為王（一作鋋）北比諾聰敏好學奮起修政佛國以康其孫甲利秦甫（一作加爾祿斯馬哥奴）有文武才於唐德宗六年嗣位時東方日耳曼之撒遜部屢犯邊秦甫征之禽其王斬四千五百人因畧定日耳曼諸部并兼羅馬羅馬教王為加冠（時天主教王有大權加冠者立為霸主之意）羅馬東王約為上交秦甫乃開館第招致文學之士城邑宮室道路創造閎整規模極一時之盛秦甫傳數世後宗支爭權各部亦擅兵相攻國又衰亂宋太宗雍熙四年國人立大酋武額加侎多為王傳數世嗣絕更立瓦羅義斯為王宋理宗二年王路易（一作盧義斯）嗣位長於吏術尤精名法嘗帥師伐麥

西戰已勝矣而三軍染疫不能起乃納賂全軍歸而增修國政簡任賢能號為中興國與英吉利隔一海港世為姻婭當佛王嗣絕英吉利王義都亞爾多（一作華義都第三）自以佛故王之甥當得分地佛人不與英吉利遂起兵相攻兩國從此搆釁隔數年或數十年輒交鬨稱為勍敵元順帝年間國為英吉利所滅有幼女年十六號召餘燼擊退英軍恢復境土明萬歷二十五年王顯理被弒（一作英黎給）顯理第四（一作英黎給第四）由旁支嗣位發奮自修廣布仁惠百姓歸之時有天主教之魁欲誅鋤異己王不聽魁恨之謀弒王萬歷三十七年王中刺客死百姓哀哭如喪父嗣子愚孱用小人國政亂傳至路易第十四（一作盧義斯第十四）好武佳兵諸國來朝者偃蹇淩侮之由是皆怨畔乾隆三十八年王路易第十六（一作盧義斯第十六）嗣立時華盛頓（一作兀興騰）據亞墨利加起兵英吉利攻之不克佛人以全軍助華盛頓英不能支遂與華盛頓和而佛亦由是虛耗王好漁色內寵擅權擾民民不能堪乾隆五十四年國大亂尋廢王弒之立領事官三人攝王政以拿破侖為首（一作拿破利翁又作那波良）拿破侖者佛夙將用兵如神征麥西有大功王忌之置散地國人既弒王拿破侖乘勢鼓衆得大權嘉慶八年國人推戴即王位恃其武畧欲混一土宇繼羅馬之蹟滅荷蘭廢西班牙取葡萄牙兼并意大里瑞士日耳曼諸小部制普魯士之半奪墺地利亞屬藩侵嗹國圍其都城戰勝攻取所向無敵諸國畏之如虎嘉慶十六年以大兵伐峩

羅斯闍其舊都墨斯科我人燒之而走佛方旋師而天驟寒軍士凍死者十七八諸國乘其敝也合力攻之佛師大潰故所得土全失嘉慶二十年各國遣公使會議於維也納（奧地利亞都城）凡拿破侖所侵地各歸故主其間有分析有合併立盟約不相吞噬拿破侖既敗喪愬而避位復立故王之裔路易（一作盧義斯）仍握兵柄嘉慶二十一年與英吉利戰於北境兵敗被禽英人流之荒島道光二年死路易即位數年卒弟查理立（一作加爾祿斯）愚頽不任事在位九年國人廢之擇立支屬賢者路易非立（一作盧義斯非里卑）即今在位之王也以道光九年嗣立性寬仁好納諫有賢聲

佛郎西地形平衍東境與諸國接壤之處有連山斷續南界與西

班牙隔比里牛斯大山餘皆平土境內河道縱橫著名者二十有二最大者曰羅尼白北而南入地中海曰塞納曰羅亞爾曰日倫大皆自東而西入大西洋海佛人多開支河為運道（佛人水利最精其國以此為專門之學）處處可通舟楫又多開溝洫資蓄洩以故壤地之腴甲於西土田畝得六園林得二牧場得一人授田不過數畝而農功最力故戶口多而食常足西北氣候頗寒土卑濕宜稼穡果實東南溫燥多草木宜葡萄物產之最豐者為葡萄酒南方之民多以釀為業味極醇（色淡黃微赤極清味似中國北方黍米所釀斟之起沫）一餅有值洋銀數十圓者西土良釀皆取給於佛歲得價銀六千餘萬圓又造熱酒歲得價三百萬圓產橄欖油極多種菾菔造糖味同於蔗所織大呢羽緞皆精緻又能織花紋絲緞本國歲產蠶絲十萬餘担不足供機杼仍由意大里販運益之其人心思精敏工於製器自來火之鎗火輪之車船大半皆其所創都城有鐘表匠二千人每歲造時辰表四萬件自鳴鐘一萬八千架其法時時變易奇幻出人意表他國亦有倣造者而終遜於佛山產石炭鐵鉛白礬僅供國用其民俗豪俠自喜氣高亢終日歌舞無戚容貴賤皆衣裳都麗不惜費喜交遊善週旋人每年收各項稅銀約一萬二千九百萬兩國舊分三十三部因其廣狹不均近年改為八十六府○壹里亞德佛蘭薩部在北境東西適中之地今分五府首曰塞納都城在其中曰巴勒（一作帕爾勒士又作巴黎斯）建於塞納河兩岸城垣方廣居民九十餘

萬王居殿闕巍峩層樓夜閣相望文彩精麗西土殆無其比城外離宮別苑歷代陸續修建凡數十處其街衢盤繞環匝列肆密如蜂房往來者轂擊肩摩晝夜不絕每歲京都所收稅銀計九百萬兩歐羅巴都會之盛推為第一城內有大書院藏印本書三十六萬冊鈔本書七萬冊遊學之士許住院借讀又設醫院十四所選名醫居之每歲收療病者一萬四千人各國學醫者皆裹糧赴巴勒三年或五年學成然後歸又有藝術院居各項藝術之師如學兵法開河道造器物之類學者各就所願羣居講肄焉次曰痾瓦斯在塞納之北首邑名波威曰哀斯尼在痾瓦斯之東首邑名拉安曰塞納痾瓦斯在塞納之南首邑名威爾塞列斯曰塞納馬爾

內在塞納之東首邑名美倫○法蘭德勒部在極北境與比利時
接壤改一府曰諾爾首邑名列黎○亞爾多亞部在諾爾之西南
改一府曰巴的加雷首邑名亞拉斯○比加爾的亞部在巴的加
雷府之西南西界臨海與英吉利南境相望改一府曰索美首邑
名亞眠○諾爾滿的亞部在北境臨海與英吉利南境相對改五
府曰下塞納北面臨海首邑名盧昂曰加爾瓦多斯北面臨海首
邑名加英曰滿砂西北兩面臨海首邑名森的羅曰痾爾內在加
爾瓦多斯之南首邑名亞靈孫曰與勒在下塞納之南首邑名厄
危律以上六府與英吉利僅隔內海（內海名滿砂）達者百餘里近者乃
五六十里値晴明兩岸可以相望有海口曰補羅義曰加來又有

大口曰東末佛人歷年伐英皆出此港三口據形勝之地炮臺周
密防守極嚴敵船不能近也○賞巴尼亞部在壹黎亞德佛郎薩
之東改四府曰亞爾德內斯北界比利時首邑名美西也爾曰馬
爾內首邑名砂龍曰痾卑首邑名德羅業曰高馬爾內首邑名說
蒙○羅勒內部在賞巴尼亞之東改四府曰米干塞首邑名巴爾
勒都曰木塞勒北界日耳曼首邑名美的曰木爾德首邑名囊西
曰窩斯日首邑名厄比納爾○賁內部在諾爾滿的亞部之南改
二府曰馬也內首邑名拉瓦爾曰薩爾多首邑名勒忙○安如部
在賁內部之南改一府曰賁內羅亞爾首邑名安惹爾○北勒達
尼亞部在賁內部之西地形如臂伸入大西洋海改五府曰壹列

維勒內北斗距海首邑名勒內曰哥的都諾爾北面距海首邑名
森德比勒與各曰非尼斯德拉西南距海有海口通大河首邑名
固英卑爾曰摩爾比罕南面距海首邑名瓦內曰羅亞爾南北西
三面距海首邑名難得斯○波亞都部在北勒達尼亞之東南改
三府曰杜德西面距大西洋海首邑名不爾奔杜德曰二塞威勒
首邑名磨爾曰維也內首邑名波亞墨○痾尼部在二塞威勒府之
南改一府曰下砂蘭德南境有海口內通大河首邑名羅捨勒○
森當日昂姑木亞部在下砂蘭德府之東改一府曰砂蘭德首邑
名昂姑勒美○耳里亞內斯部在壹里亞德佛郎薩之西南改三
府曰與勒羅亞爾首邑名砂爾德勒曰羅亞勒首邑名痾爾良曰

羅亞爾捨耳首邑名波羅瓦○都勒內部在羅亞爾捨耳府之西
南改一府曰音德勒羅亞爾首邑名都爾○北利部在耳里亞內
斯部之南改二府曰捨耳首邑名不爾日曰音德勒首邑名砂多
盧以上三部六府在佛腹地戶口殷繁閭閻富實皆佛國股肱郡
○威尼爾內部在捨耳府之東改一府曰聶維勒首邑名內維爾
○不爾波內部在聶維勒府之南改一府曰亞列爾首邑名木靈
○馬爾世部在北利部之南改一府曰哥酉斯首邑名痾勒○黎
木性部在哥酉斯府之西南改二府曰高維也內首邑名里摩日
曰哥勒塞首邑名的與勒○痾威爾內部在亞列爾府之南改二
府曰不壹德多美首邑名哥勒爾蒙曰敢達爾首邑名痾里拉○

亞爾撒斯亞部在不壹德多美府之東改二府曰下勒怒首邑名
義斯達拉斯不爾厄曰高勒怒首邑名哥爾馬耳○法郎師官德
部在東界禽斯日府之南改三府曰高爽內首邑名威蘇爾曰都
伯東界瑞士首邑名北三孫曰汝拉東南隅界瑞士首邑名龍勒
索爾熱耳○不爾痾尼亞部在法郎師官德部之西改四府曰約
內首邑名痾捨勒曰哥德多爾首邑名的仍曰索內羅亞爾首邑
名痾敦曰厄英首邑名不爾厄○里痾內部在極東北隅與日耳
曼接壤改二府曰羅內首邑名里昂曰羅亞爾首邑名蒙比里孫
○德爾非內部在厄英府之東南與意大里之薩爾的尼亞接壤
改三府曰義塞勒首邑名哥肋諾伯勒曰多羅美首邑名瓦棱薩

曰高亞爾卑斯首邑名甲○不羅溫薩部東接薩爾的尼亞南界
距地中海改四府曰窩哥律斯首邑名亞威農曰下亞爾卑斯首
邑名的聶曰不世德羅內南境距海首邑名馬耳塞里亞曰瓦爾
東南境距海首邑名達拉給娘○郎給德部在不羅溫薩部之西
幅員甚廣改八府曰高羅亞爾南境距地中海首邑名不壹曰羅
塞勒首邑名漫德曰亞爾德世首邑名比里瓦曰加爾首邑名尼
美斯曰厄羅爾德首邑名蒙德不列爾曰痾德東境距地中海首邑
名加爾加索內曰達爾尼首邑名亞爾比曰高加羅內首邑名都
羅塞以上二部扼地中海北岸馬爾塞里亞爲南境第一大埔頭
又有海口曰土侖修造戰艦之地也○佛亞部在西界下砂蘭德

府之西臨海改一府曰亞列日首邑名佛亞○盧西隆部在南界
東距地中海南負比里牛斯山與西班牙接壤改一府曰東比里
牛斯首邑名北爾比娘○馬也納部在南界郎給德部之西幅員
尤廣改九府曰日倫大西距大西洋海首邑名波耳多海港深通
上接內河葡萄酒由此出運爲西境第一大埔頭曰多爾多尼亞
首邑名卑里句曰羅加羅內首邑名亞仁曰繹首邑名加爾曰亞
維倫首邑名羅德斯曰達爾尼加羅內首邑名蒙德邦曰蓋爾首
邑名痾世曰蘭德西距大西洋海首邑名蒙德馬爾三曰高比里
牛斯南界西班牙首邑名達爾卑○伯爾內部在西南隅西距大
海南界西班牙改一府曰下比里牛斯首邑名波○哥爾塞牙部

一作可耳西加又作嗎爾西阿又作郭士喀　在國東南乃地中海大島在薩爾的尼亞
島之北舊本屬意大里佛人取之今改一府廢王拿破侖即此島
人　圖附意大里亞

佛郎西頗重讀書學優者超擢爲美官其制宰相一人別立五爵
公所又於紳士中擇四百五十九人立公局國有大政如刑賞征
伐之類則令公所籌議事關稅餉則令公局籌辦相無權宣傳王
命而已國有額兵三十萬戰船大小二百九十隻水兵五萬船之
大者載砲七十二門至一百二十門亦有火輪船數十隻巡駛地
中海其俗人人喜武功軍興則意氣激揚面有矜色臨陣跳盪直
前議不返顧前隊橫屍雜遝後隊仍繼進不已獲勝則舉國歡呼

雖傷亡千萬人不恤但以崇國威全國體爲幸其酋長沈鷙好謀知兵者多水戰陸戰之法無不講求又好用縱横之術故與諸國交兵常十出而九勝

按佛郎西在歐羅巴諸國中傳世最久自哥羅味開基至今已千餘年中間雖迭遭變故而代立者皆其宗黨未滋他族未立女主較他國之奕棋置君者固有間矣立法駿厲賢君後六七作危而不亡殆有由也

歐羅巴用武之國以佛郎西爲最爭先處強不居人下偶有淩侮必思報復其民俗慷慨喜戰有小戎鐵駟之風其用兵也仗義執言不似諸國之專於牟利故千餘年中侮亂迭生而虎視

泰西國勢未嘗替削至拿破侖之百戰百勝終爲降虜則所謂兵不戢而自焚又可爲瀆武者之殷鑒矣

佛郎西屬地在別土者亦有數處如南印度之本地治利南亞墨利加之歪阿那亞非利加之阿爾及耳印度海之不爾奔得之不甚經營棄之亦不甚惜蓋不以此爲重也

歐羅巴各國皆以販海爲業如英吉利米利堅呂宋之屬每歲商船至中國多者百餘艘少亦三四十艘所販鬻者多棉花洋布粗重之物至如洋米胡椒蘇木海參之類皆從東南洋轉販並非西産獨佛郎西商船最少多則三四艘少則一二艘入口之貨皆羽毛大呢鐘表諸珍貴之物蓋其國物産豐盈製作精

巧葡萄酒大呢綢緞之類售之歐羅巴各國即已利市十倍不必遠涉數萬里而謀生其航海而東來也意在於耀聲名不專於權子母國勢既殊用意迥別其情勢可揣而知也

顧亭林天下郡國利病書云佛郎機（佛郎西）古無可考素不通中國正德十二年駕大舶突至廣州澳口銃聲如雷以進貢請封爲名撫按查無會典舊例不允遂退泊東莞南頭徑自蓋房樹柵恃火銃以自固有至部者不行跪禮朝見欲位先諸夷御史邱道隆何鼇皆言其殘逆稱雄先年潛遣火者亞三假充滿剌加國使臣風飄到澳往來窺伺熟我道途畧買小兒烹而食之近日滿剌加國王奏其奪國讐殺等情宜即驅逐嚴禁私通將

所造房屋城寨盡行拆毀詔皆從之誅其首惡火者亞三海道汪鋐以兵逐其餘黨反用銃擊敗我兵或獻計使善泅者入水鑿沈其舟盡擒之餘乃遁去汪鋐由此得佛郎機銃式請頒於邊鎮至今三邊實賴其用嘉靖中黨類更番往來私舶雜諸夷中首領人皆高鼻白皙廣人能辨識之又云佛郎機人好食小兒其國惟國王得食之臣僚以下皆不能得至是潛市十餘歲小兒食之每一兒市金錢百文廣之惡少競掠小兒往賣居二三年兒被掠益衆遠近患之云云按佛郎西之至粵在正德年間是爲大西洋抵粵東之始明人不知有大西洋以爲其國在瓜哇之南誤矣當時罷臣以會典所無絕其封貢言官復請驅

逐童牛之牿所慮未嘗不遠而鑿舟之役事殊杳茫嘉靖以後更番來粵又何嘗能禁絕之也至烹食小兒非人類所爲即有獻媚之易牙未必遂沿爲故事佛國之在西土稱雄已千餘年果有此事諸國當視爲豺虎誰甘以牛耳相讓又我

朝通市二百年佛人每歲來粵何以不聞有此似當時之傳聞亦未必盡確也（或云佛郎西人好貿小兒教織起花紬緞此則近似泰西諸國惟佛人能織花緞也）鳥鎗之制由此傳入中土實爲水陸利器靖潢池之反側肅罽庭之鳴吠星馳電掃利賴何窮而不知此技之由來乃即從中國之火礟變化而出論者乃謂火器創於泰西蓋亦不考之甚矣（已詳歐羅巴圖說泰西人書言之鑿鑿足知其不誣也）

鑿舟之說自來以爲奇策謂募善水之人伏於船底用利斧鑿孔其船立沈又聞善水之人能伏水底七晝夜能於水中食餅餌兼操作嘗以詢之寶升堂提軍（振彪）提軍云此技余少時嘗學之未成也而知其梗槪凡人入海水必閉目否則爲鹹水所侵目且盲必閉氣否則流隨吸入轉瞬而腹彭亨年少力壯者閉氣稍久亦斷無逾刻許者其能不浮不沈恃手足之運動運動少停則隨波涌出水面斷無在水中尚能施力運斧之理且海水波浪最勁愈深愈勁能浮江河之水者入海水則敗能浮內港之水者入大洋則敗善水之人在大洋落水得片板可不死若徒手浮沈大浪中力盡氣微亦未有不死者此技即使至精斷不能化其身爲魚鱉世俗所傳大半得之耳食資談柄則奇創可喜竟欲施之實事則愚矣又守備吳金魁（水師勇士殺海賊無算爲賊傷斃得旨優卹）亦嘗習此技余問之亦云然閱天下郡國利病書所記佛朗機事有鑿舟之說因附記於此

西班牙葡萄牙合圖

瀛環志畧　卷七　西班牙葡萄牙合圖　十五

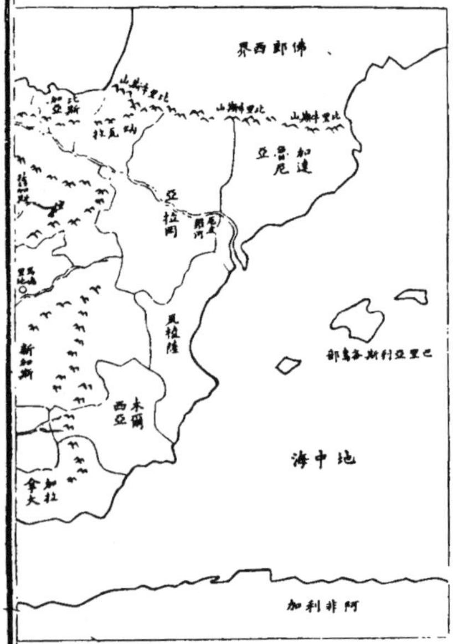

瀛環志畧　卷七　西班牙葡萄牙合圖　十六

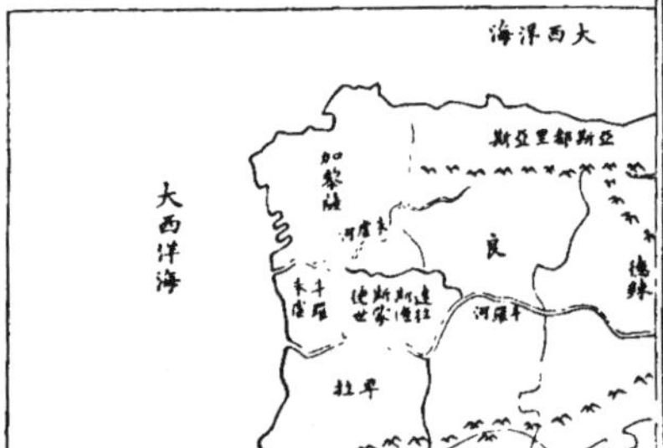

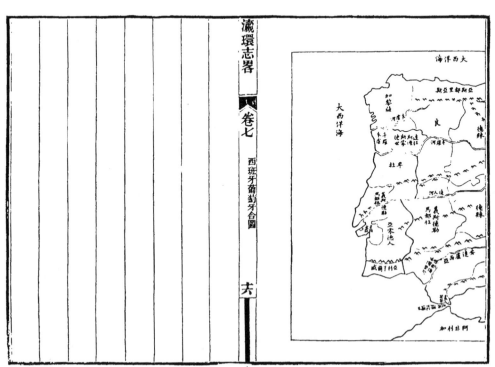

西班牙國

西班牙（是班牙○寔班牙○斯扁亞○士便○干絲臘○義斯巴尼亞○以西把尼亞○大呂宋）亦歐羅巴大國東北與佛郎西接壤東南距地中海西界葡萄牙北距大西洋海西南至東北約二千四百五十里東南至西北約二千八十里國有大山數盤皆自東而西橫亘如垣劃分三土北土山嶺錯雜溪澗交流中多腴壤便於農作中土高廣天時炎燥雨水難得民多以牧羊為業南土山川秀發風景清美產各項果實羊馬驢騾皆良勝於他國之產其地古名意卑里亞五方之人雜處非尼西亞人居多（古商賈之國）後為加爾達額人所據（亦非尼西亞人所立國在地中海南岸）漢初意大里大將奔彪（一作潘沛）征服之遂為羅馬西境越六百餘年羅馬衰西境為汪德羅隋窩亞拉奴（皆北狄種類）三部之人所據東晉安帝十三年峩特（一作哥度又作維西哥多又作厄都亦北狄別種）酋長畱維卽的約率大隊自東方來攻羅馬守臣不能禦棄地而逃東地遂為峩特族所據尋翦滅西境諸部以隋文帝開皇季年立國傳一百餘年至羅德黎哥性苛暴其臣有人良者為羅德黎哥所摧辱時亞剌伯回部據亞非利加北境（卽摩樂哥阿利額諸回部）兵力方強唐睿宗太極元年人良引回部入寇西班牙望風奔潰王奔北鄙國為回部所奪僅餘亞斯都里亞斯比斯加亞納瓦拉三部降為侯國歷七百餘年亞剌伯衰弱守土回酋各裂土自擅日尋干戈亞斯都里亞斯侯伯拉納誓衆興師攻回部大捷衆推立為王尋攻獲加斯德辣地稱

加斯德辣王令峩特人自戰其地得卽封之回部或降或竄故土全復而國已數分然姻婭相聯無鬭爭加斯德辣傳至女主依撒伯爾贅亞拉岡侯非爾難多明成化十五年諸部仍合為一是為西班牙復建之始依撒伯爾聰敏過人能修國政疑大海之西有廣土宏治初年遣其臣可崙（一作閣龍又作哥隆波）駕巨艦裹糧探之果得亞墨利加之可侖比亞驅逐土番徙國人實其地漸拓而南北墨西哥祕魯智利拉巴拉他等部（詳亞墨利加圖說）皆聽役屬諸部產銀鑛極王每歲得數百萬觔西班牙以此致富西土稱為金穴嘉靖年間復遣其臣米牙蘭航海東來至亞細亞東南洋之呂宋據其海口建設埔頭帆檣湊集百貨流通由此愈益富饒先是正德十四年日耳曼內亂時西班牙王查理第五有賢聲日耳曼各部迎以為王西班牙立其世子非立第二（泰西人所編綱鑑敘述如此近閱大西洋人所著地理備考則云粵地利公爵非里卑（卽非立第二）娶先王之女若亞納遂卽君位二說不同未知孰是然綱鑑專紀各國興亡世系頗為詳核必有依據故仍從彼說）兩國聯為脣齒傳子加爾羅斯國益富強西鄰葡萄牙本西班牙西部趙宋時驅逐回部別立為國萬歷中葡萄牙王禦敵殞無子西班牙遂收復其地越六十載復分裂（詳葡萄牙圖說）方西班牙之恢復舊土也回民之未逃者皆降附為編氓歲久復繁衍逾數十萬戶西班牙以其族類殊異終為後患勒兵驅逐之回民皆破家攜挈狼狽渡海轉徙入亞非利加北境（卽阿利額等回部）失業者因剽掠餬口地中海從此多盜而西班牙戶口驟減貿易漸微日益貧

寡論者頗譏其失計康熙三十九年西班牙王查理歿無子奧地利王（即日耳曼王時日耳曼列國俱已稱王故奧地利不復稱日耳曼王）欲立其子佛郎西王欲立其孫搆兵累年卒立佛王之孫非立第五爲西班牙王王英果能立政休養生息西國再康乾隆末年佛郎西內亂西班牙始攻佛後與佛約結攻英吉利戰船遭風大半沈失已而佛郎西拿破侖即位時西班牙王加爾羅斯與其世子不睦嘉慶十二年拿破侖約其父子爲好會於馬也納云爲調協至則數其罪而兩囚之自立其弟爲西班牙王西民不服招英吉利兵合攻之交戰五年逐拿破侖之弟復立故王世子非爾難多自是以後內訌四起日就衰亂王歿無子立幼女依撒伯爾母后擅權王弟煽回部遺民爲亂蓋岌岌乎危亡之勢焉亞墨利加諸藩國皆畔僅存古巴片土（詳亞墨利加海灣羣島圖說）與呂宋埔頭而已

西班牙北境負比里牛斯大山地氣頗寒南境臨地中海夏令酷熱賴海風滌暑氣中土距海面一百四十四丈爲歐羅巴極高之地四時多風隆冬不煬火河道之大者十二尤著者曰米虐曰斗羅曰德人曰瓜達爾幾維爾皆入大西洋海曰厄波羅入地中海土多膏腴五穀之種皆備木多橡果多葡萄山產各鑛金銀近已空竭銅錫鉛尚有之惟鐵與煤採之不竭又產鑽石寶石五色玉瑪瑙水晶其民俗膽氣粗豪專務報復好逸憚勞惰於農作早餐後必午寢以此鄉戶多貧瘠牛栖棚寮俗儉嗇杯酒一果之外無他求男女並好彈琴跳舞爲樂又好爲鬭牛之戲聚觀者如堵牆或縱狂牛於場勇者挾刃搏而刺之獲勝則千萬人歡呼迎賀舉國奉天主教教師有大權違異者以火焚之貿易之繁盛在海濱各埔頭稅餉歲入一千八百萬兩養兵太多軍興用不足恆貸於富民償其息近年主計者多失信不償富民鬭不肯借每敵兵壓境輒困缺餉撓敗國舊分十三部近年改爲四十九部（合二島在內）分上中下三等○新加斯德辣在中土爲四境適中之地縱約六百里橫約七百五十里地高燥多沙磧草木不繁現改五部曰馬德里地（一作莫珠爾勒得又作馬特）列上等都城同部名建於滿薩那勒斯河左王廷極宏麗土木之費計千萬金內有學署醫院觀星臺軍功廠古玩庫藥草圃療畜館君民約二十萬人產呢羽綢緞地氈印花洋布磁器曰瓜達拉砂辣列下等古時多名人所產呢羽綢緞頗著名曰多勒多列中等昔回部據西班牙以此爲都城宮殿猶有存者夏日苦熱乏水泉土人多飲坎中積雨曰固硱加列下等產蜜蠟牲畜曰虛達里亞耳列下等產水銀○舊加斯德辣在新加斯德辣之北縱約四百六十里橫約七百七十里山岡與平原相間現分六部曰不爾厄斯列下等田土肥沃氣候和平產五穀百果曰羅哥羅虐列下等地頗清勝產穀果商賈輻輳曰三當德爾列下等會城建於比斯加亞海口估帆雲集爲北境大埔頭地產穀果黃麻牲畜煤窯極多曰索里亞列下等城建山谷中產羊毛

曰塞領維亞列下等地氣寒產呢羽玻璃紙劄曰亞維拉列下等地有書院產洋布○艮在舊加斯德辣之西縱約七百里橫約四百五十里地氣平善物產豐饒現分五部曰艮列下等會城屋宇高大郊外風景清幽產白玉曰巴稜西亞列下等產穀果甚豐曰瓦里亞多黎列中等土田最腴產穀果數倍他部又產材木極堅船料仰給於此兼產呢羽綿紗磁器曰薩拉蒙加列下等昔為西國大都會代有聞人兵火之後凋敝已甚曰薩摩拉列下等產葡萄黃麻羊毛○加黎薩在艮西北南界葡萄牙西北距大西洋海居米虐河下游縱約五百里橫約四百五十里近海卑濕草場豐茂宜牧畜現分四部曰哥魯尼亞列上等城建海隅泊船最穩商

賈輻輳為西北境大埔頭港口有大礮臺極堅固曰顱額列下等地有羅馬舊城產麻布曰痾稜塞列下等產火腿葡萄酒曰奔德威達拉列下等產剪絨銅器○加拉拿大在極南境臨地中海縱約二百餘里橫約八百餘里地近赤道天時炎熱而水土平艮現分三部曰加拉拿大列上等會城舊為回部王都戶口八萬物產甚豐稱南方大都會曰亞爾美里亞列下等有海口極深闊可泊舟山產玉石瑪瑙曰馬拉牙列上等城建海濱泊船最穩貿易極盛為南境大埔頭○瓦稜薩在東南隅臨地中海縱約七百里橫約二百里地氣極暖罕見冰凌現分三部曰瓦稜薩列上等會城建於平原居民六萬萬廈整潔貿易極盛產穀果油酒綢緞大呢

曰亞利干的列中等城建海濱街衢闊直港道寬穩為東南境大埔頭出口之貨窩宅赤鉛類黑鉛白礬銀硃藍靛百果葡萄酒葡萄乾曰加斯德偷得拉不辣納列下等城建海濱物產貿易與亞利干的畧同而富盛遠遜之○木爾西亞在瓦稜薩之西南東南境臨地中海縱約二百餘里橫約三百餘里現分二部曰木爾西亞列中等城建山谷中戶口三十六萬地氣溫厚物產饒盈穀果麻酒皆豐又產銅錫硫磺白礬有鹽池產鹽極王曰亞爾巴塞爾列下等產布疋牲畜鐵器○亞拉岡在舊加斯辣之東縱約七百二十里橫約四百八十里山嶺重疊寒燠懸殊產麥麻百果酒油蜜蠟牲畜兼產銅鐵錫礬不灰木現分三部曰薩拉厄撒列下等舊

本繁盛遭兵燹而殘毀曰烏厄斯加列下等土膏腴少歉歲曰德魯厄爾列下等地氣甚寒人乏疾病產烏煤○納瓦拉在亞拉岡之西北與佛郎西接壤縱約三百里橫約二百餘里產黍稷大麥油麥豆粟山產木料及五金之礦現仍為一部列下等○亞斯都里亞斯在舊加斯德辣艮兩部之北北境距大西洋海縱約一百五十里橫約四百六十里南境負大山民居巖谷農作甚勤產栗子佛手山產銅鐵錫鉛白礬水晶又產駿馬現仍為一部曰痾維夜多列中等○加達魯尼亞在亞拉岡之東東南臨地中海北負比里牛斯大山與佛郎西接壤縱約五百里橫約七百里依山傍海物產饒盈地氣平善戶口最繁織造呢羽皆精艮貿易之盛甲

於廼國山產材木五金水晶白玉藍寶石白黑礬硇砂現分四部曰巴爾塞羅內列上等城建海濱居民十二萬葡萄酒燒酒橄欖油南果由此出運爲東境第一大埔頭曰達拉瓦納列下等地多烈風穀果豐碩曰勒黎達列下等物產亦豐曰日羅納列下等城建山麓有金湯之勢國變時屢被兵日形凋敝○比斯加亞介納瓦拉亞斯都里亞斯之間北距大西洋海縱橫皆二百餘里產木材甚富船廠皆取給焉現分三部曰比斯加亞列下等會城頗繁盛爲羊毛總聚之地曰給不斯孤列下等城建山麓爲北境鎖鑰嘉慶十八年佛郎西來侵屋宇礮臺俱成灰燼事定之後脩復加初曰亞拉襪列下等○義斯德勒馬都拉在新加斯德辣之西西

境與葡萄牙接壤縱約六百六十里橫約四百六十里土肥沃而氣候極炎現分二部曰巴達熱斯列下等城建瓜的牙納河右極堅固有石橋長一千八百步闊二百步橋孔二十有八產穀果菽酒牲畜曰達塞勒斯列下等產牛羊○安達盧西亞在新加斯德辣之西南西界葡萄牙西南臨海縱約五百里橫約一千一百五十里山阜與平原相間其山有毛有童產穀果絲綿蜜酒油鹽甘蔗牲畜又產銅鐵窩宅水銀硇砂長夏酷熱土人多夜作晝輟現分五部曰塞維里亞列上等城建平原居民九萬豐饒爲南土之最曰烏厄爾襪列下等民多以網魚爲業曰加的斯列上等城建海角大而堅著名西土居民五萬三千貿易昔稱極盛今漸蕭索

曰哥爾多瓦列中等城建達爾幾維爾河之右傑構雲連樓臺重疊街衢狹而穢居民五萬七千曰熱音列下等土甚沃而農作不勤○巴里亞利斯在西班牙東南地中海內合五島爲一部列下等曰馬慈爾架曰米諾爾架兩島較大戶口約二十萬產南果極多曰壹維薩曰佛爾門德辣曰加卑勒拉○加拿列斯在阿非利加之西大西洋海中合大小二十島爲一部以德內黎非島爲首列下等○安達盧西亞之南境與阿非利加之北境相對成海峽曰日巴拉爾大（一作直布羅陀）長約八十里闊約五十里狹處止十餘里爲地中海之門戶英吉利於北岸磐石之上築堅城曰義人咨咨環以礮臺守以重兵已歷百餘年佛郎西西班牙屢攻之不能取也

按西班牙境土恢闊埒於佛郎西其俗長於泛海善於行遠自得亞墨利加墨西哥諸部之後其國有金銀氣西土視爲陶猗至今歐羅巴各國行用之洋銀大半稱呂宋番宜其富強莫與京矣然近年衰弱已甚且貧苦者何也富而無政雖秦隋不免覆亡況區區之夷國乎

呂宋在中國東南洋與歐羅巴相去絕遠西班牙於前明中葉探得之立爲埔頭由是其商船來粵東者率稱大小呂宋或稱宋仔而西班牙之名轉隱

葡萄牙國

葡萄牙（葡萄鴉　葡萄㡳耳　布路亞　波耳都欺　博爾都噶亞　大西洋）歐羅巴小國也地形狹長縱約一千三百里橫約五百里東北兩面界西班牙西南兩面距大西洋海其地古名盧西達尼亞本西班牙西境自唐以前沿革與西班牙同當西班牙恢復舊土有臣曰英黎給佛耶西之王孫也善將兵戰功最多加斯德辣王（即西班牙王時故土尚未全復亦未歸一故不稱西班牙王）亞豐蘇妻以女以所克盧西達尼亞數城封之爵如伯其子亞豐蘇英黎給襲位伐回部大破之擴地漸廣宋哲宗紹聖元年國人奉以爲王是爲葡萄牙立國之祖其後嗣征服回部盡有盧西達尼亞之地遂與西班牙並立明嘉靖間有賢王曰以馬努以

利能立制防國稱極治子約翰第三嗣位聯昏於西班牙四境乂安倉庫充實子英黎吉嗣位亞非利加回部來侵出戰敗沒無子西班牙乘勢并其國由是隸西班牙者六十年西政貪殘葡人患倒懸崇禎十三年起兵逐西班牙守者復立故王支屬約翰第四西班牙屢來侵搆兵二十餘年葡王脩好於英吉利英吉利助以兵力時擁護之乃免於亡先是歐羅巴諸國自開闢至元時自相往來鮮通別土葡萄牙人精於算數習天文用儀器測量日出入并星躔度數知水陸之方向遠近明初其國王遣善操舟者駕巨艦南行由亞非利加之西境轉而東歷亞非利加之東境抵五印度之西境復轉而東至麻喇甲又從蘇門答臘噶羅巴之海峽遍

歷東南洋諸島國所至輒留葡人營立埔頭隆慶初抵粵東香山縣之濠鏡（即澳門）請隙地建屋歲納租銀五百兩重臣林富代請許之葡萄牙人遂立埔頭於澳門是爲歐羅巴諸國通市粵東之始其後西班牙荷蘭接踵東來佛耶西英吉利繼之葡萄牙所立小西洋東南洋埔頭咸被侵奪僅餘澳門一廛爲諸國東道之逆旅嘉慶初佛耶西拿破侖侵伐四隣兵及於葡葡不能禦王棄國航海逃於巴西（一作巴拉西利）巴西者南亞墨利加廣土葡人於明中葉探得之建爲藩部者也（詳亞墨利加圖記）已而拿破侖爲英吉利所禽王乃歸國尋卒其世子留王巴西兼王葡巴西民謂王貪王兩地不肯服王不得已自王巴西而遣幼女歸王葡時王弟已自立不肯避

位王在巴西不習其俗國人迫王致位王狼狽歸國與女合兵攻弟英吉利助以兵滅王弟王女乃定位尋贅日耳曼世子爲壻夫卒再贅女慈惠愛民國人安之

葡萄牙壤地褊小外臨大西洋海境內萬山盤匝平原甚少大河三曰米虐曰斗羅曰德人皆發源西班牙由葡西境入海西北氣候頗寒東南則夏苦炎熱穀以小麥菽黍爲主大麥油麥高粱粟米秔稻蠶豆豌豆亦皆有之土田最沃而農功疎惰木多松柏栗橡槐楊楓椵果有黎檬橘桃梅櫻桃核桃杏仁波羅佛手檸檬無花果阿利襪（即橄欖其仁可以爲油）最多者爲葡萄用以釀酒極甘（色赤味甜內有雜櫻桃者）販行遍於西土亦解種桑養蠶產絲無多山產紅藍寶石水晶

五金各鐵黑礬硫磺磁石鹽田則沿海皆是取之不竭舉國崇天
主教財貨半歸教師民極貧乏國舊分六部後分為八部各有所
領小部○義斯德勒馬都拉在南北適中之地西距大西洋海縱
約六百里橫約二百五十里領十一小部曰里斯玻亞一作力士門又作勒門
葡萄牙之都城也建於德人河右跨山臨水樓臺疊起內有學
署書庫觀星臺軍功廠規模極為鉅麗郊外內港寬深下接海口
泊舟平穩貿易極繁河岸礮臺周帀守衛嚴密乾隆二十年遭地
震王廷民舍不遺一椽死傷山積歷年修建乃復其故曰德黎威
德辣產葡萄有行宮甚麗曰加斯德內辣其海口可泊舟曰亞零
給爾有溫泉能療病曰勒黎亞物產甚豐有玻璃廠足供通國之

用曰亞爾哥巴薩產棉布曰多麻爾產油酒穀果甚多貿易頗盛
曰歐盡曰商的勾西兩部地處高陵土田甚瘠曰三達零在德人
河右土腴產豐繁華為通國之最有行宮備冬獵曰塞獨巴爾在
薩都河右巨舟可泊產鹽極王○卑辣在義斯德勒馬都辣之北
東界西班牙西臨大西洋海縱約六百里橫約三百里近分二部
曰卑拉亞爾達曰卑拉拜砂共領十一小部曰固英巴拉舊為卑
拉會城有大書院葡國名人皆由此出土產磁器麻布曰亞爾加
尼耳地幽闇烟戶甚稀曰亞威羅在窩烏牙河口埠頭甚大而水
土頗劣產魚鹽磁器紅橘曰非辣田甚沃其河多魚曰維修卑拉
亞爾達之會城也有大市產棉布善造金銀器皿曰拉美厄產烟

葉多畜豚曰比聶爾與西班牙接壤城極堅曰達郎哥索城有七
門十五垛砲臺周密曰瓜爾達地氣嚴寒產棉布洋絨鮮果曰黎
尼亞利斯地荒僻少戶口曰加斯德羅巴耶古卑拉拜砂之會城
也城垣整峻街衢敞潔物產亦裕○亞零德人在義斯德勒馬都
拉之東卑辣之南東界西班牙西南隅臨大西洋海縱約五百里
橫約二百九十里富庶甲於諸部產穀果羊毛奶餅油酒蜜蠟領
小部八會城曰厄窩拉城市華整產磁器陶器曰卑悲土腴氣清
民物康阜城外有垛四十又有方礮臺甚高可遠眺數百里曰窩
黎給昔亞豐蘇英黎給大破回部於此其後人建坊廟以志武功
曰維拉威索薩城有大宅極巨麗高爵居之又有大園周迴四十

里內多嘉樹清泉廬冢充牣曰呢里穢斯為葡第一堅城戶口繁
密商賈輻輳曰玻爾達勒給劣物產豐富人多素封曰加拉多戶
口家落曰亞維斯有行宮○亞利牙爾威西南臨海北界亞零德
人東界西班牙縱約一百里橫約三百四十里其民雄健好武多
以捕魚為業尤善駛船舊本小國葡滅回部幷兼其地領小部三
會城曰發羅平原饒沃烟戶湊密人多習漁曰達維拉葡萄遍野
網罟蔽河山產銀銅曰拉各斯城建海隅港口深闊可泊大船屬
邑薩給勒斯有書院故王亞豐蘇英黎給所建也○斗羅米虐東
北界西班牙南界卑拉西臨大西洋海縱約二百五十里橫約一
百五十里其地樹木成林牲畜蕃衍近分二部曰斗羅曰米虐共

領小部七曰巴拉加米虐之會城也人烟湊密多峻宇產軍器鐵器麻布金銀器皿價甚廉曰伯爾多斗羅之會城也物產之豐貿易之盛亞於里斯玻亞（葡之京都）曰北那非野爾人戶甚稀曰幾馬拉英斯昔開國之王亞豐蘇英黎給誕生於此宮殿遺址猶存產鐵器牛皮曰維牙納城建黎爲河口泊舟甚穩土產極豐曰巴爾塞羅斯地亦豐富產火腿曰瓦速薩城極堅固○達拉斯德斯蒙德世東北界西班牙西界斗羅米虐縱約二百二十里橫約三百三十里巖谷迴環牲畜繁富葡萄桑樹徧野彌山領小部四會城曰巴拉安薩建於山陵之上戶口不繁土雖沃而水泉鹹劣產綢緞絲貨曰迷蘭達昔之名城久已隳毀人戶尤稀曰蒙哥爾窩有織造絲貨機房貿易極盛產葡萄美酒曰威拉里亞爾地極豐富戶口最繁屬邑北蘇的勒瓜釀葡萄酒最良商販絡繹每歲得酒價約五六百萬金○葡萄牙之西大西洋海中有羣島距葡境約二千餘里葡探得之墾爲外部總名曰亞索利亞譯言鷹鳥也島之大者有九南方二曰三達馬利亞曰三迷給爾中央五曰德爾塞辣曰三慈爾日曰加拉西約薩曰發牙爾曰北哥北方二曰佛羅利斯曰哥爾窩各島天氣晴和水土平善產五穀南果極多中稔之年猶堪出售五十舟（近刻有地里備考大西洋人馬吉士所譯於西班牙葡萄牙兩國紀載獨詳葡萄牙其本國西班牙其祖國也茲節採之以側其缺）

按粵東之居夷自葡萄牙之居澳門始維時尙方珍玩皆取辦於粵或不時給輒爲中涓所齮齕葡人有濠鏡之請當事利其居積貨寶便於供辦又所謂歐羅巴者爾時不知爲何地以爲不過南洋諸夷之類一枝暫借無足重輕非必貪其五百金之利也葡萄牙本西洋小國得此奧宅如登天上以其餘資廣築樓館綿亘萬廈歐羅巴諸國來粵者倚爲東道主人其賈粵收逋欠者皆租其房屋久居不去諸夷之浸淫狎熟於粵東則由澳門爲之權輿也林富一代名臣而謀國之疏若此語云涓涓不絕將成江河可不慎哉

葡萄牙初至澳門其本國商船來者甚多極爲饒裕追後印度南洋各埔頭多爲諸大國所侵奪本國估帆遂致絕迹生計日益貧窘僅以屋租爲養命之源其居澳門者長子孫已數百年粵人謂之土生仔生齒既繁憂貧特甚

澳門之夷俗呼爲大西洋又稱爲意大里亞當其初來中土不詳其部落之名彼謂從大西洋來則稱爲大西洋而不知葡萄牙之在大西洋不過滕薛之類也至稱意大里亞則以意大里爲彼土一統之朝猶之稱中國爲漢人唐人耳又利瑪竇南懷仁之屬以歷學名中土皆意大里之羅馬人而其來也皆居澳門訛誤相仍有自來矣

英吉利三島總圖

瀛環志畧　卷七　英吉利三島總圖　三二

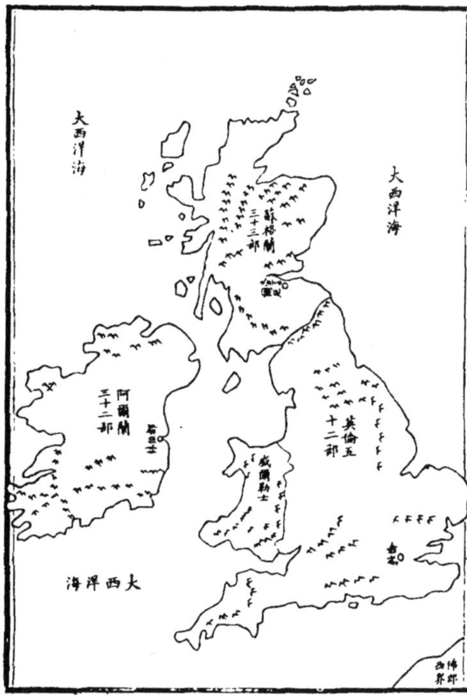

英吉利英倫圖

瀛環志畧　卷七　英吉利英倫圖　三三

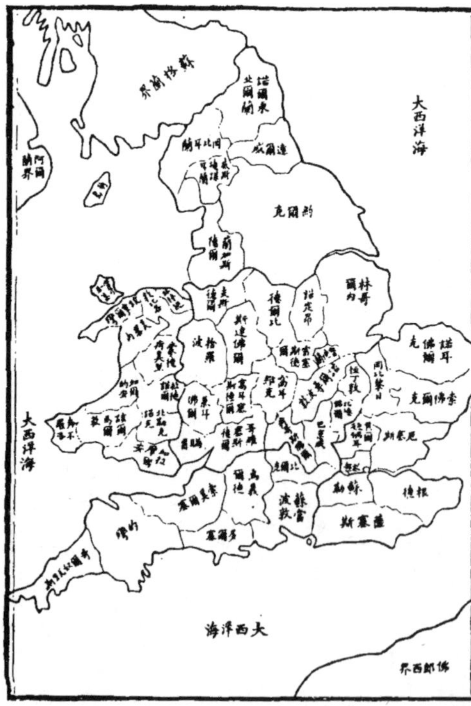

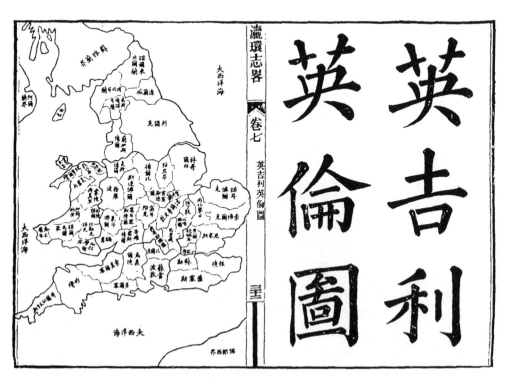

英吉利蘇格蘭圖

英吉利阿爾蘭圖

英吉利國

英吉利（英機黎、英圭黎、膺吃黎、諳厄利、英倫的、及列的不列顛）歐羅巴強大之國也地本三島孤懸大西洋海中迤東兩島相連南曰英倫（一作英蘭）北曰蘇格蘭（一作斯哥西亞又作師古泰）兩島南北約二千餘里東西闊處五六百里狹處三四百里迤西別一島曰阿爾蘭（一作耳蘭又作壹爾蘭大）南北約七八百里東西約五六百里英倫南境與荷蘭佛郎西皆相近舟行半日可達距佛尤近海港狹處止六七十里兩岸可以相望也其地古時爲塞爾達土番部落後爲北狄戢特族所據漢宣帝五鳳三年羅馬大將愷撒（一作人畧塞薩爾）既定佛郎西遂渡海平英倫建爲別部屬意大里者數百年至今猶有羅馬城闕遺址前五代時羅馬

衰亂戢特族卑勒敦人據英倫後爲據蘇格蘭之斯各多比德斯兩部所攻孤弱不能自立求援於安各羅安各羅者亦戢特種寄居撒遜比利時界内兵素強而倔仄無立國地既爲卑勒敦人所邀則大喜悉衆渡海破走蘇格蘭兩部因脅降卑勒敦人陳後主元年據英倫立國後分爲七部如列國小侯時相攻伐有厄伯德者娶佛郎西王之女女奉天主教招教師來其國爲制禮儀由是其國漸強唐德宗貞元十六年滅六部歸於一是時大尼國（即嗹國）方剽掠海上突以兵船入英倫據都城英人以厚賂緩兵尋以計焚其船自是大尼寇抄不已君民逃竄田野荒蕪王子有亞腓烈者智畧過人幼時嘗兩赴羅馬與文士遊方嗣王位而大尼以大

衆來攻王乃僞爲樂工抱琴造敵營請奏伎侑酒因得縱觀虛實進兵決戰破其連營是時佛郎西已陷北地大尼迭侵擾王枕戈寢甲五十餘戰而外患平乃墾田勸農招徠商旅開學堂以譯異書立保約以弭盜賊境内大治王卒於唐昭宗年間嗣王孱弱大業遂衰先是英倫以尙天主興久之教師擅大權王娶后教師禁不令同室王不聽教師刦后以鐵烙毀其容尋斃之王嗛不能仇也是王僅守府國勢不振大尼復來侵擾許以歲賂始給銀一萬七千觔後增至二萬四千觔而兵不止宋眞宗十九年大尼大舉來伐破倫敦都城遂兼英其王曰僞奴特立治粗有條理英人安之其子嗣位苛斂好兵先是英北族（英倫北部）有酋曰威廉（一作給列爾美）

仕佛郎西守西北大郡大尼既滅英威廉欲圖興復請於羅馬教王教王以英土封之宋英宗治平年間威廉率舟師伐英大尼王禦之兵敗被殺威廉進攻據倫敦遂王英北族淩英民英民多反側王怒驅英民十萬衆於林中皆凍餓僵死以其田宅賜北族既而悔恨卒王顯理第一嗣宋高宗二十七年王顯理第二立有智謀時天主教魁參預國事王有所拔擢教魁輒阻撓之羣臣怒殺教魁王懼教王之加罪也自守齋拜其墓乃已附近有伊琳大洲（即阿爾蘭）王征服之其世子剛猛好戰欲伐猶太之回回族先往聘修好歸途爲他國所擄以金贖回後戰死其弟約翰嗣位性強狡好田獵百姓疾之又侮天主教師羅馬教王怒棄絕英民息禮拜

閉殿堂廢其婚葬禁飲酒食肉蔬豬民皆怨恫咎王王不得已納貢教王由是權遂下移民自擇薦紳議政不復關白王憤甚欲誅諸紳諸紳欲招佛郎西世子爲王會王殁華義都第三（一作義都亞爾多）嗣立有權畧平內難與佛郎西搆兵累年互有勝負其子嗣位權復爲紳民所侵英有別部之酋忽起兵攻王奪其位明建文帝元年國人立顯理第四募兵恢復滅僭位者國乃定顯理第五立伐佛郎西勝之顯理第六立年尚幼大臣攝政時王宗分二派一曰紅玫瑰派一曰白玫瑰派（因初分之第宅植此兩種花因以得名）兩宗爭欲據王位自相屠攻國大亂者數十年藩屬皆叛明憲宗成化年間顯理第七嗣位削平內亂四境乂安王性機敏長於吏治稱爲賢主顯理第八立性強傲倘豪華喜怒不常娶西班牙王女爲后因助西班牙伐佛郎西后無子出之再娶少艾已而失寵殺之再娶又殺之王有佞臣委以大權偶迕意立賜死忠言至計如充耳四國皆稱爲無道主先是日耳曼人路得者著書譯解耶蘇教旨人多信之王不謂然手著一書駁詰之王殁嗣王崇信耶蘇教寬惠愛民教士有法舉國喁喁望治立未幾卒其姊馬利（一作馬理）嗣位贅西班牙王子爲婿禁耶蘇教國人不悅明嘉靖三十六年女主以利撒畢即位賢明知大體勤於政治英民頌之是時荷蘭不肯從天主教爲西班牙所攻英女主以兵助荷蘭西班牙因移兵伐英師船泊英港忽大風激浪船觸礁石半沈壞英人以小舟圍而殲之片帆無返者國勢益振先是斯哥西亞別爲一國（一作師古泰，即蘇格蘭地）元初英人取之明中葉斯哥西亞人布魯斯復自立爲國有女曰馬理姿絕世初嫁佛郎西王爲后佛王早卒馬理歸母家父卒嗣王位選羣臣美丈夫爲夫夫有別寵馬理妬之夤夜遣客殺夫焚宮以滅其迹而贅殺夫者爲夫時國人已競尚耶蘇教而馬理仍執天主教又殺夫有邪行國人圍馬理將囚之越城而逃募兵決戰兵敗降於英英女主謂馬理犯倫釀亂下之獄馬理在獄十八年復與獄吏姦因逃去英人捕得之斬於市萬歷三十一年英女主卒無子斯哥西亞王熱給斯者（一作慈米士）女主之姻也英人奉以嗣王位斯哥西亞復與英合爲一國熱給斯辯給有才好講禮制時天主教之徒結黨謀反窖公會殿下藏火藥候王至將轟殺之會發覺悉誅死萬歷四十二年查理第一立性拘癖好戲狎不恤民隱由是士民怨畔公會皆散稅餉無所出王將與佛郎西戰擐甲無應者師船未戰而退順治四年王募兵誅梗命者國人與王戰虜王獄之時有大紳負才望攝王政以定國自稱保護主申明法制參以變通英人稱便與西班牙荷蘭戰皆勝之攝政數年倉庫充實乃致位於先王世子曰查理第二爲人淫侈多內寵惰於聽政常與荷蘭戰帥師者國之名將入荷蘭內港燬其戰船王由此忿沐忽倫敦大火焚宮室民居殆盡已而瘟疫盛行死者相枕藉國勢頓衰其弟嗣位素習天主教強民相從民習耶蘇教久不肯變慮王之相難也渡海招荷蘭王爲主荷蘭王率兵至王奔佛郎西康熙二十七年荷蘭王入倫敦即王位號曰威廉第三雄武有大畧法度嚴明百司任職積粟如邱山蒐討軍實悉成勁旅由是威聲大振方欲席卷西土會嬰疾殁無子時日耳曼之漢挪瓦王若耳治第一有賢聲康熙五十二年國人招若耳治第一來英奉以爲王王初蒞英不諳其俗后爲英故王之女習於英事相助爲理民大和前王兩宗苗裔尚存起兵欲圖恢復王夷滅之是時英商船逦行四海日益富強與佛郎西交兵屢戰勝王卒子若耳治第二立修法度別等威定親疏平訟獄國稱大治伐西班牙獲全勝又伐佛郎西割其藩屬之在亞墨利加者乾隆二十三年若耳治第

三立舉動好循禮法亦稱賢主先是前明中葉英人泛海覓新地得北亞墨利加腴土徙國人實其地日漸墾闢遂成沃壤英人倚爲外府後英國軍興連年徵稅餉於亞墨利加倍其常額亞墨利加人不能堪有華盛頓者一作兀興騰又作瓦乘敦據地起兵英人以大衆攻之八年不克佛郎西與英世仇舉傾國之師助華盛頓英不能支乾隆四十七年與華盛頓和聽其自立爲米利堅國亞墨利加之轉音即花旗國沃土盡爲米利堅所割僅餘北境荒寒之土英國由是虛耗已而五印度貿易日盛英富厚過於昔時五印度者一名溫都斯坦乾隆中年東印度之孟加拉因虐英商英以大兵攻之滅孟加拉乘勝脅降東中南印度諸部設四大部孟加拉麻打拉薩孟買亞加拉麻喇甲息

力諸番族皆歸統轄英人遍設埔頭帆檣雲集百貨流通富饒遂爲西國之最嘉慶年間佛郎西拿破侖得國侵伐四隣廢西班牙王而以其弟王西班牙故王求援於英英起兵伐佛郎西血戰累年嘉慶二十一年破佛郎西舟師於海峽以九萬人登陸進攻拿破侖率十萬衆禦之於窩德爾祿約期大戰自昧爽至日暮鎗炮之聲震天地數十里烟氣迷漫佛師大潰英人乘勢逐北斬首二萬級禽拿破侖以歸流之荒島西班牙王復其故國由是英國威振西土王晚年得狂疾世子攝政王卒世子嗣立有賢聲早卒道光九年其弟嗣立曰威廉第四初爲水師總統以厚德御下不沽名譽及即位安民和衆不喜兵爭論者謂才能不越衆而德量有

餘道光十八年四月卒無子有女不慧遺命立兄女維多里亞爲王即今在位之女主也立時年十八贅日耳曼撒可堡侯世子博雅那爲婿

英吉利三島以英倫爲主其立國之本境也南北約千里東西廣狹不齊西界稍見山嶺而平地爲多河道十餘皆不甚長田土膏腴爲歐羅巴之上壤地分五十二部○東方之部六首曰迷德勒塞斯建都於達迷塞河濱名曰倫敦一作蘭墪東西南北皆七十里無城郭居民一百四十餘萬殿閣巍峩規模閎鉅離宮別苑綿亘相屬文武百官之署各有方位街衢縱橫穿貫百貨山積景象之繁華人戸之湊密爲西國第一大都會都中有保羅殿堂耶穌弟子又有

西殿祀耶蘇教名師兩殿營構最奇崛有大書院曰屋度文儒所萃有大肆曰北明翰鐵工聚焉城外內港通海口埔頭最大每歲別國商船來者千餘本國出入者三千餘次曰諾耳佛爾克曰索佛爾克曰黑爾德佛爾曰厄塞斯曰岡比黎曰諾耳克佛爾爲織造呢布之地岡比黎曰有大書院○南方地氣較暖岡阜紆蟠帶以清流蔭以茂樹每春夏林花嫣然風景極清分十部曰根德曰薩塞斯曰蘇勒曰北爾克曰蘇當波敦曰烏義爾德曰索美爾塞曰多爾塞曰的彎曰哥爾奴瓦里斯根德爲大教師所駐殿堂甚鉅別有邑曰綠威養軍士水手之受傷而年邁者又有邑曰風素耳有別館極幽雅君王族之隱逸而習靜者南界有港口甚寬大

兵船商船皆修造於此檣立如林○北方地形漸狹別一區宇分六部其大部曰約爾克有屬邑曰曼識特爲洋布總聚之地外通港口曰里味池居民二十萬米利堅販棉花之船皆收此港在英國埔頭爲第二西北列五部曰蘭加斯德爾曰威斯德謀爾蘭曰岡比爾蘭曰達爾威曰諾爾東北爾蘭北境有邑曰新堡係石炭即中國之煤聚集之處○中央之部十八多平衍膏腴之土曰支斯德爾曰德爾比曰諾定昂曰林哥爾內曰捨羅波曰斯達佛爾曰雷塞斯德爾曰魯德蘭曰氣耳佛爾曰窩耳塞斯德爾曰窩爾維克曰諾爾桑波敦曰恆丁敦曰瞞買曰哥羅塞斯德爾曰痾哥斯佛爾曰巴京咸曰比德佛爾○西方地形入海別一區宇總名曰威

爾勒士一作瓦勒其地山嶺重疊爲英倫之後戶居民皆古時土番遺種與英倫言語不同多以牧羊爲業人皆散處城邑甚少地產石炭分十二部曰非林德曰敦比各曰該拿爾彎曰安哥勒塞曰美畧內曰蒙德痾美里曰拉德諾爾曰加爾的安曰奔不羅各曰該爾馬爾敦曰北勒各諾克曰加拉摩爾安

蘇格蘭一作斯哥西亞又作師古泰在英倫之北南北約八百餘里東西廣狹不齊古時別爲一國明萬歷三十一年合於英爲一國迤南土田肥沃迤北磽瘠多鹵斥其民習勤耐苦善於謀生俗儉嗇不妄費經商遍四海積貲多在數萬外故地雖寒瘠而多素封產石炭最多每歲收炭稅百餘萬地分三十三部○南方十三部曰壹丁不

爾厄一作以丁堡蘇格蘭之舊都也今爲會城在內海之南岸街衢整潔萬厦雲連爲北方大都會曰林利德厄曰合丁敦曰北爾維克曰稜非律曰哀爾曰烏宜痾敦曰拉拿爾克曰比波勒斯曰塞爾給爾克曰羅哥斯不爾厄曰當非利斯曰給爾加德比里至○中央十四部曰亞爾日勒曰比干德曰內壹爾那曰慕來曰邦弗曰亞北爾嚔曰遜牙爾曰安孤斯曰白爾斯曰發壹夫曰見羅斯曰加拉克馬南曰斯德爾零曰當巴爾敦加拉克馬南爲洋布總聚之地出運別國每歲得價千餘萬○北方六部曰爾哥內曰該內斯曰蘇塞爾蘭曰羅斯曰哥羅馬爾的曰音威爾內斯

阿爾蘭一作耳蘭又作壹爾蘭大在英倫蘇格蘭之西海港隔斷別爲一島南

北約七八百里東西約四五百里古時爲土番部落英人於南宋時收服之地多磽澤河流甚短土亦磽瘠產石炭甚富又產鉛錫銅鐵其民粗豪闊爽飲酒歡會無遠圖英人募以爲兵臨陣敢於衝突以退縮爲恥故英之水陸將領半皆阿爾蘭人俗尚天主教不肯從耶穌教英人惡之而不能使之改革也地分三十二部○東方十二部曰都伯林一作北林其會城也建於但士江濱下接海口水深便於泊船城內外居民十萬餘貿易繁盛景象極豪華曰勞斯曰壹斯德迷曰烏宜哥斐曰威哥斯佛爾曰幾爾給尼曰加爾斐曰幾爾德壹爾曰固音斯高翁的曰京斯高翁的曰威斯德迷曰郎佛爾○西方五部曰勒德靈曰斯黎各曰羅斯哥滿曰馬

約曰加爾威○南方六部曰哥雷宜爾曰里摩黎克曰給黎曰哥爾克曰窩德爾佛耳曰的卑拉黎○北方九部曰安德靈曰刀尼曰亞爾馬痾曰的倫曰倫敦德黎曰德內加爾曰非爾馬那痾曰的彎曰摩那安

英國附近海島甚多迤南最大者曰威地風景極清近佛郎西海中兩島曰額西曰額耳西在西方者曰萌島附近蘇格蘭曰撒多島地氣寒甚穀麥不登迤北羣島尤寒冽積冰雪者歲居其半其民捕魚爲食

英吉利三島物產石炭之外兼產銅鐵錫鉛窩宅硇砂馬牛羊最多土宜二麥收穫甚豐然人滿食不足資運糴於他國織布者四十九萬餘人其機以鐵爲之激以火輪關捩自能運動是以工省而價廉每年用棉花四十餘萬担皆從五印度米利堅運入織造大呢羽緞嗶嘰最多又能織絲緞亞於佛郎西絲由中國意大里運買鎗炮刀劍鐘表以及日用各項器皿之工約三十萬人每年各項貨價約值一萬萬餘兩街市之中袵帷汗雨晝夜往來加織其商船四海之中無處不到大利歸於商賈而工則貧

英國之制相二人一專司國內之政一專司外國之務此外大臣一管帑藏一管出納一管貿易一管訟獄一管璽印一管印度事務一管水師事務各有佐屬襄助都城有公會所內分兩所一曰爵房一曰鄉紳房爵房者有爵位貴人及耶穌教師處之鄉紳房

者由庶民推擇有才識學術者處之國有大事王諭相相告爵房聚衆公議參以條例決其可否復轉告鄉紳房必鄉紳大衆允諾而後行否則寢其事勿論其民間有利病欲興除者先陳說於鄉紳房鄉紳酌覈上之爵房爵房酌議可行則上之相而聞於王否則報罷民間有控訴者亦赴鄉紳房具狀鄉紳斟酌擬批上之爵房核定鄉紳有罪令衆鄉紳議治之不與庶民同囚禁大約刑賞征伐條例諸事有爵者主議增減課稅籌辦帑餉則全由鄉紳主議此制歐羅巴諸國皆從同不獨英吉利也又英國聽訟之制有證據則拏解到官將訊先於齊民中選派有聲望者六人又令犯罪者自選六人此十二人會同訊問辨其曲直然後聞之於官官

乃審訊而行法焉。

英吉利本國境土止三大島。其藩屬埔頭。皆在數千萬里之外。北亞墨利加一土。英人於前明萬歷年間探得之。生聚墾闢。經營二百餘年。後南境為華盛頓所割據。僅餘北境六部。（詳亞墨利加圖說）乾隆初年。復得五印度數千里膏腴之土。（詳五印度圖說）由印度海之東岸漸拓而南。在緬甸之西界。有阿喀喇等埔頭。迤南為麻喇甲。再東南為息力。（俱詳南洋圖說）又由緬甸之西北開阿薩密部。南洋之極東南有大島曰澳大利亞。（又名新荷蘭）別有兩島曰搦日倫敦。（又名新西蘭）皆英人新闢之土。（另有圖說）此外則阿非利加之西界有獅山諸地。（詳阿非利加圖說）南亞墨利加有特墨拉拉諸地。（詳亞墨利加圖說）其餘所屬小島。不可勝數。

按英吉利夐然三島。不過西海一卷石。揆其幅員。與閩廣之臺灣瓊州相若。即使盡為沃土。而地力之產。能有幾何。其驟致富強。縱橫於數萬里外者。由於西得亞墨利加。東得印度諸部也。亞墨利加一土。孤懸宇內。亘古未通聲聞。英人於前明萬歷年間探得之。遂益萬里膏腴之土。驟致不貲之富。其地雖隔英倫萬里。而彼長於浮海。視如一葦之杭。迨南境為米利堅所割。所餘北境。雖廣莫而荒寒。類中國之塞北燕支。既失英國幾無顏色矣。五印度在中國西南。即所謂天竺佛國。英人於康熙年間在孟加拉購片土造屋宇。立埔頭。乾隆二十年。滅孟加拉。乘勝

瀛環志畧　卷七　英吉利國　五十一

蠶食印度諸部。諸部散弱。不能抗。遂大半為其所役屬。其地產棉花。又產鴉片烟土。自中國盛行之後。利市十倍。英人所收稅餉。五印度居其大半。失之桑榆。而收之東隅。抑何幸也。英人既得五印度。漸拓而東南。印度海之東岸遍置埔頭。阿喀剌達歪取之緬甸。麻喇甲息力（即新奇坡）易之荷蘭。小西洋（即印度海）利權。歸掌握者八九矣。再東則中國之南洋諸島國。惟呂宋屬西班牙。餘皆荷蘭埔頭。繁盛如噶羅巴（即瓜哇）。衝要如馬尼剌（即小呂宋）。英人未嘗不心豔之。而他人我先。無由憑陵攫取。然往來東道。以兩地為逆旅。西與荷不敢少迕也。澳大利一島。孤懸巽維。廣莫無垠。野番如獸。英人亦極意經營。欲收效於數十年數百年之後。至如亞非利加之獅山（又名西爾拉里阿尼）辟荒穢而取材。南亞墨利加之特墨蹊塗泥而耕作。蓋四海之內。其帆檣無所不到。凡有土有人之處。無不睥睨相度。思朘削其精華。而目前之倚為外府。而張其國勢者。則在於五印度。其地在後藏西南。由水程至粵東。不過兩三旬。蓋英人之屬地。久已近連炎徼。而論者止知其本國。以為在七萬里之外也。

英吉利本國地形褊小。而生齒最繁。可耕之土。不足供食指之什一。北亞墨利加未分割之前。英民無業者。率西渡謀食。迨米利堅割據之後。英所餘北境之土。寒不可耕。雖得五印度廣土。而其地本有居人。並無曠土。英人流寓雖多。終不能反客為主。

瀛環志畧　卷七　英吉利國　五十二

故汲汲於尋新地近年得新荷蘭大島誅鋤草萊流徙罪人於此貧民無生業者亦載往安插移民於八萬里之外其爲生聚之謀亦可謂勤且勞矣

英吉利歲入稅餉除還商民利息外每年約得二千餘萬兩所出亦二千餘萬兩本國額兵九萬印度英兵三萬土兵二十三萬謂之敘跛兵兵船大小六百餘隻火輪船百餘隻其兵水師衣靑陸路衣紅重水師而輕陸路專恃鎗炮不工技擊刀劍之外無別械

英吉利兵船極大者安砲一百二十門次一百次九十次七十四次六十中等者安砲四十四次三十六次二十八小者安砲二十次十次六其船大者三桅長十五六丈次者二桅長約十

丈船形平直兩舷高六七尺船腹入水深者三丈餘淺者兩丈餘小者丈餘包以銅片厚一二分防蠔蟲蝕船也船底有三龍骨正中者高三尺許平而直兩旁者相距尺許低於中龍骨尺許船底厚約七八寸表裏兩層故謂之夾板釘極密以銅爲之長尺許舵甚小在中龍骨之尾長與中龍骨齊桅三節在根者圍約三尺餘長約十丈入船腹者三丈餘直抵龍骨在外者七丈餘中一節圍約尺餘長約二三丈上一節圍不及尺長止丈餘毎節相接處有木架可坐數人持儀器審方向又可懸炮擊遠帆分三幅以布爲之卷舒極速繩索密如蛛網桅兩旁有繩梯用以登桅船首有桅長二三丈其勢斜立亦施篷以兜風謂之頭鼻砲位少者一層多者兩層至三層上一層在船面下兩層於船旁開砲洞人在船腹其船行大洋中不畏風浪其篷鬬捩靈巧能收八面之風惟入水過深最畏礁石一閣淺即立敗矣船料皆番木或黃色或赤黑色皆極堅韌船之內外時時拭滌皆極光澤繩索拭以油使其柔韌隔數日輒重拭之

俗傳西洋砲皆銅鑄非也銅砲亦有之而不如鐵砲之多其鐵砲鎔鑄精凝內外滑澤形粗而短三千觔者長纔五尺許砲架不用輪上下兩盤施鐵條進退左右拽之以繩極其靈便砲彈極圓滑亦時時以油拭之防銹澀也毎砲一門兵六人司之鳥鎗皆自來火另有利刃長尺餘以鞘插之於腰敵迫不及放鎗

則套刃於鎗梢以當戟刺

火輪船大者如三桅船小者如兩桅船船之後半上爲水櫃下列火門或五或九火門之內以柴燃煤水櫃之上兩銅管粗尺許灣折而下至船底承以兩木桶高五六尺圍七八尺木桶之前又接以雙鐵管曲折灣環達於輪軸（管內貯水銀不知如何運用）火燃水沸熱氣從銅管入桶桶蓋扇動熱氣貫入雙鐵管宛轉達於輪軸以激動之輪在船之兩旁爲鐵圈三層橫施鐵板畧如南方灌田之水輪外以木匣護之望如半月船面有大鐵筒高二丈餘出黑烟以透火氣又小鐵筒一高丈餘出白蒸以透水氣船將行先燃火約兩三時候水沸而開船船內有銅尺二施於兩

杜推之向前則輪前轉推之向後則輪倒轉推之依杜則輪不行船之行也輪激水如飛瞬息不見一晝夜約千餘里船面立小桅二遇順風則施篷以助輪風不順則專用輪而不用篷船面設炮與夾板同惟船腹不開砲洞耳火輪船之製四五十年前始創爲之先是歐羅巴諸國織布多用火輪機能者推廣其法遂造爲火輪船近年米利堅又推廣其法造火輪車而鋪鐵爲路以速其行亦可謂精能之至矣

英吉利之人身材長大白皙鬈髮與睛或黑色或黃赤色心計精密作事堅忍氣豪膽壯爲歐羅巴諸國之冠其語音雜佛郎西日耳曼其文字用二十六字母（佛郎西用二十四字母英益其二餘二十四字母與佛同）或二三字合爲一音以漢字譯之斷不能脗合也舉國尚耶穌教耶穌之書名爲聖書人藏一帙於懷袋

英吉利官員常服之冠圓筩平頂窄簷燕居多用軟胎貼簷畧如中國之如意巾禮服之冠以黑羢爲之厚一指許頂如斧刃前後伸出長近二尺畧似中國之雨帽雖盛暑亦著此然入門即免冠不能久戴也武職有武功者頂上綴白羽數十莖貼身之衣束革帶外襲之衣長過膝用天青呢窄袖做前襟文職領袖與袴皆以銀線盤作花紋武職兩肩掛銅獸面貴者以金下綴金線纓絡職大者獸面之下拖金絲繩長數尺綃結盤於獸面職卑者僅一肩掛獸面文職帶劍武職帶刀鞘皆用白鐵飾以金珠象牙鏤製絕精刃雪亮如敷亦柔可盤圍腰間伸之則直禮服之刀劍皆無鋩謂之太平刀武員革爲踵後有銅釘上屈長寸許

英吉利之俗男女婚配皆自擇定然後告父母至婚配之日耶穌教師誡以善言爲之祈福男以戒指約於女指親賓送之入房歡宴而散其俗男女皆分父母之產男不得娶妾犯者流之七年男極聽命於女舉國皆然

英俗賓主相見以脫帽爲恭各伸右手相握爲禮除跪拜天帝救世主外見君王亦無叩頭之禮尊卑雜坐無上下左右之分毎宴會合座先立起持杯祝君王壽頌以好詞一飲而盡然後輪流相敬敬是人則是人不飲內一人頌好詞致祝合座擊節呼贊之贊畢合座皆酬

英俗早餐皆餅餌饅頭沃以牛油飲茶與加非參以牛乳白糖午飯謂之大餐牛羊肉或燒或炙飲葡萄酒蔬菜不甚用惟重荷蘭薯

阿非利加圖

瀛環志畧　卷八　阿非利加圖　一

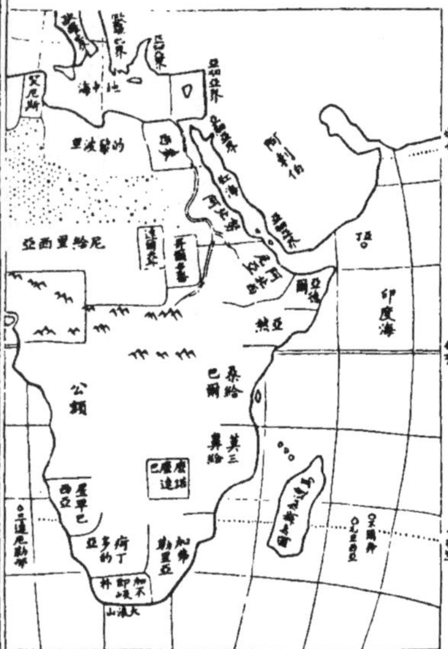

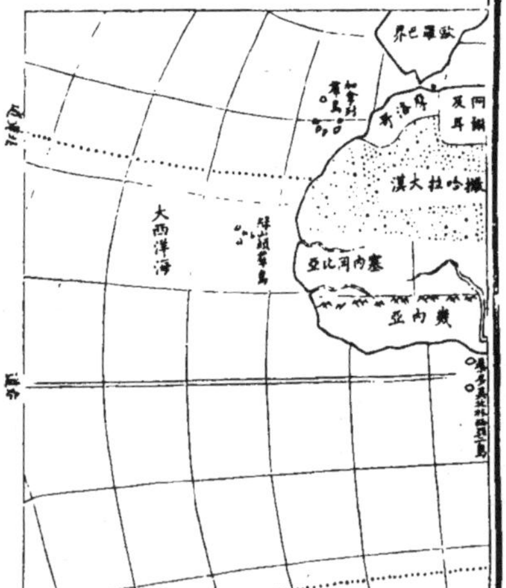

瀛環志畧　卷八　阿非利加圖　二

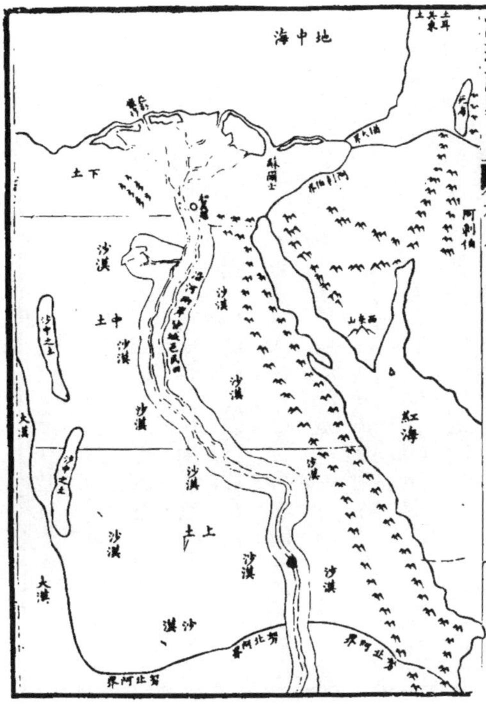

麥西圖

阿非利加

阿非利加（一作亞非里加又作利未亞）一土在亞細亞之西南以羅經視之正當坤申之位其地極廣約得亞細亞三分之一南北一萬八千里東西闊處一萬六千里東距印度海西距大西洋海南抵大南海東北距紅海北面距地中海中間有陸地一綫（地名蘇爾士一作蘇彝士係麥西回部地）與亞細亞回部相連地雖廣而沙磧居半又當赤道南北炎熇特甚瘴癘尤毒天時地氣人物在四大土中爲最劣其北境古多名國今皆回部東境沿印度海迤北回族與黑夷雜居迤南皆黑夷有葡萄牙埔頭南境鋭入大南海地盡處之岋朴（俗名大浪山）爲歐羅巴東來必由之路有英吉利埔頭西境沿大西洋海迤北大漠

橫亘迤南皆黑夷有英佛米葡荷嗹諸國埔頭其中央迤北皆沙漠間有回族沙南乃見壤土有黑夷部落統計阿非利加一土迤北多回部皆從亞細亞轉徙而來迤南皆土番其種人或稱尼刻羅或稱合丁突（一作痾丁多的）或稱星卑巴斯其人黑而蒙諸國多買爲奴

泰西人地圖三土皆有分圖獨阿非利加分圖止有北境數國餘皆缺畧蓋其地氣毒劣歐羅巴人亦不能遍歷部落之名大半得之傳聞各部地界之廣狹亦約畧計算不甚確也

阿非利加北土

阿非利加北土在紅海南岸者地形自西北而東南分三國曰麥西曰努北阿曰阿北西尼亞

麥西（厄日多○挖入多○厄日度○埃及多○以至比多○迤志比多○伊揖○伊齊不托）古名厄日多在

紅海地中海之間北臨地中海東臨紅海東北一隅與亞細亞之猶太阿剌伯相連西北連的黎波里西南連沙漠南界努北阿縱橫皆一千七百餘里地本沙磧有尼羅河從南方發源沿紅海之西岸北流入地中海兩岸塗泥淤爲良田河毎歲一漲且糞且漑漲甚則災中則稔故近河之地阡陌雲連戶口繁密而去河稍遠則平沙浩浩曠無人烟地少陰雨沙漠薰灼炎氣逼人其立國在有夏之初時歐羅阿非兩土草昧未開麥西獨顯西土之制度文物皆其所創隣近諸部咸臣服有商中葉希臘諸國興而麥西之權分周末爲波斯所滅後爲希臘之馬基頓所取西漢時意大里之羅馬與麥西歸降爲屬國數百年唐初阿剌伯取其地由是爲

回回部落明初土耳其取爲別部鎮以大酋嘉慶三年佛郎西大將拿破侖攻克之越三載復以其地歸土耳其近年麥西酋叛土王自立爲國土王以大衆征之搆兵累年不能勝麥西攻土耳其東土諸部皆下之土王告急於諸隣波斯欲助土耳其因脅取麥西爲藩部峩羅斯以大兵入土境名爲救土將隱圖之英吉利佛郎西皆勒兵勸和其酋乃還所侵地復通貢於土耳其爲外藩地分上中下三土上中兩土臨紅海匝岸雙岡綿亘如夾巷下土臨地中海坦闊膏腴支河交絡爲麥上壤共二十五部曰加義羅其都城也曰給里烏波曰北爾卑義斯曰師卑曰米加馬爾曰芒蘇辣曰達迷也大曰給比爾曰當達曰美黎曰美奴曰內日勒曰福

阿曰達馬奴爾曰亞勒散得黎亞曰德基塞曰亞德非曰白尼隋弗曰發雍曰迷尼亞曰蒙發祿曰西干德曰齊爾日曰給內曰挨斯內埔頭之最大者曰亞勒散得馬基頓王亞勒散得之所建也昔爲地中海第一埔頭今仍爲著名港口其國居民二百五十萬居都城者三十萬兵十二萬大戰艦十四隻兵多餉重賦斂煩苛民不聊生地產穀果麻靛蠶蜜棉花藥材

泰西人述麥西古事云洪水之後有鼻祖曰諾威居於美索不達迷亞（在亞細亞今東土耳其地）生三子長曰僧次曰剛次曰日肥德剛有子曰迷斯拉應於夏后啟七歲建國於亞非利加之北境曰厄日多始教民以穡事設職官造文字又建立四部曰德巴斯曰

德利曰門非斯曰達尼斯數傳至亞罷耶當夏后不降之五十七歲波斯王札的勞摩初肇兵端率衆寇厄日多厄日多未習兵事蒼黃走避波斯大掠而去亞罷耶率衆追之奪所掠而還由是始講武備兼修法度諸小國翕然翼戴尊爲大主嗣位者多賢哲益修典制分品類立官舍建倉廩宴然康阜者蓋數百年是時歐羅巴一土皆土番散處榛狉未變有夏之末亞細亞人義納孤始抵希臘教其民以人事（一云商盤庚年間迦南人枯木始教之未知孰是）昏蒙猶未盡洗至商王外壬二祀厄日多人邏哥落率其邑邏的斯人抵希臘之雅典建爲亞德納斯國（一作亞地拿）始廓然大變其俗自是希臘諸國日漸昌熾而厄日多聲靈稍替矣厄日多

傳至亞美奴非斯渡紅海溺死商王祖辛十二祀西索斯的黎嗣位刻厲自修武功文治極一時之盛號爲中興子孫繼緒仍爲西土大國又傳七百餘年日就衰弱至波哥黎斯爲波斯王岡比斯一作乾庇西所滅時周威烈王十六年也厄日多隸波斯數十年希臘之馬基頓王亞勒散得以大兵伐波斯取厄日多亞勒散得殞於軍大將伯德羅墨率所部據厄日多自立爲王西漢時羅馬征服之地隷羅馬者數百年唐初摩哈麥興回教於阿剌伯厄日多與之接壤遂爲所奪初厄日多爲西土建國之祖文物之盛諸國無與比都城有大庫藏書七十萬册稱西土藝林迫爲回部所破取其書爲薪爨飯遂等秦皇之一炬云都

城外有古王塚數處皆基闊頂銳棺內貯香油屍數千年不腐有一塚基闊五里高五十丈頂似峯尖中有洞深三丈四尺闊二丈七尺內藏石棺一不知何代何王所造西土以爲異觀南懷仁字內七大宏工記有此塚

努北阿奴北阿○恕北○紐必阿在麥西之南東枕紅海南接阿北西尼亞哥爾多番西連尼給里西亞長三千里廣二千里東南峻嶺重疊川谷相間西北沙漠遼絶尼羅河上游諸水灣環匯注河濱多沃壤餘皆不毛地氣酷熱甚於麥西古時本麥西南境自回部割據之後散爲數小部道光二年歸麥西兼轄居民皆回回別有野番以刦擄爲生行旅時見剽刦又誘畧努北子女賣於麥西麥酋不能鈐制之也地分四部各有酋長曰努北阿曰當哥辣曰塞那爾曰札日斯地產麻烟米酒二麥甘蔗棉花檀香烏木象牙金砂駝馬尤良

阿北西尼亞阿八思尼阿○哈北○阿邁斯尼○亞毘心域○馬八兒在努北阿之南東枕紅海南界亞德爾長二千三百餘里廣二千餘里山嶺盤迴岡陵錯雜有大水曰巴勒那塞各又名藍河下游匯於尼羅土田肥沃地氣溫平惟近紅海一帶頗炎燥多迅雷多雨自五月至十月陰霖居半行旅艱於跋涉自古爲土番部落不通上國故沿革無考相傳其國舊制王族皆聚處高山之上不與國人交接以防異謀有嗣位者方許下山否則禁錮終身所奉者天主大秦二教大秦教即波斯

僣秦之火祆教大秦之名乃唐人訛傳詳波斯圖說俗好爭鬬殺掠食牛不宰臠割而生啖之別有野番穴地而居捕蟲豸爲食得野獸食其肉纏其腸繫其踊於身以爲觀美國分七部各有酋長曰的給勒曰公達爾曰昂哥皋爾曰昂合拉曰昂哥曰那勒亞曰薩馬拉產二麥粟米麻蜜棉花木料山中多獅豹山狗

按北亞非利加之東偏地多沙漠本不毛之土獨麥西得尼羅河之淤灌變爲沃壤其西北境之蘇爾士又作蘇葉又與阿剌伯猶太接連故東方夷族上古時卽輾徙至此其創制規爲遂爲歐羅巴開風敎之始歷數至一千數百年可謂盛矣惟立國媯民僅傍尼羅河蜿蜒一帶無地可擴無險可守故波斯希臘羅馬

諸大國興麥西恒爲之臣迨回部既強遂爲所吞噬而名土變
獷俗矣努北阿本麥西南部其種人雖雜野番而自古別無立
國阿北西尼亞不歐不回自古爲土番部落或謂其國尙有規
模不至如泰西人所云之荒陋然較之麥西不啻有華夷之別
矣又元世祖時馬八爾俱藍兩國曾入貢馬八爾卽阿北西尼
亞俱藍似卽努北阿是爲阿非利加通中國之始
由西印度西行有小島曰亞丁英吉利之所據也由此入紅海
西北行四千里而港盡至麥西之蘇爾士行旱路一百七十里
卽地中海之東南隅再舟行七千里出直布羅陀海口卽大西
洋海較之紆迴南向繞阿非利加之西境至極南之岌朴而始

轉柁東北者計里約減二萬計程約近一月惟蘇爾士隔旱路
一百七十里舟楫不能通行海國聞見錄謂恨不用刀截斷者
卽指此也近年英吉利製火輪船遞送文書由印度海駛至亞
丁入紅海至蘇爾士行旱路至地中海東南隅彼處有火輪船
接遞西駛出直布羅陀海口火輪船行駛甚速不畏風浪而計
程又近二萬里故五十日可達英倫國都自明以前歐羅巴通
中國皆由此路（說詳回部四國）
阿非利加北土在地中海南岸者東西長約萬里南界撒哈拉大
漠綿延如帶迤東多沙磧迤西山嶺錯雜古時總名美的德拉虐
成周中葉有非尼西亞國者由希臘遷居於此名其國曰加爾達
額（一作迦大其）擅地中海之利權富強無敵又有奔多入占爾達兩部
亦強國（詳意大里圖說）西漢初皆爲羅馬所滅地屬羅馬者數百年唐初
回教興於阿剌伯兵力方強既得麥西漸拓而西地中海南岸諸
部蠶食無遺又渡海侵西班牙割其國十分之八（時葡萄牙係西班牙西境尙未立國）
後阿剌伯衰諸部半爲土耳其所奪地分四國迤東接麥西者
曰的黎波里迤西曰突尼斯皆土耳其屬國再西曰阿爾及耳舊
屬土耳其今歸佛郎西極西抵地中海口門者曰摩洛哥係紅帽
回回不屬土耳其
的黎波里（的黎不里〇特利破里〇直波里）在麥西之西土耳其屬國也長四千
里廣二千五百里夷坦無山有大河曰的內匝岸頗有腴壤餘皆

沙漠沙中間有片土生茅草回族游牧其中騎健駝四出剽掠隣
境患之國有王世繼仍請命於土耳其分四部曰的黎波里其都
城也建於海濱曰巴爾加曰非三曰亞達美地氣酷熱晝暑夜寒
多歉歲土產皮羽蠟棉花硫磺滑石丹參金砂
突尼斯（都尼斯〇土匪）在的黎波里之西亦土耳其屬國地形北出東北
兩面皆臨地中海長一千五百里廣八百里地勢平坦沙磧居多
沿河之土極腴海濱鹵斥乏淡水戶口三百餘萬皆安居貿易無
刦盜之俗稱回部善國王不世及由衆推舉仍請命於土耳其地
分兩部曰的里幾亞曰達拉幾斯都城建於波加斯湖濱高阜之
上與國同名居民十萬多以織布爲業地氣濕熱產穀麥橄欖油

兼產銀銅錫蠟水銀硇砂獸多獅猴獐山狗歐羅巴各國皆與通商。

阿爾及耳（亞爾日耳、阿利額）在突尼斯之西舊亦土耳其屬國今為佛郎西藩部長二千一百餘里廣一千八百里山巖嶄峭岡阜紆蟠東南峯巒插霄漢常積冰雪沿海山坡斗削躋攀不易境內多沙磧而土最膏腴自回族割據之後農功疎惰田多荒蕪先是阿剌伯回族據西班牙七百餘年生齒逾數百萬明初西班牙北部起兵恢復回族多逃回阿爾及耳後西班牙復驅逐降回百餘萬出境大半亦轉徙入阿爾及耳回民失業流離攘胠餬口習為盜俗陸則飛騎馳驟剽掠行旅水則飛艇出沒截刦商船數百年來為地

中海之大患佛郎西英吉利米利堅嘗會舟師勦之登岸攻畧殲其人不取其貨回族震讋斂迹數十年已而復肆道光初佛郎西以大兵征之破其都城回族逃遁沙野佛以大酋鎮之治其民以佛法盜蹤稍斂回族之在沙野者時時飛騎侵掠佛以重兵防守所費甚鉅近年回酋復聚大衆來攻欲圖興復為佛所破殲其酋其地戶口三百萬舊分七部曰阿爾及耳其都城也建於山坡曰岡士丹的納曰馬斯加拉曰的德利曰薩布曰卑爾北耳氣候溫平多地震產五穀果實又產金銀鐵錫礬硝珊瑚。

摩洛哥（馬羅各、馬落可、摩樂哥）在阿爾及耳之西北枕地中海西距大西洋海南抵撒哈拉大漠地勢由東北而西南長二千五百里廣一千五百里有大山曰亞德拉斯橫亙國中沙磧環匝田少而腴穀果皆宜駝馬亦蕃庶夏令酷熱海風解之沙漠蒸氣峻嶺蔽之故地氣溫平人少疾疫居民六百萬皆紅帽回回舊本阿剌伯屬國土耳其既興海南諸部席卷無遺獨摩洛哥以窵遠獲全而阿剌伯衰弱已甚無復覊縻遂獨立為海西回國俗好擄掠擄得他國之人強令入回教從則釋否則囚錮為奴近年英佛兩國之人遭擄禁者數千兩國以兵船攻之圍其都城其王震恐盡釋被擄者由是稍稍斂迹國有王分六部曰摩洛哥曰非斯曰蘇斯曰達拉哈曰達非勒曰西日爾美塞都城舊在摩洛哥近遷於非斯部之美幾內斯其俗以布纏身上束帶巾包頭戴紅帽著各色履腰插

刀劍跨鳥鎗好馳馬角勝習射頗精閑婦女甚嚴出門帕蓋全身惟露兩眸禁食猪肉禁飲酒喜吸烟烟以麻葉為之地產銅錫白蠟藥材棉花木料通商不廣。

泰西人記非尼西亞古事云非尼西亞古商賈之國自夏以前西土之人老死不相往來有夏中葉智者始創舟車貿遷有無居積財貨以此致富西土名其人曰非尼西亞譯言客商也始居於巴尼斯的納海濱後有立國於希臘者曰德巴斯（詳希臘圖說）希臘險不能容周厲王十年有遷於地中海之南岸者曰美的德拉虐（一作墨力特爾勒尼安）即譯言地中海也定都城於土羅（即今突尼斯地）更國名曰加爾達額（一作迦大其）時地中海南岸荒穢未辟人戶稀

蘇非尼西亞人出其貨財建城邑立市廛墾田野四方無業之民羣往歸之益治舟楫流通百貨地中海南北兩岸利權大半歸其掌握復跨海得西班牙建爲藩部國富兵強一時無抗顏行者越數十年而意大里之羅馬興羅馬初興甚微弱且不習兵事加爾達額視之蔑如地中海有二大島曰哥爾塞牙（一作可耳西加又作郭士喀）曰薩爾的尼亞（一作沙力尼阿又作撒地尼又作撒丁）皆附近羅馬加爾達額據之以逼羅馬羅馬不敢爭又西治里島（一作西基利又作西西里亞）與羅馬南境相接本屬羅馬加爾達額以兵力強奪之羅馬亦不能取由是益驕周顯王年間希臘之馬基頓王亞勒散得以大兵伐波斯游兵至加爾達額攻破土羅屠八千人國幾亡從此聲威頓挫而羅馬日益強先是羅馬習陸攻不習水戰加爾達額勝則進攻失利則張帆颺去羅馬無奈何加爾達額有戰艦穿漏拋泊海岸羅馬得之倣其式三月而造成百艘有義畧都者講求駕駛之法簡勁卒練爲水軍往來海道日益嫻熟由是與加爾達額爲勍敵加爾達額嘗侵羅馬虜其將勒孤羅押送羅馬營請易俘四羅馬帥惜其才將許之勒孤羅張目叱之曰亡羅馬者諸君也出戰被俘本國從無救贖之例乃欲以一人壞國法耶毅然反敵營大罵而死羅馬軍人人雪涕勇氣百倍加爾達額敗績遁去遂奪回三大島加爾達額有夙將阿迷利加爾與羅馬血戰數十年稱爲能軍有子曰漢尼巴（一作阿尼

巴爾）幼敏慧嘗詢父以兵法父戲之曰爾能矢志滅羅馬當授爾漢尼巴即設誓於入必德爾之前（古時各國所奉宗祖之神未詳何時人）阿迷利加爾悉以韜畧授之漢尼巴既長謀勇過人伐羅馬屢奏捷年二十五拜爲大帥合西班牙之兵大舉伐羅馬登舟慷慨酹酒海中曰不滅大敵有如此水師抵羅馬南境破其邊城乘勝急攻銳不可過羅馬軍四戰四北南境諸城皆陷遂渡厄伯洛河越比勒鈕阿爾比斯峻嶺長驅直進勢如風雨羅馬屬部西拉古薩亦叛附加爾達額羅馬大震羅馬大帥發比約馬西摩與衆謀曰虜氣方盛難與爭鋒客兵利速戰宜堅壘以老其師而别以奇兵襲其後乃閉城拒守爲卑辭以緩攻而遣别將馬爾塞羅收復古西薩拉城因伏兵邀其歸路又遣西比揚潛以舟師渡海襲土羅土羅兵少告急於漢尼巴是時漢尼巴與羅馬軍相持日久食垂盡聞都城警報急撤兵回救發比約馬西摩率勁兵潛躡之而馬爾塞羅伏奇兵突出邀擊漢尼巴前後受敵兵大潰死傷山積棄輜重登舟急發西比揚偵其將至率舟師邀擊於海中焚斬殆盡漢尼巴以單舸乞援於西里亞（一作敘里亞）西里亞者亞細亞大國時希臘諸部爲羅馬所困亦求救於西里亞其王安的約哥帥師救希臘爲羅馬所敗狼狽東走羅馬軍踵至圍攻安的約哥納土降漢尼巴仰藥死希臘諸國皆降羅馬由是加爾達額孤立無援屬部多離畔自知亡在旦夕

顧以夙稱大國恥於納欵漢景帝十年羅馬以大兵伐加爾達額圍土羅土羅堅守不下截婦女髮爲弓弦羅馬軍死者千餘羅馬有大將冐矢石進攻城將陷加爾達額闔城舉火自焚羅馬毀其城爲平地因分兵畧定海南諸部復回兵征西班牙西班牙亦降非尼西亞遂亡

按亞非利加北土在紅海西南岸者近亞細亞故開風氣獨早在地中海南岸者近歐羅巴故非尼西亞啟疆於前意大里亞耘耡於後迨回部既強噬滅殆盡麥西既隷土耳其曩時文物之盛已掃蕩無遺而地中海南岸諸部乃半化爲蹻跖之巢穴時勢之變遷可慨也夫

阿非利加中土

阿非利加中土迤北沙漠橫亙稱爲撒哈拉又名麻木爾撻東西九千里南北三千里風起則天地昏暗沙隨處堆積爲邱陵天氣酷熱無滴水無一枝之蔭行路者往往喘息死或爲風沙噎斃行沙中皆用駝渴極不得飲則殺駝吸其血或飲其胃中之存水中間偶遇片土如海中之洲島有水泉草木行旅賴以存濟東偏沙中有回部二曰哥爾多番曰達爾夫耳再南行盡沙漠復見壤土有河道溪澗草木暢茂人皆黑番亦從回教部落甚多總名曰尼給里西亞

哥爾多番在努北阿之西南長約一千五百里廣約一千二百里北境沙漠環繞南界山陵錯雜火峯時吐烟燄地氣炎熱有大河貫國中曰巴勒拉比亞兩岸多沃田種宜黍稷居民皆奉回教國無王酋以頭人爲麥西所役屬會城曰疴卑德別有城曰巴拉爲商賈萃集之地產棉花鐵器

達爾夫耳一作他弗在哥爾多番之西長約一千二百五十里廣約八百里北境沙漠居多南界有腴壤樹木成林地氣熇烈土宜黍稷居民皆回回俗重農功每歲國王率酋長躬耕以勸農事此禮乃見於此地亦異事也貿易頗盛邊境多暴客商旅皆結隊以行每隊千餘人駝數千行宿如營陣都城曰哥卑國王居於爾發捨耳土產黃麻胡椒烟葉象牙木材香料又產玉紋石硝磠沙

尼給里西亞又名蘇丹在撒哈拉大漠之南南接岳山亞非利加之中原也長約六千里廣約四千二百餘里地形坦闊湖河與沙磧相間河濱田多膴腴穀宜稻黍材木果實蔬菜皆備地近赤道炎氣蒸爲瘴癘多毒蟲惡豸他國人到輒病死故自古未通別土英吉利嘗遣人探之或染瘴死或爲土番所殺迄不得端耗又用火輪船從尼日爾河下游駛入水手半死亡無所聞見而歸地分二十二部曰波爾奴曰巴也爾美曰北爾古曰桑加拉曰不勒曰岡干曰寫那蘇勒曰上邦巴拉曰下邦巴拉曰馬昔那曰巴難曰的勒南曰丁不各都曰牙烏利曰尼非曰波爾古曰牙黎巴曰北凝曰瓜曰公曰加拉那曰達公巴諸部各有酋長不相統轄時時

相攻獲俘則以爲奴。土番皆黑面，奉回教。男好逸，耕作貿易皆女爲之，娶數婦則致富。其酋各有婦數百。土產麻棉、烟靛、象牙、金沙、皮革。

按阿非利加中土迤北沙中兩回部，皆由北方轉徙而來，與北土之的黎波里諸部同。沙南地沃而廣，黑番各分部落，而水土毒惡，人類粗頑。好事如英吉利，舟車數往，博望無功，竟不能得其詳也。

阿非利加東土

阿非利加東土係印度海之西岸，自紅海口門之外，地形由東北斜削而西南，長約九千里。迤北回族與黑番雜居，迤南皆黑番地。多金沙藥材，土番採之以當錢幣。極東北曰亞德爾，其南曰亞然，再南曰桑給巴爾，再南曰莫三鼻給，其西南曰麽諸麽達巴。

亞德爾（一作亞占）在北土阿北西尼亞之東南，當紅海印度海之隅，商船罕至，故疆域之廣狹未詳。西南重岡疊起，東北平原廣闊，河流交貫，隴畝肥饒，穀宜黍稷。地氣炎燥，乏陰雨。居民皆土番，奉回教。地分數部，各有酋，與阿北西尼亞時有兵爭。產金沙、乳香、胡椒、象牙。

亞然（一作然貴巴）在亞德爾之南，長約一千九百里，廣未詳。北境多山，東境磽瘠多沙磧，西南人迹罕到。沿海所居皆阿剌伯回族，以貿易爲業，面色差白。內地皆黑番，以牧獵爲生。國分十數部，各有酋，不相統轄。其大者曰巴拉瓦城，建海濱，有深澳，便於泊船，貿易頗盛。土產香料爲多。

桑給巴爾在亞然之南，長約四千里，廣約七百里。沿海窪下，林木叢雜，野象成羣，多恠禽奇獸。內地山嶺台沓，西南一帶尤聳峭。江河迴繞，土田肥磽不一。地氣酷熱，多瘴癘。居民皆黑番，奉回教。地分數十部，不相統攝。其大者曰幾羅阿，曰蒙巴薩（即唐書之老勃薩），曰美林德（一作墨林他，即唐書之磨鄰），曰馬加多朔，餘皆冗雜小部。土產穀果、金銀、銅鐵、糖蠟、棉花、象牙、鳥羽、木料、藥材，貿易頗盛。

莫三鼻給（摩散北磨山密）在桑給巴爾之南，長約四千四百里，廣約一千里。岡阜重疊，叢林環繞，象多如牛馬。金礦金沙，取之不竭。土田

膏腴，穀果豐碩，惟地多瘴癘，不便居棲。居民皆黑番，奉回教。其部落有馬古、阿蒙、如木、新卑等名，冗雜零散，不相統攝。內有葡萄牙所辟之地凡七處：曰莫三鼻給，駐有大酋，總轄諸處；曰給林卑，曰幾里馬內，曰塞內，曰索發拉（一作所服剌），曰義能巴內，曰羅林索馬爾給斯。近年葡勢衰弱，貿易無多，惟以販賣黑口爲事。澳門各夷館所用黑奴，皆從此土販來。

麽諸麽達巴在莫三鼻給之西南，廣長皆約一千里。山嶺盤匝，江河迴繞，沿河多腴壤，穀果繁碩，草木昌茂。地氣炎熱，不便居棲。舊本黑番大部，有番王統攝，後遭寇亂，散爲數小部，惟麽加郎瓜一部最強。土產金鐵、象牙、甘蔗、樹膠。

按唐書曰拂箖西南度磧二千里有國曰磨隣曰老勃薩其人黑而性悍地瘴癘無草木今考磨隣卽美林德老勃薩卽蒙巴薩皆在桑給巴爾境內是爲史籍言阿非利加之始所云度磧二千里無草木乃指自猶太（卽拂箖）至兩部之路計程不止二千里史蓋約畧言之耳

阿非利加西土

阿非利加西土由地中海口門之外地形折而南下面大西洋海數千里盡屬沙漠過此地形缺折而東又轉而南漸斜削而趨南土其迤北沙漠之地曠無人烟迤南當赤道南北壤土廣厚豬澤迴環茂草轇轕叢林陰翳毒霧蒸爲瘴氣曉夜昏濛異國人久居

輒病死不死亦成痼疾其土人面黑如墨染高顴扁鼻厚脣鬈髮拳縮似骨重羊毛混沌無知近禽獸衣好華彩半裸其體不蔽陰陽用金珠象牙遍身懸綴以爲美觀相聚則婆娑跳舞男女隨意雜配種族無別耕作者少掘食草根如芋薯土肥沃自生長居草寮或結巢於大樹藉草席器用瓦壺祀樹木禽獸爲神每殺仇人祭之又有能作妖術者無銀錢以貨易貨値饑乏族類自相攻擄獲生口賣以爲奴各國之船往來販鬻每船輒二三百人如貨豕畜諸國所用黑奴皆此土人取其愿樸且黑醜無艾猳慮販往亞墨利加者尤多用以灌園耕田種加非造白糖如牛馬然終身力作不怨不逃其地物產甚多土人不解搜採出各項果實又有樹

油可造香皂林內猿猶猿猱玃貜往來跳擲虎豹獅象時時遇之蛇尤多大者如巨桶能吞人畜歐羅巴諸國心豔其土而畏瘴癘不敢深入僅在海濱設立埔頭期於日漸墾拓就其物產爲地名有穀邊象邊金邊奴邊等名黑番部落甚多大勢分三域曰塞內岡比亞曰幾內亞曰公額

塞內岡比亞在撒哈拉大漠之南西距大西洋海南界幾內亞東界尼給里西亞長約二千七百餘里廣約二千里境內大水二皆西流入大西洋海北曰塞內加爾（一作西尼甲）南曰岡比亞（一作感比亞）合兩水以名其地者也平坦無山墳壤與沙磧相間田土膏沃穀果皆宜地近赤道酷熱多瘴癘由五月至八月陰雨連綿暑氣稍減

土番黑面卷毛皆奉回教地分二十小國其酋或世傳或公舉不相統攝曰弗達多羅曰弗達日羅曰弗拉都曰加孫曰奔都曰牙尼曰弗義尼曰烏黎曰登的里亞曰分達曰加疴爾達曰邦不各曰薩隆曰加不曰日約羅弗曰新曰烏阿羅曰巴爾曰加約爾曰薩倫土產金銅鹽琥珀紋石象牙塞內加爾河口有佛郞西創闢之地凡三處曰甚盧義斯島曰哥勒亞島曰烏阿羅佛人建砲臺設埔頭與黑番交易以布疋易金沙樹膠每歲貨船約三十隻凡佛船赴亞細亞必至哥勒亞收泊岡比亞河口有英吉利埔頭立商館包兒包送以兵船巡海口捕畧賣黑奴者

幾內亞在塞內岡比亞之南西南距大西洋海東至義的約比亞

沙漠東北界尼給里西亞長約八千里廣約三千里海濱地形窪下烟瘴甚毒有大河曰尼日爾發源尼給里西亞至幾內亞南界入海北境有大山綿亙與塞內岡比亞分界又有公山爲尼給里西亞塞內岡比亞分界之地地當赤道之北驕陽亭午石礫金流行人往往暍死賴五月至九月時時陰雨否則無噍類矣土脈肥饒草木暢茂穀果皆宜黑番混沌拜禽獸爲神較之塞內岡比亞尤爲荒陋惟以擄賣人口爲事耕作皆女爲之地分數十部其較著者曰的馬尼亞曰古耶哥曰蘇黎馬那曰加不蒙德曰桑固音曰加瓦利曰亞千的亞曰達痾美曰亞爾達拉曰巴達給里曰拉各斯餘皆冗雜小部土產黃金珊瑚琥珀紋石甘蔗烟葉香料西

北境有英吉利新闢之地在岡比亞河之南曰塞拉勒窩內（一作西爾拉蝗阿尼）又名獅山岡阜重疊林木陰翳有瘴氣產象牙油皮蠟木料樹膠貿易頗盛又開學館以耶蘇教化其黑番迤南有米利堅新闢之地曰奕尼（一作危尼又作里卑利亞）在門蘇拉多河濱贖畧賣之黑奴居之教之耕作轉而東南有英吉利新闢之地曰哥斯建斗羅又名金邊金沙極多又產棉花藍靛樹膠白蠟皮革貿易極盛惟地氣酷熱人不能堪此外有荷蘭埔頭曰厄爾迷那又有嗹國埔頭曰給里斯的巴爾各地皆彈丸各屬數小城

公額（一作公我）在幾內亞之南一名下幾內亞西距大西洋海南界星卑巴西亞東抵日牙加長約三千八百里廣約一千四百里東境山岡重疊萬派發源河之大者曰公額因以爲部落之名公額河縈繞四境土田藉以肥沃地當赤道之南炎蒸與幾內亞同黑番土俗亦相類地分二十一小國曰羅昂額曰公額曰奔巴曰薩拉曰莫盧阿斯曰虎美曰加三日曰岡各白拉曰何曰何羅和曰日仍加曰幾蘇阿曰古達多曰古凝加曰當巴曰里波羅曰幾薩罵曰塞拉曰白倫多曰難諾曰比黑土產銅錫甘蔗胡椒薯粉象牙西境有葡萄牙創闢之地凡二部北曰昂痾拉南曰奔給拉產五金各鑛其商船往來專以販賣黑口爲事

按阿非利加西土北境大漠橫亙迤南故沃土也黑番愚懵無經營創造之能遂至人禽雜處長此榛狉歐羅巴諸國睥睨多

年阻於毒瘴僅於海濱營立埔頭而未能廓清墾拓如米利堅故事亦斯土之不幸也番族蠢蠢以人口爲奇貨以畧賣爲恆業而貧弱如葡萄牙竟以販鬻人口爲利藪則尤不足道也已

阿非利加南土

阿非利加南土由東西漸削如筍至極南乃齊平地形作東西之勢東面距印度海者曰加弗勒里亞西面距大西洋海者曰星卑巴西亞曰痾丁多的亞極南地盡之處距大南海曰加不

加弗勒里亞（一作喀士列里）在東土莫三鼻給之南東距印度海西連痾丁多的亞西南接加不長約四千里廣約一千里迤西沙漠居多水泉缺乏東方巒嶂重疊山谷中壤土腴厚叢林茂密獸多獅象

豸豹羚羊水牛鳥多鷹鷲海多鼉鱷海馬黑番長大有力惟務稼穡部落甚多在海濱者有古薩當不給忙不給等部在內地者有比里加達爾馬哈巴羅隆馬盧的西馬著馬幾尼等部土產金銀銅鐵珊瑚琥珀

星卑巴西亞在西土公額之南西距大西洋海南界痾丁多的亞長約二千七百里廣未詳地形平闊沙漠中間有片土亦甚磽薄獸多人少黑番轉徙無常不成部落在阿非利加一土中最爲荒瘠地無物產其種人即名曰星卑巴斯

痾丁多的亞（一作合丁突）在星卑巴西亞之南西距大西洋海東至加弗勒里亞南接加不長約二千五百里廣約二千二百里南北多

山嶺中間沙漠橫亙墝壤無幾海濱窪下土脈膏腴物產頗豐地氣溫平不似迤北之酷熱惟颶風時作猛烈異常羽毛齒革蟲蛇毒惡異國人未敢托足黑番名痾丁多的多以牧畜爲業怠於農事部落甚多各有酋不相統攝其較著者曰哥拉那曰那馬瓜曰達馬拉曰不書阿那曰波支斯曼

加不一稱岋朴（一作岋阿穩曷朴又作好望海角）在阿非利加極南地盡之處東西齊平東爲印度海西爲大西洋海南爲大南海長約二千里廣約一千里城建達勒與貝二山之麓俗名大浿山其地時序溫和卉木繁盛牧場寬廣牛羊孳息穀麥堪出糶種葡萄釀酒極甘迤北半係沙漠毎風起雲合黑氣迷漫產獅象虎兕鹿麂河馬（河馬有角可作刀柄）又產長頸鹿與駝鳥（長頸鹿頸長於身駝鳥似鬬雞而高大兩足似橐駝即漢書所云大馬爵波斯印度天方一帶皆有之非獨產此地也）土人短身黑面穴地而居得野獸則生食其肉前明時葡萄牙泛舟東來始識其地後荷蘭踵至營立埔頭徙國人而耕之捕土人爲奴歐羅巴諸國商船東來必寄泊於此流寓皆荷蘭人半以牧畜爲業內地沿溪傍河亦有聚落而沙磧圍繞往來甚遠駕犢車行沙中往往中道渴死故地界迴環數千里而戶口不繁嘉慶十年英吉利以兵船奪取其地在海濱別開埔頭

按阿非利加南土之岋朴（番謂山之盡頭處曰岋）爲歐羅巴東來必由之路其地形銳入大南海海水至此而迴薄風濤猛烈異常舟楫

易於損壞不得不謀修葺之所又長途水米或缺必須接濟荷蘭之墾闢此土蓋有所不得已焉從前大西洋商船東來至岋朴必收帆寄椗故物產雖微而獨爲東道之逆旅英吉利之奪取惡荷蘭之獨當衝要耳近年歐羅巴諸國海道愈熟行駛迅甚至岋朴揚帆徑過收泊者十無二三則亦無關重輕矣其土惟極南濱海之處稍沃可以耕牧迤北則平沙沒骭固亦不足貪也

阿非利加羣島

馬蘇阿島在紅海中附近北土之阿北西尼亞土耳其所屬烟戶無多而泊舟穩便貿易頗盛

幾羅阿島蒙非亞島桑西巴爾島奔巴島索哥德拉島在紅海之外印度海中廣長二三百里不等皆阿剌伯所屬產香料象膽砞砂

馬達加斯加爾大島一作馬大狎甲又作墨勒阿士喀又作聖老佐楞大島在印度海東南方與東土之莫三鼻給相近長約二千八九百里廣約七八百里有高山綿亘如脊萬笏紛排瀑布飛流數百仞峯之最高者北曰維加哥拉南曰昂巴的美內山東西平原坦闊溪澗交縈田土肥沃穀果豐碩清勝爲阿非一土之最惟地氣炎熱海濱涔澤居半瘴癘觸人異國人不能耐居民皆黑番從回教自古別爲一國無所羈屬佛郎西嘗謀取其地屢圖之而未得也地分數十部不相

統攝其大者曰痾瓦斯曰塞哥拉瓦斯曰安達瓦爾斯曰卑定薩拉曰卑達尼美內曰安達美西餘冗雜名不盡著土產絲麻蜜蠟竹蘇木甘蔗樹膠青黛烟葉白胡椒沙穀米山中銀銅鐵錫黑鉛水銀各礦皆備寶石水晶亦所在多有土番不解搜採惟知攻鐵而已

毛里西亞島一作冒勒突又作妙哩士在馬達加斯加爾之東迴環約五百里氣候炎熱尚可居棲地爲英吉利所辟駐有大酋附近小島四十餘皆屬焉土產白糖

不爾奔島一作捕耳本在毛里西亞之東長一百八十里廣一百三十里居民九萬餘佛郎西所辟田土膏腴地氣平善內有火山晝夜吐燄不息土產穀果加非白糖棉花烟葉丁香桂皮材木又產黑金珊瑚沿海無港澳商船停泊往往遭風損壞然佛國商船每歲往來不肯棄也

三達厄勒那島在大西洋海中與南土之星卑巴西亞相近長四十五里廣二十五里英吉利所辟駐以大酋附近各島皆屬焉地氣溫平可居嘉慶年間佛郎西廢王拿破侖爲英吉利所禽流於此島道光三年病死

桑多美島周迴四百里北林西卑島長八十里廣六十里二島在大西洋海幾內亞海灣之中葡萄牙所辟舊多深林密箐葡人焚以烈火墾其地種葡萄釀酒甚佳每歲出運價值三十萬圓

北農的威勒斯島亞盧塞馬斯島美黎辣是島總名綠山頭羣島在塞內岡比亞之西地多枯瘠不毛海濱產鹽居民賴以爲生又有加拿列斯羣島共二十餘島在摩洛哥之西地氣濕熱產酒果糖蜜黍麥豆薯絲以上各島皆西班牙所辟加拿列羣島中有大山曰德內黎非高一百二十丈商舶往來望爲標準又蘭塞羅德島有火山時吐烟燄

修達島在地中海直布羅陀口門之內附近摩洛哥建有堅城亦西班牙所屬

阿非利加一土以八卦方向視之正當坤位其氣重濁其人類顓愚故剖判已歷千萬年而渟悶如上古風氣不能自開歐羅

巴諸國好尋新地帆檣周於四海獨於亞非利加一土僅創一塵於海濱而不能深入腹地一洗山川之昏洞蓋有故焉亞非利加一土中間正當赤道其南北亦去赤道不遠炎歊既甚瘴癘尤多非生長其地者殆不能堪異土之人艱於托足其北土與亞細亞接連東西兩內海紅海地中海處處可以泊船故地雖沙磧而東方夷族早已擇土而居其東西南三面塊然平直土與海齊無凹凸灣環之勢故無深灣凡舟行大洋中無深穩之港灣不能寄椗故諸國海船時時經過而無由隨處登攀其地之不能開拓實由於此若從北方旱路往則平沙數千里較之涉海尤艱南方瘴癘由昏蒙之未開未必地氣之獨劣烈山澤而驅毒物誅草萊而播嘉穀穢墟且變爲腴壤而惜乎番族之無此智能也土番形貌黑醜蠢如豕鹿以畧賣人口爲俗強半爲諸國之奴亦可憫矣然其人愿而馴豢之終身無逃叛者其亦得坤土之柔順者歟

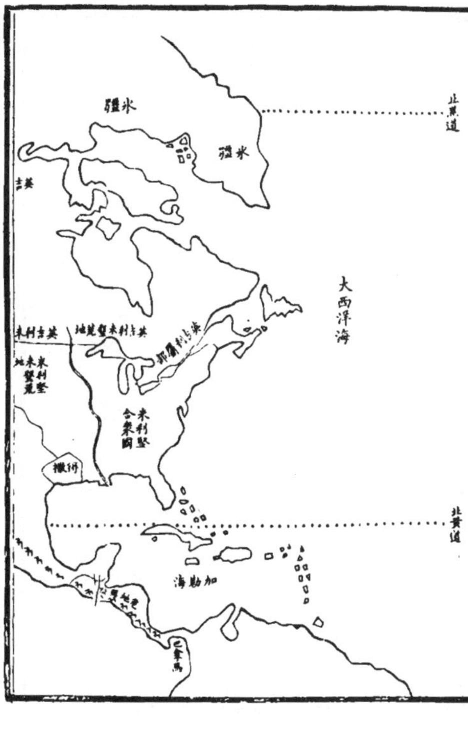

南北亞墨利加總圖

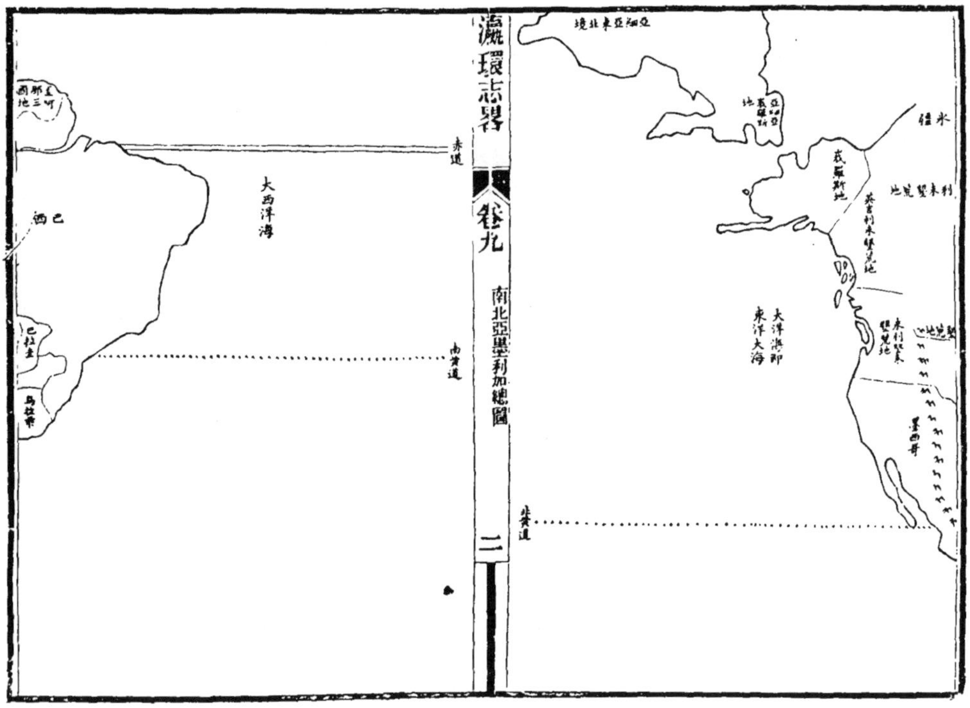
瀛環志畧
卷九
南北亞墨利加總圖
二
亞細亞東北境
冰疆
俄羅斯地
大洋海即東洋大海
墨西哥
北黃道
赤道
大西洋海
巴西
南黃道
巴拉圭
烏拉乖

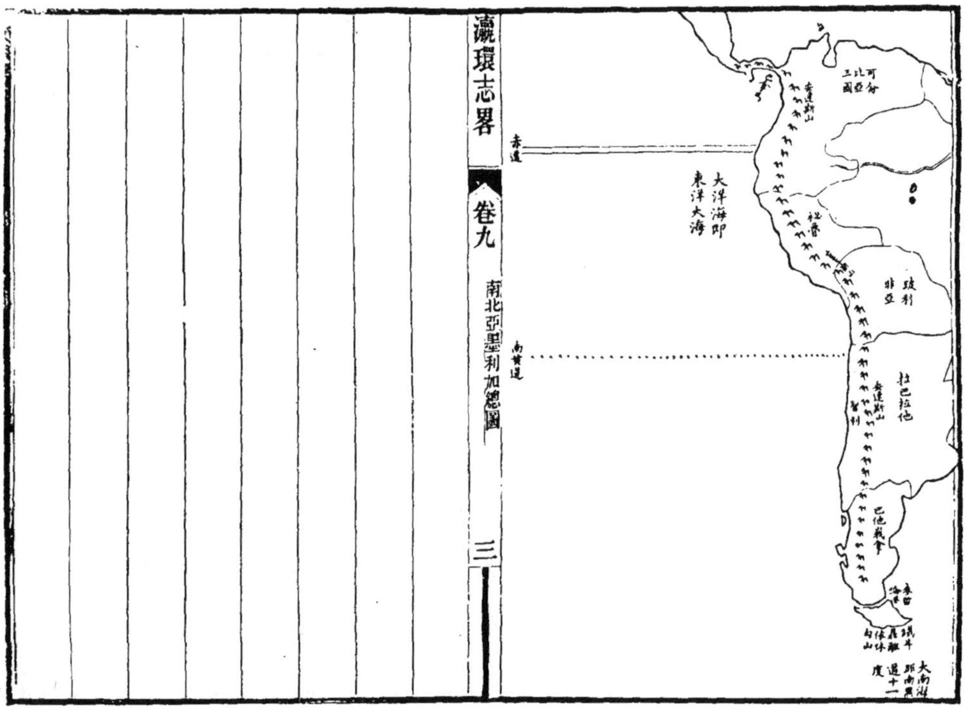
瀛環志畧
卷九
南北亞墨利加總圖
三
赤道
赤道雪山
大洋海即東洋大海
秘魯
玻利非亞
南黃道
拉巴拉他
雪山
智利
巴他峩拿

亞墨利加

亞墨利加（一作亞墨理駕）一土與三土不相連地分南北兩土北土形如飛魚南北似人股之著肥褌中有細腰相連北距北氷海南近南氷海計長二萬八千餘里東距大西洋海與歐羅巴阿非利加兩土相望水程約萬里西距大洋海直抵亞細亞之東境無別土極西北之一隅與亞細亞之極東北隅隔一海港以地球大勢言之三土在東亞墨利加在西三土在地球之面亞墨利加在地球之背也

亞墨利加別一區宇自剖判以來未通別土其人五官肢體近似中國而面色紫赤如紅銅如櫻色剪髮留數寸許歸於頂而總束之蒙茸如散花北亞墨利加之極北境終年寒凍捕魚而食稍南以獵獸爲生衣其皮略如漠北蒙古之俗再南皆野番散處再南自墨西哥至南亞墨利加之可侖比亞祕魯玻利非亞智利諸部古時即分國土有城邑前明宏治年間西班牙之臣有可侖者（一作閣龍又作個倫又作哥倫波）駕巨艦西尋新地始抵加勒海灣羣島知有亞墨利加廣土先取可侖比亞正德十四年西班牙人哥爾德斯探聞墨西哥富饒率兵攻之奪其國再拓而南南亞墨利加西偏各國以次蠶食西班牙人漸流布雜居開山掘銀礦以此驟富其時葡萄牙有海船遭風飄至南亞墨利加之巴西見其土地空闊徙國人墾種之佛郎西英吉利聞之亦駕巨艦西尋至北亞墨利加佛

據其南北英據其中荷蘭嗹國瑞國之人亦接踵西來各事墾闢後佛與諸國所得之土多爲英所幷阡陌雲連城邑相望尤爲富盛自是亞墨利加兩土西班牙葡萄牙得其南英吉利得其北倚爲外府者數百年矣乾隆中米利堅畔英吉利英人不能收復腴壤盡失僅餘北境荒寒之土嘉慶年間西班牙王爲佛郎西王拿破侖所廢國大亂墨西哥以南諸部皆畔葡萄牙王爲拿破侖所逼逃至巴西酋子王其地巴西人逐去之此時南北亞墨利加僅英人尚據北地片土餘皆擁地自擅不受歐羅巴約束矣

北亞墨利加之西北境有高山綿亘曰落機自西北而東南東偏有山曰押罷拉旣俺由東北而西南餘多平土有大河曰密士失必發源西北由東南入海浩瀚如中國之黃河此外有馬更些桑羅棱索德拉瓦勒波多馬哥北河諸水縈迴穿貫於平壤之中故迴環萬餘里土多膏腴南亞墨利加之西境有大山曰安達斯綿亘如脊由北而南長一萬七千里其山出銀礦號爲金穴多火峯山之東平原廣坦有大河曰亞馬孫大如中國之長江曰疴勒諸哥曰多干定曰桑方濟各曰馬達勒那曰銀河皆南土名水其居民分四種曰土人面紫色即亞墨利加土著曰白人皆歐羅巴各國流寓曰黑人皆從阿非利加買來之奴曰雜人內分三種或土母白父或黑母白父或黑母土父三種人氣色各不同其土人亦種族各別風俗語音殊異其地舊無牛馬羊豕犬貓西班牙人初

到時騎馬登岸岸上人望見以爲馬與人一也皆惶駭奔避今則蹄角徧野五穀舊惟黍稷今則各種皆備甘蔗葡萄橙柑加非胡椒芋薯之類皆從歐羅巴移種亦俱繁碩煙葉棉花尤爲大利近又興蠶桑之法木多松柏橡栗榆椵槐楊藥材顏料香料極多五金之外兼產鑽石寶石水銀煤與鹽隨處有之

北亞墨利加之北境寒凍不毛與亞細亞之北境同迤南漸溫米利堅各部在北黃道之北與中國節候相倣再南至可侖比亞一帶正當赤道之下炎熱殊甚然不似阿非利加之酷烈且無瘴氣故流寓者無夭閼迤南漸平再南至巴他拿峩寒冽如北亞墨利加之北境至極南之鐵耳聶離依休勾已近南黑道則氷雪常封無人畜矣乃知南北極之皆爲氷海其說信而有徵也

北亞墨利加氷疆

北亞墨利加之極北境環北氷海如玦地當黑道之下陰凝特甚夏亦見雪未秋先凍湖海皆氷崖峩如銀山萬疊至臘兩月日不曜星不隱人畜皆蟄伏五六兩月長晝不夜海氷皆坼浮洋面如邱陵船觸之立即虀粉其海產鯨魚歐羅巴諸國有釣船百餘隻英吉利荷蘭爲多其船冬月停結氷中至夏氷釋乃往來海面得鯨魚油與骨皆獲重價得海犬海馬則食其肉而取其油釣鯨最險或觸氷碎舟或巨鯨吞餌牽舟沒重淵然利之所在不遑恤也土人甚稀捕魚鼈爲糧衣海犬之皮穴地而居冬時晝夜燃魚油爲燭肢體甚短黑醜粗具人形其地分三域曰北德溫曰北日爾日亞曰巴非英巴利極西北之一隅名監札加一作甘查甲與亞細亞之極東北隅僅隔海港五十餘里峩羅斯從彼地跨而有之獵野獸之皮以供飯鷲貂鼠海虎爲多其人皆居地窟中氷疆無地界故未繪圖

北亞墨利加英吉利屬部圖

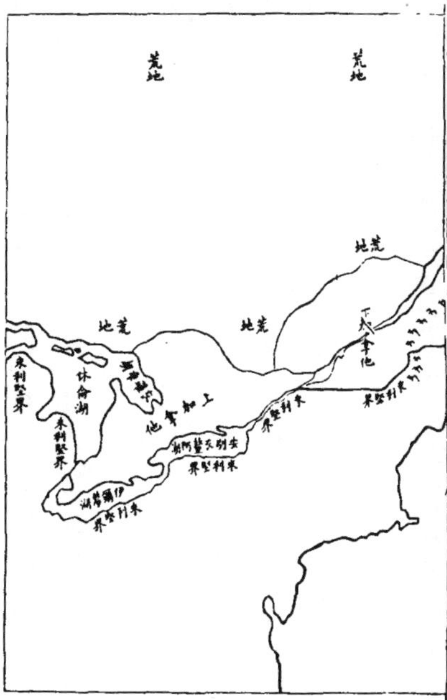

北亞墨利加英吉利屬部

北亞墨利加一土自米利堅以北本皆佛郎西所墾闢英吉利既得米利堅之地以兵力爭其北土與佛交戰八年佛棄其地英人括而有之乾隆末年華盛頓據地起兵米利堅諸部盡爲頓所割惟北土用佛例稅額甚輕其民未畔故仍爲英轄北至氷疆南界米利堅東距大西洋海西距大洋海其地大半平坦溪河錯雜河之最長者曰桑羅棱索又有伊爾⿱艹齒休侖等大湖地氣嚴寒畧如中國之塞北西偏林木轇轕毛蟲所宅英人窮險極幽獵野獸而取其皮貂鼠騷鼠洋灰鼠海龍海駝之類皆有之或失路困氷雪中凍餓死又以火酒氈毯與土人而易其皮土人得酒輒沈醉往往腐腸而斃所得之皮由峩羅斯轉鬻中國大利尤在林木英人結隊入林伐木而挍之河順流達於海港或在海濱造船或販往英國新藷島一帶海面多魚夏季尤旺諸國漁船蟻集捕魚醃之販往天主教各國（天主教各國齋戒食醃魚）計每年五穀木料皮張醃魚各項值價銀數百萬兩居民約一百二十餘萬英吉利三島之民年年有西渡謀食者地分六部曰上加拿他曰下加拿他曰新不倫瑞克曰新蘇格蘭曰散約翰島曰新藷大島六部總名新北勒達尼亞附近小島皆屬焉駐有大酋總理六部之事五穀皮張木料之外兼產銅鐵鉛煤水銀煙葉其西北荒地遼邈無垠尚未墾闢

上加拿他在桑羅棱索河之上游伊爾⿱艹齒兩湖之北長約千餘里

溪湖之水匯集其流湍急小洲星列瀑布一落九十丈英國無業貧民來此墾種荒地勤者往往致富惰者或困餓死其會城曰給卑克

下加拿他在上加拿他之東長約千里居民大半佛郎西人尚天主教謀生不勤故恆產無多又不服英官時時揭竿英人以兵力靖之土女面紫色而眉目端好不解沐浴英人惡其不潔故娶之者少會城曰多倫多

新不倫瑞克（一作新本士威）在下加拿他東境之南南北約八百里東西約六百里東臨大海南北臨內港港極深海船駛入無沙淺土田最腴而居民務農者少皆結隊入林伐木春水生木料順流達海港貨之得善價沽酒爲樂日在醉鄉金盡歸山林理故業大城邑皆在水濱會城曰弗勒德里克係大埔頭英國商船往來販買木料三島無業貧民每年遷來者約六千人然地仍空闊再數百年亦不患人滿也

新蘇格蘭在新不倫瑞克之南三面懸海僅一隅與新不倫瑞克相連東西約一千里南北約三百五十里天氣嚴寒自十月至三月積雪不消產銅鐵煤海中多魚居民勤苦治生最爲安分會城曰哈勒法係大埔頭海濱大港尚多因戶口不繁城邑未建故商船乏停泊者

散約翰島在新蘇格蘭之東北長約三百里廣約百里老兵移駐

之地。専務農功。穀麥堪出糶。鄰部會城曰加爾羅德。

新著大島。在新蘇格蘭之極東北。長約一千三百里。廣約九百里。其海產魚最旺。居民皆以捕魚爲業。夏時漁舟如蟻。網罟蔽於海面。土雖肥沃。不務農功。僅種荷蘭薯與蔬菜。穀麥皆買自鄰封。會城曰桑若漢。

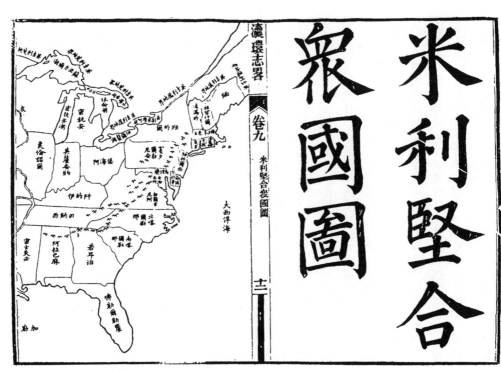

米利堅合衆國圖

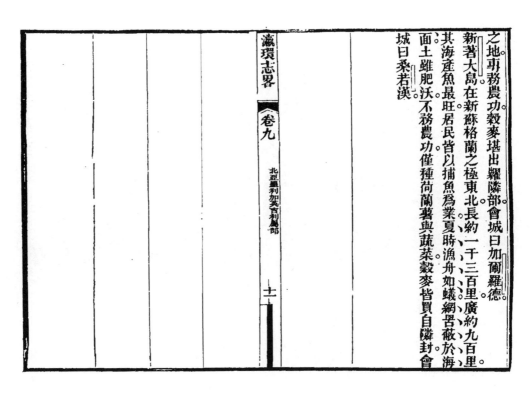

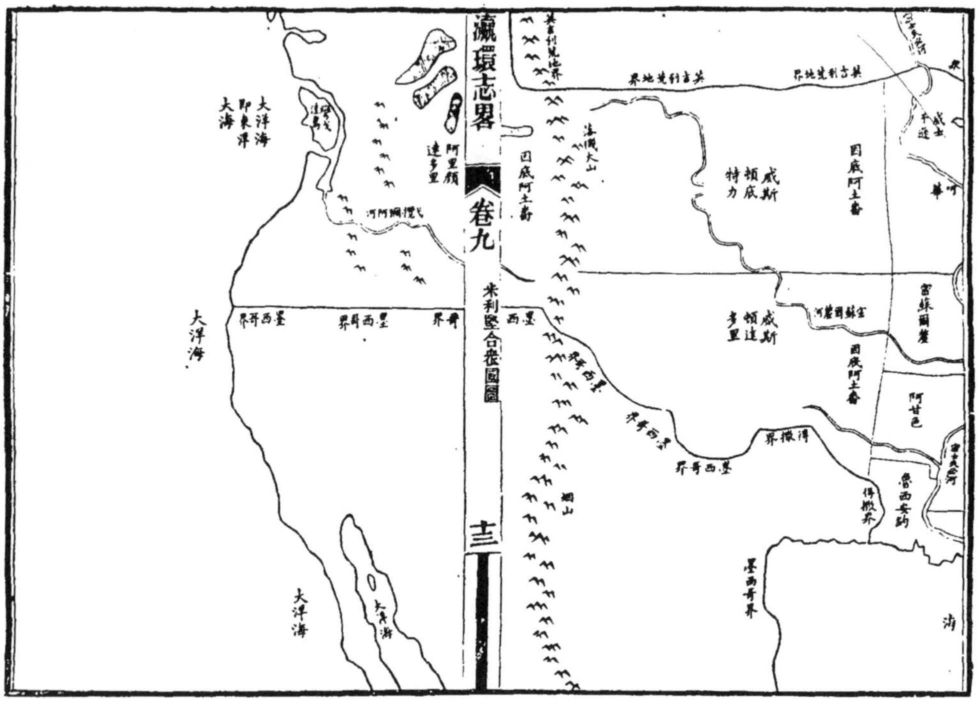

北亞墨利加米利堅合衆國

米利堅。（米一作彌，卽亞墨利加之轉音，或作美利哥，一稱亞墨理駕合衆國，又稱兼攝邦國，又稱聯邦國，西語名奈育士迭。）亞墨利加大國也。因其船掛花旗，故粵東呼爲花旗國。（其旗方幅，紅白相間，右角另一小方，黑色，上以白點繪北斗形。）北界英土，南界墨西哥、得撒，東距大西洋海，西距大洋海。東西約萬里，南北闊處五六千里，狹處三四千里。押罷拉旣俺大山環其東，落機大山繞其西，中間數千里大勢砥平。江河以密士失必爲綱領，來源甚遠，曲折萬餘里，會密蘇爾釐大河，南流入海。此外名水曰哥隆比亞，曰阿巴拉濟哥剌，曰麼比勒，曰德拉瓦勒。北境迤西有大湖分四汊，曰衣羅乖（一作翕大羅），曰休侖（一作胡侖），曰蘇必力爾，曰密執安。迤東又有兩湖相屬，曰伊爾釐（一作以利），

曰安剔衣釐阿，諸湖爲分界之地，北爲英土，南則米利堅地也。初英吉利探得北亞墨利加之地，驅逐土番，據其膏腴之土，徙三島之人實其地。英人趨之如水赴壑，佛郎西、荷蘭、嗹國、瑞國無業之民亦航海歸之。日漸墾闢，遂成沃壤。英以大臣居守，沿海遍置城邑，榷稅以益國用。貿易日益繁盛，以此驟致富強。乾隆中，英與佛郎西搆兵，連年不解，百方括餉，稅額倍加舊例。茶葉賣者納稅，英人下令買者亦納稅，米利堅人不能堪。乾隆四十年，紳耆聚公局，欲與居守大酋酌議，酋逐議者，督征愈急。衆皆怒，投船中茶葉於海，謀舉兵拒英。有華盛頓者（一作兀興騰，又作瓦乘敦），米利堅別部人，生於雍正九年，十歲喪父，母教成之。少有大志，兼資文武，雄烈過人，嘗爲

英吉利武職。時方與佛郎西搆兵。土蠻寇鈔南境。頓率兵禦之。所向克捷。英帥沒其功不錄。鄉人欲推頓爲酋長。頓謝病歸。杜門不出。至是衆既畔英。強推頓爲帥。時事起倉卒。軍械火藥糧草皆無。頓以義氣激厲之。部署既定。薄其大城。時英將屯水師於城外。忽大風起。船悉吹散。頓乘勢攻之。取其城。後英師大集。轉戰而前。頓軍敗。衆恇怯欲散去。頓意氣自如。收合成軍。再戰而克。由是血戰八年。屢蹶屢奮。頓志氣不衰。而英師老矣。佛郎西舉傾國之師渡海。與頓夾攻英軍。西班牙荷蘭亦勒兵勸和。英不能支。乃與頓盟。畫界址爲鄰國。其北境荒寒之土。仍屬英人。南界膏腴之土。悉以歸頓。時乾隆四十七年也。頓既定國。謝兵柄。欲歸田。衆不肯捨。

堅推立爲國主。頓乃與衆議曰。得國而傳子孫。是私也。牧民之任。宜擇有德者爲之。仍各部之舊。分建爲國。每國正統領一。副統領佐之。（副統領有一員者。有數員者。）以四年爲任滿。（亦有一年二年一易者。）集部衆議之。衆皆曰賢。則再留四年。（八年之後不准再留。）否則推其副者爲正。副或不協人望。則別行推擇。鄉邑之長。各以所推書姓名投匭中。畢則啓匭。視所推獨多者立之。或官吏。或庶民。不拘資格。退位之統領。依然與齊民齒。無所異也。各國正統領之中。又推一總統領。專主會盟戰伐之事。各國皆聽命。其推擇之法。與推擇各國統領同。亦以四年爲任滿。再任則八年。自華盛頓至今。（頓以嘉慶三年病卒。）開國六十餘年。總統領凡九人。今在位之總統領。勿爾吉尼阿國所推也。初華盛頓既與英人平。銷兵罷戰。專務農商。下令曰。自今以往。各統領有貪圖別國埔頭。朘削民膏。興兵搆怨者。衆共誅之。留戰艦二十。額兵萬人而已。然疆土恢闊。儲偫豐饒。各部同心。號令齊一。故諸大國與之輯睦。無敢凌侮之者。自與英人定盟。至今已六十餘年。無兵革之事。其商船每歲來粵東。數亞於英吉利。

按華盛頓。異人也。起事勇於勝廣。割據雄於曹劉。既已提三尺劍。開疆萬里。乃不僭位號。不傳子孫。而創爲推舉之法。幾於天下爲公。駸駸乎三代之遺意。其治國崇讓善俗。不尚武功。亦迥與諸國異。余嘗見其畫像。氣貌雄毅絶倫。嗚呼。可不謂人傑矣哉。

米利堅全土。東距大西洋海。西距大洋海。合衆國皆在東境。華盛頓初建國時。止十餘國。後附近諸國。陸續歸附。又有分析者。共成二十六國。西境未闢之地。皆土番。凡闢新土。先以獵夫殺其熊鹿野牛。無業之民。任其開墾荒地。生聚至四萬人。則建立城邑。稱爲一部。附於衆國之後。今衆國之外。已益三部。總統領所居華盛頓都城。不在諸國諸部數內。計國二十六。部三。其丁口至道光二十年。計一千七百一十六萬九千餘。

哥倫米阿。（一作弋攬彌阿。又作力士勒果勒彌阿。）在馬理蘭內港西汊之尾。勿爾吉尼阿之西北。地跨兩國。周四十里。合衆國之都城也。初華盛頓既勝英。居於哥倫米阿。定爲總統領治所。合衆國之紳耆。皆會集於此議國政城爲華盛頓所建乃合衆國創業之祖故卽名其城曰華盛頓有總統領府議事堂文武衙署迤西別一城曰查治當有書院鑄炮局對岸別一城曰阿力山特釐阿有鑄炮局育嬰館三城貿易極盛居民四萬三千（米利堅各國皆無城都會聚落卽謂之城其實幷無垣堞也）

緬國（一作洛又作賁內）在合衆國極東北隅與英吉利屬部接壤西界紐罕什爾南界海幅員如中國之浙江省山水環匝林木叢茂北境極寒冬月雪深數尺堅氷可勝車馬南境夏令頗熱明天啟六年英吉利有數人始至基尼河畔創立一鄉後漸繁衍與麻沙朱色士合嘉慶二十五年歸合衆國道光元年別立爲緬國地產五穀棉花紙熟皮蠟燭鐵以材木爲最多船料皆取辦於此每歲出口

貨價約八百餘萬合衆國貿易緬居十之三以奧古士大爲會城有大書院二所正統領一人副七人巡察官十二人贊議官數十人居民五十萬餘所務惟農漁商無鉅富無極貧

紐罕什爾國（一作紐韓詩爾又作紐含社又作新韓賽又作新杭西勒紐卽譯言新也）在緬國之西北界英土西界洼滿的南界麻沙朱色士幅員如緬三之一境內峯巒聳最高者曰白山積雪不消終歲皓然有尼比西阿尼湖周數十里風景幽絶土氣清和其人多壽明天啟三年英人麻臣俄尼士始墾此土旋與麻沙朱色士合乾隆六年別立爲紐罕什爾部後歸於合衆國地產大木有高二十丈者又產洋參氷糖銅鐵鉛會城曰公哥突有大書院官制與緬畧同貟數差少居民二十八萬零東南隅有波子某城港口深穩合衆國兵船皆泊於此

洼滿的國（一作屋滿的一作洼門又作華滿又作法爾滿又作委爾蒙）在紐罕什爾之西北界英土西界紐約爾南界麻沙朱色士幅員與紐罕什爾相埒境內有曼士非爾大山高四百餘丈山多杉木冬夏常青故名其地曰洼滿譯言綠山也又有大湖曰占勃運萬歷元年佛郎西人由加拿他轉徙至此雍正二年英吉利人由麻沙朱色士漸拓其地乾隆年間別立爲一部乾隆五十六年歸合衆國產布疋綿紗粗呢牲畜兼產鉛銅鐵錫而鐵尤王又產皂礬極多會城曰滿比釐阿有書院官制與紐罕什爾同居民二十九萬零

麻沙朱色士國（一作馬薩諸色士又作馬沙朱碩斯又作馬沙諸些又作馬撤主悉又作馬薩諸塞）在紐罕

什爾洼滿的之南西界紐約爾南界干捏底吉洛哀倫東距大西洋海幅員與洼滿的相埒近海地勢稍平迤西山嶺重疊干捏底吉河由北發源橫貫國中氣候溫和似中國之江北明正德年間英吉利向天主教國人尙耶蘇教者航海逃至此地名曰新英吉利開墾生聚戶口漸繁康熙三十一年復歸英轄乾隆年間歸合衆國土產鉛錫白礬煤炭大呢布疋魚油會城在東界曰摩士敦爲合衆國大都會城內萬室雲連市廛盤匝百貨闐溢仍留隙地相間隙地每方百畝圍以欄干外環樹木爲居人遊憩之地牛馬不容踐踏故地氣疏通人少疾疫有大書院六所藏書樓數處一樓藏書二萬五千册官吏士子皆許就讀惟不准攜歸城外近臨

海港在合衆國埔頭爲第二其商船火輪船無所不到陸地有鐵路馬車與火輪車並用火輪車行甚速每日可三四百里設正統領一副二居民八十三萬零

洛哀倫國一作律愛倫又作爾羅嗳倫又作羅德島又作羅底島在麻沙朱色士之南西界干捏底吉東南距大西洋海幅員如中國之一中縣在合衆國爲最小明崇禎九年麻沙朱色士人羅查威廉謫居於此鳩衆開墾遂成小部康熙二年歸英吉利後歸合衆國土產鐵煤會城曰波羅威士頓城外有海港曰新灣港內有小島其國以此島爲名哀倫譯言島洛哀倫譯言島部也島上建樓高十餘丈樓頂作小屋圍以玻璃每夜燃燈數十以導海船避礁石合衆國港口皆效之

戶口不繁而貿易工作與麻沙朱色士相埒棉花尤良地平坦無水磨海濱多建樓高六七丈借風激輪爲磨以屑穀麥設正副統領各一居民十萬八千零南懷仁宇內七大宏工記有樂德島銅人高三十餘丈一手持燈兩足踏兩山脚海舶出其襠間銅人內有旋梯人由旋梯至其右手燃燈以引海船即此島也建樓燃燈事本尋常乃懷仁造爲銅人之誕說而云三十餘丈不知此銅人何由而鑄亦何由而立也亦可謂荒唐之極矣

干捏底吉國一作干尼底吉又作哥內的古又作衮特底格又作捏的格爾在洛哀倫之西北界麻沙朱色士西界紐約爾南距海港幅員三倍洛哀倫有大河曰干捏底吉發源緬國由此入海故以水名爲國名土壤中平沿河腴沃氣候溫和近年已興蠶桑之利明崇禎六年麻沙朱色士人始墾其地曰赤活後有英吉利人墾出港口之地曰紐倫敦康熙元年合爲干捏底吉部歸英轄嘉慶二十三年歸合衆國土產牛馬騾羊銅鐵棉麻布疋大小呢紙鐵器又造木時辰鐘每歲得三萬件會城有二一曰哈得富耳在河濱有大書院一二曰紐倫敦在海口有大書院四其學館爲二十六國之最又有別院教啞與聾者以手指代語言諸國皆效之設正副統領各一居民三十萬九百零

紐約爾國一作紐約克又作紐育又作新約又作新約基米利堅大國也東界洼滿的麻沙朱色士干捏底吉東南一隅臨海港南界紐折爾西賓夕爾勒尼安西北距安剔衣蘿阿伊爾蘿兩湖東北界英土地形三角幅員如中國之福建省東境多山大者曰押罷拉既俺餘多平土有

大河曰活得遜由北而南長千餘里闊三四里洋船溯流而上可數百里迤北甚寒冰堅可任車馬中間有湖曰裔治其地富庶繁華爲二十六國之最前明中葉荷蘭人尋新地初時此土名曰新荷蘭嘉靖年間意大里游民麕至爲荷蘭傭萬歷間英吉利人亦至其地經營開墾日益富盛順治年間英吉利王命其昆弟名約者主之以兵力逐荷蘭盡有其地名曰紐約爾乾隆四十年華盛頓舉兵畔英紐約爾首附之英人惜其殷富屢以大兵攻取故被兵爲最甚會城亦名紐約爾外通海港爲合衆國第一埔頭產銅鐵鉛鹽牛馬羊豕棉布嗶嘰熟皮白紙玻璃每歲貨船入港者一千五百艘運入之貨值三千八百萬圓運出之貨值二千三百萬

圓內地遍衢多用鐵汁冶成以利火輪車之行有大市鎮二曰阿爾巴尼曰推來遍國書院學館甚多其費歲一二百萬圓有演武館敎習鎗炮軍械官制畧同緬國員數較多居民二百四十二萬八千居會城者二十七萬

紐折爾西國一作紐約爾些又作紐慧西又作新遮些又作新日爾塞北界紐約爾西界賓夕爾勒尼安南界特爾拉華東面大西洋海幅員與麻沙朱色士相倣北境有大山平原多衍沃有巴沙益河受諸水匯爲深潭澄淤涵演怡人遊眺明天啟四年噬國人初寓其地後有瑞典人墾其南隅荷蘭人墾其東北康熙四十一年始歸英吉利後歸合衆國產鐵鉛布疋會城曰特連頓設正副統領居民三十八萬零

賓夕爾勒尼安國一作邊西爾威尼阿又作賓西洼尼阿又作邊西耳文又作奔西爾瓦尼又作品林在紐折爾西之西北界紐約爾西北隅連伊爾蘸湖西界倭海阿南界勿爾吉尼阿馬理蘭特爾拉華幅員與紐約爾相埒境內有押罷拉既俺大山有濕布下蘇貴哈那等河地氣寒暑適均土壤東勝於西初開其地者爲瑞典人康熙二十一年英吉利將領威廉賓據之又買土番曠土拓爲大部故以姓名其地曰賓夕爾勒尼安譯言賓之林野也乾隆年間歸合衆國土產煤鐵鹽呢布苧麻磁器玻璃會城曰非勒特爾非爾一作費拉地費又作兄弟愛在東南隅建於特爾拉華河口街直如矢萬厦整潔外通海港洋船可直抵城下爲合衆國第三埔頭每歲運入之貨值一千一百餘萬圓境內有鐵路可達鄰封火輪車船之煙櫃多造於此官制與紐約爾畧同居民一百八十二萬零

特爾拉華國一作底拉華又作地那洼又作德拉委爾又作列勒威爾在賓夕爾勒尼安之東南西南界馬理蘭東面臨海港爲特爾拉華河下游故以水名爲國名幅員與洛哀倫相倣在二十六國中爲最小地亦瑞典人所開荷蘭奪之康熙三年歸英吉利初附於賓夕爾勒尼安後析爲小部道光十年始歸合衆國土田卑濕貿易無多會城曰多發設統領一居民八萬八千零

馬理蘭國一作馬里蘭又作馬黎郎又作麥爾蘭蘭東界特爾拉華北界賓夕爾勒尼安西南界勿爾吉尼阿中貫遮士畢海港分境土爲兩畔幅員與

紐折爾西相埒西北有峻嶺餘多平土五穀百果皆宜明嘉靖間英吉利有律官曰麻爾底磨率二百人來墾此土父子相繼至崇禎六年告成其初開時值英吉利女主馬理在位故名之曰馬理蘭馬理譯言王后蘭譯言地也後歸合衆國產呢布鐵器牙器玻璃紙料會城曰阿那波里有書院官制與諸國同居民四十八萬華盛頓都城在國之西南界

勿爾吉尼阿國一作費爾治尼阿又作委爾濟尼阿又作費治尼阿又作費治彌亞又作威顏爾拿在馬理蘭之西南西北界賓夕爾勒尼安倭海阿西界阡的伊西南界田納西南界北喀爾勒那東距海港幅員之廣爲二十六國之最境內多山最大者曰波威爾士河渠交絡最長者曰波多墨有天生

石橋離水二十丈闊數丈又有石洞深一里許內有生成數石人名曰龍洞土壤中平沿河者較腴沃明中葉英吉利王占士時未知是順理第幾英人初墾此土因名其地曰占士後於萬歷初告成值女主以利撒畢在位更名曰勿爾吉尼阿譯言貞女用以讚揚女主也乾隆四十一年歸合衆國產五穀果實貿易繁盛會城在東界海濱曰里是滿有大書院官制畧同諸大國居民一百二十三萬零合衆國聰明英傑之士多萃於此

北喀爾勒那國一作那弗喀爾勒那那弗譯言北也又作北格羅來納又作北甲羅里那又作北戈羅里又作北駕羅連又作北加洛萊在勿爾吉尼阿之南西界田納西南界南喀爾勒那東距海幅員與勿爾吉尼阿相埒境內西北多山以墨嘗山為最高

東南皆平土河道紛歧最長者曰羅阿諾東界有瘴氣迤西平善初英吉利律官格拉領頓與依爾類蘭威爾里等來墾此土因以國王之名名之曰查爾士頓未詳是查理第幾後又有臘里者亦來墾兩土毘連告成之後總名曰喀爾勒那雍正七年分為南北兩部北部乃臘里所墾也乾隆五十五年歸合衆國地產金開鑛淘沙者常二萬餘人木多松以松脂代燭穀以粟米為主小麥次之產棉花煙葉會城曰喇里設正統領一叅辦七人僚佐數十居民八十萬三千零耕作買阿非黑奴為之俗侈靡好宴飲

南喀爾勒那國一作搜土喀爾勒那搜土譯言南也餘與北國同在北喀爾勒那之南西南界若耳治東南距海幅員如北喀爾勒那三之二境內墨嘗山

高四百餘丈餘皆部嶁有泚底大河由西北而貫東南海濱炎熱有瘴氣迤西適中初與北喀爾勒那為一部後分兩部與北部同時歸合衆國土宜粟稻木多松橙產棉花苧麻金鐵有鐵路通鄰封會城曰個倫比亞有大書院二官制同北部惟北部無副統領南部有之居民五十五萬三千零

若耳治國一作若爾熱又作若治阿又作熱爾治阿又作熱可加又作磋治阿又作惹爾日亞在南喀爾勒那之西北界北喀爾勒那田納西西界阿拉巴麻南界佛勒爾勒薹幅員如中國之直隸省押罷拉既俺大山在北境東北有卸番亞河又有阿結治亞拉達麻哈等河皆注南洋北界有石洞高數丈小河從此流出駕小舟入洞可十五里過此瀑布飛下不能進

矣雍正十年始有英吉利百餘人居此立城於卸番亞河畔無業貧民競負耒來耕後荷蘭瑞典之人亦來墾荒地漸成聚落時南境之佛勒爾勒薹為西班牙所據以兵爭此土數年乃定乾隆十八年英吉利始建為一部時英王為若耳治第二遂名之曰若耳治嘉慶三年歸合衆國地氣土俗物產與南喀爾勒那同以棉花為大利會城曰靡理治有大書院官制與諸部畧同居民六十五萬一千零

倭海阿國一作阿海阿又作阿希阿又作阿喜阿又作阿宜約在賓夕爾勒尼安之西北距伊爾薹湖西北界密執安西界英薹安納南界阡的伊勿爾吉尼阿幅員與賓夕爾勒尼安相埒地多岡阜無大山河渠交絡土壤

膏腴乾隆三十五年歐羅巴人從西北方來（密執安諸部）始開荒地嘉慶五年告成英人始設官七年即歸合衆國產鐵煤鹽粟稻煙葉苧麻棉花玻璃有河道可達港口有鐵路通隣封會城曰戈攬㮾士設官如諸國居民一百五十六萬零

密執安國（一作米詩干又作彌治顏又作遂詩安）東北距休侖湖東南距伊爾蘯湖西距密執安湖南界倭海阿英蘯安納幅員畧遜於倭海阿三面包湖沙土疏衍隨處可畊康熙三十九年佛郎西人始墾其地乾隆二十八年爲英吉利所奪道光十五年始歸合衆國物產未詳有鐵路通隣封會城曰底特律設官如諸國居民二十一萬二千零

阡的伊國（一作建德基又作建大基又作根特機又作根都機）在勿爾吉尼阿之西北界倭海阿英蘯安納西界奕倫諾爾南界田納西幅員如中國之浙江省地居二十六國之中寒暑均平河道縱橫穿貫田土膏腴五穀百果不可勝食東境連押罷拉既俺大山有風穴上半年風從外入下半年風從內出嘗有土人於上半年用氈掩穴口秉炬而入行五十里不能盡爠而返次日乃出穴竟莫知其淺深其地舊屬勿爾吉尼阿乾隆三十三年有單耶利蓬者徙居於此至三十八年來者漸衆立一邑曰暇律士四十四年別立爲一部四十六年歸合衆國土產禾麻菽麥煙葉麥之多甲於諸國兼產鐵鉛煤水道不通海貨難出運惟用火輪船貿遷於本國會城曰法蘭富耳有大學堂官制畧同諸國員數頗多居民七十八萬九千零別有大市鎮二曰累士曰歷星頓兵最強推爲諸國勁旅

佛勒爾勒蘯部（一作佛囉理得又作佛羅里達又作彿利他又作費羅里大）合衆國之極東南境地形如拇指斜伸入海北界若耳治阿拉巴麻餘皆距海幅員與密執安相埒地形平坦壤土與沙石相間卑濕殊甚明正德七年西班牙人般士底里晏始墾此土嘉靖四十三年爲英吉利所奪越二十年西班牙復奪回嘉慶年間西班牙與別國交兵有米利堅貨船爲西班牙軍所刧米利堅起兵索償西班牙知曲在己而米船之貨已散失乃以佛勒爾勒蘯地償之時嘉慶二十五年也西班牙人皆他徙惟留漁戶農夫近年招集流徙生聚漸繁海

濱土番尚未全服時與居民格鬬產玳瑁蜜蠟棗橙榴無花果甘蔗棉花洋藍以達那哈爲會城止設議事處一所未立統領等官故不列於諸國居民五萬三千零（以上一都十八國一部爲米利堅東路）

田納西國（一作典揑西又作地尼西又作德內西）在阡的伊之南東北界勿爾吉尼阿東界北喀爾勒那南界若耳治阿拉巴麻密士失必西與阿甘色隔河爲界幅員如中國之浙江省東界有峻嶺自北而南綿亘數百里與押罷拉既俺大山相連節序和平土脈膏腴河渠交貫五穀百果皆宜合阡的伊爲米利堅中原如中華之河雒其地初爲勿爾吉尼阿北喀爾勒那人所墾嘉慶元年立爲國歸合衆國產鐵器棉布夏布會城曰那實官制同諸國居民八十二萬九千

零工農并力家給人足

阿拉巴麻國（一作阿喇巴麻又作巴里特摩又作阿那麻馬又作亞喇罷麻）在若耳治之西北界田納西西界密士失必西南隅距海南界佛勒爾勒釐幅員差遜於若耳治押罷拉既俺山在東北境高百餘丈境內之水以阿拉巴麻爲最大因以爲國名南方夏苦熱土人多入山避暑北方稍見霜雪亦不甚寒近山近海之土多腴沃地曠人稀獸蹄鳥跡交於野其地舊半屬若耳治半屬佛勒爾勒釐道光元年別立爲一部歸合衆國產金鐵稻穀果實甘蔗烟葉棉花洋藍以棉花爲最盛會城曰磨庇理瀰建於海口爲南方大埔頭出運棉花麥粉貿易極盛有大書院設正副統領各一議處官數十人居民五十九

萬零經商者多能窮險遠所造快船行駛極速內地鐵路亦四達

密士失必國（一作米西細比又作彌斯栖北又作美士細比又作米西西比）在阿拉巴麻之西北界田納西西北隔河界阿甘色西南隔河界魯西安納東南隅距海幅員與阿拉巴麻相埒密士失必者米利堅大河來源甚遠大如中國之黃河其河由此土西界入海故以爲國名押罷拉既俺大山至此而盡地氣與阿拉巴麻同有瘴氣夏令人多染疫土田腴沃推南邦上壤惟西界未立隄防頗受水患康熙五十四年佛郎西人初至寄居西班牙人續至爭之以爲公地乾隆二十七年英吉利取之嘉慶二年歸合衆國二十二年立爲一國舊產煙葉洋藍近年以棉花爲盛會城曰查基遜官制與諸國同居民十三萬六千八百零密士失必河口外通海港有城曰那吉士又名新阿爾蘭洋艘所聚爲西南大埔頭

魯西安納國（一作累西安納又作雷栖阿那又作盧宜西安又作累斯安）在密士失必之西南隔河爲界北界阿甘色西界得撒南距海幅員如中國之直隸省西北有小山東南平坦地氣炎熱多疫癘土膏腴有水患地爲佛郎西人所墾乾隆二十八年西班牙奪之嘉慶五年佛郎西復奪回八年合衆國以番銀千五百萬圓買之二十三年立爲一國土產甘蔗棉花甲於諸國種蔗十五畝得糖五千斤有風櫃彈棉花一櫃可敵數百人之工會城曰紐哈連官制同諸國居民二十一萬五千五百零貿易之盛在密士失必河口上游諸國之貨皆萃

於此內地亦有鐵路

英釐安納國（一作引底安納又作因地阿那又作音的亞那）北界密執安西北距密執安湖西界奕倫諾爾南界阡的伊東界倭海阿幅員與密執安相埒土壤膏沃山巔亦堪播種樹木尤叢茂康熙三十九年佛郎西人始開其地乾隆二十八年爲英吉利所奪後歸合衆國產煤鹽鐵粟米苧麻煙葉洋參蜜蠟有鐵路通隣封會城曰英釐安納波里官制同諸國居民六十七萬五千零

奕倫諾爾國（一作伊理奈士又作依里內士又作意黎乃）在英釐安納之西北界衣阿華新部西界密蘇爾釐南界田納西幅員與魯西安納相埒地平坦多茂林豐草宜牧畜初與英釐安納爲一部皆佛郎西所墾後

爲英吉利所奪嘉慶十四年分爲奕倫諾爾部後歸合衆國土產與英盩安納同會城曰灣達里阿居民四十七萬六千零

阿甘色國一作阿干薩士又作阿爾干薩在曾西安納之北東距密士失必大河與密士失必田納西隔河爲界西界因底阿土番北界密蘇爾盩幅員大於曾西安納西界有阿薩麻薩尼大山餘皆平土舊本與密蘇爾盩爲一部皆佛郎西人所墾嘉慶二十四年始別爲一部道光十六年歸合衆國土俗物產與曾西安納畧同會城曰力特爾洛官制同諸國居民九萬七千零

密蘇爾盩國一作密蘇理又作彌梭里又作述蘇利在阿甘色之北東與奕倫諾爾隔密士失必河爲界西北界土番幅員與阿甘色相埒境內無大

山多茂林土宜粟麥稻有大河曰密蘇爾盩因以爲國名康熙三十九年佛郎西人初墾此土與阿甘色爲一部嘉慶二十四年始分兩部道光二年歸合衆國產白黑鉛砒石煤鐵鹽棉花牛皮會城曰渣法甸官制畧同諸國居民二十三萬三千零分兩種一曰格臘色士卽佛郎西人後裔一曰牙模士乃佛郎西人與因底阿土番婚配所生介乎紫白之間土番紫色

威士干遜部一作威斯滾中達多里衣呵華部一作依阿威士在蘇必力湖之南密執安湖之西奕倫諾爾之北跨密士失必大河左右地界遼闊約如諸大國之四倍多岡阜無大山土沃易於墾種本因底阿土番所居道光十年始有密執安白人遷居漸成聚落錯雜於土番之中皆建炮臺以資保衛近年人戶漸多分爲兩部北曰威士干遜居民三萬零南曰衣呵華居民四萬三千零經營方始未設統領等官故不成爲國以上八國二部爲米利堅西路

合衆國之西抵大洋海尚有荒地數千里北界英吉利屬地南界墨西哥中有落機大山諸大河多從此發源其土番總稱因底阿種類甚多長大多力五官停正似中華面色紫赤髮與睛皆黑色不解耕織炊汲茹毛飲血或啖果菜瓜以草木爲棚蔽風雨夏月裸上體腰圍獸皮冬寒則上體亦披皮又有面塗五色頭插鳥翎以示武者業惟漁獵不知文字病無方藥惟求持咒者叱解之其人明信知敬老受侮必報湯火不辭無錢幣以樹皮珠石相交

易有頭目以約番衆方英吉利與米利堅兵爭欲誘土番擾西邊以分米勢言語不通土番不爲用而米利堅西鄙之民多與土番狎熟因募爲一軍授以兵械敎成隊伍土番踴躍用命屢破英軍故合衆國之勝英土番與有力焉近年米人日漸西徙與土番雜居敎以耕作風氣漸開密執安湖之西已立威士干遜衣呵華兩部兩部之西仍係土番米人約其地形分爲三部曰威斯頓達多里曰威斯頓底特力曰阿里顏達多里

威斯頓達多里在阿甘色密蘇爾盩之西南界得撒墨西哥西抵落機大山北界威斯頓底特力地界遼闊土肥磽不齊肥者可耕可牧瘠者多不毛米人以其地與因底阿番爲牧獵之場又立書

館給工作器具冀日漸化導之土番種類甚多有土著者有外來者道光十六年米人查其戶口分十九種曰作島斯曰格力士曰支羅機士曰阿些治士曰瓜包士曰沙洼尼士曰干薩士曰地那洼士曰機加布士曰包尼士曰阿麻哈曰阿多士曰西尼加士曰委士曰比晏機搔士曰比阿里阿士曰加士機阿士曰阿島士曰波達洼彌士以上各種俱已解耕牧居廬舍學商賈間有通文字者其餘種類尚多榛狉如故

威斯頓底特力在威斯頓達多里之北東界威士干遜衣阿華兩新部北界英吉利屬地西抵落機大山地界遼闊山路崎嶇米人罕至其地故未得其詳其種人有曼丹士歛尼達里士墨臘弗底頓士然頓士西阿士等名道光十五年嘗與米人戰鬬地產山羊鹿皮

阿里顏達多里又名戈攬彌阿達多里在落機大山之西北界英吉利屬地南界墨西哥西距大洋海（卽中國之東洋大海又名太平海）地界遼邈里數未詳西界近海有山嶺數疊而東境之落機山爲大產木料皮毛有木曰攡樹高二三十丈圍四五丈亭直無枝至杪始分枝葉遙望如傘又有一種樹其脂如糖秋收其子作餅甚美土番不解耕作非漁卽獵鑿木爲舟可載四五十人運獸皮至戈攬彌阿河口易白人壞炮鐵鍋白珠藍珠煙葉鐵刀等物其俗生男女卽以物束頭俾其頂鼻挺直幷塗脂膩爲美觀間有佩熊爪銅鐲藍珠白珠者交易多以女任人調姍不以爲意又一種番生子卽以物壓頭欲其匾經年始除去之故亦稱匾頭人戈攬彌阿河之北岸卽彎戈洼島土番食海魚衣獸皮歐羅巴人有彌里士者曾至其地見其頭目之屋可容八百人有飲食者有坐卧者儀軀粗莽以人骨爲飾五官亦平正惟以赤土和黑沙塗面令人望而駭惡食惟魚亦有以人爲食者故市上有人手足

按米利堅二十六國內地各國大小不甚懸殊惟東北濱海數國壤地甚褊如紐罕什爾洼滿的麻沙朱色士干捏底吉紐折爾西馬理蘭已不及諸大國三分之一而洛哀倫特爾拉華二國周迴皆不過百餘里乃不及諸大國十分之一此非其分地之不均也當歐人之初闢此土也人戶先棲託於海壖各成聚落後乃漸拓而西日益墾闢其國之三大埔頭（摩士敦紐約爾非勒特爾非爾）皆萃於東北富商大賈之所聚地雖褊小氣象固殊內地各國皆資耕作幅員易廣而財力不如海濱之盛其勢然也迨華盛頓倡義拒英各部之豪皆起兵相應功成之後舉事者凡十餘部因卽分爲十餘國其後有續附者有新分者遂成二十六國皆仍其舊而安之非裂地而定封也洛哀倫人戶止十餘萬特爾拉華止八萬餘不能因其彈丸黑子幷歸大國齊魯之不兼邾莒亦初制則然耳東方通商諸國紐約爾最富厚麻沙朱色士賓夕爾勒尼安次之緬與勿爾吉尼阿又次之倭海阿土

沃人殷阡的伊田納西地處中原沃野千里南方諸國濱海西
方諸國傍河地利之產運行較便故國多富饒計兩湖之南密
士失必大河之東已無不闢之土河西止魯西安納阿甘色密
蘇爾壘三國近益以威士干遜衣阿華二部其迤西數千里密
林奧草野番所宅開墾不易然生齒日繁何處土滿數百年後
當亦阡陌雲連直抵西海之濱矣數千萬里稼穡之土剖判歷
數千萬年閟而不發地不愛寶固如是乎然至今日而篳路啟
疆固亦莫能終祕矣

米利堅各國天時和正迤北似燕晉迤南似江浙水土平良無沙
磧鮮瘴癘（南方微有瘴氣亦不甚毒）其土平衍膏腴五穀皆宜棉花最良亦最

多英佛諸國咸取給焉蔬菜果實皆備煙葉極佳通行甚遠山內
所出者石炭鹽鐵白鉛境內小河甚多米人處處疏鑿以通運道
又造火輪車以石鋪路鎔鐵汁灌之以利火輪車之行一日可三
百餘里火輪船尤多往來江海如梭織因地產石炭故也（火輪船必須燃石炭木柴力弱不能用也英吉利火輪石炭皆自蘇各蘭帶來）

米利堅政最簡易榷稅亦輕戶口十年一編每二年於四萬七千
七百人之中選才識出衆者一人居於京城參議國政總統領所
居京城衆國設有公會各選賢士二人居於公會參決大政如會
盟戰守通商稅餉之類以六年為秩滿每國設刑官六人主讞獄
亦以推選充補有偏私不公者羣議廢之合衆國稅入約四千萬
圓文職俸祿四百七十六萬圓陸路官兵俸餉四百三十萬圓水
師官兵俸餉四百五十七萬圓雜費三百八十萬圓開墾土費一
千三百萬圓統領雖總財賦而額俸萬圓之外不得私用分毫衆
國舊亦有欠項道光十七年一概清還不復丐貸於民然緣此公
私銀號多歇業而國家或有不虞之費無從取給亦頗受其累云

米利堅合衆國額兵不過一萬分隸各炮臺關隘其餘除儒士醫
士天文生外農工商賈自二十歲以上四十歲以下一概聽官徵
選給牌効用為民兵餱糧器械概由自備無事各操本業有事同
入行伍又設隊長領軍等官皆有職無俸每歲農隙集聚操演其
民兵約一百七十餘萬丁與古人寓兵於農之法蓋暗合焉

米利堅合衆國白人皆流寓歐羅巴各國之人皆有之而英吉利
荷蘭佛郎西為多三國之中英吉利又居大半故語言文字與英
同其制土番各畫地授田不准遷徙貿遷工作皆白人其人馴良
溫厚無鷙悍之氣謀生最篤商舶通行四海衆國皆奉耶蘇教好
講學業處處設書院其士類分三等曰學問研究天文地理暨耶
蘇教旨曰醫藥主治病曰刑名主訟獄

按南北亞墨利加袤延數萬里精華在米利堅一土天時之正
土脈之腴幾與中國無異英吉利航海萬里跨而有之可謂探
驪得珠生聚二百餘年駸駸乎富溢四海乃以掊克之故一決
不可復收長國家而務財用卽荒裔其有幸乎米利堅合衆國

以爲國幅員萬里不設王侯之號不循世及之規公器付之公論創古今未有之局一何奇也泰西古今人物能不以華盛頓爲稱首哉

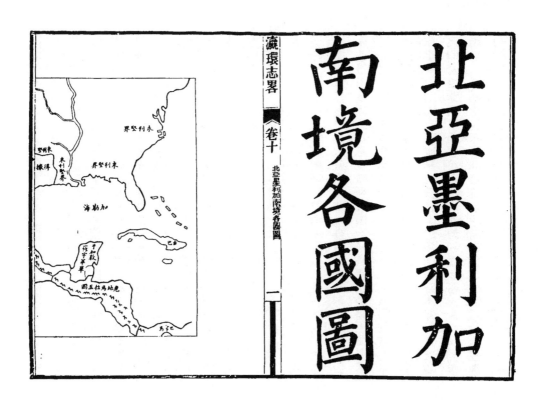

北亞墨利加南境各國圖

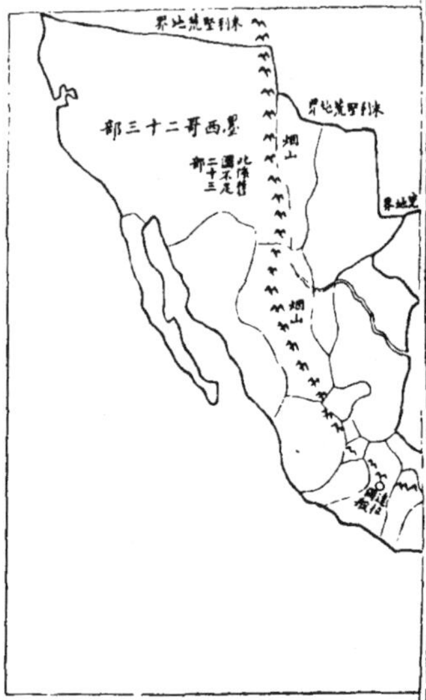

北亞墨利加南境各國

墨西哥。一作美詩哥，又作墨是可，又作墨西科，又作墨西果，又作麥悉哥，又作默西可 北亞墨利加之西南境也。北界米利堅荒地。東界米利堅得撒。距大西洋海。西距大洋海。南界危地馬拉。地形漸南漸削。由西北而掉於東南。長約萬里。極北廣約三千里。極南不過四五百里。煙山自西北來。此山在米利堅西界稱落機大山，在墨西哥稱煙山，因火峯最多故也。自危地馬拉以南至南亞墨加之極南境，皆稱安達斯大山，實則一脈相連，長約二萬餘里 貫國中如脊。火峯甚多。大者有四。煙燄常灼霄漢。地震最烈。陵谷時時易形。北境平漫。有草無木。居民牧牛以百萬億計。衣食皆取給於牛。秋高草枯。或投炬曠野中。延燒輒數十百里。南境在山東者多沙磧。山西土田肥沃。百卉繁生。西國果實皆備。河之長者曰巴拉窩。曰哥羅拉多。曰索諾拉。曰薩比那。迤北頗寒。迤南濱海一帶炎熱異常。內地漸高熱漸減。高至四五百丈則和適如中原。物產無多。惟烏木紅木牙蘭米香料。而大利則在於銀。其山產礦最王。攻礦之極三千餘所。各國行用番銀。出於墨西哥者蓋三分之二云。初北亞墨利加一土。自米利堅以北皆野番雜處。不成部落。惟墨西哥早建為國。有城邑。有壇廟。有王有官。肖物形而作字。有律例。地有廢城極大。云是千餘年前古跡。不知何代何名也。明宏治初。西班牙遣可侖探尋新地。知墨西哥為金穴。又稔其國無備。正德十四年遣其將哥爾德斯率兵攻之。震以炮火。墨西哥潰敗。國遂為西班牙所據。西人連艅西來。入山掘礦。流布雜居。

戶口日益繁盛每歲得番銀一千數百萬圓西班牙以此驟富乾
隆末年華盛頓畔英吉利自立爲米利堅國墨西哥羨之嘉慶十
五年畔西班牙西班牙征之九年方克復甫一歲又畔立部人義
都爾比達爲王道光三年廢國王分爲十五部各推擇官司理事
近年又分爲二十三部其制大畧倣米利堅而疆界未定法制不
立諸部不免內訌與米利堅有治亂之分焉
墨西哥本西班牙所改建故語言文字與西班牙同其人分三種
一曰西人皆西班牙流寓實爲地主戶多殷富俗尙奢靡錦衣駿
馬遨遊都市一曰土人面紫色匾鼻大骨以耕田爲業資蔬菜以
餬口家多貧乏不飲酒者恆壽考西人徵其口率之賦而不與之

往來一曰雜人白黑人嫁娶所生居民共計八百萬丁皆奉天主
教大部十九首曰墨西哥在南境跨大山之東西都城在其中曰
達拉爾般傑搆雲連殿堂整肅居民十二萬其地山川秀發花樹
繁茂風景淸絕惟地形低窪湖瀦漲溢時受水患次曰給勒打羅
曰瓜那叔阿多會城皆同名曰迷刷干會城名瓦拉多黎曰沙黎
斯哥會城名瓜達拉沙喇曰薩加德架會城同名曰索諾拉會城
名維拉德佛爾的曰濟華花曰都郎額會城皆同名曰卓哈回拉
會城名蒙哥羅瓦曰新艮會城名蒙德勒曰達毛黎巴會城名阿
瓜約曰桑盧意斯波多塞曰委拉古盧斯曰布委巴拉曰華沙加
會城皆同名曰濟阿巴會城名盧達勒阿爾曰巴達斯哥會城名

三的阿各曰于加敦一作于各單又作宇革單會城名美里達小部四曰加里
佛爾尼亞會城名桑加爾蒙德雷曰新墨西哥會城名三達非曰
達拉斯加拉曰哥黎麻會城皆同名瓜達拉沙喇城附近銀山礦
徒所萃居民七萬英佛諸國富商多出貲開礦厰然費用浩繁獲
利無幾亞加補羅可西地之大海口昔時西班牙每歲有商船來
此貿易取道於南亞墨利加鉄耳聶離之南風濤極險自西班牙
棄地之後帆檣絕蹟生意微矣眞十字架東地之大埔頭建於沙
灘敞闊無港澳海船停泊往往遭風擱淺然貿易極繁盛
按南亞墨利加西畔各國舊皆西班牙屬藩而以墨西哥爲綱
領墨西哥自古建國不同米利堅之榛狉西班牙豔其寶藏奪

而有之由此銀鏹東來享其利者數百年自古長駕遠馭必氣
力足以包舉而後長爲我有聲威一挫不免生心西班牙自遭
佛郎西之禍內變迭生衰亂日甚境內或稱勝廣海外安問鸞
佗微米利堅之先導墨西哥諸國其能終爲西人有乎墨西哥
擁土自擅全效米利堅而治忽殊途顯晦異轍則無華盛頓其
人以爲之渠也立國規模固全在乎剏始之人哉
得撒一作德沙又作特极又名費勒多尼亞在墨西哥之東米利堅之西南
南面距海長廣皆約千里地平如砥田土極腴草木暢茂穀果皆
宜巴拉窩河由此入海地氣溫和可居惟煙戶尙稀奥草叢林中
有瘴氣舊本墨西哥曠土康熙二十六年佛郎西人嘗欲開其地

事未果康熙三十二年西班牙人據之米利堅無業游民亦麕至後墨西哥畔西班牙得撒亦效之附於墨西哥之卓哈回拉部道光九年畔墨西哥墨西哥征之六年不能服乃聽其自立爲國無國王推擇官司理事分爲二十七小部曰阿拉巴麻曰巴刺塞里亞曰哥羅拉多曰古曼治曰哥里牙曰公薩勒曰阿黎斯不里曰厚斯敦曰倭斯卑爾曰日非勒孫曰剌巴加曰黎卑爾的曰麻的痾爾達曰迷那曰迷蘭曰米那曰那哥多士曰勒黎委爾曰勒夫日約曰薩比那曰三達古斯的音曰三當多尼亞曰桑非里卑曰桑巴的黎西約曰達那哈曰達拉委曰瓦盛敦都城曰奧斯的音建於巴拉索河濱貿易頗盛土產以木料爲主

危地馬拉在墨西哥之東南地形愈狹亘隔於兩海之間自西北而東南長約三千六百里廣處約千里地形中高外坦安達斯山通貫如脊火峯甚多有晝夜不熄者有忽吐忽熄者西境炎熱人多患瘧東境溫平可居惟地震頻仍時虞覆壓地本屬西班牙迨墨西哥畔西班牙危地馬拉附墨西哥後墨西哥廢國王危地馬拉於道光四年自立爲國不屬於墨西哥近年分爲五國各推官司理事不立國王曰危地馬拉國長約一千里廣約四百里會城名新危地馬拉曰桑薩爾瓦多耳國地形曲折難計里數會城與國同名曰關都拉斯國長約一千二百餘里廣約五百里會城名哥麻牙瓜曰尼加拉瓜國長廣皆一百八十里會城名良曰哥斯德爾黎加國東西約六百里南北約四百里會城名桑若塞五國土皆膏腴穀果豐碩產金銀珍珠琥珀雲母木料顏料香料藥材牛皮○危地馬拉濱海諸山產材木極堅緻價甚貴英人結隊入山捜採業此者四千餘人

危地馬拉之東南爲南北亞墨利加連界之地名巴拿馬（地屬可侖北亞）以一綫界隔兩海闊僅六十里泰西人謂能將此土開爲海道則東西兩洋混爲一水掛帆而西直抵中國之東界便捷甚矣然地梗山脊疏鑿不易泰西人亦僅存其說未能興此大役也

按歐羅巴至中國道途之紆遠阻於阿非利加紅海地中海之間隔蘇爾士旱路一百七十里若疏爲海道則水程減二萬里米利堅至中國道途之紆遠阻於巴拿馬片土若疏爲海道則西行而抵中國之東水程當減三萬餘里兩土之人謀疏鑿者非一日矣然開河道易開海道難且兩地之限隔天地之所以界畫東西也今欲以人力鑿之不亦傎乎

南亞墨利加各國圖

瀛環志畧　卷十　南亞墨利加各國圖　八

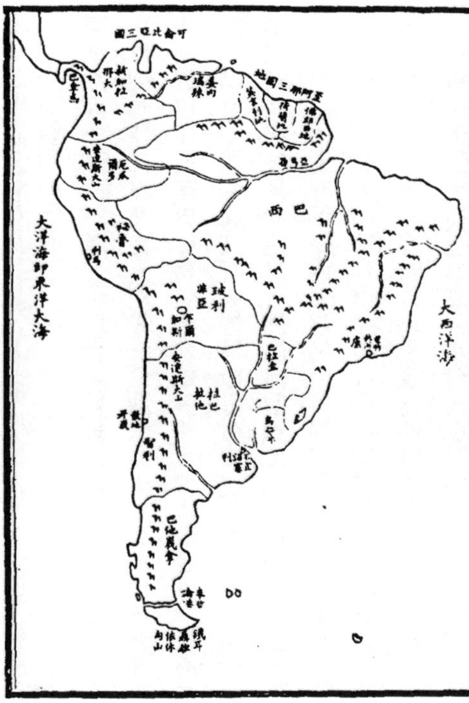

南亞墨利加巴西圖

瀛環志畧　卷十　南亞墨利加巴西圖　九

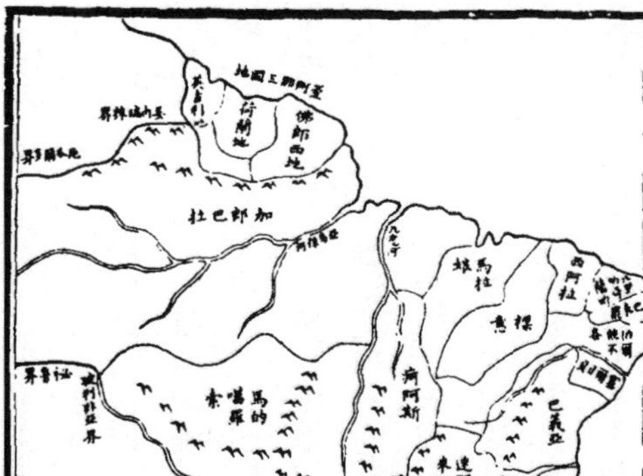

南亞墨利加各國

可侖比亞（一作可侖巴又作金加西臘）南亞墨利加極北境也西北至巴拿馬與危地馬拉接壤北距大西洋海西距大洋海東界英吉利新地東南界巴西西南界祕魯縱橫皆約五千里西境安達斯大山疊峙有高峯二百餘丈又有火峯時吐煙燄東境平原廣坦河道縱橫以阿利諾馬加他爲最大海濱酷熱水土不馴內地漸高溫平可居明宏治十五年西班牙遣其臣可崙尋新地先取此土建三部曰新加拉那大（金加西臘即新加拉那大之訛）曰加拉架曰基多各置大酋領之嘉慶十五年部人波里瓦爾率衆逐西班牙三部守臣搆兵八年西班牙不能克復遂自立爲可侖比亞國道光十一年仍舊三

部分爲三國曰新加拉那大曰厄瓜爾多曰委內瑞辣各有酋長不相統屬戶口不繁半皆西班牙流寓俗偷惰好賭博田屋蕩盡勿悔男女皆衣素伉儷最篤婦女不許人面或闚覰則挾刄相仇土人別爲種族性悍獷而陰狠地產加非白糖煙葉靛餅山產銀銅銀有四坑取之不竭河產金沙珍珠寶石○新加拉那大國在西北境由巴拿馬一綫與北亞墨利加相連長約三千里廣約二千五百里地氣濕熱北方爲甚田土腴沃物產豐饒地分十八部曰波哥大都城建於平原與部名同曰安的育基亞會城名墨德零曰內巴會城同名曰馬黎濟大會城名紅大曰波巴馬曰巴斯多會城皆同名曰不哀那溫都拉會城名義斯官德曰說各會城名基波多曰巴拿馬會城同名曰委拉瓜會城名三的亞哥委拉瓜曰加爾達日那曰蒙波士曰三達麻爾大曰里約合拉曰冬日曰邦不羅那曰索各羅會城皆同名曰加薩那勒會城名波勒○厄瓜爾多在新加拉那大之南南界祕魯東接巴西縱橫皆約三千里西界有連山餘多平壤地氣溫平土田腴沃貿易繁盛地分八部曰比晉乍都城建山谷中名基多曰井波拉索會城名約里邦巴曰英巴不拉會城名義巴拉曰瓜亞基爾會城同名曰馬那比會城名波爾多維也若曰官加曰羅沙曰倭音會城皆同名○委內瑞辣在二國之東南界巴西長約三千五百里廣約二千五百里大河橫帶國中河北多平原炎熱殊甚河南多山溫和可居

土田膴厚物產極豐地分十二部曰加拉架都城建山谷中與部名同曰加拉波波會城名瓦棱西亞曰馬拉該波曰哥羅曰都盧詩羅曰美黎達曰瓦黎那會城皆同名曰亞不勒會城名亞沙瓜曰瓜牙那會城名昂哥斯都拉曰古麻那曰巴爾寨羅那會城皆同名曰馬爾加黎大會城名亞松桑

祕魯（或作庀魯一作孛露又作伯路又作北盧）南亞墨利加名國也舊與玻利非亞合爲一國今分北界可侖比亞東界巴西南界玻利非亞西距大洋海長約五千三百里廣約二千六百餘里安達斯大山自西北來環國之西界如帶山以西浮沙浸海斥磧不毛山以東橫嶺錯出拓爲平原或高於平地百餘丈故山下炎蒸而嶺上極積冰雪其

閒脊腴之土蔬穀皆宜因地產金銀舉國以攻礦爲業農事全荒恆苦饑饉其地自古爲土番建國風俗與墨西哥可侖比亞同西班牙既得可侖比亞聞祕魯銀礦尤王嘉靖三年命比薩羅亞爾馬哥羅等懸軍深入軍士或顛墜層崖或失路餓死顧以大利所在堅不肯舍已而抵其國都番王不識戰鬬慴於炮火竄伏不敢與爭國遂爲西班牙所據西人羣來攻礦生聚日繁鎮以大酋歲收金銀益國用所得多於墨西哥嘉慶十三年西班牙爲佛郎西所困屬藩多畔祕魯欲畔而畏西班牙兵多猶豫不決道光元年與智利合兵逐西班牙守者遂自立爲國推擇長官理事不立國王居民皆西人苗裔善待遠客溫藹可親惟好逸好賭與可侖比

亞同俗貿易諸事倩他國人爲之土人爲西人所制艱於衣食能釀酒終日沈醉其物產金銀之外兼產銅鉛水銀胡椒甘蔗棉花藥材樹膠顏料香料地分七部曰利馬都城建於利馬河濱與部名同曰阿勒基巴曰不諾曰古斯各會城皆同名曰阿牙古說會城名瓜忙加曰入凝會城名華奴哥曰利卑爾達會城名都盧詩羅

玻利非亞一作摩里威那又作波里維亞又名高祕魯在祕魯之東南東北界巴西東南隅界巴拉圭南界拉巴拉他西南隅界智利西距大洋海縱橫皆約三千里安達斯山大幹走西界別支分歧入東界在西界者火峯不熄在東界者峭削參天常積冰雪土壤西瘠東腴地氣風俗物產與祕魯同其地與祕魯舊本一國俗名高祕魯而呼祕魯爲下祕魯道光五年乃別立爲玻利非亞國自推擇長官不立國王分六部曰朱基薩加都城建於平原名乍爾加斯曰巴斯會城名巴斯達牙古叔曰疴魯羅曰波多西曰哥沙邦巴曰三達古盧斯會城皆同名波多西銀礦最王自西人初開至今得銀七萬二千萬有奇

按孛露即祕魯爲南亞墨利加著名之國泰西人著書早豔稱之以其爲金穴也其民謂地中有寶不屑耕稼故上壤鞠爲茂草有懷金而啼饑者米利堅產穀棉而以富稱祕魯諸國產金銀而以貧聞金玉非寶稼穡維寶古訓昭然荒裔其能或異哉

智利一作濟利又作治里在玻利非亞之西南東阻安達斯大山隣拉巴拉他西距大洋海東南接巴他峩拿地形狹長如帶南北約四千五百里東西約四百餘里東面峻嶺橫雲高處常積冰雪有火峯數處多地震海岸高下時時易形山產金銀銅礦每歲得銀八十餘萬兩得黃金値銀五十餘萬兩紅銅尤多山西沿海一帶土田肥沃五穀蔬菜果實皆宜其民雖多攻礦而以農功爲重故夙稱富庶異於祕魯之荒本逐末初西班牙既獲祕魯嘉靖十五年命亞爾馬哥羅進攻智利土人拒戰不肯降越四載復命瓦爾的維亞進攻得地無幾嘉靖三十年瓦爾的維亞爲阿老干人所殺西班牙以其所得之地附祕魯阿老干者智利別部之最強者也乾隆

三十八年西班牙始滅智利得其全土而阿老干一部始終未附智利幅員褊小非祕魯諸國比然土沃鑛旺西班牙獨珍視之嘉慶十五年西班牙爲佛郎西所困亞墨利加諸藩部皆畔智利亦閉境自專後西班牙以大隊伐之智利兵敗求援於拉巴拉他拉巴拉他助以兵力西班牙始退去其民俗溫和好客女有姿容善音樂地分八部曰散地牙峩都城建於多波加爾馬河岸深林之中與部名同曰阿公加瓜會城名桑非里卑曰哥固英波會城同名曰哥俐乍瓜會城名古黎各曰卯勒會城名高給尼斯曰公塞桑曰瓦爾的維亞會城皆同名曰濟盧哀會城名桑加爾盧斯

按西洋諸國行用番銀成色高者歐羅巴印度所鑄其常行者

分四種曰墨西哥曰祕魯曰玻利非亞曰智利成色高下不同粤東人能辨之閩人不能辨也但稱爲呂宋番又稱鷹仔番

拉巴拉他（一作孛臘達又作巴拉大河又作由乃的朴拉文士士）在智利之東隔以安達斯山北界玻利非亞東界巴拉圭烏拉乖東南距大西洋海西南界巴他峩拿長約四千五百里廣約三千里境內有大江與國同名北里可馬若佰默若兩河匯之由東南入大西洋海海口闊九十里西北有山嶺餘皆蕩平如砥舊本野番部落明正德四年西班牙命索利斯攻取之鎮以大酋其地荒草無垠雜以荊棘叢林西班牙人初至其地以牝牡牛數十縱之於野歲久孳息不知幾千萬億四境之內皆野牛居民七十萬耕作者少但以捕牛爲業食其肉寢其皮製其骨爲器皿地亦有馬騎馬馳草莽中以逐牛海口通商甚廣出入貨價每歲以數千萬圓計皆牛皮所交易也嘉慶十三年部人逐西班牙守者自立爲國效米利堅推擇統領稱兼攝亞墨利加國然法制不立規模草草亦終於蠻荒而已地分十四部曰不宜諾塞利（一作捕諾愛勒）都城建於巴拉大河濱與部名同曰音德勒里約斯會城名巴沙大曰哥連德曰三達非曰哥爾多瓦曰三的牙哥尼斯德羅曰都古曼曰薩爾達曰如鋭曰加達馬爾架曰里約倭曰桑若漢曰桑盧意斯曰門多薩會城皆同名

巴拉圭（或作巴拉乖又作巴拉吾愛）南亞墨利加小國也間於巴西拉巴拉他之間長約一千七八百里廣約八百里地形斗絕內拓平原湖河

淤灌土多腴沃明嘉靖五年意大里人塞巴斯德央加波初開其地越九載爲西班牙所奪畀天主教師管理不設官乾隆三十二年逐天主教師隷於拉巴拉他迨拉巴拉他畔西班牙巴拉圭亦自立爲國時有歐羅巴文士居巴拉圭巴拉圭人推爲酋長其人陰鷙有權畧詰暴除奸士人畏服國雖小而張甚隣不敢侵地分二十小部（部名未詳）產牙蘭米甘蔗棉花藍靛煙葉蠟蜜大黃血竭桂皮又產土茶啜之能醉人

烏拉乖在巴拉圭之南東界巴西南距大西洋海西北兩面界拉巴拉他長一千二百五十里廣一千三百里南方山阜紆蟠北方則平原坦闊內哥羅塞波拉的巴拉大烏拉乖諸河交貫田土肥

饒物產極豐舊本拉巴拉他地後為巴西所奪名曰昔斯巴拉的那道光六年部人畔巴西自立為國推擇官司理事分九部曰蒙德維罷其都城也曰馬爾多那多曰加內羅內斯曰桑若塞曰哥羅尼亞曰索黎亞奴曰白三都曰都拉各奴曰塞盧拉爾痾

巴西一作巴悉又作伯爾西又作巴拉西利又稱布拉熱爾南亞墨利加大國也地居南亞墨利加一洲之半北東兩面距大西洋海西北界可侖比亞西界祕魯玻利非亞西南界巴拉圭烏拉乖縱橫皆約九千里地勢平曠間有山嶺紆盤亦不甚高江河多而長最大者曰亞馬孫自西而東口門似海曰凡悉自南而北曰烏路愚愛自北而南兩河之大亞於亞馬孫皆流入大西洋海其餘小河不可勝數明宏治十

三年葡萄牙人伯得祿阿爾瓦利斯探得其地見其土沃而曠徙國人墾闢之後葡萄牙為西班牙所并巴西亦為荷蘭所奪踞居五十餘年葡萄牙復國後悉銳渡海逐荷蘭人益開阡陌買阿非黑奴助耕作生聚二百餘年遂為海西大部產棉花白糖煙葉加非可可二物果名可代茶飲紅木牛皮藥材又出金沙金剛鑽各色寶石地力甚厚百穀皆宜惜戶口未繁農作不力已墾之土不過十之二三餘則蓬蒿雜遝林莽陰翳奇形之獸不知名之鳥恢譎之蟲蛇飛走出沒於其間雖有珍異之產掩於穢墟無由自獻西人惜之嘉慶年間葡萄牙王為佛郎西王拿破侖所逼逃至巴西佛師退歸國尋卒其子伯德祿留王巴西遣女歸王葡王不諳巴俗巴西人迫王歸葡立其世子為王國之貴人相助為理由是別為海西大國不屬於葡萄牙其國至道光年間戶口約四百萬葡人八十萬雜類四十萬白黑人嫁娶所生黑民十五萬黑奴子孫贖為民者黑奴百餘萬土人暨遠方各國之人七十餘萬葡人多及時行樂遊燕自娛力作皆黑民為之養之甚厚故無叛逃地分十八部曰里約熱內盧一作牙匿羅都城建於海濱與部名同廷廟峻麗市廛環匝百貨填溢學館醫院皆備人戶一百五十萬商船蟻集為通國大埔頭海門廣闊風物清美商旅羨為樂土曰勝寶盧會城同名曰三達加達里納會城名德斯德羅曰勝伯德祿會城名伯爾達勒給勒曰馬的噶羅索曰痾阿斯會城皆同名曰迷那曰來斯會城名額羅不雷

多曰斯不黎多三多會城名維多里亞曰巴義亞會城同名亦大埔頭夙稱富庶居民好賭成俗盜賊肆行時殺人於昏夜曰塞爾日貝會城名勝基利斯多望曰阿拉痾瓦斯會城同名曰伯爾能不各會城名勒西非居民七萬地平坦豐草叢林相雜其民騎馬獵野牛為生與拉巴拉他同俗曰巴來罷會城同名曰北里約哥蘭的會城名達那里曰西阿拉會城同名曰標意會城名痾滅辣斯曰馬拉娘會城名勝盧義斯曰加郎巴拉會城名伯零巴國腹地產金沙鋼鑽寶石其民陟巘沒河搜尋寶藏不務農功往往絕糧餓死土人悍獷近獸戶口甚稀

巴西北境濱海地名歪阿那一作古牙那有三國所闢新地佛郎西新

地在東曰加夜那長約一千六百里廣約一千一百里產丁香番木其地叢林密匝瘴氣最毒到者輒染病死佛國免死罪人流徙於此荷蘭新地在中曰蘇利南長約七百五十里廣約六百五十里會城曰巴拉馬利波地多水澤產白糖加非貿易頗盛黑奴多逃入山林誘土番爲盜刼英吉利新地在西與可侖比亞連界長約一千里廣約三百八十里本荷蘭所闢地英人奪而有之分三部曰特默拉拉曰義斯給波曰北爾彼塞土雖沃而半屬塗泥英人募阿非黑人來此修田工費太鉅獲利無幾亦產白糖加非

巴他峩拿（一作八的哥尼阿又作智加又作巴羅彌那）南亞墨利加之極南境即世所傳之長人國地形如襪北界拉巴拉他智利東距大西洋海西距

大洋海南距南海南北約三千餘里東西半之其地草木荒穢人皆野番肢體長大如常人一身有半遍體生毛攫食野獸不成部落亦不與他國往來地氣嚴寒如北亞墨利加之北境又別無物產故歐羅巴諸國括地至此未嘗過而一問也極南臨海之地氷雪常凝對峙一島曰鐵耳聶離依休勾中隔一港曰麥哲論昔時商船駛往智利祕魯者由麥哲論港西行因港內多礁近年率取道於鐵耳聶離之南狂風迅烈昏霧迷漫濤瀧之猛惡倍於大浪山舟過人人額手喜若更生

按泰西人所記四大土人民惟巴他峩拿土番肢體長大異於別種然亦不過高於常人一身之半較長狄之身橫畝眉見軾者猶相懸萬萬也此外黝黑如阿非利加醜怪如東南洋各島野番亦不過白黑妍媸之別而五官四體要無大異乃知長耳比肩之民飛頭貫胸之國古人故爲恢奇之說而世或從而信之不亦傎乎

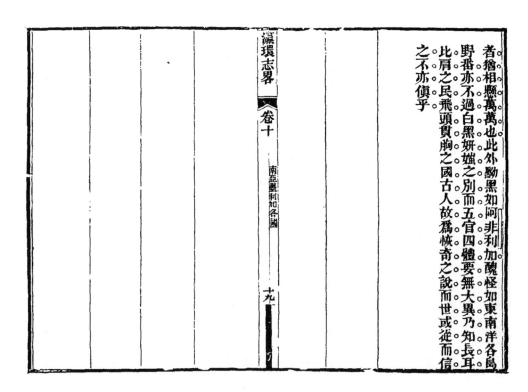

亞墨利加海灣羣島圖

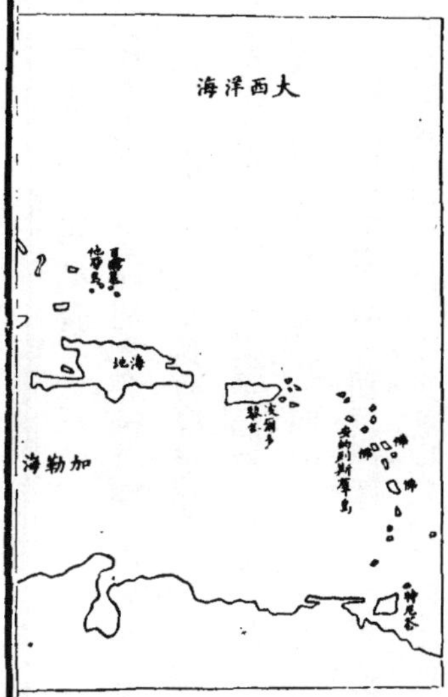

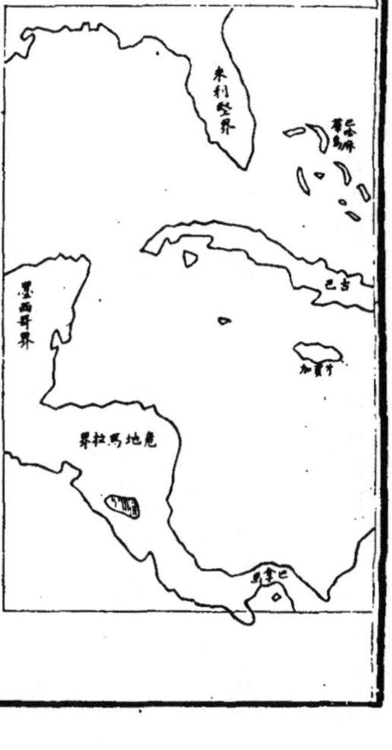

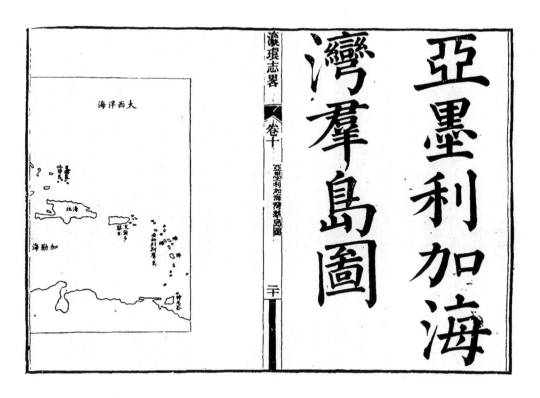

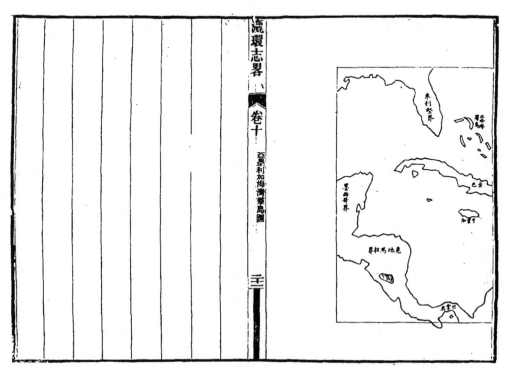

南北亞墨利加海灣羣島

北亞墨利加之南南亞墨利加之北細峽相連自西北而東南作灣環外向之勢其東北有大小數百島星羅碁布西北起米利堅佛勒爾勒徒部之東南隅東南迄可侖比亞之東北隅作灣環內向之勢兩灣中間之海名曰加勒前明中葉西班牙遣可侖駕船覓新地地無主名夙聞海外有五印度國即云欲到五印度西行數月忽睹羣島譁然以爲抵印度矣遂稱之曰西印度而不知印度在東方與羣島無涉也西船初到時擇羣島腴壤開設埔頭誘交土番謀墾闢後察知土番昏惰又強不可使遂以兵力勦鋤無孑遺別買阿非利加黑奴墾田播穀農務漸興其後復得墨西哥祕魯諸大國歲致金銀數十百萬視羣島如敝屣不屑經營久之爲海盜所據出沒剽掠商旅患之已而歐羅巴諸國接踵西來紛紛爭據羣島遂各有所屬西班牙之外曰英吉利曰佛郎西曰荷蘭曰嗹國曰瑞國羣島氣候極溫與亞細亞南海諸島相似島之大者多有火峯火燄時時迸流地震頻仍每秋冬暴風驟起沙石俱飛所產者棉花酒白糖加非可可子

西班牙屬島曰古巴在佛勒爾勒徒之南地形狹長東西二千七百里南北約五百里羣島之最大者岡陵重疊土壤腴厚物產豐盈西人昔時不甚措意近來藩國皆叛僅餘此島乃珍重培護倚爲外府居民七十萬內黑奴二十八萬產白糖加非酒煙金銀銅

鐵水晶吸鐵石每年運出之貨值二千萬圓地分三部曰西部會城曰哈瓦那居民十萬所造之煙最香烈諸國爭購之曰中部會城曰三達馬里亞曰東部會城曰三的牙額○又一島曰波爾多黎各又名貴港口在海地島之東長約五百里廣約一百五十里地不廣而物產尤豐力作皆白人黑奴甚少每歲運出之貨值銀二百四十萬兩

英吉利屬島牙買加較大在古巴之南島有山山下溪澗縱橫足資灌溉土又膏腴故其地農功最盛舊會城遭地震風災而毀新立會城曰京敦迤西有巴巴突島白人所居其土磽瘠○東方之島總名安的列斯羣島曰安地畧亞曰吉英人舊所據守曰多米尼加曰多巴哉英人新創又特尼答島較大附近可侖比亞東北隅此外附近各小島尚多英人擇要戍守各島物產饒裕居民多有餘資競起樓閣時時宴飲○北方有巴哈麻羣島又迤東有百爾慕他羣島大小凡數百島氣候溫晴而物產殊少無可貿遷故英人不甚重之

佛郎西屬島在安的列斯羣島之中曰馬耳的尼加曰瓜他鹿兩島最大此外尚有八島物產豐饒貿易最盛每年出入貨價約二百餘萬兩其地山青水澈多名花異鳥風景之佳爲海西羣島之冠

海地島在古巴之東東西約一千五百里南北約五百里明宏治

五年西班牙遣可侖探尋新地初抵此島名曰義斯巴尼約拉後西班牙據其東偏佛郎西據其西偏多買阿非黑奴力作年久繁衍黑奴凡四十餘萬口而佛人僅萬餘佛人待黑奴寡恩黑人怨之乾隆五十六年佛有內難黑奴黠者約期同發各殺其主佛人萬餘殲戮無遺西班牙人居西偏者亦逃竄別土黑人遂推雄者爲酋佛以其爲逵亦未暇西討也地分六部曰波爾德比其都城也曰加也斯曰亞爾的波尼的曰加不挨頭曰三的亞額曰三多明各斯道光二十二年都城地震壓斃數千人其地物產豐厚貴作不力每歲運出貨價值二百七十萬兩

按阿非利加黑夷好畧賣人口歐羅巴諸國以其慣而馴能力

作競買爲奴迨歐人西辟亞墨利加諸島國苦於土滿本國流寓不足以資耕作土人又悍不受役於是多買黑奴驅之壠畝如牛馬然葡萄牙尤以販買黑口爲利相沿數百年矣黑人雖混沌然與歐人雜居日久七竅亦已漸鑿西衞諸國待之有恩故未生變佛人性高亢視黑奴如草芥踐踏無忌黑奴之悁悁含忿欲俾入於其腹中者非一日矣一聞內變操戈並起萬戶聚殲不遺噍類語云蠭蠆有毒信哉近年英吉利嚴申厲禁以多金贖放黑奴爲民前後費銀數千萬圓且以兵船巡海上捕販賣者米利堅亦多所贖放並於黑奴故土買地安插固兩國之好行其德抑亦有懲於佛人不欲斂怨於異族沽慈惠之聲弭肘腋之變其爲謀誠深遠矣

荷蘭屬島在安的列斯者有七地褊狹無大權每遇諸國兵爭不暇権稅各島乘機販鬻極獲倍蓰之利

嗹國屬島在安的列斯者有三近年效英米以釋放黑奴爲德政

瑞國有小島在安的列斯羣島中曰桑巴爾多羅美地褊狹貿易甚微

按亞墨利加兩土縱橫數萬里海灣羣島一拳石之多耳然古巴海地兩大島比中國之臺瓊其餘各島亦多腴壤歐羅巴人極意搜求得片土即經營墾拓遂使萬古窮荒之僻島無不獻之精華其能事曷可少哉

西洋雜志八卷（卷一至卷五）

〔清〕黎庶昌撰

《西洋雜志》八卷，清黎庶昌撰。庶昌（一八三七—一八九七）字蒓齋，貴州遵義人。光緒三年（一八七七）隨郭嵩燾出使英法，旋轉任駐德、西班牙使館參贊，據聞見纂爲此編。所記歐洲地理、風俗及政治、經濟情況較詳，所附《由亞西亞俄境西路至伊犁等處路程考略》等，爲當時中國人對外國地理、交通情況調查研究之記録。書中所録郭嵩燾、劉錫鴻、李鳳苞、陳蘭彬、曾紀澤、羅豐禄、錢德培等人日記、書信與筆記等，具有史料價值。據中國國家圖書館藏清光緒十一年莫繩孫抄本影印，原書所缺卷七，以清光緒二十六年刻本配補。

雜志

上冊

一[illegible][illegible]一

光緒乙酉

西洋雜志第一卷目錄

卷一

英君主接認新加坡領事敕書

郭少宗伯咨英國外部論喀什噶爾事

英國漢文照會

安南國書樣式

古巴創設領事情形

西洋雜志卷第一

英國呈遞　國書情形

郭少宗伯日記光緒二年十二月二十五日兩點一刻偕劉副使繙譯官德明馬格里乘車至柏金哈恩巴雷司巴雷司者譯言宮殿也外設鐵柵門門以外觀者如堵墻無敢入者由鐵柵門入外大門院落客廳四面皆樓房轉入二重門下車兵官數人旁侍一人前引徑上又轉折上樓三重至一長廊極雄麗其勞爾德禪伯爾勒恩二人曰開爾偏斯曰宣摩爾及外部丞相德爾比及威妥瑪繙譯於勒爾禧左的威在勞爾德禪伯爾勒恩者譯言御前大臣也相與小坐候之至三刻一人啟門入為傳宣者德爾比前導嵩燾與劉副使隨之以行下樓右轉至一小室君主當門立其公主曰彼阿得利司旁侍入門鞠躬其君主亦鞠躬近前宣誦

國書馬格里相繼宣誦英文畢因將　國書捧授君主君主

以手承之授使臣比置之近窗小案端君主因言此次遠來為兩
國之誼庶期永保和好行勒爾用漢文宣述畢高聲答曰是又問中
國　大皇帝安好答曰　大皇帝安又言既收受
大皇帝國書亦當有書回致　大皇帝答曰是仍鞠躬而
退其禮甚簡而相與問勞殷勤則便殿相見之儀也

惋惜滇案　國書

大清國　大皇帝問　大英國　大君主五印度　大后帝
好朕誕膺　天命寅紹丕基眷念友邦永敦和好光緒元年
正月間　貴國繙譯官馬嘉理持有護照由緬甸至滇省邊境
被戕並將同行副將柏樂文等阻朕特派湖廣總督李瀚章前
赴滇省秉公查辦並降旨令各直省督撫通飭所屬地方官遇
有執持護照之人入境照約妥為辦理經李瀚章查明奏請將都
司李國珍等分別治罪二年六月朕又特派文華殿大學士直隸

總督一等肅毅伯李鴻章為便宜行事大臣前赴山東煙台會同 貴國欽差大臣威妥瑪將前案籌辦完結經李鴻章覆奏 貴國欽差大臣威妥瑪以為懲其既往不若保其將來朕特降旨着照所請將李珍國應得罪名加恩寬免仍諭令各直省督撫恪遵上年諭旨照約保護並着總理各國事務衙門擬定告示咨行各直省遵辦以期中外相安惟馬嘉理持照入滇邊境慘遭被害不但有關生命並致傷和好朕深為惋惜茲特簡 欽差大臣署禮部左侍郎總理各國事務大臣郭嵩燾前赴 貴國代達衷曲以為真心和好之據朕知郭嵩燾詳練忠誠和平通達辦理中外事務甚為熟悉務望推誠相信得以永敦友睦共享昇平諒必深為愜悅也

大清光緒二年九月十七日

郭少宗伯誦詞

大清國　欽差大臣郭嵩燾副使劉錫鴻謹奉　國書呈進
大英國　大君主五印度　大后帝上年雲南邊界蠻允地
方有戕斃繙譯官馬嘉理一案當飭雲南巡撫查辦據嗣經
欽派湖廣總督李瀚章馳往會辦並將南甸都司李珍國拿訊
又經　欽派大學士直隸總督李鴻章馳赴烟台與　大國　欽
差大臣威妥瑪會商辦理威妥瑪以寬免既往保全將來為詞一切
俯請免議中國　大皇帝之心極為惋惜特命使臣前詣
大國陳述此意即飭作為公使駐紮以通兩國之情而申永遠和
好之誼敬念　大君主　大后帝含宏寬恕仁參義周遠
近照並為諒體中國　大皇帝之意萬年輯睦永慶昇平
使臣奉　命惋惜之詞具於　國書謹齎上　御覽并申
述使臣來意以為講信敦睦之據
德國呈進　國書情形

劉京堂日耳曼紀事戊寅十月二十二日一點鐘三刻進見其開色於驅歷時珥學歇士巴列驅歷時珥學歇士者華言君主也巴列者華言宮也此宮創建多年規模殊狹別有新宮較崇廣者然皆白石為壁與民居市肆相連屬制度無甚區別開色性儉樸不樂於新宮故與其開色鄰偕悔舊宮以處開色居左樓房開色鄰居右樓房皆木板劃為方格形不鋪氈毯墻壁飾以白花紙無錦繡之紋几案亦少陳飾不若英宮之奢麗也是日余偕繙譯博郎乘馬車至其門兩下門外有兵二人分左右立見使者至則兩手舉鎗以為禮進門教武二等禮官曰溫呂德洛溫者以爵附呂德洛者其姓也者下樓相迎前導而上每些階一層皆有兵二人若守衛者至二層樓則內廷頭等官屢芬爾確洛屢芬者猶中國伯爵芬其爵之謂也二等官屢芬北來奔海醫外部大臣芬畢魯在焉相見握手寒溫數語有侍衛武官三人亦遠立而點頭須臾白板門開開色

覲謁而出禮官導使者覲謁而入博郎捧　國書相隨至中庭
閣邑立定使者亦立定相距不過尺許博郎捧　國書使者兩手
敬捧之口誦所撰頌詞博郎繙譯其詞畢使者恭遞　國書
閣邑接受以授禮官閣邑探懷中出洋紙一篇向使者琅琅自
讀之即其所撰答詞也讀畢使者稱謝閣邑問曰貴使來自何
處曰來自倫敦曰到倫敦辦理何事曰爲上年雲南案且修
好也曰案已結否曰已結曰在倫敦住幾時曰四十閱月
大皇帝于本年三月即已有　旨派使臣前來因待　國書
延至今日敝國相隔太遠亦有害處往返總須數月也曰貴使
是初出洋否曰然曰乘中國船來乎曰由上海搭英國船來敝國雖有
輪船尚未駛赴西洋曰此地比倫敦何如答曰此地天氣晴明不若倫
敦霧雨時多閣邑曰此地水土亦不佳天氣且冷溼願貴使保重久
住於此居處平安飲食健適我心慰矣有使館否曰有之曰謹為

卜居之日譯官博郎開色又問房屋寬潔否答曰尚可住得開色曰我甚樂與貴使常相見此次不便多談他日當再來請前來敘話遂鞠躬倒行而退俟去亦鞠躬倒行而出開色年八十一精神炯炯步履殊健立談適一點鐘殊無倦色身著黑呢短衣兩肩皆嵌金版如武職所服殺服德人衣飾從儉自國主以至官與兵皆無金花繡緯輝煌眩耀之觀余出至外廷後與廷臣款洽數語禮官乃送余下樓

郭星使第二次呈遞 國書

郭少司馬日記十一月初六日准英國外部德爾比函報曾經照會在溫色爾行宮接見一事茲再函達貴大臣屆期由本爵準備火輪車一輛於十二月十六日（中曆十一月初八日）午正由柏定敦車棧起程前往溫色爾行宮初七日先遣德明等前赴外部錄示呈遞 國書誦詞接語外部侍郎定得敦言烟台條約稿不知郭欽差待此覆

奏昨已照會允准全權此次接見與初次不同應照西洋通例奉上接
收並請轉告欽差是日赴行宮接見請穿常服初八日午刻攜
同德明等赴柏定敦車棧德爾比威妥瑪已先在棧迎候當語
威妥瑪呈遞　國書簡要頌詞以詢德爾比答言甚屬允妥隨
時開行因至溫色爾車棧旋由宮預備對馬坐車七輛迎候於
途直入宮院至殿堂下立其內部宰相畢根士非爾及克羅斯
立吉門候執政皆在相見寒暄宮官先傳畢根士非爾入見約一時
許宮官出導中國使臣入德爾比威妥瑪隨入德明等捧之　國書
奉之以前稱中國　大皇帝敕使臣郭嵩燾駐紮倫敦
補　頒國書呈遞　大君主鑒收馬格里譯誦洋文君主亦親
手接收授之德爾比回答云郭欽差奉　旨駐紮不勝喜悅
甚願中國欽差長駐此間威妥瑪譯誦漢文因即鞠躬而退
是日接見各國公使三人其一珊薩爾威多爾公使開希多佐兼

瑞英法意荷四國公使其一俄氏西公使喀尔得尔為北亞墨利加西島國兩公使俱見探各帖喀尔得尔自云大洋海一小國以會議条约来此向姜公使駐紮接見本國五人一拉斯嘈美尔貝音斯一立濕普美尔哇克尔一刑官羅彬生以賞帶寶星甫見一出使荷蘭公使斯覺尔得一教師斯丹蕾兩美尔并閱寓畫游歷蘇葛蘭之信為設供帳迎迓旋以病不果相見悵然并申後约焉丹蕾則所素識亦英國博雅多識人也回至舒查宮官留坐少頃畢根士弼尔德尔比請出遊至假廠午膳執政公使及女宮官數入并為一席其美尔等别為一畫午膳畢仍乘对騎坐車至車棧由原汽輪車回倫敦德尔比克羅斯威妥瑪同行畢根士弼尔獨每後酉正回倫敦寓所是日呈遞　國書接見英國君主大畧情形也

郭少司馬　教書

皇帝敕諭欽差出使英國大臣兵部左侍郎郭嵩燾國家慎固邦交每以誠信脩睦為首務皇華遣使責任攸關今特命爾充駐紮英國辦理交涉事件大臣爾其仰體朕懷悉心經畫按照條約所載詳慎舉行遇有應行請旨宜奏並知照總理各國事務衙門奏定辦理所有中國委派領事及隨行官員雖爾節制如有內地人民在外貿易者宜隨時保護約束俾各安生業其今朕所敕中開載未盡事宜爾亦當度勢揆情持平經理爾當殫竭智慮克襄鴻謨毋負委任如或措置乖方致滋貽誤國有常罰爾其慎之特諭

曾侯兩次呈遞法國　國書情形

蒓齋雜記戊寅十二月十八日法國御前接引大臣穆納駕四馬朝車一輛從騎三匹來迎曾侯曾侯率庶昌與繙譯官聯芳法蘭亭英國參贊陳遠濟劉翰清隨員楊文會等同至其勒立色宮

呈遞國書曾侯與穆絢及外部繙譯大臣前駐京公使葛士奇同坐驂車陳遠濟偕蘭亭乘坐穆絢之車庶昌與劉翰清聯芳楊文會則乘曾侯之車也宮外陳兵一隊奏樂迎賓曾侯至門下車余捧國書隨後以次魚貫入其便殿三鞠躬而前伯理璽天德馬克蒙向門立待亦免冠鞠躬余以國書捧授曾侯曾侯宣讀頌詞葛士奇立於其旁以法文譯誦曾侯呈遞國書伯理璽天德接授轉交葛士奇復誦答詞亦以華文宣讀其大畧云中國大皇帝遣派貴使臣前來本總統不勝欣幸從此兩國和好愈篤日益親密貴使臣品秩甚崇如有交涉應辦事件本總統必竭力相助且貴使臣之父曾國藩本總統亦素所欽佩貴使臣能常在此辦事實屬彼此有益誦畢鞠躬而退宮門外兵樂復作穆絢葛士奇送曾侯回府小坐而去

花高雜記法國伯理璽天德馬克蒙辭位之後繼之者爲格乃費

共國駐京公使先有國書請總理衙門呈奏，告更換新君。朝廷
亦以書答之，命曾侯往遞　國書。盛以黃綾封套，如請帖樣式，
而加增長大，古所謂尺一牘。內用黃紙，摺疊數開，每開分四行書
寫，界以朱絲，年號處未用　御寶，蓋從西也。該國亦請使見。己
卯九月初一日兩點鐘，曾侯率予與聯芳、法蘭亭同至勒立色
宮，適伯理璽天德禮見之教皇公使畢，立時請見曾侯。入門鞠躬，
格乃贊亦鞠躬。曾侯將　國書呈遞，並致頌詞，其言中國
大皇帝聞伯理璽天德嗣位，特命使臣前來賀喜。格乃贊亦問
大皇帝安好，即一一握手延坐，略談數語，曾侯起立鞠躬而出。

日國呈遞　國書情形

陳副憲節略：蘭彬四月初一日行抵日國馬得利都城，其駐華公使伊
巴里迎於道左，登車少敘，隨送蘭彬同至店，店中升掛中國龍旗，
觀者如堵。即日申刻，遣吳參贊嘉善往拜總理外務參贊官，訂期

次日与外部大臣相見。初二日蘭彬往会外部大臣公爵戴瑞，告以副使未来，并須酌一切禮節。回寓即備照会并譯録 國書及誦詞底稿咨送前去，請定謁見之期。初三日其君主由鄉遠宮。午後接准外部大臣照復，訂期初四日一點鐘入見呈遞 國書。是日午正二刻，其贊禮大臣侯爵世晃華亞利恳列常同宮車三輛前來，車制華麗，錦帷纓穗，金軸朱輪，瓔珞斑斕，四隅玻燈高挂，前坐御者之人，後站武弁二人，及車旁騎馬護衛四員，皆被金花戎服，腰間佩刀，率領兵士到寓相迎。午正三刻，蘭彬率同吴參贊嘉善、隨員劉亮沅、陳善言、吴禮堂、吕祥培穿行裝，偕其贊禮大臣坐車同往。沿途男婦擁擠，多以摘帽為禮。未初一刻至王宮，宮闕巍峻，平列三門。参贊夫人由左門下車，蘭彬由中門下車。贊禮大臣前導，循序而進。守門官兵軍裝整肅，排立兩旁，至前咸摘冠示敬，或屈半膝。前行數十武，轉升東階，階砌白石，中鋪彩氈，周折而上，百有餘步，始達外殿。殿南向，東西二门由西而入規模軒敞深約四丈廣約六丈陳設精潔金碧輝煌壁間補繪油畫大約遍丈南面玻璃窗槅偏看宮门至此靜立稍待有頃東门啓闢贊禮大臣引蘭彬前進參贊吴嘉善捧 國書居左繙譯官吴禮堂居右隨员劉亮沅等三人隨後平列入户即為内殿制度與外殿同惟東南隅横設小案一別無椅櫈日國君主戎服佩刀免冠西向立於案前其公爵世士度將軍阿利曷安殿前侍衛公爵披靈等案後環侍外部大臣戴端旁立案右蘭彬偕各员進見凡三鞠躬其君主還一回答蘭彬當用華語宣讀補詞畢參贊吴嘉禮敬授 國書蘭彬恭捧呈進其君主接受轉授外部大臣安置案上隨即致答誦詞用日語宣讀訖即趨至蘭彬前用法語先問 大皇帝安好蘭彬敬對安好次通兩國輯睦之意對以願從此益加和好俾兩國百姓共樂昇平復慰勞使臣跋涉辛苦對以馳驅奔走職分當然答畢其君主并與隨見各员

一一點首致意，隨即作别。蘭彬退出外殿，贊礼大臣告以應見君主之姊長公主。遂由殿外回繞白石長廊，凡進宮門數重，每門官軍佩鎗者抱鎗於懷，持戟以桿築地，所以示敬也。出入各門皆然。四歷重宮，進於内宮，錦罽繡幃，均極華麗。公主出見，裳服巾帶純用黑色。蘭彬偕各員點首為礼，公主答礼如之，亦用法語致問 大皇帝安好。蘭彬致對如前，并詢所歷程途，答以先至美國，後經英國、法國前來。敘語而退，贊礼大臣引出王宮，仍以宮車親送回寓。

見開色鄰

劉參贊日耳曼紀事：十一月初二日見開色鄰於駆歷時理學歇士巴列肯。内廷官曰夏芬尼塞羅德，曰夏芬尼陪好者，在外迎候。既至，即啓門，開色鄰鞠躬而出，使者鞠躬而入，彼此對立於中庭。開色鄰曰：“向曾出洋否？”答曰：“上年初次出洋，往駐倫敦，今由敦倫來。”曰：“由何路赴倫敦？”答曰：“取道新加坡、檳榔嶼、錫蘭，以至紅海。”曰：“至蘇彝士

後仍由水道進手答曰然曰貴使是廣東人曰然曰廣東省極繁富
地方甚大答曰恐不如貴國宮室之峻整曰廣東之房舍絕好雖未
身至其地親覩之往遊者皆極口稱之貴使此來甚願常相見數
年前有美國人蒲安臣奉中國　大皇帝命帶同華官
至此亦嘗遊憩此宮也答曰深感盛意曰前次來遊之華官尚在
北京否答曰俱已擢職於外矣曰貴使初次出洋雖家數萬里甚
紀易事深願貴體平安余即辭以答爾色鄰遂獨影而返閣
余似有所言後轉回立定閣曰貴使適何言答曰不過欲謂此間水
土甚相宜爾色鄰曰今年天氣沉陰卻不見冷但飲食必不如中國
貴使不通此間言語聞居甚為悶悶現有華官七人在此學藝曾
見之否答曰已來見堉言貴國教習極為用心不分畛域使臣不勝
感謝爾色鄰笑曰貴國欲學西洋兵法甚妥遣數十人前來肄
致乃速答曰應以此意為國家言之遂退爾色鄰年六十三歲於

黑衣裙侍立其旁者婦三人，其一為閣利芬牡爾奔沙伯爵夫人白閣利芬，皆內廷官之妻也。余則惟隨繙譯官博郎立於後。

見比利時君主

劉京卿重日耳曼紀事：比利時公使以彼國主抵伯爾靈〻居於公館西，約十八日三點鐘往見。屆期余偕黎參贊、慶繙譯公服同往。各國公使與婦女畢集，男女分行而立。該國主暨其后并出。國主先就公使婦攀談，次第俱徧，然後及公使與法國開色夫婦。見使臣之禮，因該國主至余前，言得見貴使，心甚歡，以往年曾至中國地方，未得與華官一談也。問以所至之地，答曰廣東省城。曰我即廣東人，未識貴國主至此，船居乎，陸居乎。答曰居教士家。曰我赴伯爾靈，取道貴國都城，惜怱〻未暇逢見。答曰此實可惜，他日貴使經此，必當一面以敘款曲。我至廣東，亦必造訪，如此方見情誼。余引黎、慶二員見之，畧詢數語而去。其后至余前，問答無多，夫

妻年皆約三十歲

英君主接見各國公使

劉京堂英軺私記正月初三日英主邀請各國公使帶同參贊隨員赴聖瞻士宮命其冢嗣威兒士代行接見禮聖瞻士建自數百年前體制簡易與市肆毗連此君居出入所便故道光中另建柏金哈木以自處惟大禮會乃在舊宮宮外亦白石為城門形護兵數百紅衣挾鎗列隊於內門街兵官皆金鎧胄入門升階兩重至一大堂有執銀筆以記人數者其名曰赫勒爾內大臣之侯爵某也又轉入一大堂國使皆服畢集惟中國是日忌辰故使者獨於裝兩忌鐘內宮門開其所謂御前大臣尚書者先入國使按序以入以到國先後為序不以國之大小為序防爭也威兒士狀貌雄偉衣金花紅短衣立君坐下其左為白耳曼太子嘐士顛又左為皇親沙鑾士乘馬國太子又左為公爵阿梯鑾赫弗居前接授銜名而唱之凡

途見街名洋字書以洋白紙橫約三寸縱約二寸黏於途見之事由初見者紅其兩旁及背繼見則祇用拜客名帖中國使者拜客亦用洋名片蓋人家之無能繙譯者華字非其所識不得不從俗也國使或書某國欽差而已正使與余等同黎庶昌德明鳳儀劉孚翊張斯栒等魚貫入見鞠躬威士兒亦鞠其躬語正使曰貴使之來甚愜私志也語畢而返文武官紳相繼見有與威兒士喜談者攜手跂跋

郭少宗伯日記十八日為西歷三月初二日君主接見各國公使及其隨員於柏金哈思巴雷司王則婦人居十之八隨員見君主鞠躬而已婦人則屈一膝君主分三等款接有執手親臉者有僅執手者亦有立受者其國戚下輦或執君主之手以嘴親之其家嗣與兄及三公主皆旁侍惟君主長衣僅露兩肩及胸背於外而結束上衣於兩乳垂處以下約其臀曳裙委地至八九尺蓋此間婦女覲見之禮也

卷一　十一

花富雅把英國君主每歲自開会堂後接見本國臣工約有六七次每次各國公使皆以與朝如實有事故不能往者必先函致其外部官民接見先公使而後官紳婦女官紳及婦女皆隨見隨出公使不然既見之後皆聚立於庭中央必俟接見事畢君主出乃自散悵往、站立一時許之久各國大概如此

英國開會堂情形

郭少宗伯日記西歷二月初八日開会堂中歷之十二月二十六日也前六日其御前大臣宣摩爾函述外部知会中國　欽差當入會堂閱視觀者數人因遣馬格里就詢其情事各國公使坐次參贊以下不得與惟中國可增繙譯一員其往觀者別有各國坐次議二人為送照單二紙公使徑入就坐無照單也至二十六日午刻同劉副使馬繙譯并黎參贊劉隨員二人同赴会堂逢次列隊俟道人家張桐恕孫迺䈎君主至則入会堂左門甬道百餘步堂

設寶座正中左右廊皆世爵親眷兩頭右廊上方設座上下四層飾
綠欄界之各國公使坐次也左右樓則百官及其親眷兩頭左樓上
方設座各國有名位者皆往觀焉世爵坐次在院中所謂上議政
院者也爵分五等一曰溫克二曰馬耳貴斯三曰耳爾四曰外剛得五
曰巴隆亦概借公侯伯子男爲名皆穿長紅披用小白羔皮橫界
其中由四重至一重其無橫界者或全紅披或霞白羔皮其上
若馬褂然謂之公爵四重下至子爵一重男爵無橫界者頭披白
絨左右下垂至胸際院中設巨案鋪青長披者三人據案向上
坐則掌司律例者也至未正其眷屬與世子先至樓上下皆起立
眷屬坐寶座右方妃斜坐一大紅墊距寶座數尺正中向上
少頃君主至兵官數人列隊前導有持御冠者二人皆旁侍
公主二人立寶座左方丞相畢根士持刀左侍掌冊寶者鏗與
同在書室讀此中國之宣諭然宣讀畢君主出眷屬與世妃

継出座昌注是日在堂中者約六百人婦女而十之六太子與其妃先至樓上下皆起立婦女或袒露或不袒露及君主至一皆起立婦女悉袒露及會君主出為太子之妃按吻為礼其太子亦以吻歟君主之手為禮所請各國公使惟德使奥斯達法使達拉國二人而已而日本公使烏葉那歐憂真洞立波斯公那實木麻拉克木其國之可汗王也比利時索拉窕執同殷勤意甚歡也各國使臣皆衫服獨美利堅常服美國君民一例無衫儀自西洋各國皆以免冠為礼波斯土耳其服制一如各國而不免冠相與鑽顧以為盛會各國所不能逮因問馬格里宣讀書詞誰屬乎曰顧言土耳其之亂願其和輯不願其搆兵次言印度飢荒宜撫綏次言德蘭斯瓦拉與鄰國爭戰英國屏地宜自防護蓋所以宣示上下議政院其皆事之要而憲其用兵兵費出自民間當預籌之其君臣上下同心一律無所障蔽而尤勤勤以養民謹事為心所以能陵霸強雄長西洋十餘國其原皆出於此因并譯其宣讀書詞亦足推知其畧矣

劉參贊英輅私記每歲國主諏吉親臨上議院集臣工士庶詢問政事得失諭衆公議并刻上年度支出入之數俾共核算名曰開會堂期爲西曆二月初八日即中國之十二月二十六日也呈遞國書之次日也先期其御前大臣廉摩耳以外部意函達西使與余赴會訂照祇帶繙譯一人攜馬格里云向例國使畢集遂允之既而又以照票來謂另備兩座次以候參贊隨員往觀是日士女填塞衢道候觀君駕巡捕碧壓皂帽雲遝沿途房店亦有懸紅綵絲者會堂門外紅衣兵扶鎗擺隊立候車至則兩手舉鎗爲禮入其門護軍官兜鍪被服金花紅短衣登其堂堂上設御几距几數武陳紅錦榻其下爲爵貴臣位於庭中央安眷之尤貴者左右夾之右之上爲各國使臣坐次樓上以處庶僚及其妻及隨使官員我中國參贊黎君隨員劉君同布坐於左樓上方也貴臣皆常服襲衣着袖朱衣其長曳地有五等爵者橫縫白羔皮長

狹如版於臂之右自四等道至一道各如其等公四侯三伯二子男一
性律師教師服青長袍亦曳地國俗皆於服彼所謂私服其衣
長及膝大鏤金花飾其肩背襟袂及四緣嵌寶星於襟之左多寡
各如所賜西洋例有功者賜寶星各有等即所謂五等爵也寶星形如菊花雕琢金銀為之甚精緻圓罽以金帶右
肩斜挂絲帛抵左肘下結之亦有以金為絲繩攢兩膊者武職則金
版飾肩圓其末綴金穗如組垂佩長刀於腰所著褲無文武咸緣
金片於兩旁自腰及足獨美利堅使臣服其常服無他飾蓋民
主之國上下不異以等威也免冠則同土耳其波斯所服如各國而不
免冠衆院集律師數人接案中庭攤紙筆以俟君至無何長
子威士兕其名曰阿拉伯爾又名藹達使爾威兕士則其所封爵如中國謂某親王也次子以下皆稱卜蓮士如所謂某郡王也與其妃相繼入
威兕士位御几右隅以屏妃戴鏤花滿嵌鑽石圓額繡甲袒露兩
臂及胸背之半西洋婦女以袒露胸背為至敬位於紅錦榻中央於御几之一
刻乃聞君車護軍官八人各執儀仗前導仗長約三尺以金為寶

蓋戎鏤獸形踞其顛首相畢根士飛爾持長刀樞府大臣李赤門地捧御冠三公主綠衣如四公主被阿得利司繡甲袒臂皆先入左右分侍御几旁君主黑衣裙緩步而來樓上下皆起官眷皆袒君主環向點頭就坐良久肅然俄頃會堂門開士庶擁進環庭鐵柵立掌璽大臣堅朵勘士啓白洋紙書琅琅宣誦逾刻乃畢君主退大教士堪特伯里與爭立禱語遂出

日國開議院情形

蒞高雅祀西歷一千八百八十年十二月三十中歷光緒六年十一月二十九日也日國開議院於馬得利君主以下親臨先期外部以函來請余往赴之院不甚大圓頂如禮拜堂樓上下兩層中間議事處可百餘坐北面一台高三尺許甚厚以毯列紅椅五君主君后及其姊妹三人坐位也前面有紅絨小櫈上設王冠陳而不御左邊議紳坐位旁以朱欄界出一小區為各國公使坐次男女赴觀者立於樓之上方是日公

俟咸豐與夫人偕者往法美亞西哥三國而已兩點半鐘姊妹三人從左門先入宮歸寧隨後須臾君主君后從右門入於官教人持金棍前導升台坐定宰相及各部大臣立於右議紳齊起以帽拂地大呼未瓦者再蓋長生之意猶中國之呼萬歲也君主啓詔詞誦畢議紳復呼未瓦者三一頌君主一頌君后一頌姊妹三人遂散君主乘八馬於車還宮扈從一如常儀此與英國開會並情形大同小異惟局面稍隘耳是夜從印文詔詞來余爲譯出俾知所宣示者何事詞曰諸議臣紳士本日臨開議院我心喜悅敬謝於前此次偕同新后而來其心與我如一甚望眾官紳悉力匡助俾於國事有濟仰託上天福佑得生公主將來即可嗣位此爲我與新后分所應宜從此以後再生子女亦冀其天麻日奧兩國彼此倚仗當業載在古史此時婚姻之事已云大定本國當我爲君主業已六年最數年中百姓遭亂甚苦地多荒蕪今年幸平請寬

適務顧所有紳富巨室悉能自主國中安謐貿易流通各項公私本利日盛備此百年之內於今已八年無亂黨再叛當可長享太平近來各部大臣釐定庶政我深信其進益不少然前途尚遠尚宜竭力襄贊就論現在情形各大國交涉和好實不易得日國屬地之在亞墨利加亞細亞者亦皆經辦國家只籌百姓利益並不貪想他人不患自立不因所望生意推廣與各國互相往來不盡仗使臣出力現與歐洲各國美國極意商量俟定議後必共聞知當信國家於百姓之事辦理得宜凡本地土產人工所出日國有益於他國者他國亦必有益於日國目下不第振興本國即馬落哥國日國向有保護之權曾與各大國會商重訂條約均已簽名業經允妥即教皇交涉案件亦稱妥協蓋以本國教大概崇尚天主為多無他別教我於內外國政靡不盡心議且請紳亦應善為經理水陸兩軍當使武備精嚴現行之新法貴重

之器械宜及早製備海内劃分各邦不啻大國雖在極小弱者猶思自奮所惜日國前因經費支絀如砲台軍械等類漸就廢弛現在設法整飭以求完善并宜籌畫備調之兵水師猶為緊要務使能在海内與各國應驅并駕此須請議臣紳士一心報國應于日起有功至於經費一節整理實非易事民債雖已銷除國債亦暫停利息從前各起軍費自應設法清釐或用民產抵押或分限償還似此辦法國家庶得撙節諒可年輕一年不必在地產上添賦但照一千八百七十六年七月二十一日定例將國帑加增經費漸有盈餘即可以接濟教士之貧而海償他款此項應加經費異日另將總數須示核議古巴地方釋放黑奴國家係為仁義起見業已明白照現在籌辦之法俟愛將來學館等堂增添水路陸路火輪車路亦逐漸興造工作既多民心益定可期富強在國家實不遺餘力今尚欲設定一年將自一千八百七十年以前之

債一律清楚並將關稅則例酌量更改方臻妥善而外敘爾利哥經費有餘一切政令均可查照日國章程辦理飛利賓（即小呂宋）疊遭地震等害雖逐起色惟新設電線及輪船公司直達彼處本國用心亦云遠到惟亞勒海灣經費所出較廉無多然亦不須國家津貼以上要政多端大略已舉所有應行更定章程上年未經議妥者以及現在應銷舊錢改鑄新錢籌防民間瘟疫擴充學校請求農政借貸修造便宜火輪車路運送土產等律例均宜一體核議施行往時國內多艱現均銷釋各屬自主共慶昇平日國素稱隆國海口亦眾諒不難於興復舊觀若能蒙天眷佑者以人事不患其不臻極好境地也

英君主接認新加坡領事敕書

莪高雅記英外部送到敕書一道其書係羊皮紙所寫寬一尺長一尺二三寸首行維克多爾利亞君主名末行埽利司伯里名背署

釵筆所簽首行之前別用羊皮紙一方寬廣各二寸緣以黑邊斜
黏於上鈐蓋印信式橢圓徑一寸二分有圈三道棱起外圈刻文為維
克多尔利亞奉天命為布賴敦尼亞君主內圈刻文係一古藏硯
語圓圈外七方刻君主冠冕圓圈之內別為條方圈間為四格中刻
小獅形八（左上三下一　右上一下三）盖英國以獅為記號猶九中國之用龍其緣黑边
者不知是孰看公主之喪抑君主為其枝夫人之私也布賴敦尼亞州
英國之總名也照書教語前後均原定式刻文惟中間胡璇澤
充領事數語係會入於譯錄如左維克多尔利亞（此即第一行所簽之名）奉上
帝命為大英及愛尔蘭合國君主維克多尔利亞誠心保護者諭
各忠衷百姓中國　大皇帝所派密司徒尔胡璇澤為領事
官駐紮新加坡我允接認胡璇澤為中國　皇帝之領事官
茲特申諭從此尔等應即接認胡璇澤其任內事務當儘為
協助并應享權利一切得以自主一千八百七十八年十二月二十一日參

齊穆宮在位之四十二年君主意旨歸利司伯里押

郭少宗伯咨英國外部論喀什噶爾事

為咨會事照得本大臣日來見新報內稱印度孟買來信因阿密爾之請派沙克貴國駐紮大臣前赴喀什噶爾等因自係出節制印度大臣之意本大臣於此竊疑與萬國公法微有不合查喀什噶爾本屬中國轄地設立辦事大臣前因中國內亂兵餉匱乏之時阿密爾乘勢據取其地遂使國外地方十餘年來擾亂無已百姓深受殘害近年內亂既平中國方謀經理國外諸地喀什噶爾應在中國收復之列豈容允准自立一國此文現在中國正當用兵收復而貴國特派大臣駐紮則似意在幫同立國與中國用兵之意直相違左本大臣心甚驚惑竊恐印度大臣但憑阿密爾文稱擬喀什噶爾為所立國之名遣使駐紮無相妨礙本大臣以為喀什噶爾本屬中國地名為阿密爾占據一時中國例應收復

并非羞於攜兵而貴國遣使駐紮體制亦覺稍替阿密尔本浩罕部尤不應以侵占中國地方借接為名此等闲话實亦重大不得不一陳論相應咨請貴伯爵轉照節制印度大臣再加斟酌收回駐紮喀什噶尔名目係為公便須至咨者 光緒三年五月

英國漢文照會

大英欽命總理各國事務伯爵丞相德為照會事溯查中國与喀什噶尔彼此久相交戰本國深為惜之早欲從旁將構兵之端伺便設法解釋且使不傷体統兩國永遠相安今值喀什噶尔之使臣來至我國此誠一好机会本國遂乘此间設访問能否將一体兩全之局以息兵端而臻安謐始知喀什噶尔之使臣願將与中國議和之事擬立數条呈与伊主并间接使臣看来此數条喀什噶尔阿密尔牙古波大概揣可應允亦將各条開列於後一喀什噶尔願以中國 大皇帝為主但現在

所擬之地總須從他手管由牙古波阿塞尔按時派使進貢所呈貢文內總須有稱臣字樣二中國與喀什噶尔必須將界址畫清三訂明兩國如應該幫助處必須彼此互相幫助數凡以上各條似有能籌議之處貴國若允照行不但不傷國體尤可謂近於為協力因各條之理據威大臣咨陳近與貴大臣間談貴大臣亦有如此辦理中國或可邀允之言如此本國亦有和局易定之望據此看來本國擬想可以牽勸照此辦理并請將此意轉為入奏能否據照三條大概之意核議施行俟貴大臣照復本爵即將此情咨知署理駐紮中國欽差大臣按照此意咨行總理衙門就其所應言者極力牽勸照行再本國聞中國如肯允准喀什噶尔阿塞尔一得信息即當派遣使臣前赴中國將立定和約之事斟酌辦理為此照會須至照會者英曆七月七日

庶昌附記郭少宗伯既行此文庶昌係隨其議其時適有喀什

噶尔使人來英蓋因中國兵勢甚盛屢次克捷國將不支特
求援助英國之私意欲建喀什噶尔自成一國為印度藩籬
其外部亟相遣尔比令威妥瑪屢向宗伯爰緩頻邀使人於
威妥瑪家便見宗伯並擬約章三條行文照會相商謂立
國仍以中國　大皇帝為主稱臣納貢而英與俄共保護之
宗伯因其所請援以入奏然當時慮局逆料喀什噶尔基業已
破壞萬無久存之理老湘營一軍百戰不挫必蒇大功欲乞宗
伯寢此事而不克其後數月喀什噶尔果為中國收復阿家
尔牙古波服毒死斯議乃止其年臘月二十日予在伯尔靈聞
捷音賦詩二章詩云輕車度幕不驚塵録録將軍號
絕倫回準萍蕃齊入漢圖書舊版復收秦雪消葱嶺鴻難
度草長蒲梢馬易馴索地陳兵君莫諫烏孫西去付行人
時伊犁尚為俄人所據故云然

安南國書式樣

蒓齋雜記九月初三日予與日外部侯爵愛度阿耶晤談畢其參贊費爾拉斯常見該部管理各國文件委員曰容納者云有事求教予稍坐待之容納旋持文件一包至啟視則中日兩國所換古巴華工十六條款約也容納謂第五款末二語未能了晰蓋係各事查辦後方可放行十字法文有之而日文漏譯繙譯吳禮畫指示當從法文其中并有安南國書一件與中國相間雜蓋日人無識華文者以爲同類故并置一處其外套繪似中國馬封而有黑線匡邊右一行寫大南國書寄達六字左一行寫大衣坡儒都城六字內國書係用白皮紙面寫肅書二字以第一開寫大南國大皇帝肅書大衣坡儒國大皇帝當帳中敘日君嗣位願敦和好所以遣使之意末仍以肅書二字結之最後一開稱嗣德三十年十月二十一日年號及書面

鐫有大南國皇帝之寶之寶建方二寸半边潤四分六字左篆隸
之間頗似六於人碑額所遺使臣有吏部左參知阮某充正使
署禮部左侍某充副使便大鴻臚寺卿充陪使另有紅柬開
列餽贈禮物有象牙二支香桂二斤柑棹木嵌硨磲盒數件
紗綢等六七事龍紋金錢大小六種銀錢五種銀錢有五福四美
三喜二孫一併名目予為整理而兩之察納稱謝而去

古巴設立領事情形

蕤高雜記曰國居地古巴一島在海地之西距美國祇兩日水
程自咸豐年間以來閩廣匪徒拐誘本地良民數萬人
販賣至該島傭當苦工種種苛虐殆無人理海禁開後
情形澈以上聞同治十三年陳星使奉　命至該島查辦
於是始有設立領事自行保護之議至光緒四年中日
兩國特定古巴華工條約十六款五年秋間星使抵日後派

委户部候補主事劉湘浦亮沅充總領事駐紮古巴都会夏灣拿候選同知陳藹亭善言充領事住别口馬丹薩前往開辦。冬間接領事書來言從前華工所以受虐者因工主有給發期滿執照之權即俗所稱為滿身紙者也工滿之後逼令重立合同再行傭工傭滿後又逼勒不已往往至七八年之久始肯發給滿身紙若無此紙他人不能雇用而地方官及各國領事又不肯給隨便往來之護照即俗所稱為行街紙者華人一出設為巡捕立即拘拿禁於官工所内逼令再傭此工主所以作惡有權也今應按照條約無論工期已滿未滿概令到領事署报名注册每人發給執照一紙并代領護照無庸俟有滿身紙以為區别方不致操權於工主迫脅之風或可稍息故每日到署領紙者無不懽騰於色領事署因設木簽數百每華人入門發給一簽緬列號數依先後次第傳入訊供簽名發出至六點鐘而止然後填寫洋文日文檔冊又有未曾投訴業件者亦即派人查問閱辦之初雖於日不暇給其在外埠者則託人密辦每月酌予辦金規模既定英美等國領事將華人名單開送交中國總領事保護概停華人出紙惟在英國屬土生長已入籍有據者仍歸英國保護該處苛虐凡華人必要有工主承認方能來往自由否則拘入官工所以待他人雇用若經工主雇出而不給滿身紙亦拘入工所工主欲脅治華傭工期將滿故意扣值逼令再立合同如不從即送入工所傭當苦工毫無工價故華傭往往不得已而仍從故主迹亦有作苦役年仍由工所發賣者是以駐華公使伊巴理親往古巴查看情形實將與領事議增招工條款劉君盡力拒止且謂之曰貴國主意一節之大旨不過急於雇用工人耳中國亦無不願華人出洋之意祇因古巴從前看待華人太虐所以有十六條之設

也今若於十六條外又復別立條規吾恐貴國求之愈急則中國拒之愈堅莫如趁此開辦之初將彈壓實力剔除俾中國知十六條之外實設華人在此均歸自主自由則中國人民既多來受工價亦好利之所在人必趨之將見不招自來否則古巴苦況舉國皆知若非將最關緊要者舉辦一二宗雖勢迫刑驅終無人至矣伊巴里大爲首肯即對謂劉君曰爾意欲如何辦理以何者爲最先無不願實力相助劉君舉三事相要一華人之不願在古巴者應照撥資送回國一官工所需概行裁撤一爲設律應借同領事巡查外埠糖寮苛虐伊巴里均皆允行并屬古巴總督伯蘭高尉總督素爲霞宜與中國領事通事和商以求實濟古巴總督亟致劉君凡遇大小案件請徑致書地方官或糖寮主人辦理由此得以無限之權利華傭事件日益應手而設爲鉅紳大族亦潛通往來六年新正劉君大設筵會張燈宴客作

婆羅之局（凡係席大宴而有跳舞者謂之婆羅）副總督嘉宜雾水師總兵西利鐸之妻代為出名延請女客糖寮主人閱之展轉相屬以求一帖並有釋放華傭以致謝者伊巴羅賈賛城之伊使又借劉君往查焉丹薩府屬之山河堅埠大糖寮一所然後前赴中國（糖寮內所用華人每月每人工價洋元九元合中國銀六兩三錢已滿身者每月工價並少三十五元係用銀票貿六千兩有零）並本年夏間該島又開不准華人坐馬車住客店留髮辮及生子女患入黑奴籍等禁然官工所尚未全行釋放劉君先後行文古巴總督請按照一條約辦理七月間該總督照覆開列議定章程五條請譯華文通諭示患總一體允行其第一款云凡華人有工主合約未滿者如工主責工人守約止可向律例衙門呈控令其遵守如合約內有於華人裨益者華人亦可一體呈控令工主遵守至華人主公衆上無論罪案及錢債案其所得權利以及控訴之法均與相待最優友睦之國人民一樣第二款云凡合約未滿之華人不得藉有

上款優待之條便不遵守合約如合約內工期未滿須要將工做滿或有不守合約者其所應得之責罰亦不得與其人自主之受相背因華人現係自主之人應與相待最優之各國人一例相待第三款云凡各受官工所現在拘禁之華人除係犯罪應俟審結者或已定案者未能即放其餘或因逃走或因躲避幫工或因來歷不明之類無論因何事故拘留無限此次出示後之十日內均行一律釋放並給與行街紙惟行街紙上要注明官工所放出字樣第四款云從前差役拘拿未有行街紙之華人及逃走之華人所有往日一切雜費即行刪除嗣後不許照舊辦理因無行街紙者不得與犯罪同論惟中日條約載明凡爲內華人無論工期已滿未滿者均應給與行街紙今限至九月十五日止如有華人未領行街紙者即按例罰銀如無銀交則按例監禁抵罰第五款云嗣後凡有華人犯罪須要經明律例衙門

審訊與別國人民無異其應得衙門各項寬待之處亦與相待最優友睦之國人民一體均沾一千八百八十年八月二十一日劉君於出示後又派員入山搜查盤剔殆盡華民共有徠蘇之慶矣行街紙一年一換初開辦時所發之紙謂之督用紙行街紙例由領事署填寫姓名籍貫年歲住址手藝送至古巴督署加印繳還然後發出每行街紙一張無論遠埠近埠領新換舊完費收銀紙二元出港紙每張收白銀四元督署印費即於此取給每張銀紙五角云

西洋襍志卷一終

西洋雜志卷第二

美亞嫁女
美亜接任
日國公使慰奠君后
日君主宴客
日君主行老養老之禮
法蘭亭成婚
葉參贊之喪
英君主游歷
伯理璽天德辭位
日國更换宰相
開色遇刺
俄皇遇刺

西洋雜志卷第二

公使應酬大概情形

劉京堂英軺私記美國公使畢爾尼邦其人蓋未奉使以前久客倫敦者叩尔往来應酬之禮據云使者至此既見國主後應拜其各衙门大臣若幫辦以下則俟其来乃荅拜否則令參贊先施亦可然非不可缺之禮也凡公使所拜之官公使夫人則當拜其夫人公使未與夫人偕則親兼拜之凡拜客未會可不必再往俟有事然後訂期相見凡大臣國使請飲越兩日親謝逾年乃酬其席六七月而酬其席者謂之至敬禮不常行國主請見辭之則為不恭又據馬格里云西洋崇視公使不宜與民人往来自褻體統查使者所至不時民人未可下交即庶僚中諸紳尔不得源源接見若外公使除初至相拜外惟燕飲可以晤叙公事可以往商閒談概不相過至于本境大臣遇有要件面議須先期三日订约後然

後獲晤否則謝客細事祗行文會商而已

蒓齋雜記各國茶會跳舞會之盛使者酬應之多率在中歷臘正二三個月內惟法國稍遲英國則更遲其極盛則在四五兩月緣倫敦長年霧雨必自三月以後始多晴霽六月既望國人大率下鄉避暑矣茶會多者於第一次請帖內注明每禮拜幾自某月某月為起止此非特設可以隨時往赴英語謂茶會為阿托禾木言在家也法語謂茶會為梭（蘇注切）爾利言消此夜也余在伯靈時數與英法奧等國茶會見其兼請閒色閒色鄰暨卜令司等以相酬答此頭等公使之禮國使無家眷者欲辦茶會亦可請素識有名位者之夫人代為出名延請女客然不常行各部大臣及國使請飯多用其國君主君后誕期若遇喜慶大事或凶（如俄皇德皇遇刺未中之）類喪之屬聞信後公使親往該國使署賀唁或遣參贊隨員前往書名投刺亦可不拘泥也至辭行送行例得寄送名片親拜者於

名片上折一角如外部見客每禮拜必有一日該部大臣能否接見先期必有函知會使署有事則去無事則否若有緊要公件當另函訂期不在此例設遇其國更換部院大臣外部亦必有函知會俟見過外部再往各部院投片賀喜如有與其人素識者先往投片亦可此在臨行酌行總之不外人情而已

茶會

劉京堂英軺私記四五兩月來官紳請茶會者日輙數家凡茶會以長筵陳茗酒菓餌之屬待客飲噉庭室門廡徧攢鮮花香艷怡人玫瑰月季皆大如牡丹杜鵑石竹剪春羅皆能作五色重臺爍爛有若堆錦夜會燈燭尤繁男女雜遝肘并肩摩或召優人藝師演雜劇或歌或樂以助興趣歌樂亦有自為之者西洋女子彈琴度曲以娛賓客率視為常每會所費金錢盈百多者五六百客之赴會者皆自就筵前立而餔啜惟中國使者初至主人往往親捧

茶酒其好客而侈於用財如此亦有邀聚數人瀹茗清談者名曰替巴脫替者茶之稱巴脫者壺也亦茶會富貴巨室及中人以下之家皆有之

劉京堂英軺私記正月二十三日戌正德爾比宴中國使者於外部衙署亥正其夫人復以茶會請西俗凡宴客必夫婦親之赴宴者亦夫婦偕至賓主坐次皆先定而標識之無遜讓禮婦坐不與夫偕男賓之貴者扶扶主婦就席並坐餘皆以次扶客坐談語相綢繆主人分尊則婦皆內袒宴將畢婦人先起男賓復酌少頃乃散所謂茶會者煮加非及茗劑以白糖牛酪佐以餅餌布席堂側以俟客至而飲之皆立談是夜德爾比夫人所請客凡數百人婦女盛飾袒露胸背之半摩肩躡踵於堂相見以握手為禮

庶昌附記西洋宴客其棹往往長至數丈主人或坐於兩端而客夾之或居中坐而客夾之皆無一定總以近主人右手為上坐左

手次之上坐每多讓客婦之尊者主婦亦然

劉京堂英軺私記凡宮中有朝會慶樂之事國使皆與敬客之禮也四月二十五日栢金哈恩巴雷司奏樂國使往聽已於前期十數日下書矣二十四日忽聞荷蘭國后之喪道中止盟邦有大喪國主為之素服輟樂者三禮拜睦友之義也然邑下私有宴樂則不禁故是日阿爾該地名公爵請茶會偕正使及參贊赴之公府有大花園萬木陰森百卉繁盛每數十步設幄張筵餅餌茶酒畢備聽客游蹤所至飲啖之樹下伶人奏樂靜而不譁惜微雨未能暢游阿爾該公之子竇侯三公主之壻也公夫人特出與中國使者相見坐談久竇侯侍立其旁無倦容不可謂無母子之禮

劉京堂英軺私記傳教中國之牧師神父乃各國城鄉教堂百姓醵資延請以廣勸善以修功德非教王所遣也教王所遣於英者在耶穌教則有兩阿知必什掌教於南者曰堪特栢里阿知必什

掌教於北者曰樂爾哥知必阿知必什南為正北為副位皆尊於五等爵又有所謂倫敦必什者位次阿知必什一等其所居皆曰巴雷司寶座之稱與國主同歲俸金磅二萬餘為貴戚大臣未有之厚祿二十日倫敦必什與其女札克三請茶會於福林巴雷司堪特伯里阿知必什與其妻泰達亦相邀於蘭白巴雷司兩巴雷司皆有花園而倫敦必什之園為最盛勝叢林攢翠夾道如屏古樹婆娑涼陰帀地门內门外繞以清渠代模司江水色烟痕跨牆而入群花盛放香氣襲人殆仙境也

跳舞會

劉京堂私英軺私记跳舞會者男女面相互向互為攜持男以一手摟女腰女以一手握男膊旋轉於中庭每四五偶或多至十餘偶並舞皆繞庭數帀而後止其狀近似劉王之大酺戲但女子袒露男則衣襟整齊以是稍異然彼國男子禮服下裈染成肉色緊

貼骸足遠視之若裸其下體者然殊不雅觀也云此俗由來最古西洋類皆有之國中男女大小莫不習爲跳舞者館師教學徒亦及馬各衙门俱有跳舞庭以備盛會若以爲公事之要者五月十二晚君主請茶會乃一睹之於柏金哈恩巴雷司是夜國使畢集官紳男女聚觀尤衆前庭奏樂以有舞節太子與其妃亦在跳舞中太子別與一婦爲偶其妃又別與一皇親爲偶夫婦不相偶也其餘次第舞畢赴別室飲宴皆立於筵前而食無坐位飲畢復至原處再舞至一點鐘乃散

蒓齋雜記跳舞者其原起於男女相配合西洋之俗男女婚嫁雖亦有父母之命而其許字許配則須出於本人之所自擇女子將及及笄其父母必爲之設跳舞會盛請親友賓客臨觀或攜赴他人之會一歲中多者至與數十百起宫庭舉行者止兩祇三兩次官紳殷富之家爲最多女服極艷衣裾或袒露胸背男亦衣履整潔其

法於入門時授以紙格人各一片雙疊之長可三四寸如小書形上繫絲繩綴鉛筆於其端凡男子欲跳舞者先與素識者主人或為之婦女一一請其可否若人許之則記其姓名次序若無素識者主人或為之進引依次而舞多者至一二十次每次畢相與點頭為禮而退皆有音樂節奏之此跳舞之上者也其次則為一種年首之舞每歲之中若大慶節或因善舉賣票醵金國人聚為此會男女俱戴假面而露其兩眼彼此相見不知為誰氏也者女子作為男裝男子效他國之結束或服古衣冠或增新式或為獸首人身奇形異狀匪夷所思直至一兩點鐘始去假靨而真面目出予在伯爾靈國人為俄士養傳曾於丸克漏爾及裏諾納兩花園見之在巴黎為奧國水災設會於倭必納大戲館內亦見之又其次則為戲園之跳舞女子數十百人皆着一種粉白褲襪儼如肉色緊貼髀足若赤露其兩腿然腰間用各色短紗十數層縫為短

衣緊束之結隊而舞則紛紛皆飄起此又極變幻之致矣

劉京堂日耳曼紀事抵伯爾靈後往見其諸王許以坐談實出於口舌之爭此時非可置喙姑按禮官所指之位以立開色夫婦旋出開色就公使次第叙談由上而下至中國使者而畢然後就見公使之妻開色鄰就公使之妻叙談由上而下至希臘公使之女而畢然後就見公使克安卜令士（德語謂太子）繼之儀如開色克安卜令拆信（太子妃）又繼之儀如開色鄰第克安卜令拆信惟應酬婦女不復至公使前開色鄰之往來應酬也諸孫女輩咸隨其後衣皆另有後裾曳地幾及丈寬約四尺餘采色各異飾以金花或其他文繡行則四五少俊武學生捧之叙談既已遂入聽樂庭中列几盈百開色鄰暨諸眷屬位於上公使位於下諸大臣又次之樂歌及半開色復至公使前攀談問余曰歌樂能悅耳否答曰甚佳曰中國視此何如答曰乍來聞此殊覺得未曾有曰貴使可謂善言遂

退閒色鄰又至謂曰使館住居可暢適否曰尚寬敞亦退諸僕役以銀盤獻茶酒餅餌橙橙橘梨果之漿者蹕至十二點半鐘乃散

劉京堂日耳曼紀事丁丑臘月二十五日閒色遣朝官來送帖請于二十七日夜七點鐘赴宫中看跳舞會屆時與黎參贊及隨員并赴之閒色夫婦子媳與諸孫女旋至閒色鄰謂余此夕宫门盡開可以隨意遊玩余謝之入坐未幾閒色挽其媳克爲卜令士挽其母旋轉於中庭凡十數帀其孫女以次皆袒露與男子交播而舞官眷继之分舞場爲三約兩點鐘然後宴飲所謂宴者以長筵陳酒果肉食無男女群就立飲啖之閒色親眷與公使大臣爲一席文武下僚又别爲一席凡分四室此次閒色請客并及斯邦道學兵法之武弁袁雨春等四人用意可謂周帀

廣昌附記是夜余入室至閒色鄰看書之室四壁皆飾以紅緞懸大小照像十餘書案有屏圍之如籬落形剪綵爲花葉綴于其上筆

硯之屬率皆鏤金琢玉室內有一玉碗徑可一尺八寸又有白石
檯燈二高可六尺燃燭其中若玉蓮花也

開色嫁女

劉京堂日耳曼紀事正月十四日外部書來言開色之孫女從孫
女于十七日出嫁請使使者前往觀禮并宴飲至期竟日晴明三
點鐘偕慶常博郎往拜法公使桑倭鑾往返道路之間人家多張
綵懸旗幟益得爾丁令登一帶最為繁盛士女雲集絡繹不絕開
色孫女之壻為吉索邁辛邁甯國王之嗣子從孫女壻之壻為越
兒斂迫爾時國王之嗣子皆來就伯靈燕於驅歷時賓洛士（驅歷時華言國主的賓洛士華言大房子）成親六點鐘文武官紳各國公使參贊隨員男女
畢集巴列之內萬炬攢光千燈耀彩婦女衣裙藻采雜出輝映爛
然余至其禮拜堂（即在宮內）立人叢中遙見堂中央設案供十字架伴
以高燭教士九人侍案側其下鋪以紅錦毯須臾司儀齊班有紅

短衣而少俊者數十人前来分布堂下謂是武藝館學生内廷官继之皆金花両々聯袂而至立於左右鼓樂遂作新婦各與其壻並肩攜手而来壻服如武職朝服着両金版於肩新婦戴鑽石圜額上有冠若小米瓜以珠界為四棱寶石如鴿卵者綴其頂冠後披白紗長及脊遍身皆白衣裙袒露其胸背衣後另幅曳地幾盈丈飾以銀花行則四五宮婦以手揭之諸樂前耦立用色夫婦隨之丈入新婦父母亦入先三日比利時國主及后與英太子皆来與賀至是亦咸入樂心門閉教士一人向新婦及壻持戒經告以夫婦相愛敬天恤民之義其詞滔々滾々約両刻乃畢於時宮門外砲聲連環不斷教士執簿記新婚者之年生年月日及成婚之年月日誦與知之皆跪聽教士問新婦願配合否荅曰願則令畫押而樂又作門啟乃次第退出宮庭用色掖新婦用色鄰掖壻繞庭數帀壻之父母亦如之繞行既已另至一室排立於又右各國

公使以下與從官婦女趨逼其前咸一一鞠躬爲禮以示相賀之意開色旋偕其親屬男女與新婚者共食大臣侍酒饌焉諸客亦赴宴宴如跳舞之夕人多擁擠殊甚開色前命其宰相畢司馬克爲主人畢以病辭不與宴畢復至排立之室各部長官十二人兩〻相耦秉燭前導自開色夫婦親王世子以及比利時國主夫婦英太子及各國頭等公使與新婦交相扶掖繞行於庭凡數十帀乃已司儀者云西洋古禮凡王姬下嫁以大臣十二人秉燭導入新房父母親眷送之今變而爲繞庭第略存其意耳最後用五采綾錦之屬剪爲數百片向空擲之片皆紛〻下落賀客爭拾之〻遂散

伯理璽天德宴客

蒓齋雜記曾侯呈遞國書後若干日伯理璽天德宴客於勒立色宮曾侯爲上客余亦與焉入門人授一紙位單書客之姓名於

其所坐之次食桌長可四丈銀盤烏花間雜金器陳設華美馬克蒙及其夫人據桌之中对面而坐為主位坐客六十人分為四行近馬克蒙之左手為第一坐係外部大臣瓦定敦之妻第二坐為曾侯以次排至十五坐而畢近馬克蒙之右手亦為第一坐係前任美國伯理璽天德格蘭脫以次排至十五坐而畢其近夫人左右手之位次亦如之余坐夫人右手之第十四坐其末坐則江漢關稅務司那威勇也余存其單以為西洋宴客設坐之證

預賀生子

蒓齋雜記庚辰三月予接日國外部來函言君后有身已五月此大喜事君主有命令宮官穿吉服三日自西歷四月二十五為始第二日一點鐘君主在宮中接見賀客按照常規請見各國公使三點鐘請見各公使夫人先數日由下議政院集議僉以君主例應受賀將醫官診視之詞刊布新聞紙使國人咸知至期予入宮

鼓賀將及门兵士數百人陳列宮外合奏軍樂入门升樓第一層
右轉即受賀處庭長八九丈廣可五丈陳設華麗中有平臺四級
環踞金獅四上置金邊紅椅二頂有寶蓋金繡四垂台下左旁設
紅椅三君主姊妹三人坐位也須臾朝官導各公使參賛等排列
坐前君主夫婦入君主戎服免冠束帶佩刀君后戴鑽石圜額衣
粉紅花緞衣袒露胸背攜手登台各公使等向上鞠躬君主夫婦
亦鞠躬坐定宮婦十餘人站立姊妹三人坐位後各部大臣從左
门入站立於坐位之右然後上下議政院紳及文武各官皆朝服
從门右魚貫而入一一趨過君主坐位前點頭為禮並及其姊妹
是時樓上亦有兵樂一隊與宮门外之樂迭相起止約兩點一刻
鐘賀客始畢君主夫婦起立有穿金花衣者數人趨提君后後裾
下台就各公使等一一寒暄數語姊妹三人並隨其後敘畢還入
他室接見各公使夫人男女分見此與英法等國規模小異次日

君主夫婦往阿多豢禮拜堂祈福外部復有函請予以天陰未赴此三日中各衙署公館張挂旗幟是夜街市然燈致慶其新聞紙亦皆刊刻花邊可見西人之好事矣

生女子女取證

菴齋雜記既賀生子之後四月復得外部大臣侯爵爱度阿言函稱我君后將近誕育大君主願貴參贊屆時衣冠駕臨宮中臥房照例抱太子或公主請見並希將貴參贊官銜及寶星等一並開送本大臣查照余即覆書云接貴大臣來函得悉貴君后誕育在近本參贊實深欣賀一俟得有貴大臣續信即當衣冠詣臨宮中由大君主道喜並將官銜開送蓋日國舊例君后生產向請各部大臣及各國公使人等往之宮內證驗其所生子女即將姓名列載書冊由刑部尚書簽押宣誦一通藏之本國丁口籍署平人皆赴其署書名君主生子女則掌籍官攜冊至宮中記載以示鄭重先一月君主有諭生子之際宮

中然灯懸挂日國旗幟鳴礮二十五新生女懸挂白旗鳴礮十五
聲分派兵士八十人晝夜輪值宮中以備通信中歷八月初七日
晚七點鐘有兵士來署報知居后即分（夜）娩恐房内仄（仄）狹祇請一人
余即隨往至則宮内洞開灯燭燦然各官朝賀服咸集坐候一點
餘鐘即已誕育須臾宮官延入站立於卧房外之一小間大臣之
妻尔（有）四四五人在内君主徐將銀盤托出上蓋白紗而微露一角
輩相及外部大臣（等）啟視之則女也屋小人多異常擁擠不能遍（逼）
視遂散越三日為命名之期此三日中各公署及人家多懸旗幟（張）
綵然灯亦慶次日外部復（後）以函請遍及同人至期余偕（吳）往禮堂黃
宗憲赴宮内耶穌堂觀禮各國公使人等皆有坐（位）其本國之人
請入宮内而無坐位（次）者則排列於迴廊四周遍以錦氈與金花栽
服執戟站隊之兵士相雜男女約逾千人日民之例凡生太子應
推一人為寄父公主推一人為寄母此次所推之寄母即居主之

母來自巴黎者，實祖母也。平人不分男女，皆有寄父寄母。另有保母一人，亦係有
爵位者，專在宮中照料一切長養事宜，右肩斜挂紅帶，如男子式。
又有奶母一人。堂中央设一鍍金圓盤[盆]，大尺五六寸，中盛聖水，來
自耶穌所生之地。上有金花帳，兩柱支懸罩之。北面设耶穌像，然
燭。午後一點鐘，君主之母抱公主而來，教皇公使暨保母、奶母隨
後。及门，教士数人金花紫衣出门迎之，持經向诵，入门復诵。稍頃，
抱至耶穌台旁略憩，又诵經一次，旋導至盆邊。有六人各持金盤
侍立，內盛金衣冠飾、胰皂、巾櫛之類。教士取聖水沐浴拂拭之，為
命名曰馬爾利得拉司墨爾賽待司，即君主故前后之名，君后所
自定者也。沐畢，堂中作樂一通，抱[保]母抱出，鼓樂送歸。其夫主則與
姊妹諸人在堂之南面廂內坐觀也。初，君主為太子時，受封於柯
司都爾利亞司。有阿司都爾利亞司，王日國西邊近海之一省也。
嗣後[住]後，以此爵讓封於其姊若夫。主生子，則其姊例將此爵歸還

生女或歸還或襲封如故而別封公主以地地前兩月議院中頗以此事相詰難而大臣意見亦多不合是至君主定議以後生男則封主女則否其婦亦不得再襲此爵將為日國常例矣

生子女命名

又日君后生公主兩月於中歷九月十九日往阿多蔡禮拜堂謝天先期禮官以函請至日君主君后全副儀仗而出有駿馬十餘匹雙馬四馬宮車十數輛六馬朝車六七輛八馬朝車二輛君主所駕之車上有鑄金寶頂如米瓜形以此為別餘則與他乘無異禮拜堂門外排列馬步砲三軍約二千人及禮拜堂門君后抱公主與君主偕入至天主像前跪諷經作樂踰時畢事繞巡大街數處還宮次日再受朝賀一如預賀儀惟於寶座旁添設一坐使奶母抱公主坐於此賀畢君主君后亦至各公使前敘談君主至予前予令繙譯稱賀君主問近日有信來否中國大皇帝安好答曰

兩君后亦寒暄數語奶母抱公主隨之衆皆諦視讚美君主姊妹三人又在其後各自應酬數語而去

婚姻立約

蒓齋雜記英世子空宰赫脫與法國公主緑衣如馬格利得結婚英君主於西曆一千八百七十九年二月二十六日與法皇立約英世子每年給公主脂粉費一千五百磅按季交付如異日公主寡居則英君主每年給供養費六千磅亦按季交付除法皇給與公主妝奩首飾外另給三十萬馬爾克（法銀錢名）半作粧奩半作私用於成親後一月交完惟公主雖屬法皇已支以後應將所有嗣產承繼諸分一並讓與其兄弟子姪設將來別無承繼子嗣則公主始得歸宗承立其載而藏諸盟府者如此

英外部赴告公主之喪

蒓齋雜記譯外部來函云掃爾司伯利問中國欽差好我甚傷感

訃告中國欽差为因駙腮（地名在法國）公貴妃英國及愛爾蘭公主阿黎斯君主之第二女卒於達爾木斯打腕（駙腮城名）在西歷一千八百七十八年之十二月十四日也掃爾司伯利押郭星使以函唁之曰中國欽差收到掃利司百里侯訃文甚为傷悼因聞駙腮貴公妃英國及愛爾蘭公主阿黎斯君主之第二女仙逝望貴侯爵提達於君主前道達本大臣弔慰之意若非北京相距遥遠及寄信之難中國　皇上亦必飭令本大臣代为致唁也外部復謝曰前接九月十九日來函茲特覆答我奉君主命達知郭大人君主愛女駙腮公貴妃英國及愛爾蘭公主阿黎斯薨逝郭大人繫念君主情誼及來函內道叙之厚意君主深为感激也一千八百七十八年十二月二十七日掃爾司伯利押

劉京堂英軺私記正月二十六日威見士代君主接見公使及群臣於宮中皆素服（時御荷蘭國后之喪）英制所謂素服者黄黑圈於左肘如

射韝然寬可四五寸許入朝則用隨其國主之服也家居不服者亦不足也中國使者是日進見服行裝不蟒繡

蒓齋雜記一千八百七十八年六月英君主為日國君后之喪穿素其御前大臣奉諭自二十八日始五禮拜女服元青衣白手套元青色或白色鞋佩戴扇子珍珠金剛鑽石無花金根首飾男服元青服朝黑帶黑刀至七月十二五禮拜換穿素服女服元青衣用顏色帶戴花及駝鳥毛並各種首飾或灰色或白色衣用元青帶戴花及駝鳥毛並各種首飾男服如故前至七月十九日止五禮拜又一千八百七十九年為綠衣拿破侖第三之子穿素在祖魯為英國征野人陣之自六月二十二日起至二十八日宮中婦女穿黑衣白手套鞋與帽上所戴之駝鳥毛及扇不拘黑白首飾用平金不起花或銀或珠或鑽石亦可男子公服與佩劍及劍帶俱黑色自二十九日至七月初二日婦女衣黑衣准用鑲滾花邊闌干或穿灰白二色

鑲緣黑邊亦可男子祇穿黑衣

美亞嫁女

蒓齋雜記倫敦有曰圭坡司爾者最大之禮拜堂也予偕劉鶴伯孚翊張聽颿斯栒及英官禧在明往游直登其頂自趾及顛凡六百七級樓之上別有一室內度置大自鳴鐘之所支鐘之木皆巨如甕大鐘鳴則聲徹雲表其入地一層內叢葬名人處或埋之地下或嵌之壁間皆有碑石為記別一室有石棺巍然長可及丈陳列中央則擒拿破倫第一之公爵威林登也再後一室有銅質四輪巨車一輛即威林登喪車以擒拿破倫時所獲之鎗砲鑄造者也是日堂上堂下十餘人灑掃詢知次日為美亞嫁女之期即在此堂成禮歸而美亞請帖適至屆時偕劉張二君往觀入門設客坐盈千百衰延至堂趾有持竿者引余三人列坐堂左之首坐客數千百人皆滿堂上設紅桌一圍以紅絨上飾金花桌後張列紅錦幔

緣以花朵十字架陳於案中央兩旁磁瓶各三攢(插)鮮花前列燭台並銀燭二地鋪氈毯中設紅墊褥二左右小墊褥各八午初三刻樂作大小教士二十六人衣白衣兩人爲列由堂而下少頃又有教士十六人衣黑衣亦由堂而下總教士在旁其時新婦入大門門暫闔余坐堂階之首不能逼視惟聞堂下諷經之聲與樂音相和久之新婦與壻偕上壻居左新婦居右新婦衣白衣以白紗蒙首垂及腰際後裾長可及丈壻則衣飾如常人後隨女子十六人如中國所謂伴娘者皆衣淡紅色衣裝束一式其前行二人爲新婦牽後裾登堂新婦與壻跪十六人分兩行以次環跪教士八人與總教士跪於香案旁旋有教士持經起立向新婦與壻諷誦之畢又易一人如是者三總教士又持經作贊語勉以夫婦相愛敬樂作贊畢皆起立總教士以戒指約於新婦之手於是前行而導新婦與壻及十六人皆隨入後堂書名於籍中國所謂畫押也樂

止新婦與壻出十六人亦出據倫敦人云不在此並成禮者已數十年此亦罕見之事蓋盛典也

美接亞接任

蒓齋雜記美亞之職比中國知縣一年一換皆舉富紳為之其接任之儀頗類州縣迎春及出會狀車騎儀從甚都凡美亞接任必由衙署至威司敏司得街名禮拜堂取誓然後游歷各街而迫

十月十五日十二點鐘自署啟行第一隊巡捕兵次君主馬隊及砲兵次為公司旗幟旗分三隊第一隊玻璃商公司第二隊馬掌鐵公司間以巡捕兵一隊第三隊皮業公司又巡捕兵一隊次前任知縣護什夫立夫者十人被服貂皮外掛乘坐双馬車為一隊次蘇葛蘭侍衛鼓樂次倫敦鎗隊鼓樂次又有玻璃商公司旗次國旗次倫敦城旗次各官乘坐双馬車次總辦幫辦之四馬車次學習練船幼童學生一隊次敬生船一隻駕以八馬大車次海部步

兵鼓樂次船匠公司之旗次國旗次倫敦城旗次前任縣官及電報局總辦各乘双馬車次總辦幫辦之四馬車次砲隊鼓樂次倫敦鎗隊鼓樂次又为皮業公司之旗次國旗次倫敦城旗次前任縣官各乘双馬車次總辦幫辦之四馬車次倫敦鄉兵鼓樂次各會之旗次倫敦阿爾得們之旗次前任阿爾得們旗次歷任美亞衣皮衣各乘双馬車次馬隊砲兵次什立夫一人乘四馬車次又为馬隊砲兵鼓樂次馬兵次本年卸事美亞及新美亞夫人各乘坐朝車次馬兵次新美亞隨丁次城兵騎馬次新美亞及幫辦同坐六朝馬朝車一輛次護兵一隊最後巡捕兵一隊彈壓其城内巡捕送至添不爾巴城门而止城外另有巡捕擁護以添不爾巴城门为新舊城之分界也

張斯栒云美亞經衆推舉未接任之前數日至御前大臣處請其代奏君主應否允准逾日美亞率阿爾得們及什立夫同往西寺

即威司得泯司得禮拜堂接受民主旨意御前大臣先巳在堂迎候美亞至即傳宣君主有旨極喜以君為新美亞美亞旋出鐵釘二枚以授御前大臣云繳納租錢租錢者欲得管理各善举必先納此租錢蓋以善举為美亞產業也御前大臣即畀以收條云租錢收訖美亞可以管理各產業矣美亞又持斧將木一片斫削數次意謂斫林木也古時倫敦山林樹木皆係各人私產迨後國人設出新法將產業推歸美亞經理可使此業長在故納釘以當租錢持斧以斫林木皆行英之古禮也

日國公使慰奠君后

蒓齋雜記戊寅六月十二日日國駐英公使慰奠其君后請往觀禮幄設倫敦某街日斯巴尼亞禮拜堂内堂之中央為「三台」重最上一層如棺形俱以茄色大呢為飾間綴鮮花四面然銀燭檯之向南一頭懸花圈一具弔客至者即花圈鞠躬為禮環棺三面列

客坐適肓以外則由尋常男婦聽經之位堂上耶穌龕前然長燭十一點半鐘各國公使參贊等來集咸引入坐大小教士二十餘人黑衣白短褂持經從旁门出别有教士三白衣黑褂飾以金帶至龕前立諷經衆皆起立須臾教士坐衆隨之坐如是者再有教士以盤盛小白蠟燭至人取其一教士坐衆持經向棺隨之坐朗誦衆皆然燭童子八人持燭環跪教士後教士數向龕前起伏薰以爐香又持玻璃杯注水飲之蓋中國之飲福然衆立良久教士坐復坐餘子起持法衣被一老教士之先立棺右者所着法冠白色形若橢圓手銃而銳其頂高可尺五六寸設几堂上向棺坐一人持十字架兩童子秉燭隨之繞至花園前立諷經衆滅燭教士復以盤持去老教士起免冠持制繞棺作拂拭狀又易爐香縈拂之皆周一而畢着冠諷經一刻而退謁公使至棺前與弔客一一握手稱謝其儀文如此

日君主讌客

英斋輯記西俗不甚以本人誕生之日為壽而以所命之聖名為壽聖名各有生日中歷光緒六年之臘月二十四西歷為一千八百八十一年正月二十三日國君主名字生日也早一點半鐘受賀如常朝儀是夜讌大臣使者暨其夫人於宮中無使者則參贊各國一人余與焉入門升樓夾道百餘人鱗次而立皆金花短衣頭帶假髮塗飾以粉結束一式蓋西洋古裝也客既集君主君后出先行衆隨之經過受朝處轉入數室始至其飯廳棹長八九丈寬七尺許男婦一百二十餘坐棹上金盤鮮花與銀燭相錯雜果品食點排列兩行每坐設玻璃杯八樂工於旁廳作樂侑食君主君后據案居中對面坐余坐君主左方與瓜馬地拉公使加爾賴納正對再左又八坐而止宴將訖刀叉等悉易銀為金末以銀盤盛糖花至人取其一遂散至客廳敘談飲茶與加非廳壁無非織

錦花毯玻璃長鏡別有一間皆藍緞刺繡中國人物御前接引大
臣薩爾阿哥待爾洼耶等覌其處云是從小呂宋來者君后亦問余
曾見中國之物否余答已看過良久君主至余前問在馬得利已
有若干時余答一年次數皇公使比養希問余到過歐洲幾處答
以八國子一一數説國名輩均應付過去至十一點鐘以為將散
矣而宮僕又以茶點至蹐三刻君后起立就飲一茗為之瀹茗置
茶葉於壺內君后顧見余以余中國人識茶性請近覌是如此瀹
法否余為指點一二君后展然大笑須臾瀹就余酌滿一杯以遞
君后君后笑而飲之轉以一杯相酬余亦飲畢俄使欲令余再飲
余辭不能君后代為止之遂因是博取笑樂前來視余補子又看
翎珠又問頂戴顏色品級及余名字且説且笑余有能答者有不
能答者有答之似是而非者俄使王爵名查名夫陸使伯爵樣爾
木司從旁繙繹其姐妹亦來湊話相與歡笑一堂約一刻之久余

稱謝而退君主君后旋出回署一點鐘矣今日之宴豈詩所謂嘉殽脾臄善戲謔兮者歟

日君主行養老之禮

蒓齋雜記一千八百八十一年四月十四耶穌刑死之期也日國舊俗君主例於此日爲窮民洗足賜食延請各國使者往觀先期由馬得利知府選舉窮民之老者數十百人又於其中選擇男女各十二人上名於君主賜以衣履至期供張於宮中二十四人先入分兩行坐女左男右皆跣一足別於坐之下方設長卓爲食桌國人男女大小入觀者數百站立於左廊其右廊皆有坐位分三小區首區爲宰相部院大臣中區爲君主姐妹末區爲各國公使各朝服女子不袒露兩點餘鐘君主與后入戎服絲衣爵紳宮婦侍衛等數十人並隨其後立庭中央教士諷經須臾君主手持白巾教皇公使捧金盥印度教士（即宮中小禮拜堂主教）提金瓶就男

坐第一人跣沐君主足一膝滴水於足而以巾拂拭之旋即納履君后在左亦如之二十四人以次洗畢乃扶掖就食案坐侍衛等從外歷魚貫傳遞菜盤入以授爵紳宮婦君主君后一一接捧而親設於每坐之前例俱不食復一一撤去再進其次一如初禮人各十五肴以次傳設畢又撤酒瓶刀叉等悉舉以賜其人爲致諸其家復親捲桌布往來周遭約一點餘鐘乃蔵事君主君后皆汗浹衣遂散俄國另遣使臣格賴伊克來吉新君即位甫遞國書是日亦與觀禮俄使各查各夫導引與予相見視其兩肩金版有黑紗罩之其隨從文武官一人帽上銅皮亦罩以黑紗蓋爲俄皇素服素也此三日内街市例禁行車如中國寒食不舉火故事至時車皆避匿四點鐘君主君后稍憩復步行出街至數禮拜堂祈福武士百餘人持戟護衛佐以馬隊百餘別有宮中人用人一隊致右裝束其髮皆塗以白粉又有轎四乘每乘前後六人提挈以行與中

國肩輿相同頂平而前後稍修金碧輝煌百姓夾道聚觀擁塞殊甚

法蘭亭成婚

曾侯日記某月某日午初偕聯春卿至神部觀蘭法亭成婚神官據案而坐先有成婚者七家乃及蘭亭夫婦其禮新郎新婦面官而坐兩家尊長坐於其左右證盟者四人坐於階中坐官問夫婦是否心願夫婦皆起立點首稱諾左官宣講法律禁令以戒論之右官領卷印據令其收執左右官各有大簿載婚者姓氏居址夫婦各自署名其上證盟者次第署名蘭亭之證盟者四人余與白羅呢暨外部兩侍郎也署名畢出至天主堂教師為之誦經祈福名宣講耶穌語以戒諭之觀禮者坐於其後分為兩行東廡皆男家親友西廡皆女家親友宣講既畢左堂男婦皆投錢於囊以為香燈之費而酬謝教師之資不與焉酬謝多者數千金少者數

諭

百千金新郎新婦湊合其財也神畢至別廳新郎新婦登盟四人又各署名於簿然後散教師祈禱手舞足蹈秉鐸揮麈默誦經咒間以樂歌與中華僧道大致相同或言天主教緣飾佛教殆有據也

葉源濬之喪

蒓高雜記美国參贊葉源濬光緒五年十月十七日病殁於巴黎之頦爾得巴爾雜克第四號客寓予聞信即偕聯芳春卿往視西例凡人身故後須由地方官遣醫官驗明過二十四點鐘始准入斂蓋冀其人之復生也主葉君喪者為陳參贊嵩良相與商酌先屬聯君至該處地方官衙門報明并詳詢棺斂寄頓運送諸事該衙門允為一切包辦是晚五點鐘有地方官一人偕同醫官來驗實以身故醫官簽押兩紙存寓所而去次日四點鐘入斂其棺長不過五尺高不過一尺寬不過一尺二寸近肩處稍寬分數作罄

打形木板厚可六分黃色而堅細內以白鉛為胎鉛板約厚四分
四面皆貼以綿用白綾綢釘實安放小棉枕一棺之前面用元青
色大呢裏貼近邊處皆有銀條銀釘雙行密釘之甚為精緻旁有
四環可以提挈裝斂既畢先將鉛板蓋上鎔鉛汁將四周合縫嵌
平再加木蓋用螺絲釘二〔長〕寸許一一轉緊棺面釘小銅片刻洋字
姓名生卒年月即日午初該衙門以喪車至駕棺之車四馬送殯
車千輛雙馬車馬均以黑呢套罩之套皆銀線緣邊而綴以綏棺
車銀頂四角插黑鷄毛棺罩上壓以花圈巡捕四人步行扶持行
路之人見者皆免冠亦敬此西例通行非特設也使館人員皆往
送至巴黎城外東北角墳塋地牆外暫停另易一小車將棺移載
又行里許至其寄頓處如中國所謂攢房其停放棺柩係在地窖
下層有房兩間四壁〔練〕皆懸黑帳幔然銀燭數十枝儼若喪堂須臾
啟頂棚一板門用鐵將棺徐徐垂下置平台上再移至裏間有兩

鐵橙居中承放又慮有盜竊之弊則用細繩橫結之而蓋用火漆圖記事畢滅燭掩門先是聞輪船公司例不載運棺柩後數日該衙門來報葉參贊既是中國官員亦可通融辦理屆期遣供事李隆芳護送至馬賽上船運至上海該公司別有木箱如裝貨物之形者納棺其於其內使人不至疑訝此次喪務由地方官衙門包辦約費一千二百金云

英君主游歷

蒓齋雜記英國君主每年自會堂散後或居溫則行宮或游蘇葛蘭冬則居於阿思本行宮時而多會堂既閉始至倫敦居柏金哈穆宮其接見各國公使及各大臣恒在孫高穆孫高穆舊宮也常年大率如此一千八百七十九年三月二十六日偕其公主被阿脫意司游歷各國行至巴黎寓於該國公使署內即於第三日往之意大里君主即位後游法國者四次一於一千八百四十三年

来會新君一於一千八百五十五年来覲賽會一於一千八百五十八年来覲沙爾布克海口此次藉名巴勒穆爾巴勒穆爾者英國地名曾有伯爵錫封此土君主即假以為號與尋常遊客無異蓋避各國禮待之繁四月初二游至意大里之伊疏拉伯拉島次游彌郎以北之馬爾舍湖住於巴弗魯徜徉湖濱頗與居民款接意國主持至雅模地方設宴接待並令居民張燈為英君主壽君主在巴弗魯憩息兩旬臨行以佛郎三千交該處地方官賑濟貧民四月二十五日回輪至倫敦

伯理璽天德辞位

莊高雅记法國總统馬克蒙原本英族其祖從天主教當英國耶穌教創興時英國主大禁天主教民其祖避至法國馬克蒙生於一千八百十年拿破侖第三助意大里攻奥國以馬克蒙領兵始為將至一千八百七十年布法交攻馬克蒙為左軍大將軍領兵三萬

在耒沙地方禦布兵八萬是年九月督戰受傷不能視師布兵四集退至沙丹城拿破倫求成法人聞之逐太子出城而立爲民主之國布兵鮮圍後乱民焚掠巴黎法朝退至衛爾賽馬克蒙復爲將平定內乱時總統國政者名地爰爾意在民主之國乃百姓因巴黎之乱倦於自主所選議院紳士多歸君黨與地爰爾意不合地爰爾辭位於是上下議政院共推馬克蒙時在一千八百七十三年五月二十四日馬克蒙畢世爵貝勞爾領各部事貝勞爾君黨也是冬選下議政院紳士貝勞爾輒與院紳意不合即辭職繼之者亦不久於其任緣下議院紳左右兩黨（左爲民　右爲君）数常相埒故領部事袒左則右排袒右則左排之卒選廷勒西滿廷勒西滿調停兩可任事年餘至七十七年春間從左者漸衆又皆不願袒護教士廷勒西滿與馬克蒙亦不合馬克蒙復畢貝勞爾代之下院紳大達馬克蒙令停議一月期滿復議左黨之首剛貝達發論力

杭朝政馬克蒙商請上議政院遣散下議院紳令民重舉下議院從左黨者衆貝勞爾始執堅拒以議明年度支故作遷延不久亦退馬克蒙復舉不從左黨者以領部事下議院紳抗不與聞越兩旬馬克蒙不得已選左黨之都弗爾以管領各部由是馬克蒙不主國政事簽押而已然是時上議院之黨右者尚多在黨之議爲下院所可上院輒駁斥之右黨權尚未足至一千八百七十八年冬間上院紳士之半期滿當換另舉者皆左黨至開會堂時下院紳遂恣意求索要以二事一監察刑院之人悉當更易二各軍統將亦如之令都弗爾主稿迫馬克蒙押行之馬克蒙以出自行伍與各軍統將皆係故舊執不肯從遂決意辭去朝定議夕已退位矣巴黎之人若弗聞也者上下兩院共推下議院監司格乃費為伯理璽天德此曾侯呈遞　國書後十餘日事也

日國更換宰相

蒓齋雜記西洋朋黨最甚無何國其各部大臣及議院紳士皆顯然判為兩黨相習成風進則俱進退則俱退而於國事無傷與中國黨禍絕異日國宰相干那瓦司保黨也其前任宰相剛波司公黨也干那瓦司以才能見稱一千八百八十年仿效畢司馬克伯爾靈公會行文歐美兩洲各大國請遣派使臣至馬得利會議保護馬落哥國章程干那瓦司實為盟主西洋宰相其權本與君主相侔凡有大政率與各部大臣或兩院議定後請君主簽押行之干那瓦司為相六年日君主甚加重任自上年中歷八月君主生女日國舊例應以西邊之省名阿司都爾利亞司者襲封為王侯生有太子再以此爵讓之干那瓦司倡議以後太子則封公主則否議院附和其說此例遂廢君主以己家事不得已曲從之而心滋不悅君后意尤以為憾奧人亦有怨言君后奧國公主也由是稍稍疎遠日國連年以來度支短絀甚巨羣意皆欲整頓戶部剛波司黨議紛如干那瓦司謂欲整頓

户部非令該部大臣久任不可又憲事有翻覆因為文書持往宫
中要君主簽押施行揣其必允詎君主謂現今議院諸人君黨居其
大半剛波司黨不过数十人儘可竭忠辦去無須用此文憑干那瓦
司執不可君主問然則需幾年又不能荅君主意恐目下行此文異日
剛波司黨復盛豈不重為所累持不肯簽押令其再思此西歷一千
八百八十一年二月初八晚七点鐘時事十一点鐘干那瓦司辭退文上君主
立即批准至十二点鐘各部院大臣俱已更換矣剛波司屢欲會集彼黨
人数如中國之齊行前一日干那瓦司尚令吏部行文各省禁止彼黨勿令
聚議寔不自知其退至如是之速也干那瓦司既退所有部院大臣及各省
地方官各國公使或辭或換幾於舉國更張外部參贊費爾拉司
在部十餘年尓乞假惟議院尚未限滿至期尓當全数易舉矣初
十日接外部文稱我君主現准干那瓦司所统各部院大臣告退
特將新派大臣名單送閱宰相薩加司達吏部尚書工薩勒司兵部尚

書馬地勒司剛波司水師部尚書巴未亜伊巴未亜戶部尚書加馬濯刑部尚書阿郎摟馬地勒司藩部尚書勒盎伊加司地約學部尚書阿爾巴頼達外部尚書侯爵未加得拉阿爾密荷余郎以一函致賀外部薩加司達亦舊任宰相也任事月餘無他新政惟與部院大臣集議仍請錫封公主為阿司都爾利亜司王規復舊制云

開色遇刺

蒞齋雜記戊寅四月初八日余自德國奉調赴法離伯爾靈之第三日即聞開色被人行刺未中越十餘日復有被刺未殊之事因以書抵劉孚翊就詢情狀劉君言之甚詳四月初十日開色偕其長公主乘車游替愛加爾敦回至石牌樓五道門前忽一男子持手鎗擊之連發不中巡捕聞声畢集犯遂就獲闔城聞之皆懸旗誌慶學館諸生千餘人期集於五道门前百餘人為一隊手持火炬助以軍樂直趨宮门祝開色無恙事過十餘日復有盎得爾丁令登之变盎得爾丁令登伯爾靈大

街也王宮在焉泰西之君大抵勤於政事亦不廢游觀而議文簡略無扈從警蹕之煩兩馬一車徜徉馳騁道旁行人見之僅免冠為禮其君亦舉手及額以答之或不及為禮亦未嘗介意每出入人人得而望見之闻色於五月初七日歸自近郊距宮门数十武車經一處樓下忽鎗聲轟然自窗中出傷闻色右臂及腮左右大驚咸入捕賊逆旅主人亦登樓相助行刺者傷逆旅主人旅以鎗自擊不殊闻色入宮創甚於是各國公使及德之百官士庶日至宮門问安絡繹不絕闻色令太子監國出外養傷伯爾靈城中雖遭此大變而肆市無驚安堵如故十月十二日闻色創愈歸自奧國伯爾靈通衢自波斯達莫輪車棧之直達宮门皆以松柏結枝為牌樓上綴灯彩又於車棧前結一極高華表百姓扶老攜幼夾道擁觀歡聲雷動皆祝闻色萬壽闻色亦諭勞之行刺者就獲後刑司訊之以為民除害為詞這無他語刑司亦不株連久乃知為索首阿里司脫

會黨索昔阿里司脫譯言平會也意謂天之生人初無歧視而貧者乃胼手胝足以供富貴人驅使此極不平之事而其故實由於國之有君能富貴人貧賤人故結黨爲會挑日輪值伺乘隙得逞不得畏縮冀免除外國之君使國會主宰然後富貴者無所恃而貧賤者乃得以自伸彼會之意如此既有仇於閭邑也其黨甚衆官紳士庶皆有之散處外國一曰黑得爾係工人一曰諾畢令係刀克特爾猶如中國之進士黑得爾被誅諾畢令以創死

俄皇遇刺

茀齋賴記俄皇阿賴克桑得爾第二即位二十六年拓土開疆模範制度事皆獨斷獨行又不設立議院民情不能上達素爲國人所忌其國有名索息阿利司脫尼喜利司木（索息阿利司脫者會尼喜利司木者會之名）者譯言平會欲謀害俄皇者屢矣去年曾開地道深入王宮用地雷轟塌其所坐又伏地雷於火輪車道幾皆未中由是國禁愈

嚴坐此入獄者甚衆而該黨所誓不兩立志在必行辛巳二月十四日西歷一千八百八十一年三月十三也兩匪伴撞俄皇出外閱兵而返隨從武官數人兵二十餘名先走其弟格朗推舍察晒爾家小坐察晒爾之妃莫加犯與飲然後回宮行至不拉司察晒爾之法國戲館前猝有一人拋擲炸彈於車下火藥猛發擊傷從官兩人兵數名幸俄皇免馬驚車裂御者猶欲鞭馬疾馳以出俄皇止令駐車下視武官之被擊傷者西例君主出游從官往往得同車侍坐俄皇甫下從官下擋未畢復一炸彈至正中俄皇立時兩腿少腹迸裂筋肉皆碎顏旁亦穿一巨穴誤傷兵民十餘人左右大亂亟用獨鐵輪雪車扶載入宮已不能言醫者縛束其血管血溢不止須臾薨年六十三謀逆者立時擒獲其第一人則礦務館學生也次者亦自受彈傷送入醫院逾二時死人俱服極襤褸之衣詐為掃街工人狀使人不疑故得遂其謀在旁受傷之民人有兩

人巡捕叩其姓名不荅亦会黨也先是數日俄皇将出游巡捕統領皆諫以行止宜慎俄皇謂此已習為故常不足憂故及於禍是夜各部院大臣將軍兵士咸相聚矢誓願擁護其太子大太子已前死二太子即日繼立名為阿頼克桑得爾第三涕泣見其羣臣言願後世子子孫孫不当以我之嗣位其深痛以此而误会黨竟於是夜徧張示諭謂俄皇於一千八百七十九年九月初七日已定死罪今始行誅若嗣立者仍不革前皇之所為罰亦不遠可謂猖獗甚矣俄皇既遊之二日巡捕兵復於他道掘出地雷數處噫以此而俄皇欲免死得乎德皇聞之驚不自安即召宰相畢司馬克入议增飭左右徽宿衛云

西洋雜志卷二終

西洋襍志卷第三

英君主閱視兵船
日本兵船到英
野士淩墩養老院
倫敦監獄
喀来司阿司布達洛學館
攷試劍彝
賴賓卜司開河公會
巴黎官學散給獎賞
巴黎幼聾學堂給散給獎賞
拿破侖第一墳墓

西洋雜志卷第三

總論英國政俗

劉京堂英軺私記列倫敦兩月細察其政俗惟父子之親男女之別殆未之講自貴至賤皆然此外則可稱善治無閒官無游民無上下隔閡之情無殘暴不仁之政無虛文相應之事宰相而下各署皆總辦一人幫辦四人司事數人不等每日自十二點鐘後咸勤其職至六點鐘乃散歸庶僚固奔走維煩即國相曹長亦五官并運有應接不暇之狀是謂無閒官士農工商各出心計以殫力於所事貧而無業者驅之以就苦工通國無賭館烟寮暇則賽馬賽船賭拳賭跳以寓練兵之意是謂無游民城鄉鎮埠各舉議政院紳一二人隨時以民情達諸官遠商於外者於倫敦立總商會亦以議政院紳主之為上下樞紐民之所欲官或不以為便則據事理相詰駁必至眾情胥洽然後見諸施行是謂無隔閡之情制法最恕無殊死刑亦不事鞭撲

犯罪者輙監禁而仍優養之牛馬之類并戒箠楚孤窮廢疾與異方難民皆處以養濟院國主時遣其人查驗其寢食每數里即有廣厦爲病人調攝之所亦由國主派太醫臨視之凡搆兵惟陣前相殺死者勿問戮俘囚傷百姓并嚴禁是謂無殘暴不仁之政有職役則終其事而不惰有約令則守其法而不渝欺誑失信等諸大辱事之是非利害推求務盡委折論辯務欲明晰不肯稍有含糊辭受取與亦任情直行不僞爲飾勤不姑作謙讓男女盡人皆然成爲風俗是謂無虛文相應之事兩月來拜客赴會出门时多衢市往来從未聞有人語喧囂亦未見有形狀愁苦者地方整齊肅穆人民鼓舞歡欣不徒以富强爲能事誠未可以匈奴回紇待之矣

英人講求教養

劉京堂英軺私記英國教人之法紳宦殷富或自延師或公建學堂以課子弟皆不与貧兒混貧而無力就學者則收之以義塾焉都

會鄉鎮各有義塾，自數所以至數十所，每所延師自數人以至十數人，均按其地大小酌行之。經費公捐、獨捐，亦視其地有無巨富為斷。學徒皆居宿於塾，供其衣服飲噉，不聽他出。人家生育子女，咸報鄉官，鄉官歲核戶籍，省知已屆五齡，即驅率入塾。初學教誦耶穌經，既習書算、地圖、勾股、開方之法，是之謂小學。小學成，則令就工以謀食。其資稟特優者，益使習天文、機器、畫工、醫術、光學、化學、電學、氣學、力學諸技藝，是之謂大學。大學之處，利卜吏支（地名）十書院，以光化電學為主；岳斯笏三十餘書院，以各國語言文字為主。又或捨巨舟為學塾，教練航海各工。總之，不離乎工商之事者近是。雖然，其教術則工商，其教規則禮樂也。塾中子弟言語有時，趨步有方，飲食行立有班行，雖街市遨遊，不得踰越尺寸。歌聲樂節，孩而習之，無任差忒。每入其塾，規矩森肅，匪匪翼翼，雍雍如也。抑不惟此，群萃之地有藥官，廣儲冊籍，編揭

卷三　三　茹經堂

圖畫者，有羅致動植諸物狀珍異諸名色陳於庭者，有聚百獸而畜之彙衆芳而蒔之以為園囿者，有聚華木材藥料別其名物功用而燦列於室者，有構館舍聘名師主講光化電氣各學者，莫不遠近棋布，縱百姓男女觀覽羣萃，效以為學識之助。其各種機器亦時集一區，運用演試，使人得審視之。夫喜逸而惡勞者，人之情也；難善而易惡者，人之習也。設學以訓子弟，人不志是，則姑聽之，未有皆馴然束身以就吾範者。英人慮此，特為官法，猶法之不循其教令，雖三尺童子，猶拘諸致過房，俾習若於布麻金木諸匠作，以製衣為有用之器。故監牢亦學塾焉。英之眾庶殆半勤謹，不自懈廢，商賈周於四海，而百工竭作，亦足繁生其物，供懋遷之需。國之致富，蓋本於此。非然者，火車輪船即能致遠，而可販之貨國中無從造而成之，金幣究如人何哉。

倫敦多善舉

劉京堂英軺私記倫敦人最喜行善老幼孤窮廢疾異方難民皆建大房院居之優給其養有所謂老儒會者授餐於讀書寒士慮其以就食為恥則繼粟繼肉遣人致諸其居有所謂繡花局者世族婦女以家道中落不能自贍則聚之於深邃房室供飲饌給奔走使之紡繡而貨之仍禁男子不得擅入以遠其嫌余患病時正使皆常遣觀焉施醫院大略相同然倫敦正不止此每數里即有夏屋渠渠萃貧病之民以就療其他城鄉皆然凡此各項經費率為官紳富民所湊集有不足則闢地種花養魚或會眾演戲弄雜劇縱人往觀而收其入門之費償座之值以資善舉五月十六七八等日掃司鏗星頓有貴官婦女陳設貨攤邀請其國戚世爵大臣及國使富紳游焉選女子之美者當肆貨皆百倍其價往游者必購取數事而後可出以其所入惠養病人十六日徵銀二千數百兩十七日余與馬格里劉孚翊張柏同赴之亦共擲金錢十六磅此固其行善苦心矣然有位之家以女

色誘人而攫其金以施惠於義終屬可醜豈耶穌捨身救人諸女子習其教故無所醜於面目歟抑風俗之恬熙毫不足怪也

英國議政院

羅豐祿與友人書外洋謂治國有三大權曰立法曰行法曰執法議政院立法者也國君行法者也刑司執法者也英國議政上下二院在達眉（余譯作代模司）江邊廣八洋畝為堂者一十一為室者千一百間建於一千八百四十年費金錢三百萬磅院之四隅各有華表其近西寺橋者有大時辰鐘一鍼長十五尺鐘重八頓有小鐘八以報刻也司之以欽天監故其時最準院之中央有燈高三百尺遠望燈明便知議政未散上議政院為王族世爵議政之所王族五亞克必學二公二十一侯十八伯一百一十一子二十四必學二十五男二百四十蘇葛蘭世爵十六（七年一換）愛爾蘭世爵二十八（終其身乃換）英國律例大臣年食俸六千磅兼管上議院總辦食俸四千磅院長六十二尺高闊各四十五尺開窗鑲

玻璃繪英國歷朝國主像下議院為紳民議政之所保黨三百四十五公黨二百四十五家黨六十計六百五十人中屬英倫者四百八十人屬蘇葛蘭者六十六人屬愛爾蘭者一百零五人院長六十二尺高四十尺坐位四百七十六人數則六百五十故紳士畢集則不能均有坐次議政院與新聞紙館有電線相通故政院議論未終而新聞已將排列成版矣英國史學別類分門家數不一有所謂水師史學陸軍史學律例史學者而國家正史即議政院之日抄也

劉京堂英軺私記上議政院有四百九十九座皇親五大教士二公二十一侯九伯一百一十三子二十四必什教士二十四男二百五十七此皆英倫所命官爵加以蘇葛蘭世爵十六愛爾蘭世爵二十八合為四百九十九座以上坐次與羅稷臣所記不同或是時有更改之故無坐次於議政院者會堂不與下議政院紳士為英國最要之選號令政事每由此起而後上議院核定之亦有倡議自上而交議於下者然必下情胥協乃可見諸施行城

鄉鎮埠各按地段分立紳士一二人凡其利病之當興除曲直之當伸辨隨時以布諸同院而上陳之紳士由眾公舉富人充當惟房産在其地較多者之意之所向英倫五十三部一百九十八城三大學院有議院紳六十人愛爾蘭三十二部三十一城一學院有議院紳一百零三人合不利地時英國三島總稱共六百五十二人蘇愛兩島之紳比英倫爲少者以戶口因殊耳

劉京堂英軺私記每歲自閏會堂即上下議政院之日始爵紳皆集倫敦至七月乃散其未散也日赴議政院商榷一切事宜惟彼教禮拜日及禮拜六不往旅此數月聞其徹夜辨論者數矣見阿什伯里屬其遇有議事知會往觀三十日四點鐘阿氏躬親來迎偕往登樓覘之各國使及諸事外人多有詣此作壁上觀者凡集議之先紳士欲有所辨詰則赴院挂號聲明所詰事目該管官吏預籌答詞屆時侯至設几案堂中央司事三人執筆攤紙坐以記言各

官就案旁坐諸紳以次列坐思必克特立於上按挂號次序傳呼其人出諸有所詰答辯論者皆起立向衆言之詞畢復位然後他人啟齒勿許攙越忿爭不如法則思必克扶出之論相錯而得失不能決則分左右袒以人多者爲勝施行其言思必克猶所謂主議之人通曉律例嫻熟議院故事者是日在坐數百人以襍事相詰者數起然後及俄土兩國事會堂首領哈丁敦意主不與聞陸軍統領哈爾狄駁之兩人言論甚煩皆逾半時而後竟當其言之未竟衆皆肅聽從無急於騁辯者可謂從容有制矣

英倫聽審衙門

羅豐祿與友人書英國聽審衙門有九一曰君主二曰常三曰戶部四曰遺屬五曰婚娶六曰理藩七曰海部八曰教部九曰刑部各衙門均有專責英律分爲二家一曰常律二曰比律欲學者先通拉體諾及英國國史文字乃入律學會爲社友一二年考試

數次乃入衙門聽審稱爲巴力士得力巴力士得通羅馬律英國常律比科力實業力及萬國公律可轉爲沙曾并涇士昆色蓀三者皆可擢爲刑司由刑司可進爲律例大臣雖律例大臣爲男爵而位在五爵上惟次於王族而已其代民間理詞訟者謂之亞湯貳或稱素力實得亞湯貳通常律素力實得通比律國家之亞湯貳素力實得爲最崇議政院中有其坐次英國律學大略有如此者

英國訊案規模

劉京堂英軺私記民間訟獄之事隸於美亞美亞所不能治或既治之而仍不服者則控諸議政院以上聞交刑司據律審斷刑司之權足以訊治其國主王公大臣故英倫有君主非尊律例爲尊之語其推鞫之法兩造各請律師六人代質刑司據臺上坐律師環臺下坐臺上有駁詰則臺下檢案卷起立辯答無跪審刑訊之事綜計通國大律師六百人小律師一千二百人皆考試其律

學之差等而拔置之蓋恐民愚不能自達其情故代以律師也英倫問案之處曰林坤辛其堂名有六一曰迷達拉坦木布二曰印那爾坦木布三曰魁英司班埠四曰格雷新五曰艾克司栄克爾六曰闊爾達敖伍紫爾滿普力斯然刑司不常任此时往来三島城鄉就地訊案不勞訟者遠涉遇有讞事於林坤辛有禧在明之友曰哈力斯者導往觀之并入其度置律書之室律書四萬冊學律者日誦其要習讀焉又有望曰萬司敖伍頗布力客當閣自係其存積案卷處門窗架格皆鐵石爲之不襍以寸木防火患也凡其國新主嗣位稟受大教師誡條及各國和好之案章皆藏於是堂即中國所謂盟府者歟案卷皆編號士民有往抄者則司事按其所求抽示之不禁阻亦不索費

英國地方官之制

劉京堂英軺私記英制城鄉大小各設看司勒百數十員倫敦則二

百零六員奥德們數員或十數員倫敦則二十六員以美亞一員統之看司勒猶中國所謂里長也奥德們猶所謂堂正也美亞猶所謂鄉大夫也奥德們分轄地段看司勒又各按奥德們所分之地段而分理焉由紳商士民產業多在其地者公議舉充非富民不得與選皆不食薪俸凡所轄地段教養之政詞訟之事以及工程興作商賈貿易奥德們皆得舉治上諸美亞歲收煤酒牛羊市之稅以為經費其他賦稅歸家部經收轄下巡役謂之剖隸司漫人數多寡視事繁簡為衡口糧霰派於商賈富戶凡遇盜賊人命喧爭鬪毆一切不法該役拿解美亞寓所訊問寓所有暫押人犯之屋亦備鎖靠既訊得實乃致諸其公署集奥德們看司勒而會辦焉設獄以禁罪犯與官獄章程不殊罪之大者刑司赴其署讞定倫敦美亞署在基拉多兒司脫利脫有會議公堂數處有刑司讞事堂其外陳列古書古器及例案數百卷任人觀覽有三廳列坐為觀書處凡舉充奥德們必於曾任

看司勒一年以上者舉充美亞必於曾任奧德們七年以上者美亞定限一年更代賢能者或留一年然不數數覯退位則仍復奧德們之職每歲十月即新美亞接替之期儀仗扈從甚都其公服長及足編簇金花後裾曳地逾尺袖底另綴小幅約尺六嵌金花項上挂鏤金鑲寶一串無異中國朝珠侍者左捧金冠右捧寶劍長三尺五寸攢珠為匣金冠以木桿承之長四尺餘徧飾以金以其有地方之責故崇重之此制與漢之三老明之里老略同

又美亞稱名之義詢諸英人無或解者然英格倫之倫敦愛爾蘭之德布靈其美亞皆曰羅地美亞羅地者有爵之稱尊之也倫敦為英國都城故尊美亞猶中國之尊京兆尹也鄉埠之小者不曰美亞而曰婆羅佛士權雖同而名則殊尤小者以邁基士德地如亭長之數讞其尋常爭訟大獄則歸諸刑司不設美亞處地狹人稀賢紳未易得也

又倫敦周圍百里設二十六奧德們每奧德們轄四里有奇轄內皆

有養老育嬰濟貧等院與瘖盲跛躃以工餼食之所經費之所出或富人獨捐或抽租或醵金因地隨宜為之然其宮室之崇廣衣食之充足則大致無殊各城鄉市鎮亦然奧德們不親治其事治院事者侵刻虐使則赴控而董正焉國主時一臨觀或遣子女與媳代查驗以示鄭重

英國選練兵士之法

劉京堂英軺私記選兵之法年二十二以上願充者投告由醫官驗其身體結壯長及六尺脛骨不弱足不平底（腳底平者艱於行走）乃給貲為定令歸告所親送諸大營覆驗（身足不如式則前醫官罰賠定銀）訊其來意果實則分哨教習焉教習之法十人為隊先練手足緩行欲其步之齊也急行欲其馳之疾也站立欲其腳之堅也運動欲其腕之勁也又有所謂頂抱者以首觸物曰頂欲其撞之而仆擢之而開也兩手擒伏曰抱欲其力能制之使不動也凡教練皆喝號或操旗欲其耳目之習於

歸令也由是而效為陟山跳濠跨牆緣木之事累土為坡而趨之欲其息之不喘也懸繩於上而攀登之欲其身之不墜也橫木於空而趨過之由二尺漸高至五尺欲其兩胯之張足不失陷也如是者兩三年然後授以火槍使習携持演放測其遠近視其準的鐫其姓名於槍桿責令善藏之洗擦剔磨咸有方司之以隊長（槍壞則隊長罰賠）衣冠衾履亦隊長董正焉（衣冠要鮮明行李要畫一歸衣不能離其身）其教馬隊即於步隊選練先予惡馬而不予鞍繼予以鞍而不予鐙由騎坐以漸及馳騁由馳騁以漸及踰溝越險運用刀矛之技（步隊惟用槍馬隊則有刀有矛点腰小槍以備用）莫不精熟然後以鞍鐙給之凡此馬步技藝學三年不成者斥出學成乃授名食糧三年為一屆願留則當九年至於二十一年其齒已老遂放歸以原日口糧贍其終身在營有所犯輕者禁一禮拜不聽出重者降二等兵再犯而重則降三等兵（二三等但為此名目以視優劣口糧則同）均注其事由於冊由哨官以時進營官查驗又再犯則訊其違忤之故調赴他營哨易人教之并以犯罪

事由錄送猶不改然後拘諸監牢作苦工（另有監禁營兵之所）其當兵三年無過者以黃縧為規形施諸袂口加其糧銀縧遞加至三而止嗣有所犯亦遞褫之（已降三等者能知奮仍可升頭等）此西洋營規之大概也不獨英國為然今閱英國冊籍出戰馬兵一萬七千二百七十五名步兵十二萬八千六百二十四名砲兵三萬四千九百二十四名工匠工五千七百一十名（工匠亦由步隊選出其糧優於各兵凡造橋開道攻城築壘皆資之與中國長夫迥然不同）其餘守護糧局運送軍火保衛醫官之兵不計（每兵千醫官四人紮營處所先令醫官勘視兵丁飲食亦醫官視之凡駐軍必先求爽塏以栖止醫官及病人然後將弁得以自擇）另本國守兵十五萬一千四百九十一名備調兵三十二萬零二百四十一名（即常當兵三年至九年者無口糧）香港毛兒達安地兒士島三處共守兵二千四百八十一名兵皆食於官廚別給每日犒費銀一施令時有黃縧者一縧加一辦士操演以兩時為限疾病加意醫調所以愛恤之者至矣

又英國官兵而外有民兵城各店肆任戶顧充者注名於冊每處

或千數百人或二三千人通國民兵共十六萬八千餘人紳士領之給以洋槍每禮拜次日一操演立的命中自數十步至二三里之遠操演不懈者以一礮十施令為其一年號衣費疎曠則責繳火槍每年西曆七月比較其藝凡十四日勝者眾人捐銀酒瓶為賞而負數名於官國主合集各鄉親校視之擇其尤者樹的三里使命中勝者賞以功牌功牌以銀為之如洋銀錢式而稍大得賞者懸於襟之左復令與官兵合操賞亦如之有戎事則自保鄉閭不徵調遠出步隊皆洋槍馬隊則用刀矛每年亦賽馬民兵亦與其會也倫敦東南十八里溫博爾墩有民兵一千人伯爵華林格里福所轄約中國使者於六月初四日觀其較槍屆期使哨官賀得孫來迎至則張棚數百於原野帳棚形制無異中國但兩三人并一帳無定數中軍之帳如十數楹廣居華堂邃室陳設富麗統領參謀之帳亦然兵士十人為一隊洋槍皆跪而施放放畢而起聞號復跪目睹其中的於二里外者指不勝屈

蒓齋雜記鄉兵合操每年不過一次若每禮拜尋常操演人数無定或数十人或数百人有女士喀爾利而曾請予至其親戚處一觀鄉操主人先於園中設長桌列坐備酒食以待午正鄉兵約百許人奏樂而来先就園中飲啖畢乃至平原習操分為兩軍儼若對敵狀数四起伏其放槍皆以身卧地而昂首以視準的與否倏又起屈一膝施放之可及人身之半陣法變化無常至晚乃散歸

德國陸兵營制

劉京堂日耳曼紀事德國盡人為兵以十二年為期限凡民入營充隊兵三年出營備調四年又充餘丁五年（惟充隊兵有月餉）每年挑練之兵十四萬三千名有事則闔境之民按例征調舉國分為十八軍布國九軍索吉孫二軍白安二軍越兒敦伯爾时一軍其餘列國三軍平时之制營務處官二千一百八十九員兵二人馬三千六百零八匹步隊七百六十三營官九千四百九十員兵二十七萬

四千七百十六名馬四千三百六十九匹馬隊四百六十五隊官二千三百五十七員兵六萬四千六百六十八名馬六萬九千三百二十六匹砲隊二十九隊砲一千二百一十六尊官二千三百十一員兵四萬五千八百七十六名馬一萬（千）七千四百七十六匹工匠兵二十隊工匠以備造橋築壘人皆能戰非如中國長夫也官四百員工匠兵一萬零三百二十四名馬二百五十二匹運軍裝兵八隊官二百一十三員兵五千零五十名馬二千四百九十三匹護理電線等隊官五十二員兵一千零二十三名馬二十三匹總計砲一千二百一十六尊官一萬七千零十一員兵四十萬零一千六百五十九名養傷養病之兵皆在其內馬九萬七千五百四十七匹臨敵之制營務處官八百六十三員兵五千一百七十名馬五千零七十匹步隊四百六十九營官一萬零七百六十二員兵四十八萬二千二百九十六名馬一萬八千九百五十四匹馬隊三百七十二隊官二千一百四十四員兵五萬九千八百一十四名馬六萬五千六百零八匹砲隊三百隊官二千二百八十六員兵

七萬八千一百二十名馬七萬七千四百三十二匹砲一千八百尊工匠營五十四小隊官五百五十五員兵二萬零九百一十七名馬九千六百四十七匹運軍装隊官四百八十四員兵三萬八千四百五十一名馬四萬六千零七十一匹護理電線等隊官二百一十六員兵二千八百一十六名馬一萬零八百六十四匹總計砲一千八百尊官一萬七千三百十員兵六十八萬七千五百九十四名馬二十三萬三千五百九十二匹接應之制營務處官三百七十五員兵一千八百三十六名馬三百二十二匹步隊一百七十四隊官二千九百一十六員兵十八萬七千五百三十二名馬一千零六十二匹馬隊九十三隊官四百六十五員兵二萬三千九百九十四名馬一萬九千七百一十六匹砲隊七十一隊砲四百二十六尊官三百四十員兵一萬三千二百六十一名馬五千五百零七匹工匠營官九十員兵四千九百五十名馬二十匹運軍装官二百四十員兵一萬一五百二十二名馬三

千九百零三匹總計砲四百二十六尊官四千四百二十六員兵二十四萬三千零九十五名馬三萬零五百三十匹留守之制管務處官八百五十員兵六萬馬一千八百五十匹步隊二百九十三營官六千五百二十八員兵二十五萬六千七百四十四名馬二千零七十匹馬隊一百四十四隊官八百二十八員兵二萬二千九百六十八名馬二萬五千三百八十匹砲隊五十四隊砲三百二十四尊官一千三百七十員兵五萬四千八百五十二名馬八千一百十四匹工匠營官五百三十一員兵八千五百三十八名兵馬總計砲三百二十四尊官一萬一百零七員兵三十五萬三千一百零二名馬三萬七千四百一十四匹統共前敵接應留守三項共砲二千五百五十尊官三萬一千八百四十三員兵一百二十八萬三千七百九十一名馬三十萬一千五百三十六匹別有醫官四千六百五十三名馬醫八百三十八名支應官一千六百七十二員火器匠一千零五十七名軍裝匠七名十一名文案人等

一萬七千零四十四名總共二萬五千九百七十五名水師則有鐵甲船九號大小火輪船十二號快輪船四號水師提督大火輪坐船一號小火輪砲船十五號裝運兵丁火輪船二號夾板船四號總計船四十九號砲三百二十七尊官三百六十七員學習水師官一百員隊目六百九十六員水手四千六百二十八名船上步兵一萬營官二十七員兵一千零三十五名砲手一營官十四員兵四百五十七名設提督領之陸路則設大將軍而皆總統於開色此德國水陸兵馬之大略也

德國議政院

劉京堂日耳曼紀事布國上下議政院之制與英倫無殊上議院首領為伯爵初司多爾伯世非尼士羅達下議院首領為世爵貝甯生自威良模称帝後又設有德意志議政院二上院曰邦達司拉士則列國會議之堂也首領為畢司馬克下院曰來世斯德

士則諸紳會議之堂也首領為福根倍克次為申克苐斯多文波克又次為初何恩羅合冷恩波克布國會堂開於西歷每歲十一月朔散於十二月杪德意會堂開於正月朔散於二月杪其下議院紳士皆定有額數布國會堂之紳按各城鄉民數約十萬人中公舉一人德意志會堂之紳則布魯斯屬十七人白陽屬六人索吉孫屬越免敦伯爾時屬皆四人巴敦屬乞辛屬皆三人也克林播時舍鄰屬二人其餘各國所屬皆一人議事之日一點鐘齊集六點鐘暫退至夜九點鐘復集一點鐘乃散

蒓齋襍記戊寅正月初日兩點鐘德國開會堂於宮中余疑其盛典與英同也及往觀之則儀文繁簡迥異院紳來集者約五十人排列庭中央北向次相和福曼各部大臣十餘人南向開色并未出見和福曼於懷中探一洋紙出向眾讀之祇言奥國修約事宜讀畢院紳持帽拂地大呼亞爵者三遂退亞爵者言上帝保佑也

其後余又至上議政院觀議事官紳集者可二百人宰相畢司馬克立於臺邊亦持洋紙向眾宣誦院紳或讚或不讚良久乃畢戶部尚書繼之畢畢司馬克又起立口說或譏以諧語眾皆歡笑此次所議蓋加稅事多與眾意亦多有未合也

法國議政院

蒓齋襍記法國下議政院在巴黎舊王宮前面大橋之南自一千八百七十年布兵圍攻巴黎繼以民亂法朝退至未爾塞議院與之俱移民亂平後院紳以新政民政恐亂黨不便不敢復還故處遷延者將十年一千八百七十九年始決意移還首領剛貝達先於院中設茶會張燈大請賓客臨觀以覘眾意至中歷九月某日始議事於此予往觀焉院不甚巨紳士集者可二百餘人剛貝達按案中央臺上坐旁置一鈴鐺有一紳連次立臺下發議剛貝達不欲其議數數搖鈴止之其人弗聽下而復上眾皆醜語詆呵又

一紳君黨也發一議令衆舉手以觀從違舉右手者不過十人餘皆民黨輒拍掌訕笑之當其議論之際衆紳上下來往人聲嘈雜幾如交鬪一堂毫無肅靜之意此民政之敝也

巴黎閲兵

蒓齋雜記法國每年必調集巴黎付近之兵大閲一次其操場在布洼得不朗圍內布洼得不朗譯言白木也圍有平地寬廣五六里為向來賽馬處西面有高台數座可容坐萬人台之前面復設有棹坐萬餘戊寅五月二十日是其大閲之期先期外部送有照單數紙是日天氣晴明予偕日意格聯芳陳季同馬建忠同往凡領照單進觀者四萬五千餘人其列圍外聚觀者復十數萬人台之正面有伯理璽天德波斯國王及英國丹國太子及各國公使坐位兩點半鐘伯理璽天德馬克蒙始是將軍愛馬甫兵部尚書及英丹太子等皆騎馬同入隊內周巡一次三點鐘伯理璽天德等乘

馬立於看台對面各兵隊從中經過每百人為一排排分兩層凡五百人成為一隊兵士皆帶白手套衣履各分顏色兩兩並行手足動止截然如一另有軍樂一隊為之先導至看台前樂隊站立迎奏候其既過乃輟樂而歸於此隊之尾他隊軍樂復繼之由步而馬而砲以次過畢分數路歸營衆皆拍手歡呼伯理璽天德亦於馬上摘冠為禮是日所閱之兵約分四軍有將軍男爵愛馬兩統帶之兵有沙實（法語打獵之謂）兵法館學生有三納府守城兵有赦火兵巡捕兵（巡捕自為一衙門不歸地方官管轄）馬隊亦然馬皆分色為隊步兵五十七隊約二萬七八千人馬兵五十五隊五千砲兵十八隊鋼砲一百零八尊每砲車駕馬六匹每馬騎坐一人砲車後懸車輪一副以備臨敵受傷更換後又有高棚車一隊為載臨敵受傷者之車共三萬數千人歸統四萬日光之下器械精明步武整肅可云威武

英君主閱視兵船

莼齋雜記戊寅七月十五日英國兵船之從土耳其散歸者凡二十六號調集於波自莫斯海口君主親臨閱視先期有船政局學生林泰臻請星使及余赴彼船一觀至則星使得有海部照單與各國公使共為一船一點鐘林泰臻掉舢板來迎登其船即兵船之第六號也船主邀余入坐中飯飯畢導觀其第二層中艙四面皆一寸三四分厚鐵板裝成每艙皆可隔斷其門用鐵櫳軋緊水不能入船之首尾設為敵軍轟壞此艙尚不至沈溺又觀其存火藥艙鐵板厚皆二寸其船外鐵甲厚十四寸既又試演放砲之法砲重十六頓每砲祇六七人司之左右旋轉操縱無不如意二十六船分兩行排列每船皆用長繩從船之首尾上屬於桅頂結綵幡數百君俟記錶三點半鐘君主及太子太子妃公主等從阿思本行宮乘坐輪船巡視次一大船為各部院大臣及議院紳士之船次為各國使之船皆隨君主船後經過處各兵船聲砲三次水手悉升

桅齊立大呼者三俟君主船過稍遠乃下船中或奏樂或不奏樂君主船繞行三帀是日陰雨有風故各兵船皆不起椗操演既過船主欲詢對面一船問君主所言若何升小旗數面於桅上須臾彼六船亦挂數小旗即知云君主甚喜謂各船均頗堅實可惜陰雨不能操演其第一船名赫而郎利斯係水師提督所坐安砲十四尊馬力八千五百二十九匹載重八千六百七十七頓水手六百九十八人第二名倭爾聲亞砲十三十二尊馬力五千四百六十九匹載重九千一百三十七頓水手四百零三人第三名爾利細司敦斯砲十六尊馬力二千四百二十八匹載重六千零七十頓水手四百五十二人第四名瓦利安脱砲十八尊馬力三千五百六十匹載重六千七百十三頓水手五百二十人第五名海爾特克砲十八尊馬力三千五百二十六匹載重六千七百一十三頓水手五百二十七人第六名亨利洛佩砲十一尊馬力四千四百零三匹載重四千三百九十四頓水手三百四十五人第

七名洛爾得瓦敦砲十八尊馬力六千七百零六匹載重七千八百四十二頓水手五百八十七人第八名包亞地細亞砲十六尊馬力五千一百三十匹載重四千零二十七頓水手三百五十八人第九名毖爾利亞納斯砲十六尊馬力五千二百五十匹載重三千九百三十二頓水手三百六十三人第十名衣墨爾納得砲十二尊馬力二千一百匹載重二千一百六十三頓水手二百三十二人第十一名三得爾勒爾砲四尊馬力六千二百七十匹載重九千三百八十七頓水手三百四十九人此船最大而砲祇四尊者以砲亦最巨故也第十二名格拉敦砲二尊馬力二千八百六十六匹載重四千九百十二頓水手一百六十三人第十三名卜令腮阿爾倍阬砲四尊馬力二千一百二十八匹載重三千九百零五頓水手一百九十八人第十四名腮克格卜司砲四尊馬力一千六十匹載重三千四百三十四頓水手一百五十人第十五名高根砲四尊馬力一千六百六十九匹載重三

千四百三十頓水手一百四十七人第十六名海克脱砲四尊馬力一千七百五十五匹載重三千四百三十頓水手一百四十九人第十七名海得納砲四尊馬力一千四百七十二匹載重三千四百三十頓水手一百四十六人第十八名白賴而砲四尊馬力三千九百五十五匹載重四千七百二十頓水手二百零六人以下另為一排第十九名考馬爾郎砲六尊馬力九百匹載重一千一百二十四頓水手一百三十九人第二十名爾賴待砲四尊馬力七百一十五匹載重五百九十二頓水手七十七人第二十人一名推意得砲三尊馬力三百十匹載重三百六十三頓水手四十三人第二十二月胎砲三尊馬力三百十匹載重三百六十三頓水手四十一人第二十三名不賴対爾砲一尊馬力二百六十六匹載重二百五十四頓水手二十三人第二十四名考墨脱砲一尊馬力二百六十二匹載重二百五十四頓水手二十五人第二十五名水雷船名維汝維亞斯馬力三百七十九匹載重二百六十頓

水手十四人第二十六水雷船名頼脱令馬力三百匹載重二百八十頓水手九人

日本兵船到英

蓮齋雜記日本夾板船初次抵英泊於代模司江下流之格林禧司日本駐英公使上野景範於其船上請茶會以志慶喜六月二十七日予與徐在初葉桐侯往赴之初登船時上野景範偕其夫人及船主挨盧野譔立迎客握手爲禮船之四周擁以花卉船面鋪墊氈毯船尾設長筵置酒果啖客樂工奏樂在船艙之第二層船長可十六七丈寬可二丈三尺入水不及一丈上下三層中一層飯廳客廳及兵官等睡房船頭懸白方旗有徑二尺許大圜紅心蓋其國以日爲旗志船尾外沿刻徑寸許大隸書清輝艦三字日本語謂之腮結水手百餘人一如英兵結束見客至皆舉手侍額示敬船面安放銅砲五尊前一左右各二其機器等件磨洗

精潔亞西人日本國小而能爭勝若此未可量也是日赴會者約二百人威妥瑪及前任廣東領事羅伯遜與焉下船同行威妥瑪語余頃貴國將來造一大船前來敝國若云于六月望如是復行數十武而別

野士淩敦養老院

劉京堂英軺私記野士淩敦距使寓十四里有養老院屋一千三百七十間居男婦之老者九百五十人月抽其餉房租以為經費每四十磅納五磅少者減多者增日三飯以為常晨飯一饅一茶一牛奶油間以饘粥午飯加肉晚飯有羹皆令醫驗氣血衰者醫士謂宜酒則酒之一禮拜酒三百斛不能給男外服以黑大呢內以白布女服襍色衣裙無異老寬裕之家禮拜一易而浣濯敝則改造寢所寬舒男女異處衾褥隨四時為厚薄咸備自院中夫婦偕則共室周遭有院蔭可任游憩婦女未衰邁咸令縫紉而貨之所得值

十畀以一不顧居於内則飯時乃集人亦數百間有少壯者皆責鑿石善工乃接授食僅粄一宿予一飯者別為一所亦令析舊繩二股乃聽去院事以四紳贊之此倫敦養老院之一也

倫敦監獄

劉京堂英軺私記英之制刑雖寬政令則嚴凡其民小有忿爭或動止稍不如法則巡捕弋獲之歐諸其長而詰禁焉故其設役特多然犯之輕者不與重犯混處其伍匪染惡益不自愛也倫敦輕犯之獄凡五英並及議院紳主之重犯之獄二家部主之輕犯應禁數日以至數年者期滿即釋惟罪在監禁五年以上則送部獄拘之九閱月乃解海口獄使就修城築壘諸苦工海口之獄不一其名曰達爾得穆爾曰波得蘭曰澳庵又有海島之獄曰勃地斯毋士愛爾蘭之獄曰士擺客埃蘭部獄則有曰密拉班克者有曰奔敦維納者某月二十三日函會家部往觀於其奔敦維納家部派幫辦錫拉溫伊必存記室縻得佛爾至其地與獄

官陸一士為前導，其獄則崇樓廣廈，徧繞迴闌，壁淨階明，塵垢俱絕。屋一千一百六十五間，現禁犯一千零十五名。凡屋高七尺，深十四尺，廣十一尺，一犯居之，皆有牖以通天陽，不以湫隘閉鬱其氣也。非夏令則以機氣送暖，分布於其屋，為禦寒也。初入獄者，去舊衣歸諸其家，授以囚服，易別識也。親屬來見，別有一室以鐵闌隔之，獄官與犯並坐，察其所言，杜私弊也。衾薦器用，儲以完好，不賤視之也。日饍凡三，肉食必具，劑以湯茗，惠養之道也。樓每重各立天平一具，有以肉少為嫌者，則面衡示之，昭均平也。飲食寢處咸適其意，而氣體充矣。每日六點鐘即起，各自洗刷房地，内外牆壁，料理衣物，務令整潔。浴室十餘所，七日禮拜一澡濯，惡其垢穢致疫癘也。犯衣浣以機氣，陳於椸架，入火櫃烘之，櫃有編號，防混淆也。日午膳後，同詣講堂，聽經以點鐘為度。禮拜日則有往導其後善之心也。凡聽講，獄官必高坐臨之，糾其不恭者，諷經協以洋琴瑟一而五音皆備量陶以禮樂也六工及紡織烹飪之事各就所能使執一藝不能者教以工師初入獄則析舊繩每日率六時作啟其放心且進以技藝也午膳既畢歸步院間依所畫地按序而行以活其筋脈而仍不使肆也歸步已則觀書兩刻牖其明也操作之時與食息相間調其勞逸也在獄無老少莫不體胖色華而豐室几案雕鏤畫繪之巧莫非犯人為之遇客至則肅然端立若素嫻禮教者以此獄中有高臺矗立數十丈獄官時登臨之以察犯人從違其或不率教則禁諸黑窨黑窨深入地下由階梯數折而至牆垣厚一尺四寸凡三重夜不然燈惟仍日給膳飲如常數毆官者以九尾帚鞭之九尾帚形如塵拂尾綴細麻繩故名其次則捶以木桿非是不鞭撻也越獄者以洋槍逐擊之由此獄移彼獄者以鎖穿繫其右手加以鎖鑰兩兩相連非是不施鎖鐐也或負疾則別置樓下高朗之處室以精美飲食供之醫既愈則坐諸樓氣

權衡其輕重以瞻肥瘠而知其氣血之復元與否然後復歸其舊牢病甚者取家設一所以便省視此倫敦部獄之章程也紳士所管五獄寬嚴各隨主者家部病其參差業已商允下議院定為畫一之法矣英制之待罪囚如此其優而人猶不堪至有墜樓求死之事

又有好士呵佛哥勒橙神者華言改過房子也童子孤貧無父兄之教或父兄貧不能教致蹈匪彝者官中勾攝至其地飲食訓誨之從以師傅慈以保姆俟其成人學藝既立然後放歸英之成育人才用心為良苦矣

喀來司阿司布達洛學館

郭少宗伯日記二月初一日至喀來斯阿司布達洛學館觀其晚餐掌館者阿剌博得初謂小學生七百人坐餐靜肅止矣至則男婦觀者數百人阿剌博得至坐旁立持綠竿者十餘人前設食案十六凡七百人分列十六坐坐共一食案計設食案四行每

行相連四案左右環坐三四十人教士宣講數琴作歌以應之歌三終皆跪而拜經乃起坐就食食畢教士復宣講數琴作歌如前乃分班而出每案一童子兩手持二燭前導一負食筐者繼之而從兩兩相併行其前二人一卷桌布挾之一肘食籃次第至掌館前鞠躬為禮皆着長衣束腰云此衣古製衣也此館已設三百五十年衣服禮制相傳未改持綠竿者皆館丁也五百磅以上給與一竿得薦人入館其年十五以下者大率世家貧無資孫若則學館收而教之日三餐及衣履皆學館給之其學亦分天文數學兵法諸事高等者給銀印隨之左肩詢之皆習兵法者年十五以上送入大學館衣食從館中資給可謂盛舉矣（每年用七千餘磅）持樂器者數十百人亦兩兩相併別為一隊詢其所歌之辭則先祝君主天祐次及太子次及諸子及公主次及百官次及紳士又次則云始創建此館者為渠等就學之原其德不可忘也願天祐之中國聖人所以教人必先之以樂歌所以宣志

導情以和人之心性聞此歌詞亦足使人忠愛之意油然以生三代禮樂盡在是矣

玟試劍舞

葩齋雜記巴黎有舞劍處私學堂也西歷四月二十八日有鄉下舞劍學堂名生西爾者其學生二十餘人角藝於此提督一員及官武官數人監試之予觀其監試處四壁懸劍百餘劍心亦用鐵鑄成長與劍等無鋒及尖而有四棱粗僅如筷中間稍稍錦輭可彎曲有小棉毬緊繫其顛舞生衣極粗厚麻布單衣一層右手戴手套以皮為之內實棉絮一指之巨豎與腕等面戴一極細鐵絲罩兩人持而對舞以刺中胸前六次為勝斷劍另易他劍試畢其教習復與一生對刺越月餘該學堂復試別館學生再請往觀以事未赴

賴賓卜司開河公會

蒓齋《襍記》：法國名人得賴賽樸司（凡名字前之前有得字者，係從王之後，雖非封爵，而亦與爵相類）即同治年開通埃及之須衣士河者（即蘇衣士河），於一千八百七十九年又立一公會，建議欲開南北亞墨利加中間山脊最窄處，以通環繞地球之路。先期致書曾侯，請中國遣員入會。曾侯以余駐札巴黎，就近飭往，即為作為中國所派之員。遣法蘭亭偕往，以資繙譯。西歷五月十五日九點鐘，開會於巴黎之布爾瓦三合爾曼第一百八十四號房內。有一圓室，列坐環向，前有一臺，安設長案，四壁懸挂河道圖說。賴賽樸司居中坐，旁有數人環之，各置紙筆。與會者一百餘人，余所識者希臘公使及外部侍郎密郎。坐定，賴賽樸司起立，向眾宣言開河利益，約一時許，散各繪圖說。約次日復會至，則會中之人已分出所治之事，共為五起：第一估計船隻貨物多寡；第二討論各國通商事宜；第三講求風潮沙線、行船道路、船隻樣式、修河器具；第四究論開河度支、修理經費；第五估計利息。余列入第二起，作爲會友賴寶樸司，以次唱名，皆起立點頭爲禮。唱至余名，余亦照例起立，大衆拍手歡呼，唱畢各散。至治事房，房內亦設有桌椅紙筆，環列坐几，以次坐定。是日應推舉會長，亦歸爲伯理璽天德，各以紙條書所舉之人姓名於上。余於會中無以辨其人之短長，因舉外部侍郎密郎，密郎以法人不得入選，而衆舉前任美國砲隊官兼商會地理會官名拉當阿必勒登者爲多，遂定爲伯理璽天德。次又舉參贊二人，余問之旁人，衆意屬德結而與墨蘭，亦隨衆畫諾。自是或間日一會，皆係辨論河道利弊、商務得失，凡有駁詰，皆起立而談。有用紙寫出宣讀者，有臨時口陳者，案前數人執筆記載，一一登諸新聞。所開河道先勘有七處，六處在哥倫比，一處在尼加爾拉瓜。此次會中所議注意在哥倫比之巴納馬及尼加爾拉瓜兩處。第巴納馬東西海面齊平，而難處在開山洞，約長十里。尼加爾拉瓜中就一湖，稍省人力，而海面低下兩頭須設閘二十一所衆皆以為不便二十六日在工地郎達爾大宴屬內公議合中賴賽模司起立口陳頌詞以次及伯理璽天德參贊等又及他客衆皆屬余奉余知前會故事先已預擬數語日意格法蘭亭夾余坐遂起立以中國語誦之法蘭亭從旁繙譯大衆拍手讚歎其大略云余以中國人來與諸君聞河之會和心甚喜諸君欲辦此絕大工程即中國欽差曾侯亦深為欣幸目下如在巴黎亦當來與會中衆觀盛舉從前賴賽模司開通須於士中國早已聞名現又議開巴納馬河道賴君歷練本深此舉必於地方有益自蘇士開通之後各國往來已形便捷若再開通巴納馬船隻周行無礙其利益更不可限量我深盼此大工早日告成今特舉酒為諸君賀次日會畢法人先出他國之人聚議以法人既有公議我輩理應相酬復醵金仍就工地郎達爾於二十八夜設茶會以答之是夜下議政院首剛貝達亦至二十九日後會觀者

益多在會之人賴賽樸司一一詢其然否然者應曰唯不然者應曰諾余亦唯曰唯共計唯者七十四人諾者八人無唯無諾者十六人尚有未至者已納馬之議遂定會議事畢是夜適伯理璽天德至會賴賽樸司與同會往謁告以開會之意賴賽樸司亦有茶會均往賀之此後祇待鳩集股份興工耳每股份五百佛郎（以下公會議論）問每年通共估計有若干頓船貨經過此河并每年每國應有若干頓數馬爾須司芳納達（前開須衣士河參贊今在本會中第一起）答此不能預言一定過若干頓但就須衣士河所過之貨驗之即可見其大略今將一千八百六十年起至一千八百七十八年止大數開出內列英法荷蘭三國之船如有船一百隻英國應派七十九隻法國十七隻荷蘭四隻何以開單始自一千八百六十年緣因往時歐羅巴亞細亞經商之人於未開須衣士之先即已預籌何項貨物可以通行早為儲備而彼時輪船帆船及各製造家乃從英國下議院紳士

之論以為賴賓樸司欲開須衣士河決無是事及至河成第一日開河之期經過大船六十七號衆始推服賴賓樸司各處製造匠師一聞此信即將船隻改造新式現在逐漸增添生意日廣從前造船之工不至枉費故須衣士河可為實在之證據照知巴納馬河道開道通亦可得無窮之利益今就生意最大之英國言之一千八百六十年時英國海口與亞細亞海口所載之貨祇有二百二十九萬二千四百七十六頓至一千八百七十七年增至四百六十四萬一千九百三十三頓比較從前每百頓多增一百零二頓四十八分現仍加增不已所惜開河以前各項船隻不能任意添造亦不能遽將舊式之船悉改新樣以之裝載貨物尚形其少若使廣為製造其貨物之由歐亞兩洲往來者均須由須衣士經過當已至一千萬頓之多現在議開巴納馬河船隻樣式最要當開須衣士河時余曾親覘身閱歷此時須使製造家先知應造何等

樣式船隻方為合用又經商之人應確知何項貨物在於何處採辦本會中有言每年可過六百萬噸者果如所言每日必須有二千零五十噸之船八隻經過方足此數但此亦難限定即如海面有風船隻不能進口可以終日無船經過或一日之間可以過至數十隻因東西兩洋比較地中海風浪尤大當須於士開河之第一日從地中海到紅海之船經過六十七隻共四萬五千八百噸足知每年六百萬噸之說并不為誣且信一日之間經過大船多隻無停候之虞所以然者由於須於士不設閘門之故設如有一百二十五買特爾之長船經過一閘等候蓄水漫平必須一點鐘之久至速亦須半點鐘又行海之船與過閘之船不同海船身深而動輪甚小過閘船身淺而動輪須大又甚緩緩而行足以耽延時刻設須於士河內置有一閘船隻往來即多不便今議開巴納馬河若欲置閘約計一日之間常常啟閉晝夜勞動至多過二十四船而止如此即果

有六百萬頓之貨於一年之內亦決不能運過此數矣（以下巴納馬應開河身丈尺）自立門海汊至巴納馬海口應開深八箇半買特爾底寬二十二買特爾口旁有路寬兩買特爾路旁如係土方再斜上開寬兩買特爾高一買特爾若係石壁高一買特爾若石壁高一買特爾斜寬一買特爾十分應開有石之地一百八十七建方買特爾有土之地三百四十建方買特爾河身灣曲處准半徑弧綫三千買特爾計工八年可成（以下估計開河價值）土方一千七百三十萬建方買特爾每買特爾二佛郎半共四千三百二十五萬佛郎沙石五萬建方買特爾每買特爾五佛郎共二十五萬佛郎鬆石五百六十萬建方買特爾每買特爾七佛郎共三千九百二十萬佛郎堅石二千三百二十萬建方買特爾每買特爾十二佛郎共二萬萬七千八百四十萬佛郎以上總計四千六百一十五萬建方買特爾三萬萬六千一百一十萬佛郎（以下別項工程經費）有三百洋畝應斫之樹每

畝一千五百佛郎可就之沙爾括河道形勢彎
曲應一直開通共四千二百萬佛郎東邊從爾利愆加益河引
至扶司工地兜海汊應出土一百萬達方買特爾每買特二佛郎
半共五萬佛郎鐵閣燈樓浮標等款七十萬佛郎東西進口
處應設兩門中間一門七百萬佛郎開寬河口并起水底之石每
達方買特爾約三十五佛郎共五百二十五萬佛郎進口處用石填
底六百萬佛郎近岸處一半堆積大石以防海浪沖刷長八百五
十買特爾每買特爾五千佛郎共四百二十五萬佛郎碼頭棧房
木橋一百五十萬佛郎火輪車橋三道自十五買特爾至三十五買
特爾長七十五萬佛郎股份利息與一切雜費及不能預計之
費每百外另加二十五佛郎共一萬萬零八百萬佛郎以上總
計一萬萬七千八百九十萬佛郎以下每年修理之費河內無石之地有
三十三吉羅買特爾每吉羅一千每買爾爾有百分中之四買特爾四

買特爾四十分土方計乙十四萬五千二百建方買特爾每買特爾二佛郎半共三十六萬三千佛郎東邊進口處應去土二十萬建方買特爾每買特爾二佛郎半共六萬二千五百佛郎河內兩旁譑船小塢應去土一萬七千五百建方買特爾每買特爾二佛郎半共四萬三千七百五十佛郎收拾三門一副二萬五千佛郎共七萬五千佛郎煤氣燈坐標木樁計七十五吉羅買特爾每買特爾一佛郎共七萬五千佛郎修理河底河岸六十萬佛郎修理棧房及更換木料十萬佛郎用人工費二十萬佛郎意外之費三十三萬二千七百五十佛郎以上總計二百四十萬佛郎（以下每年管理人工經費）碼頭電報剝船計七處每處四萬佛郎共二十八萬佛郎兩頭搬運貨物長夫二十萬佛郎去沙人工二萬佛郎啟閉三門人工四萬五千佛郎燈房坐標及別項雜用共五萬五千佛郎以上總計六十萬佛郎四項通共五萬萬四千三百萬佛郎

巴黎官學散給獎賞

蒓齋襍記巴黎有總官學並名樓爾班納者猶如中國之國子監每歲教部尚書必集法國之學生每學擇其超等者十人聚會於此給與獎賞一次以資鼓勵獎賞之法該尚書必延請各國公使及他部尚書數人親臨散給又恐需時過久十人中祇散給第一人餘人雖入坐而其賞仍歸大學給領所賞之物書冊而外加一樹葉編成圓圈謂為得勝冠西歷八月初四日中歷之六月十七日也該部尚書塞爾費爾利送帖使署邀請余與聯芳聯興三人往觀布坐於廳之兩旁樓上樓有兩層男女數百人列坐皆滿下為正廳正中列坐兩排為分散獎賞者之位其餘坐位皆環抱向上長櫈十餘排分為四區鋪以紅氈中二區為學生坐次左右為教習坐次再左餘位為樂兵坐次書冊皆列置正坐前十二點鐘觀者先集樂兵三十餘人繼入次則各學教習百餘人皆

衣青衣左肩有帶寬四五寸垂於前後前長後短以銀鼠皮橫緣之或兩垂或三垂亦有直緣於胸前正襟者而左肩之帶如故帶分淺紅紫黃等色因各人所習之業以為志別又次總教習數十人分五起而入最後一起有數人執權棍為導外褂皆分色冠亦如之左肩披帶與衆同其衣黃色者則文詞之學也其衣紫色者則講教者也其衣淺紅色者則格致諸科也其衣大紅色者則律例之師也其青衣而紅緣者則醫理之學也又次為學生百餘人須臾教部尚書入居中坐兩旁夾坐十餘人左右有外部尚書瓦定敦侯國公使荷郎諾威瑞士公使該爾在左有下議政院首領剛貝達兵部尚書克賴司勒坐既定樂兵奏樂一通總辦一人立於右宣言本年所以給獎之意教部尚書繼起亦誦陳詞畢在左一人展列名冊先報各學總數次及每人里居等第然後唱名學生起至坐前教部尚書持得勝冠加於其首再

取書冊接之相與握手為禮或請他客轉授亦如之該生仍復至原位每易一學唱名者必持冊至坐前請尚書首唱一名以示榮異其為兵奏樂為節觀者时时拍手歡呼樓上下俱為之震動學生中一年約十二三者兼習諸學得賞三次最為傑出又一生因称讚君主不喜民政為眾所扶出不使與賞觀此儼然有彬彬禮讓之風矣三點鐘畢事從者導余至別廳小飲而後出出时門外陳兵一隊頗覺整肅

巴黎幼聾學堂教給獎賞

菴齋襍記巴黎有教養幼聾學堂在拿破倫第一墳墓附近立九十七年矣創始者名迂洼其學在官私之間國家歲給十五萬佛郎係由外府捐集約支二十萬左右學中總辦一人幫辦四人作總辦有菸偉現養幼聾二百五十人收養之法自十歲為始入學後以八年為期限貧者衣服飲食概由學中供給富

者則須酌量捐助亦無定數八年既滿技優者留為本學教習次者或另謀生或仍回本家均從其便每歲考試優等者獎賞一次所學除不能作畫外若書寫若算若彈琴奏樂若歌唱若手工之類皆任其人習之堂中雖有二百餘人而諳曉者不及百人先是郭星使在巴黎時曾捐佛郎一百入堂中以為塑刻近法石像之助至是其總辦希鵠克邀請落成兼散獎賞六月二十一日一點半鐘予與頌臣子振赴之希鵠克邀入上坐前面長桌丈餘堆滿書冊其書亦係聾者所作字皆細孔一面稜起聾生以手摸而習之學生百人分起坐男左女右坐向前者為鼓教習幫辦一人起立誦詞聾合起作歌一闋然後唱名分散獎賞或由總辦親授或請他客及教習轉授最優者給與花圈并鍍金圓牌如寶星狀者一云每牌值三百佛郎又賞一寫字銅板上安方壓圈圈條上橫刻細齒別用小轉輪架之可以逐齒推移中安活字管十如欲寫時以紙鋪於

板上時圖壓之再按十管字即印於紙上此亦聾者所創造是一奇也賞畢退至一室觀所陳聾生做成各種器具再易他坐聽宗及歌唱數闋而散已五點半鐘矣是日男女赴觀者約八百人

拿破侖第一墳墓

蒓齋穰記巴黎南城有地曰得三洼利得為收養殘廢兵丁之所一千六百七十年綠衣第十四創造此院至七十五年工竣凡受傷兵士及在營當差過三十年者皆得在此養老飲食衣服概由院中供給武弁每月另給三十佛郎兵士每人兩佛郎其有不願在此居住者任便院中可容五千人近時收養者可八百人正面樓房三層長約二百買特兩為兵丁住所東邊樓房為存儲虜獲各國器械處西邊為軍器庫廚房醫房及看書處中有鏤花鍍金金圓頂高房遠望如大禮拜堂者則拿破侖第一墳墓也圓頂之內上一層有白石圍欄可以俯看轉從

後面甬道斜下始為墳墓棺係絳色石琢成高徑尺中央長四買特爾高四買特爾半寬兩買特爾其石由俄羅斯之芬蘭得者採來重十三萬五千斤運腳費五十四萬佛郎所葬拿破侖第一骨灰周圍白石柱十二悉刻戰功懸列當時奪獲各國旗幟對面錦紋石龕祭臺一座墓之左右別葬數人一為地諾克拿破侖大將也一千八百十三年戰沒於伯臧地方一為伯爾特郎久從征戰及拿破侖禽囚相隨因放於阿非利加之三得賴納島一千八百四十年與拿破侖骨灰同時取回一為孚邦緑衣第十四將一為地蘭納亦法之名將沒於一千六百七十五年均附葬於此又一間為小教堂禮拜日兵士於此諷經堂內有墳四座皆拿破侖第一親族也軍器庫門內直豎中國前銅砲二尊上鐫咸豐制勝大將軍咸豐六年僧親王所製右間存貯法國古時旗幟并各國軍士服式左間塑列一千五六百年間名將庫內存古

鎗砲盔甲刀劍及近時各式鎗砲共四千餘件俱庫專為亞細亞
各國軍器內有中國　御府珍物數件謹記如左大玻璃高罩
盛黃緞金釘繡龍盔甲一副頂嵌寶石旁置玉如意兩柄一刻
執中御極調元化民協年豐大吉昌臣錦恩恭集敬書小楷二十一
字另一壁懸　御用鳥槍十一桿內一名葉鍈槍柄繫象牙
牌刻筒重四斤用藥一錢鉛丸重三錢一百弓有準字樣一名
虎神鎗鎗柄刻　御製虎神鎗記云虎神鎗者　皇祖
所貽武功良具用以殪猛獸者也國家肇興東土累洽重熙惟是
詰戎揚烈之則守而弗失　皇祖歲幸木蘭行圍諸蒙古
部落雲集景從予小子雖不敏纘承之志其敢弗蔑故數年
以來巡狩塞上一如曩時蒙業錯雪四十九旗及青海喀爾喀
之仰流而來者亦較前無異然若輩皆善射重武使無以示之
非所以繼先志也圍中有虎未嘗不親往射之弓矢所不及則未

嘗不用此鎗用之未嘗不中壬寅秋於岳樂圍場中獵人以有虎
告而未之見也一矟古云虎匿隔谷山洞彼觀見之相去蓋三百
餘步朕約略向山洞施鎗意以驚使出耳乃正中虎虎咆哮而
出負隅跳躍者久之復入復施一施鎗則復中之遂以斃焉蓋向
之發無不中乃於其鎗谷叢薄目所能見之地斯亦奇矣而於岳樂所
中則隔谷幽洞並未見眈眈嚴如之形於揣度意向復然深入不
移時而殪猛獸則奇之最奇其稱為神良有以也夫萬乘之尊詎
宜如孟克特庫之流一夫之勇哉而習武一度必資神器以效奇
而愉快則是鎗也與兌戈和弓同為宗社法守不亦宜乎乾隆壬
申秋九月御製虎神鎗記又詩云東入自伊遜沙嶺當圍始西
進由卜克斯則圍末矣過閏節氣涼北鹿向南徙鹿多鹿隨至
遯之其常世字王不清盧人抱伏璿策馬擊先已峻挺按轡登崎嶇
陟廿里去歲叢薄中今乃平崗起目中有全形較去遂易耳神

鎗　皇祖貽兕戈和弓撥百發必百中一中前人喜匪我不辭勞家法繩無弛乾隆丙午季秋月上澣永安莽喀殪虎作另一行　御書隸體萬年玉寶子子孫孫永寶用十一字楷書嘉慶御用四字一威烈鎗上繫牙牌刻嘉慶十八年十月十二日賜名威烈鎗紫藥二錢鉛子三錢鎗柄刻詩云不數當時哭火鎗熙朝武備製尤良發機連發踰垣堞飛彈雙殲能語狼威烈嘉名思筆錫斗星妙月習毋忘肆武俱家法合以皋皮比珍重藏道光壬午

鏢舊作又刀劍架上有大刀一口刀柄刻銛鋒二字又牙牌上刻清文張庫阿穆巴楞蕊重六十五兩康熙年間內製字樣未有咸豐御用小印章又一口刻奇鋒二字院例兵院每日自十一點鐘鬧四點鐘止軍器庫禮拜二四日十二點鐘鬧三點鐘止拿破侖墳墓禮拜一二四五日十二點鐘鬧三點鐘止

西洋襍志卷三終

西洋襍志卷第四

馬得利農務學堂

巴黎電氣燈局

葛美尔製鋼錢廠

蟬生玻璃廠

西洋雜志卷第四

倫敦電報局信局

郭少宗伯日記二月初一日丁亥郵政尚書滿剌斯約赴波司阿伱司得利啲納福觀電報管電報者伱金得凡分數堂倫敦一堂所轄各部一堂（分三島轄部及沿海轄部）各國一堂新聞報一堂凡傳電報先至總司電報處分別送歸各堂又分別何部何國海口有電報一座隸一海口者有數座隸一海口者視事繁簡為之凡設電報數百座每座一人垂髫女子至八十餘人電報各異式而總分三等一設二十六字母用指按之此舊式也一盤紙轉而運之以著點長短成文而視其斷續成叫此新式也二者皆及見之一辨聲知字運用尤靈其機尤速此又新式之尤奇者其前為電報牌約千餘視其座之數其下盤電線皆用數目標記之再下為設牌引電線入地經水盒通電氣者列其前工人司之前坐右旁設送

信氣筩納信其中頃刻即得回信大約不出倫敦數十寸里間又
左旁一坐設送信氣筩專及本局蓋總司電報處用以分送各坐
者其下為機輪收氣桶中引入鐵管用軸與為管激一噓一吸來
則吸之去則噓之而於氣筩旁安設電報每發信先用電報以其
來信鐘鳴牌出互相通報機輪火櫃又在其前所用煤亦安輪自
行轉入櫃中停勻不斷機輪及火櫃另設一人司之送信氣筩將
坐共十餘具每具一人皆十二三齡童子也又至新聞報房用一電
報分遞三處閱彼處天氣陰晴一日發厘倭尔鋪拉回言天氣甚好
一日滿車斯得回言陰晴有霧一日博明根回言天氣好才閒而
三處回信齊至用錢筆錄之一晝得五六紙叩其故則用黑紙一張
為引上鋪白紙一張下鋪白紙二張書其上影入黑紙即遞下二層
再鋪黑紙一張又可遞下二層亦足以云神奇矣觀舍利導之游覽
而滿利斯及其副理均同行

劉京堂英軺私記電報局之報有二其一以銅管為之氈筒或函納管中用火輪機鼓水氣以催送一刻飛遞數十里此第行諸倫敦其一以鐵線為之或橫亘半空或潛伏地下均直達其接報之處顛末皆繫於盤針針盤如小自鳴鐘形置諸案間將發時用藥水催動其針發處針一點則接處針亦一點針一畫則接處亦一畫按二十六字母推之即得其所報之意藥水製以紫銅白鉛硫磺計里遠近用藥水多寡尤為神速此通行諸海外余與張聽帆觀於其總局司收發者少女近千人各執所事者亦千人局主二指點演試云電報創於乾隆年間由法蘭西流行英倫其始第民間私製而已商民萃會之區書柬往馳可以獲利人皆樂為之商民稍少者則否英議院以為利便不均於是盡廢私局改為官局製辦各路均用電線傳報而厚取其值局凡數十處調盈劑虛一歲可贏金錢二三十萬磅不以濟公用尋常寄書亦然書不緘封可專足間遞緘則皆官司之每街各設書櫃

卷四　三

鏈以錢而留其缺以受書每家先納費官中領小印票寄書則黏票於上納諸匭旋有來收集轉遞者日凡四五次若寄遠則持書詣信局衡其輕重以取費每重半兩為一等如寄香港上海半兩以內一施令二本司二兩以內二施令四本司按等以次遞加行程遲者則費稍減一歲亡言脁金五六十萬除信局電報局算之每歲共言脁銀不下二百餘以茶船其取利類如此

倫敦鑄錢局

劉京坐英輅私訊英制錢幣三等曰金曰銀曰紅銅金錢之大者重二錢二分中雜以銀約數分其值銀三兩三錢五分銀錢之大者重七錢中雜以銅約數分其值八錢三分九厘有奇銅錢之大者重二錢七分中雜以錫約數分其值計銀一分四厘弱錢輕而所值者多銷之則無利故私銷之弊泯其造錢也皆以機罷金銀銅之方質者熾而紅之一過機罷而成薄片再過機罷而得錢形三過機罷而邊模以彰四過機罷而王面圖字以顯

由是復以機器衡其輕重稍不如式機器剔出之另付機工匠鎔鑄故其製
造精工非木模土范刀鑿斧鏨所能彷彿故私鑄之弊亦泯無私銷故不虞
其乏無私鑄故不虞其壅而錢身殺輕又不如元寶之重滯數至累千即難
遠齎須始腳價此英倫制錢所以通行於屬地雖程之遠如奧大利亞俗
之異如五印度亦莫不遵而用之而幣藏遂收無窮之利倫敦有羅亞派
別華言國家鑄錢局也禧在此導往觀之其副總辦曰弗鑾得兜者先
與試驗其天平雖加損寸髮而輕重立見繼令管機器之希勒逐一試演
其機器碾鏨印刷迅速幾不及瞬尤足異者辨別金錢輕重之具其形制如
小匣罩以玻璃入錢數十枚其間輕僅杪忽者自歸一區重僅杪忽者自歸
一區無稍輕重者亦自歸一區錢之流於器中如蚓之行其聲如草蟲之趯時
甫半刻早已衡徧故不特千萬新錢鑄之錢分兩一式即交納舊錢稍因
磨刷而輕減者亦不能欺其權衡必令補交鑄費而銷之錢之日新者而不
陳者以此

太模司新聞紙館

郭少宗伯日記：廿三日往觀太模司新報館。館館主馬克敦羅陪同，將日收新報編次之，而排字機器甚多。初用機器製出鉛字二十六字母，列入鐵夾中，用機器移動之以成文。每新報一段成，送校對處校之，凡列對次，乃合編入大鐵板中，用機器壓之，其字皆影入紙上，再置一圓機器中，鎔鉛灌之，隨紙高下成字，合四鉛板成新聞報一張，置印文機器中，卷紙逾數百丈，洋布絃印車動，隨移隨印，至前截斷其紙。有兩板前後兩兩，每車印兩鉛板前後，分異與相混者，再移大機器折成四疊。大約排鉛字及校對之力爲多。合成鉛板以後，每日合印新聞報七萬紙，不動一點鐘可以竣事。三年可得新聞報一紙，每紙二大張，表裏兩面各得四板，計十六板。凡一施令得新聞報四紙，七萬紙抵一萬七千五百佩，宜合金錢八百七十五磅爲英國報館之最鉅者。

烏里治製礮廠

菊齋雜記烏里治製礮廠英國官廠也在倫敦東三十餘里予兩次赴
觀第一次在丁丑三月初五日隨郭劉二星使第二次在戊寅九月十五日
偕李丹崖監督羅稷臣嚴幼陵兩次所見略不同第一次所見廠監督楊
阿司本得演放魚雷之身長十四尺重一千九十磅中分三段前一段所以定
魚行之遠近遲速有機器如花瓣形銅所鑿中段以定入水之淺深
機關在內人不能見局中知此訣者祇一人秘不肯宣示後段實棉花火
藥演放時先用印度膠管貫氣魚腹中俟其氣滿用機器納入池內
池長可半里許專為試驗魚雷而設魚行處微有痕痕廠監督云每
一點鐘可行六十里若敵艦近在十五里可一刻駛到凡兩演試次又試
放三十八噸之來福大炮礮身有孔三四如小指大子藥壯衣畢之後先以
螺絲鐵條長尺許將孔塞緊另用長寸銅條置諸孔心再塞鐵條
於上視藥發時銅條壓縮若干分即得藥力之輕重礮之前面數十丈

外設一木架其旁又數十丈有小室安設電線一端繫于木架一端繫與機器相連機上懸小銅箭以表驗之炮子從木架飛過電線斷而銅箭落視箭落之杪數因定炮子之速率廠督臨云從前每杪一時圓子只行一百廿丈慢而不能及遠今用尖子一杪時行六百丈而及遠幾倍之試畢取視其銅條近底處一條縮去四五寸餘則以次遞減可以知藥力之輕重矣第二次所觀則製造詳又入門首觀其炮式處門外列大炮三尊一為八十噸內膛徑十八寸鋼管徑十六寸長二十五尺內開來復綫十三道綫皆斜行受藥四百二十五磅子重壹千七百磅隄之可及人腰底平而尖銳廠員云可及八洋里遠一為三十八噸內徑十二寸受藥一百三十六磅子重七百磅一為十二噸內徑九寸來復綫六道受藥若干磅門以內陳列之炮數十以次遞小有後開門者廠員謂此式已舊今已停鑄壁、間所懸圖樣皆論鑲塊之法八十噸炮先用十二塊鑲成今祇用六塊十二噸炮今祇用三塊常炮僅祇用二塊可以見其法之日精次為卷筒處先將碎鐵入爐鎔鍊成餅，再燒之，錘作長方條，長丈二尺，方一尺，以付拉長處用。齒機花孔之蛋凡十二，上下兩蛋相接，皆成方孔，逐漸收縮。蛋機之旁另有兩輪接於動軸，可以左右旋移，旋左則右鬆，於旋右則左鬆，於蛋機對面各一人用鉗制其進退，十二次而條成，條皆長二丈許。所用孔機馬力四十匹。再付二丈尺長之大爐內燒之，旁有小爐十餘佐熱。其熱燒至一千五百度，可以屈伸，用鉗曳出爐門外，有槽承之。旁有巨軸，徑一尺八寸，接於動輪。輪之有釘，將條端以孔套於釘上，輪動軸移，條之裹束一面，引水噴之使凝。凡十卷而成為一巨箍，其重六頓。又入一大爐，爐之寬而長，僅可容熱二萬方尺，燒至三千度之融熱。屆時有起重架兩，起八千頓，鉗長六千尺，十餘人曳出，鉗使直立，用鑄錘錘之十餘下，令其縫融合。再以冷鐵管套入條之，移臥而橫錘之。縱此者是炮之後半截，外箍套入鋼，以起鐵錘重四十頓，汽機動之，如數十百斤，措可理是巧。三樞次為刺，處每其刺，砲之箍必直豎於刺床上中心。一巨軸橫貫鋼刀二，軸移而刀自勻，刮鏇去內皮，約厚二三

分許刀刃可開內徑四分半靈靈鑼轆無生火旁設小管吸水澆注之其刺

內膛則置刀於鐵桿之端刀口如半徑著鐵甚淺而其尖角之在中心者

挖入稍深每刺一尺須時三點鐘其刺外皮與刺炮箍相等不過一樣一直

鐘下之皮略寬唯於磨管皮之工最為精細時時以半規尺量之每長一

尺不得過千分寸之一每日必須移畢數目一一標記又靈長縮不勻必須移

畢定量著針恆在六十度故管皮雖無甚大工而移量將若刺刀每重一顆

值金錢一百磅其開來復紋刺床上平嵌銅條寬厚可二寸和閣之時直

直漸入則漸漸鉡行每成一紋需時十五點鐘之久次為套管需每銅管

倒植於地將所套三箍與底燒熱至五百度起重架起出置空套下其

大小適相胎合靈外箍注澆了速而縮力不均復於藥膛需發煤氣大閉

圍烘之次為鑄彈需彈模心鑄鑄成上下兩截中安模心左右有木口二以

半月形將細沙填裝四圍有銅釘上設機柄可以移動伸縮既填細沙之

後略旋其柄而釘皆縮入然後將模心取出補以沙釘每摸十二模小

爐鎔鑄汁從兩口灌入候冷去模而彈之外殼已成始試以水力於膠管
相連內結銅已注水激射之每方寸應受力一千磅再撬去內釘橫置壓
框補以螺旋釘其銅釘與砲心之未修缺相合每半分鐘可補廿巳孔復
倒置於地用水氣噴入灌以一種膠漆旋即傾出傾出內心即結成紅胎一
層須為鎔鑄處挨列大圜炉十二座高二丈許每爐容鐵七頓一禮拜
可成砲子二萬顆次看做架處車輪炮架皆用鑄板鑲釘而成鎔鑄之爐
寬不逾一寸而切以寸厚之板如鋸木然次為試鋼處有上下兩桿用以鋼
圓柱粗如手腕者置於兩桿間將機框扯斷視其扯斷之力以知有若
干頓數每斷方寸需力三十二頓案上羅列數百皆試驗之具也次為存
舊砲處一砲內紋嵌之字形（一中國砲係明代之物一千八百五十八年在大
沽口掠來者）外銅內鑄已畢得塊拼之法將假造不精耳出門見大砲
之新者舊者羅列如鋸截之木砲子堆積成垣據其監督云每百經費
二百萬磅宜其取精用宏矣

阿母司暘製炮廠

蒓齋雜記：西洋最著名之礮廠三，一爲德之克魯卜，一爲英之烏里治及阿母司暘。烏里治係官局，阿母司暘則私廠也。廠主昔祗阿母司暘一人，今則分爲四股。辛巳七月初四日，余在紐開邑，阿母司暘請觀該廠。其日主人有事忙甚，派伊視自導引，指示大概。廠大五十洋畝，工匠常三千人，比烏治里局面猶壯，而製造之法則同，惟其中有新法三，爲烏里治所无。阿母司暘嘗導視發詳：一爲鋼礮，用細鋼条寛二三分者密密纏至四寸厚，其易比用寛鐵条裹成者加三分之一，如二十頓之炮即敵三十頓之理，猶如簝箍與繩纏之分別也。爲阿母司暘心得。一爲後開門礮，合縫于於後膛，將門関閉，一手推之，移動自由。礮門正中有鋼心，可以伸縮，置銅帽于近炮子處，施鐵欀向左搬至盡處，則機関正頂炮心，則藥發而炮隨響，微有不至，則機与礮心即相離一分，可免誤發之患。一爲礮台，以式設二十頓礮一尊，護以短墻，使敵人不能窺見，下置水氣機躍桯砲以安有長洞轉彈子，既放引動機條，俾自貫入砲而後揚上施放，只一人司之，高下左右，毫不費力，可謂神奇矣。全廠機器馬力一千二百匹，煉鋼用煤汽（氣）爐，機器自行轉入，停勻不斷，此則他廠所同耳。

柏林義正觀象台

羅豐祿記：初學天算，即聞柏林之名，抵英後數十，造柏林猶未一修象臺，所窺儀器。戊寅五月過牛津郡家，攜二西友同登其觀象臺，而專主測量、馮相之學也；一則專主氣候、保章之學也。詎無合而一之者？玉屏黃廷健于算，黎蒓老方潛搜西洋各學，謂以柏林象台為不可不闚。李丹崖邃天家言，由于德國歸，因寓書監正克力斯德，約八月十二日往，及期同赴。環苑數十畝，喬木鬱然者，柏林苑也。苑心高橦，三台合為一室。及門，監正導入，先登距頂弧儀，名監正吉祿，曰全名儀器，以此為日晷要，所以測天象子午高弧及中星時刻也。求子午高度有二法：一測本弧，一測餘度，即距頂弧也。惟測距頂可以環覽一周，疇人便于儀器。遠鏡長十

五尺分度弧徑六尺圓周內外各分三百六十度度畫十二格格得五分分下度則
外精而內粗內平而外突粗者以安儀器也突者以便顯微鏡也其著劃之分
度圈用金鏡貴大今則貴小所貴不同以分度古粗而今精也負周用銀與白金
美國易之以玻璃玻瓈瓈然以纖裝黹以制表縷已顯見之弧度之說閱之
自今日始西洋古有錢世界之說謗謹之以近日用典識堡其說已懸不知佛
氏琉璃世界之說將後驗乎異日否負周之下置顯微鏡一以窺度數及
五分之格負周相距六十度各置顯微鏡六鏡中各有錢長分五釐鏡下
有分微尺一螺絲一移為一分鏡中即移一釐分微尺負周畫百格格得十
分格之六顯微鏡各距六十度所劃負周弧度之畸零小數均同六次之
數相加折中則差率可消矣負周外度所以安遠鏡也如測某星距弧
頂度先用粗表查出大略數目按負周外度之數移螺旋以鉗遠鏡則
儀器安然不動矣遠鏡之窺筒布蛛絲十縱一橫九衡者所以測平緯度
也上有分微尺二移之可以升降蛛絲而細數乃具於負周負周一移為三十五

秒畫爲百格格得一分秒之二十五以意分之可得千分秒之二十五遠鏡
之力視大星光必搖動不定故必窺測多次以消差數用縱蛛絲之近於兩旁
者所以兩測之也升降衡之分微尺上縈以紙外鑲鉛筆窺得一弧以指按
筆則度數得矣如再測一次則加他號以別之以蛛絲升降之數與遠鏡樞御
之數相加即得星象距儀架起度之數惟儀架起度少與天頂合者故必
加減差數方得距頂真弧度求差之法有二一借地平置於遠鏡之下直豎
遠鏡之裏蛛絲正與水銀之影與真相象合則遠鏡之軸直指天頂而
差數得矣一以遠鏡測影象相距之度半分之即得高弧而天頂差
數亦可知矣此用地平儀測星距頂度之法也測星中星時刻要垂正差紀時
二須審儀架之差有三一曰鏡軸不與架軸正交二曰架軸不平三曰鏡軸不
直指南北第一差以正軸與鏡正交之先將遠鏡直豎從兩鏡測準筩腰
空際再將鏡筩橫置測準蛛絲驗其符合此正第一差之法也正第二
差其法繁瑣另詳第三差以測星向陳大星正之三差既正乃講紀時

卷四　九　茹經堂

紀時之表有二一曰皆准一曰常准 王家必兼有其長而後可紀時之法亦有二一用手記一用電報手記必久習電報則凡人可能電報紀時之器中有兩軸長二尺許周蒙以紙一軸周為二分鐘時鐘與軸相接軸移簧動紙上鑽成細點兩點相距為一秒之長半寸以意分之可得十分秒之一臨正日美國天文家紀時能得百分秒之一然所測弧度不準即紀時甚精亦歸於無用紀時軸上有三柱簧一與皆准鐘相接一與地平儀壽之恒表相接一與地平儀遠鏡上之電鑰相接其與皆准鐘相接者所以紀點鐘分秒也其與求秒數之勻也其與恒星表相接者所以紀點鐘分數也其與遠鏡電鑰相接者所以紀測星之時也遠鏡窺筩中有縱蛛絲九根所以測星過子午線時刻每過一根即按電鑰一次紀時儀軸上即成一點可按點而知時刻矣此地平儀用法之大略也次闡地平經緯兼測儀臨正日此測月用也航海求經多用月離太陰必當按日測算月初弦時子午高弧測之不易或月午有半而入夜天霧故用此儀兼取其偏度以弧角之法布算可得其

子午高度，此兼測儀用法之大略也。次閱赤道經緯儀，下有水機激動，全儀隨天而運，測天之星次，亦隨天而行，視天象仿若不動。儀下設大圜，隨天象赤道經也。儀腰設大圜，隨天象赤道緯也。儀端鑲法離鏡一，鏡中有三棱薜玻璃三豎正，白此三鏡者可抵十數鏡之用，辨星光象之分光，可以知其行率，此又未之前聞者。此次閱巴拉德利所用象限儀，是一百二十年前旧物，藏之台下，能物以人傳巴也。巴拉德利奈瑞推為天學第一，所測之數甚准。昔當時刻表最未善，度數不勻，故驗其旧表分度之差，以其百年所測之數，西人所謂真好學矣。次閱預算一千八百八十二年十二月初六日金星過日圖，以格林平時計之，入日當在下午二點鐘，出日當在下午八點鐘。次閱恒星表、平日表。恒星表校其差而不正，平日表校其差而常正之。正平日表之法，全藉電機。擺下有吸鐵二，電氣通則成吸鐵而行速，否則行遲。平日差表〔表所〕差最大不逾一秒，電機一按，即正其差矣。校時者案頭有二小表，与恒星、平日二表相通，中有小輪一，与電機相通，故校對極易偏故各處時辰鐘與格林尼治平時表相通者不一其最要則為郵政總局之鐘由總局以電線分撥各處而通國之時刻皆準矣懸球於空中至下午一點鐘陸地暨各處遠望者以球為號而正其時格林尼司之球有二一在本臺一在擇茲距格林尼治八十洋里此正時之法也西人講氣候推重太陽斑點狀拉魯以映相法取太陽真象積至十年之多近復特遣人將歷年所積摹繪成圖分為經緯以驗其發換積植物學者謂粟麥之豐歉與太陽之斑點有關而醫院理究病者亦以人生壽夭物價廉昂推原於太陽故有太陽映象儀以照其象其羅與照相之理同照一太陽時刻不過千分秒之一次閱測量吸鐵偏度儀羅是鐵之線必豎升纏者方可否則線力有差偏度不準矣次閱測量吸鐵高下差儀次閱自記吸鐵三差羅其燥溼寒暑針風雨針天空電力及記風向風力大陽隱見雨水多少與邱家墩同故不複記惟測地中熱度為邱家墩所無計有寒暑針四第一針入地二十四尺第

二針入地一十二尺，第三針入地六尺，第四針入地三尺。西七月地面為最熱，西十一月地中為最熱。是熱氣四閱月而入地下。

李監督日記：八月十三日，予與黎蒓齋、羅稷臣、黃玉屏閱柏林觀象台。臺在柏林學館之路南，既入柵門，林木青蔥，方廣二百畝，中央築院屋不甚高。有監正克乃斯德迎入門，循左廊進子午儀之室，是儀為歐洲最精，天文家奉為圭臬者。筒長十五尺，徑約九寸，東西二鐵壁承之。西壁內有度環，徑六尺，內外刻度，內平而外斜。壁穴七孔，各置顯微鏡，自壁外窺之，照以煤氣燈。環之度三百六十，每度析十二線，每線是五分。顯微鏡之在下中者，光力略小，可見若干度及度下某線。其左右各三相距各六十度，光力俱大，可以細測二線之間。有鐵片五區，每區為度下之一分。有橫蛛絲一，直蛛絲二。鏡下有分微輪，周析為百，每轉之一分可移動直絲與橫絲相切，即百分之之若干也。應將六鏡測數相併而六析之，以銷其較差。今併而不析，則為六百分之之若干，即十分秒之一也。度分析之甚精，故環徑

不必寬大析度分毫向嵌白金或銀近來美國以玻璃嵌之儀之視鏡內藏
蛛絲一橫九橫縱各有螺旋移動其螺旋之分微輪周折爲百即三十五抄
（攜櫻旦譯）其絲上之分微輪上圜白紙鉛筆記之視鏡之上有電鑰二與紀時
表相通凡測星過子午線之高弧則據歷書得本日某時某星距子
天頂若干度（儀架以天頂爲起度）先查環內度分以定其儀俟星到鏡中右自邊縱絲
即以手按紀時電鑰隨升降蛛絲以紀其鏡中心高下差每到一縱絲俱如
之凡測得數次後併其數總鏡之次數（即儀軸與垂線交角之度分抄）又每次加減其鏡心高
下差即得每次所測距天頂度其過中線畫即子午線上距天頂度也（若過中線
線距頂最近則儀有東西差或縱線有差）又查紀時電報而得所測各次之時分秒子午儀不能免差
須以三法校正之如同軸與耳軸不合正交則以南北兩鏡箱正之箱如長
柜各函遠鏡中藏十字絲以儀向南向北各窺其十字相合否既合則儀
之擺直軸正交矣此第一法也猶靈耳軸有高下差也則以借地平正之借
地平者東壁內下半有單弧上半有双弧置兩錢桿以托水銀方盤恒

令盤平以儀直之，令合垂線，察其水銀影中十字相符否，又察南北兩鏡
箱與儀腰佃孔相對否，又以儀地平中試測恒星高弧之倍度與一所推相
合否，此第二法也。擺重耳軸有南北差也，則測同陳之上過下周星否
距頂最遠，其過上周星否距頂最近，三差既正，則可論紀時電報矣。西
室置遠鏡，軸以垂錘動之，略似夙奴搖格拉紀式所移摸軸圜，以厚紙經半尺
長尺半，旁有筆三，各聯電線，筆動則點紙成孔。一筆按時行之，時表令
秒數極勻，紙上兩孔恒距半寸，每時之一秒一筆按常行之，恒新星表以
兩時分之雜數。一筆按子午儀上電鑰，所測之星每過一綫，隨用手一捺，
即點紙成孔，可查一取所測之時秒也。次登東室小樓，觀地平經緯儀，環徑
不過三尺，地平環二道，一定一移，俱有佛逆平水銀尺，約長十寸。此儀為
測月所用，所以移正所算之月离也。下樓循夾道移南，觀赤道經緯儀室，
廣四丈，鏡長約二十尺，有鑄鐵架，兩兩架合地軸，其北極承以鑄架，南極
有密蓋大輪，水機激動，可隨時行窺星座，以座旁螺柄移之，可高下

左右下有錶軏循儀圈行儀之視鏡鑲三棱鏡三枚據云可抵千數鏡之用其窺筒不相參直所以窺星之行竿或是太陽中之元質及黑點或是日月中之火山又見一千廿年前已拉德利所用之象限儀又見辦公所預推一千八百八十二年十二月初六日金星過日為是日極林時下午二點入日八點出日在美國東北及近南極處能見之次閱恒星時之恒星表及平太陽時之平日表並報電機擺動所差不過一秒可隨時改正之辦公所近窗處置平日恒星二小表以電線通入大表較對極為倫敦有與此表通電者八處其尤要者為信局所以齊通國之時也平日表之屋頂有黑皮球徑約六尺每日一點鐘降落俾望者可以較正鐘表又近多民之氏洛亦有一球距倫敦八十洋里次閱映日儀長五尺四寸因映相法以取日影所以筆算其黑點及映日影歷時僅千分秒之一儀旁有小表連鏡以察日光正對儀中有一閘門外連一線以按捩簧之脫閘閘極為便捷又移南宮閣試驗羅經差之所以攝錶長八寸高一寸寬二分懸以條直絲繩藏于木一箱之端開孔距箱後壁五尺

處用折光鏡窺其偏度又入地室閣吸鐵三差之測器及寒暑燥濕風雨空氣各種自記之表大半與卯家墩相似惟有測地中寒暑之法以寒暑針四一入地廿四尺一入地十二尺一入地六尺一入地三尺西七月地面最熱西十一月地中最熱是熱氣四閱月而入地也又往屋西閣水輪時表直立空心銅桿徑約三分寸之一下連三彎弓管連以圓環承以圓盤水自三孔注滿輪即退而右旋徑約尺餘桿有齒系接齒輪徑約二尺左旋輪軸通於夾板之上連一側齒仰輪徑三寸承以側輪徑一寸餘上接側齒輪疊輪徑亦三寸合仰輪掣小輪以動疊輪右旋其小輪之又一端有短弧左右牽線連於水鐘以節遲速疊輪桿上通曲橘柄以移垂桿之球又置儲水環盂令曲柄下連銅管入水剖瓶以勻其力而可免遲速之差是器專用水力與古時滴漏用意而滴漏天地浮淺壓力不勻遲速亦異是器可免此弊惟滴漏就口易於沮滯是器三層管亦不免沮滯牽板垂球及環盂可隨時較正故可稱為精器閣畢到辦公所以坐監正云以遍年測算得見示逐日測星過九

蛛絲之極數與推算較改之數無不詳列并測本年氣候各數蓋合
馮相保障爲一家也每年編印一册厚五寸一千八百七十五年者久已印該
并示歷年測考觀象臺之緯度偏差有不同者百分秒之二十三至七十
六其較差約十分秒之五六蓋尖錐動章動之較數于次日寄彈書
籍八種曰一千八百七十五年測算曰子午儀圖說地平儀圖說水管鏡
圖說及規條年報總單也

印度拉巴電纜

李監督日記中秋與黎蒓齋羅稷臣嚴幼陵訂同柏次至昔耳之唐西為樹膠廠東為電纜廠俱沿來因河北岸膠廠總辦貝雷引觀印度拉巴（樹膠名）之煮軋廠見纍纍堆積者形如海棉而灰黑色部之或黃黑雜紋或純紫灰如製首烏之色產於馬達噶斯阿非利加婆羅洲因地而殊也入甑煮之入對輪軋之對輪平置有直楞軋至七八次漸以碎屑膠成片段又入大機軋之糝以硫粉或加顏料以大對輪隨布軋過即黏於布其堅硬之一種須用大烘加入鋅養烘至海輪表二百八十度可作管作索作普狄司（溫水烘喉之器）作湯婆及皮球又一法以印度膠置石腦油中乃弗查（即石油名）化成漿水可剪於布其機器為鏤空桌二丈通以蒸氣兩端有軸緩轉移過薄剪膠漿一層烘令油化膠乾凡剪七次大約剪九百次可厚一寸如欲下所剪之膠亦以石腦洗之予衣適汙樹

膠以此蘸洗即無痕迹又以此油和樹膠為漿黏合却水衣熨斗烘之堅固不裂兩布合軋以令兩膠相固者名為雙機又一種膠名曰噶脱巴肖較良於印度膠產於馬喀沙新加坡可作電報水線及靴底水管及鍍金銀之模如生首烏色或土人磚為鶘鴨等形先入木箱旋轉輪刀碎割之又煮之又軋之仍碎如豆屑以水力壓壓將襯以鐵紗徑八九寸此時水乾膠純可軋成片可滾成卷又置鐵槽以徑八寸之楞輥揉之令柔如糯粉而成紫色以胎酒和之烘成漿置銅斗中可剪於銅線矣銅斗中切勿留氣致有浮泡不能黏合其銅線先剪巴馬油後剪此膠又過涼水凝之為一次剪至三次可作海底電線又見以七絡銅絲絞合者引煤氣燈然合處亦不免留氣也凡電線最長不過二洋里其接續處最為緊要須烘銲膠黏數十次方能妥貼又過刨木廠遇電纜總辦馬乞孫引觀電氣廠所試西門士電燈有三千燭光汽機三馬

力又見守口水雷所用之弧鏡此器名胎勒司考比阿爾克亦弧鏡之意也又閱測電力器長方平板横列二十鋼錠三行各不相聯内一行相距一益司或十益司外二行俱距二十分益司之一以背面電線長短别其力也試以數銅釘聯之通於數臘馬尼之十電池唯十九益司則白金絲可斷其白金絲徑一萬分寸之十二又閱守口圓水雷上大下尖而頂畧平貯火棉一百磅約滿三之一其餘留空以浮之旁有桿雷用火藥九十磅因火棉不准載入小船也又乘小艇登大船名曰應太耳賴生取萬國之義此船有收纜放纜機氣以專運電纜今裝電纜二百三十海里將往巴西之潑巴那喀海口電纜每海里三噸尚非大洋之纜也其放纜機在船首外有轆轤内有夾機其收纜機在船左略似取碇之機以蒸氣運之詢以電纜可用若干年則云有小蟲脱里杜欲食樹膠故須驗海中有無此蟲以定用之久暫大約兩種樹膠皆野

生今年開巴西以好種移植於印度恐遷地弗良也噶脫膠較良而出產甚少大北公司全用印度膠海線大東公司全用噶脫膠海線故香港至上海日本者頻有毀斷之弊本廠在阿非利加等處但設分局收買大約噶脫膠在出產處每磅四本司本廠每年約用二百頓是船以電氣報航一達船面一達舵艙有方匣作左右進退止五式各一銅版掩之以電氣開左字則左之開右字則右之復登岸觀造電機之廠過硫炭氣霧氣處味殊惡以和入噶脫膠造成盤盂等器初為灰色而柔韌入腰室烘之似汽鑊磨之則光黑如漆堅緻不缺以造南亞墨利加之錢及畫板鏡匣鐵窩等器大小咸宜寒暑不渝洵良材也其機廠中有兩精器一為造螺釘之器長不過二尺以銅絲入孔每十秒時成一螺釘俱用三棱玉鑽橫置其更替一為開齒輪之器下有星盤徑尺五用鐃鏟法任嵌或大或小一齒以旋之可以開徑半寸至一尺之齒輪下承木

架長約四寸旋過色紫處總辦各贈以薄膠紙二色紙方尺餘薄如蟬衣明如玻瓦或黃或紫或赭總辦云西婦赴跳舞會者恐汗汙新衣每以此貼襯兩腋故銷售甚多又各贈南亞墨利加之膠錢數枚且云此錢堅韌難毀（便）於輕賫且可重鎔較勝於銅鐵也罗曼禄記因陈勒勃產印度婆罗洲馬的加斯加亞非利加間土著呼為交州以充粮食西人以之製器亞墨利加人以範錢幣為用最廣出因陳勒勃之樹不一種斫枝而承其汁由收漆同以顯微鏡窺之知其汁本二物一為清水一為小球浮沉清水間由牛乳同故南亞墨利加覓牛樹陰而凝之則上結成酥土人以土為模浸於汁中取起俟乾復屢浸之既乾去土而取其膠膠隨模而得其形有為瓶者為腰鴨者為盤蚖者為人足者謂之生膠英國銀邑因陳勒勃公司派人前往各處收運生膠以製各器天津水雷局教習柏專敎之弟主公司中亦有股分因梭（柱）戊寅中秋日訂

往銀邑閱廠由偏敦冬城蘺御輪車一點鐘抵銀邑詢其銀邑命名之由曰十五年前之廠主姓銀故地以人傳也環廠盡小屋匠作所居入廠總監工祥理道觀一切其生膠先煑以湯求其柔也次碾以軸求其靡而成片也次入以硫粉顏料求其澤而呈色也次入以鍊釜求其韌也次薰以二百八十度法表偏之蒸氣求其韌也五事畢而膠以成於是可製為管為索為球為治病之燰領為温足之湯婆利用無窮矣因陳勒勃入石腦油則化而製雨呢雨綢之法因之而生有機器焉布呢帛於其間由兩鈌軸而過上軸内裝石腦油所化之膠則呢帛即得薄膠一層凡七次而呢帛可以却雨矣膠上甚薄上九百次者厚不逾寸石腦油味極臭而易消（謂易化為氣）衣服之沾垢膩者以海絨蘸石腦油擦之即去呢帛由鐵軸拉過上得薄膠有氣隆隆然即石腦油所化也雨呢雨帛欲去其膠歛之以石腦油則膠與呢帛脫然而解以雨重呢

帛過輾軸一次膠與膠相向則黏結而不可解出以示人見呢帛
而不見膠與常呢常帛等石腦油之為用神矣因陳勒勃每百分
入硫二分至十分薰熱由二百七十度至三百度則狀如烏木光
澤而堅凡象牙鼈角所製之器皆可以烏木膠代之烏木膠遇金
銀水不變色故映相者以之為銀水筒銀水㪺金水盤遇燥濕不
大漲縮故圖畫者以之作界尺分度版句股版遇摩擦極易生電
故格致家以之為電機員輪遇破碎可以復鎔故亞墨利加土人
以之為錢幣質極輕而便取攜故兵家以之製佩壺以儲水理密
而善於傳音故醫家之問證筒日用之傳語管聾者之接音角露
裏之揚聲筒無不取資於烏木膠又以見熱而輭可入模範可受
鎔陶而八音琴之匣玩好之飾唯所取矣句達巴爾查膠與因陳
勒勃性相類為用亦同出於馬加沙新加坡等處可以塗電纜製
靴底造玩物其膠先入機器研為小片入鋏軸輾之再以壓水櫃

壓之壓後再輾之鋏軸則油滑如泥矣電纜有單線者有七線并
而為一者皆塗以因陳勒勃或句達巴爾查皆須先上巴馬油膠
與油方相黏合上膠三層乃可用電纜上膠時最忌中存空氣故
七線并為條者其機器必旁設煤燈薰線以驅其氣而電纜上膠
之機狀如蜂窩亦所以洩之也電線之塗因陳與塗加他者為用
等惟加他為耐久上海電報大北公司所製用因陳者也香港電
報大東公司所製用加他者也香港電報較上海為少修云或詢
電纜可用幾何年曰不能預定視所置何處耳海中有小蟲名曰
替爾兜能食電纜置於有蟲之地則易壞電纜最長不逾二洋里
巴西定製電纜一長二百三十洋里每洋里重三頓已載船上不
日將駛往該處船上用電報傳令轉舵亦為祿所創見次閱電氣
燈馬力三匹光敵洋燭三千枝有遠鏡測弧儀一弧上書一二三
回數目 字遠鏡可以移動如紀限儀然用以窺測敵船有無駛到

沈雷之上以期雷不虛發岸上設兩望台台上各置儀器一由甲儀器窺測敵船左角第一線之上由乙儀窺測亦然則施放第一雷雷必中敵第二三四倣此有測電力器具一器上畫三行行畫有數目字思蒙之數也器下有銅絲絛繞短長不一而器上之數目因之而分管理電氣者名為馬乞生以電池試其力適十九思蒙之阻力而白金絲徑得十萬分廿之十二者可鎔化矣閱畢赴船上看電纜總辦巴爾釐命人以棉花火藥一塊大如小碗置河沿以電氣發之如轟巨礮其初入英國時不過以之擦墨一千八百十九年以瓶式之生膠截分成環以為手套靴韈之帶其碍肩以湯火薰至三百度搗合待馬盛都知松節油之可化因陳也而雨呢雨帛乃出一千八百三十一年以因陳為經織布可以任意伸縮一千八百四十二年美國人名隹年[若]新得一法可以去因陳之三弊一曰見冷而凝二曰得熱而弛三曰遇油而鎔其法即

和之以硫是也三弊既除為用日廣竟成工機器中不可少之件

李羅二君所記曰　印度拉巴曰噶脫巴肖曰因陳勒勃曰烏木膠

曰句達巴爾查曰加他其實皆一物也特以產於馬加沙新加坡

為較良耳尋常呼曰印度膠

七瑞士水雷

李監督日記八月二十一日與羅稷臣上波得蘭盧得車塲三刻

抵哈摩士客次車塲又馬車一刻抵七瑞士之名安羅福脫廠是

廠製造薄鋼片水雷小艇獨擅其長各國咸購之取其輕捷也去

年五月曾與日意格往觀沿河支蔽棚三間小樓五楹置船三五

艘集工百餘人而已今復往則棚廠增至八間集工六七百人在

船台者十六艘在河者十艘主人迎入辦公所出示水雷艇各圖

其英國所造者即去年所見來迎之式譯言電光艇也又有荷蘭

及法國定購者皆桿雷艇及船面支架兼發魚雷者也詢以法國

有水底用壓氣發魚雷者貴廠能否仿製主人遂出圖云但繪此圖尚未造過且祇有前發魚雷不似法國之前後并法也閱畢引觀河中各艇因水淺不能試駛先上英國之末迎艇為是廠之最大者長八十七尺寬十尺半入水五尺速率十八海里用倒汽筒扛幫機旁有蓮花漏凝水櫃以紅銅為之機關靈敏製造精工艙中有壓氣機所以裝魚雷之氣也其船面前端之魚雷架及桿雷之架索等尚未配全有小官艙二為船主所住漏廁咸備計價六千五百磅英國已購十二號法國十二號丹國一號寸尺價值與英同惟專送桿雷而不送魚雷故不設雷架及壓氣機初購六號價五千五百磅續購六號五千四百六十五磅所儲煤可行三點鐘其凝水櫃中淡水回環為用由英至法之削浦不必另添海水其運舵處有厚鋼片員臺周鏤橫縫四道縫寬五密理邁當長二十生特邁當令掌舵者可以外窺而不虞槍子也艙面緣以木條

鋪以帆布髹以油漆以免滑足其較小者長七十五尺寬十尺入水四尺速率十八海里可送桿雷二或送魚雷三扛幫機馬力三百匹水鍋每方寸可受力二百四十磅今祇用一百二十磅其鍋中用黃銅管前端以螺絲相合後端無螺絲而寬餘半寸船身鋼殼厚八分寸之一至三十二分寸之三所儲煤可行一點鐘今荷蘭定購六號共二萬七千八百四十磅約每號四千六百磅如照購六號則每號減一百磅其雷桿雷架缺索電機等器另加每號二百五十磅此式最合中國之用許以詳細款目抄贈又此者長六十七尺寬八尺半入水三尺半速率十八海里價三千四百磅最少者長五十九尺寬七尺半入水三尺速率十五海里儲煤可行一點鐘價二千五百磅細觀各艇及圖式知其有擅長者數事一為窗門其隔堵及出入之門俱甚緊密浪花不能滲入有圓疊梃簧連於舵鏈之下如有沈溺之患一舉手而艙門洞開其緊要

處俱用樹膠緣邊水不能入二為風扇蓋艙門既密則人不得呼吸火不得透發故設風筒於水鍋與機器兩艙之間艙中另引氣通於短水韝鞴以轉風扇每分時計轉一千次然後掌火掌機者得以換易新氣令舊氣自火門達於烟窗而火亦藉此透發矣三為隔堵鋼皮甚薄鋼脅甚單易被格令砲子擊破故必多作隔堵惟機器艙為一大格左為凝水櫃右為吸水機長不及八尺前為水鍋艙旁有煤護此外前後各艙皆作小隔堵雖極破漏不患沈溺四為冷釘凡紅熱泡釘有冷縮之弊且雁時易傷薄鋼故惟水鍋泡釘仍用紅熱其餘船身各處俱用冷釘頂徑十密理脚長七密理徑六密理半係用崁(炭)鉄為之因水炭所煉者無硫燐矽等質其鐵獨純也五為鍍鋅凡薄鋼入鹹水易於鏽蝕唯鋼脅鋼殼皆鍍以鋅乃可免之觀其廠中置鍍鍋如船式高四尺長十餘尺中寬二尺餘嵌於磚爐容鋅十五頓將鋼件先置稀鹽強水方池中

浸一時許取置木桌上刷去其垢洗以清水置爐烘乾之揳（提）蘸鋅鍋中數次即燦然如銀色其蘸鋅之時頻加緻拉穆尼屑於鍋中令鋅與銅易於黏合亦為架桿嘗見英法所用船面架桿頗不靈活今該廠新法其在桿雷用空心銅桿可藏電線而又曲其後端連於後轆并連於前轆而周繞之前轆係二枚相連一以鐵索聯於艙中之汽機掛輪將近敵船一發其機則三轆并動桿入插水以電發之桿雷用火棉三十五磅其在魚雷除用磨盤架施放者仍用舊法其新法則置魚筒於兩旁不用則收懸舨上臨用則放落舨旁法用三角鍵釘於船舨上以轆索收之（放）甚為便捷雷艇往來一次可以連發魚雷三尾以視舊法用高架轉動良（火）祇發一尾者利鈍懸殊矣徧觀其廠剪鑽剌刨等器皆精小而適用祇用外簷水鍋一具長不及丈以動倒汽筒二且各方廣三尺餘每分時約進退二百次其汽先入一具用過後又入一具亦扛幫之

理全廠各機俱賴以動其剪搥相連之器左右并用凡治薄銅不必大力者宜效之廠中所用之圖皆先畫臘布曬於藍紙成為陰紋數以凡力司油榡於木板發交工匠亦省畫之一法也

棉花火藥

劉京堂英軺私記倫敦之紐布洛達街第二號房屋棉花火藥之商局也商人曰阿遲博爾請往司究麻爾喀達（鄉名）一觀在倫敦東北二百餘里藥局曰帕坦達賽弗地監工者曰帕麥局內房屋每所皆遠隔不相連屬慮火之延燒也製藥之法棉花紡成綫以汽爐蒸之泡諸鏹水中僅四分時（强水以三分硫磺一分硝合成）提入銅鑵（其時一磅棉有十一磅水共十二磅）付清水池涼之竟日乃提出用機器將鏹水收乾洗以清水亦收乾其藥已成（已可施諸火攻）然恐鏹未盡去也再以清水煑之煮已浸以涼水然後入大水槽用機器碎其棉又入大水槽終日攪之凡三日口嘗其味無強水酸然後壓乾搗成餅其時棉一

百磅尚有水二十五磅也棉花製以強水性最易然強水稍不去净能則自生火故其泡強水為時無機而淘淺清水則数日之久数度之多帕麥面以溼棉藥餅盈箱推置火爐中試之火祇纔纔蒸入酸并不列又點乾棉藥於濕棉之上溼棉并不著火以此知其製造之精於便存儲矣然未用時仍盛以銅匣藏諸水中不厝放於外也水中雖歷两年畧晒即可然點此棉最易乾畧吹三四時辰未晒而衡諸乾棉之下加入藥製銅帽即自來火大若中指長寸餘亦與乾棉并爆惟不用銅帽則棉雖乾勢祇如焚寸楮耳乾棉與銅帽合并其力極雄一指大小然放巨木下木即粉碎環灼諸巨木之腰木即中斷散為数十劈薪裝水雷轟之河水為之騰躍数丈立二尺餘木架於地上施盈寸厚鋟板以尋常火藥互相比較常藥二磅只倒烘鐵面成暈棉藥一磅則直透鋟背爆裂如花且穿地成洞穴其力視常藥数倍故其價亦視常藥雖倍也又有加硝者英人以為開

礦裂石之亦不如無硝是日帕麥一一演試觀者如堵擾該局所開價單乾棉藥每磅二施令二本司濕棉藥色每磅一施令半乾自来火每百十施令四本司炸藥每百五施令

巴黎印書局

蒓齋雜記己卯二月十日予偕洋監督日意格往觀安卜利莫利拉西雍納爾法國國家印書局也所印之書皆係各部應用官書文件民間不得攙與間亦有文人學士所著之書須先由各部驗明其書果裨實用始准發印雖私猶官也局中共用男女工一千二百人総監督飭人導引先看拼字之母皆以鉛為之長可一廿盈千累萬爐列桌上次看拼字之鉛板板皆方匡而空其中內施鉛條隨文之長短字母之大小可以別自為格次看擺字處各以小匡格取字母挨次排擠成行待其既滿用線從四周紮緊使成一小版再鑲入大匡中合數版而為一頁則以鉛條木楔楔之即

可付印盛以小輪行椅椅一木板釘直木兩條另以橫木聯屬如椅之有靠背豎列鉛板十數於上一人推之以行不形重滯次至一樓為鑄字處火爐十二機罷五六座皆煤氣火燒之爐鍋高於字模處約二尺有吸鉛管如半弧形下屬於字模處甚微細機輪轉動鉛汁即從爐管噴入字模內立即凝結成字即有一錐由下將字從模內頂出前有半圓露槽承之字皆（陸續流下）迻字皆陸計每一點鍾可成字三千枚但字模多用易於鎔熱須有數罷隨時更換每罷間價值一千三百佛郎罷旁安手轉機輪有時不用火氣用人力亦可而鑄稍大之字必須人力蓋機罷流轉太快噴激之力不足鉛汁入模未能圓滿如式故也字既冷定以半槽木片排比成行入一大平板中央之用鏍剷平令長短如一仍慮其不光匀再以紙磨擦之下樓至付印處印機數十張縱橫排列每機前面有巨軸二皆細絨厚裹一為壓紙之軸一為嵌板之軸後又著兩小

軸而一頭可以斜行動轉為上墨處機尾一橫管上安空心齒數十齒夾有小孔注油墨於橫管內徐徐從細孔漏出兩小軸承而卷之鉛板在其下機輪一動軸與板相磨盪墨皆匀黏於板上旁立一人將紙伸入經二巨軸間壓過所印一面之字已成復伸第二紙前紙即從後推出如印兩面者則機上有四巨軸鉛板一置於上一置於下紙既經過前兩軸後復揭上而轉入於後兩軸間則背面之字亦出機後一人揭去之以付摺疊處多用女工印書之紙慮其不光以兩薄鉛片夾而微擦之即渣滓盡去或用粗厚紙夾之亦可次至刻石處石塊堆積盈屋上石之法須魚膠紙其紙晶明而薄頗類明角鋪於底稿上纖毫畢現先用鋼筆影畫之塗以丹赭然後用布擦去畫痕即皆顯露以印於石上再用鋼筆刊刻最細者用鑽石筆筆亦鋼所做尖分兩岔選極細鑽石嵌入將螺旋轉緊與鑄成無異旁置顯微鏡至極細處一手持鏡斜視

一手刻之鋼板亦同此法惟刻畫則不然用法照〔照相〕法影照於鉛板上加油向有形處仿填之再用鏹水即將無油處蝕縮而有油處之花紋棱起斯亦奇矣次至印石處先將溼布擦净石板薄塗油墨一層復以溼布揩去之鋪紙於上用機軸推壓即得一紙次至洗鉛板處板印多次墨即膠糊當用温水洗刷陸續更易又至烘潤處紙未付印慮其乾而易裂則以水灑濕之既印之後紙不能遽乾則置一機罷上機線長丈許駕於空處紙從線上捲過線下烘以氣筒頃刻遂乾〔紙乾〕不能即平又用薄鉛片壓之次至裁釘處疊紙厚三寸許視其應切之線壓以厚板置於機工鋼刀從上軋下一律斬齊紙初疊時多中窪而兩頭高起別有水力機壓之使平裝釘亦多女工其法用兩鐵錐支於案邊視書之長短橫結細繩於務〔上務〕上令堅緊另以粗線回股豎結之然後取所疊書逐層交互縫於粗線上既縫成本用厚紙或皮為冊面如其大小裁截

另以紙條或皮條塗膠於上先黏固於書背縫衽處始加册面再以錦紋紙潮之而書以成閲畢主者導至一室巨櫃十餘皆盛鑄成字母多鋼料亦有木刻者所見中國字母長二寸如小指大又出一書與觀各國字母皆備又一巨册係繙譯印度佛經法文與印度文并列西人好古之深於此可見

布生織呢廠

蒓齋雜記正月初四日日意格請觀法國綠野費地方織呢廠早七點鐘予偕日意格馬建忠同坐輪車行兩點鐘半至其地廠主達乃已在車行迎候經數街先至其別業有房一所夫婦二人居焉園内樹木葱秀又經殘雪點綴景致頗幽款留早膳既畢主人導至其廠廠名布生先觀其存料處有大布袋數百皆裝羊毛其毛有來自俄羅斯者有來自新金山者毛分二色其先洗而後剔者則色稍白未洗者則泥汙成團而已次至洗毛處有兩大池將毛置於熱水池内用一種土粉如石灰狀糝入浸之攪令鬆匀再入別池用清水漂洗上置四方輪每輪各安四巨齒軸動輪轉則齒連環梳爬於水中至是羊毛漸白亦漸成絡取出置長箱中用風扇扇之使乾次至一樓梳機十餘架機上巨軸皆以鋼絲為細齒密密排釘毛從軸外碾過逐漸爬鬆皆黏於齒上轉從前面

湧出有橫檔為閑闌約使成條如兩三指大陸續下垂再過一機更加細密始上抽機抽成粗線抽軸能左右摩盪前有小銅鈎綰束之又過一機線略細而仍鬆然後付出細之機罷機寬丈餘前有豎管百餘後軸銕錐多寡與前管相埒以鬆線傅於各錐之尖用人推挽每一迎送則所抽之線勻細而緊即纏繞於豎管上頃刻成卷另換他管亦如之又至一樓織機數十將線卷數百轤列一大架上皆有銕錐橫套管中使可轉動前設巨軸縈繞之一繞即得經線數百另入一室將線梳勻略加漿粉微火烘乾始付織人織機寬七尺梭長一尺兩端有機條發之與手拋擲無異而迅捷遠甚織一色者用綜二板有花紋及色多者以次遞加是日所見有用綜至五板者每匹長約法尺六十二尺凡四日而成一匹成匹之後其質甚粗另付機箱洗之箱內置黃土及粉激水入內以呢之兩端相聯套於動軸工呢自廻環不已土洗之後入清水箱

漂之其法如一既已漂清又入一乾箱以兩軸夾之使漸柔輭又入一箱有橢圓孔約束之使漸收縮而緊呢初成時寬六尺許必令收仄至五尺為度又置機張之機軸前橫設鋼刀一具長與軸等鋒微厚而不甚犀利離軸僅分許軸轉則呢從刀口刮過漸起茸毛又置一機細刮之粗贓悉去茸遂發光而呢以成剪斷成匹折疊成件一皆機氣為之觀畢主人又導至一處觀做軸上鐵齒其法用皮條寬二寸許貼呢二三層於上膠使堅固一端置於機跑盛以大圓匣一端從機跑上屬於梁而下垂用鐵球墜之下安巨桶做齒處機關甚多旁置鐵絲一盤引入左邊小孔機動則鐵絲自送出二寸許正當其中絲即自斷旋有小鉗伸出夾之遂屈成雙股穿入皮條如度針然極為神速匀密與毛刷相等皮條兩邊有鉗挾之每成一行逐漸上提其後端以次盤入桶內又觀其製造機跑處此不過自造為本局之用以免購至他處索價較昂

之弊無甚可取也製呢之法其次第一如中國紡織棉布并無差異所異者中國以人工西人用機器西人可為百者中國祇能為一優劣巧拙遂懸殊耳

賽勿爾磁器局

蒓齋雜記巴黎地西十餘里有地名賽勿爾官設磁器局在焉賽勿爾磁著名歐洲猶如中國所謂宣德成化康熙乾隆等窑者也己卯四月初六日予持工部所送照票往觀入門有屋八楹皆陳設燒成之磁器磁人兩壁所懸山水人物極似油畫内有沙哥呢畫一張云值五萬佛郎又一畫女子袒卧天光斜射胸際云值三萬佛郎又大瓶數隻高四尺係去年賽會時物云值六萬佛郎又有淡白瓶一對仿中國樣式畫彩鳳雜花别有白磁茶鍾鏤刻精致亦中國之式每個值三十六佛郎出門上一大樓一千八一白二十四年所建中一間有大白瓶高可六尺餘皆瓶盆之屬刻畫

故事碗大者徑二三尺右一長間皆古泥窯如埃及樣云是七百年至八百年之物又一槅存中國火爐及小瓶數件上法藍火爐高六尺許又一槅為日本窯又一槅為德國窯又一槅波斯窯又一槅意大里窯左一長間有轉桌一張上畫花卉云值一萬八千佛郎又各種景致盤式裝盈兩槅又樹木雲影畫二張一千八百二十六年物又尺許高女子二人裸而立身被白紗一千八百二十四年物云值二萬七千佛郎又有印度綠花棺一具英太子送入此局者又一匣中國碗碟又一匣釉料三大磈一發亮一淺一暗又磁泥已做成者二大塊又有三像一為本質一係調粉做成一經燒過者燒過者較小十分之一以驗泥質漲縮之理又有兩瓶一豆綠色甚粗云燒至二十六點鐘即細又一匣中國法藍樣式又有銅板法藍人物二幅又中國塔式一座又六匣中國古磁又數匣法國古磁又一匣係未尋得磁泥之先以化學製成者下樓

觀其做泥處人各一轉盤以足踏動將磁泥團置盤上盤轉甚速兩手扶模令其長短大小方圓各如所做之式稍稍晾乾再什規矩出細又一法做薄者以石灰模取其食水用磁粉調水傾入須臾倒出粉黏模工套以羊皮攤泥皮上成為薄餅另換一模將餅反貼澆以清水再用水沫模之存留模上次日稍乾再換一模又過一日乾定始加摩擦其模至四五十次後不能復用次觀其燒磁處兩爐筒高二大圍徑可八尺什燒時每件皆有模盛之模如中國小蒸籠形上合以蓋逐層堆積至頂如人物之不能以模盛者恐其輾蹋用泥柱支之燒至二十四點鐘而成用柴用煤均可其畫法如燒白磁者將釉粉筆填於泥底上如作畫然淺深厚薄以次遞加有顏色者用白磁底鉛筆畫出大致置小火燒過再加顏料若花卉蝴蝶之類新法將小火燒過之白底填以磁灰再用大火燒之加熱一百十八度釉分兩種一生釉石之本質一熟釉石之

燒過可做磁泥者研為極細粉末用水調而塗之最後一小房為鑲磁處用盤盛火山之土將各色小塊玻璃拼配成式置於盤內土上以紙片塗膠黏之玻璃隨紙而起將土吹去再塗以膠嵌入磁罷此意大里法也西洋磁罷若論作法之精實遠在中國工所以不及中國者特磁質鬆脆不能如饒等處所產之佳耳

馬得利農務學堂

蒓齋雜記馬得利之西有國家所設農務學堂庚辰九月二十六日為開學之期日君主君后親臨學部尚書函請觀禮房有三所相距不遠一為學堂一為畜養牛羊雞鴨之處一為學生住房君主君后偕其姊妹三人逐間查看畢至一小圓房內聚集宰相以下及各國公使參贊隨之以行人多未暇細觀看畢至一小圓房內聚集坐定君主持白紙陳詞向眾宣讀歸功於國家眾皆稱善誦畢相與升樓小飲君主至予前予令繙譯問君主年年至此乎答曰否凡每年應開學

館善堂之類必親開一處不全到也飲畢而散又月餘始偕黃玉屛吳禮堂赴該學堂細觀入門對面二間設有坐位為教習講解物質處轉入一室有二高玻璃匣盛仿做植物花葉果實萌芽之形皆放大數十倍內為若干層可以逐層剔剝觀其文理又壁結鳥巢數十各盛鳥卵以知伏育之理轉一室有測地地平經緯儀十餘具又轉入二室為用化學分驗物質處有小天平二架極精雖毫髮之細可以知其輕重轉而上樓一大間悉玻璃瓶盛設豆麥種類無下數百千瓶瓶內皆置樟腦一二小塊以辟蟲食又下樓入下一層第一間皆酒瓶酒樣有榨葡萄器數具器分兩式一為橫榨面置一木方斗外侈內束斗門下緊安巨鐵軸二軸上鑄指粗方棱使陰陽相間再下為轉輪輪之旁有柄為手持以轉動處再下承以銅槽一接汁一接渣渣槽悉穿指大圓孔傾葡萄入方斗內轉兩軸軋之酒出渣下各歸其處此一法也一為直榨

其𣏻與石磨相彷特有數重鐵籠護之將葡萄置入螺旋直壓汁皆從下磨盤流出此而酒（又一套也是𣏻種）有太局造葡萄者家家有之人人能做故造此而酒有大局造葡萄酒無之直是故也　又入一間為豆麥種類亦玻璃瓶千百與樓上無殊又一間為農家雜物樣式再轉出一間為犁耙風篩之屬犁樣頗多與中國無甚大異惟一種於犁柄上直竪尖刀與鏵（相近鏵）後有兩翅可以左右扳動馬行犁䭾鏵入土中刀尖從工劃開後有兩翅擺動之則土易鬆脆較為靈巧又有耙土二罷一用二寸許方鐵圈聯環套為十數排一用大尺餘厚二寸之鐵輪十數貫以横軸輪皆鑿方齒而銳其尖以此駕馬拖行於土方之上則土皆細碎其式亦巧又一室有剷麥𣏻數具一為英國新式設巨鐵筒為轉輪貫以軸軸工直竪一柄向後如荷葉形為人坐處前有活機可以駕馬左邊支木板寬可四尺亦用木板釘邊為閘高四五寸而空其前一面著鐵錐十

餘錐長二寸每錐亦相離二寸兩錐之間平安刀口為人字形右
邉有動軸約高於左板四尺軸之下筒之上為聯環齒輪近木板
處亦有小轉軸以麻布卷接之斜上屬於動軸而又斜下尺許別
有小轉軸聯之再平拖二尺而止緊逼小軸處横安一機如縫衣
之罷又另一不動之軸高於動軸三寸許亦以麻布從右邉木板
處結之斜上屬於此軸再斜下近尺而止亦有軸鉗之又於不動
軸之外懸一錢絲卷令可轉圜將鐵絲牽屬於縫罷然後駕馬駞
行於麥隴中其麥梗從右邉之錢錐處經過即觸刀而自斷鋪於
木板上如手割者然離刀口寸許有一活板時時約束之麥即陸
續上移從兩閘布轉出於動軸之右錢絲即卷而束之成為巨棍
而錢絲自行剪斷隨割隨束迅速異常可謂盡人巧之能事矣總
辦云此罷太大路灰處尚不能用今改製小者更為靈便又一巨
罷將麥穗裝入方斗內由上而下逐層出細自打粒去草以至簸

揚粗穗（穗亦麥）装入顆淨潔皆一氣呵成此用火機為之亦英國之製又有剝玉米之器圓鋏板一塊安轉柄中央而於裏面悉著鋏錐與靴釘相類外用鐵殼變合之如蚌蛤形左邊有筒高近一尺右開一缺口下安小筒總辦取壁間包蘆試之從左筒貫入以手轉動須臾米粒皆從小筒漏下其骨自從缺口向上送出一皆剝别淨盡此器了無奇處而運用之妙乃能如此又一播種器前如犁後有橫骨直豎小筒十餘而侈其口以盛籽種中有機竅為之管約行動時漏下極少而匀筒之下節用麻布縫筒套之馬行子落筒尖即耙泥掩蓋之又有翻草器卷草器無一而非減省人力觀畢總辦導至教習議事處及學生畫圖處壁間有一巨圖詢之則附近學堂一帶之地約有十數里皆此堂地畝歸學徒自種總辦云此堂有生徒八十餘人皆先學有根柢然後能入此學每年學徒人出洋銀六元滿四年攷試給與文憑再出洋銀八十元即出

學或充教習或代人管理産業各從其便此堂雖不甚巨規模亦
自周密

巴黎電氣燈局

莼齋雜記：予初至巴黎在丁丑年，尚無電氣燈。逾年而必納戲
館前大街皆改用電氣。辛巳二月，予重游巴黎，偕聯春卿赴該局
一觀。局中所陳纍纍數十具，皆電機也。主者先試然點之法，棹上
羅列銅盤十餘座，座八管，兩兩相近，有活機環通，每管插炭
燭一，長可五寸。其燭係煤炭精結成，他火燒之不能化，惟用電氣
發之，則炭精迸裂，衣光燄最巨。主者點試，其一光力可敵五十燈。每燭
將盡，則熱氣透入活機，即躍而接續。然後別管計電機一具可發
四座十六燈頭，每燭可經半點鐘後即須重鐘後即須重換矣。繼
觀電機，機長二尺餘，徑尺二三寸，中安鐵軸，如車輪式，有輻四出，
每輻面嵌手大吸鐵一塊，外一層為傳電銅綫，用印度膠包
裹，而緊纏於小鐵軸，工成為三寸徑之小卷，分列三行，環於吸
鐵之外，兩端各十二卷，使與內一層之吸鐵相應，所離僅分許

中一行更為細密旁有別具其製如一而小三分之二兩器各有安接傳線處線亦七股銅絲繳成外包印度樹膠發電時先用傳線一端接於在旁之小具一端屬於大軸又以一線從大軸屬於燈盤用兩匹馬力之機器動之其大軸每一秒時約九百轉尚微辨銅線之形小軸則每秒時一千一百轉不能見矣用軸之急轉兩相摩盪而電由吸鐵生出傳入銅綫卷内再由銅線引出燈盤而發光主者云此尚前兩年之式今則大小兩具并為一軸更為簡便予叩其價每具四千佛郎再加機器則需六千佛郎可得四燈之用別有一器用吸鐵片連環相套大而不靈此舊式今已不用

舊美爾製鋼鐵廠

蒓齋雜記辛巳七月初旬予在英國紐開色中國所定購揚威超勇兩鐵船涉非爾得之舊美爾鋼鐵公司其總辦名

威趁勇兩鍍船涉非爾得之菖美爾鋼鐵公司其總辦名威
爾生者聞而以書請往觀該廠製造鍍甲先是孛丹崖星使與
德國士旦丁伯雷度之伏耳鏗廠定造鍍甲戰艦其船雖由伏
耳鏗包辦一切而鐵甲實由該廠購致故請觀焉初八日由紐
開色赴之福州船政學生魏瀚在廠監工相與指導其
製鍍甲之法先用鐵塊長二尺餘寬四尺約友寸厚四寸許者入爐燒
紅付軋輪壓之壓成長五尺餘寬四尺厚一寸二三分之
鍍板凡製鍍甲厚者至英尺二十四寸薄者亦十四寸每疊
兩板燒而壓之疊至八九板使合而為一約厚一尺二三寸別
以寸許厚鋼板一塊四角將螺絲釘柱轉合枝柱而空其
中相離寸四寸兩旁加鍍條鑲周直視之如抽屜形始
付巨爐燒二十四點鐘量熱至二千五百度然後用起重架
提出竪置地箱內地箱者掘為條方形使容此一甲者也即啟別

爐傾鋼汁灌入令滿四面築以沙土候冷一日夜起出再入爐內燒十二點鐘用五匹馬力之機器壓之每壓一次縮半寸許壓至定造之度為止若銕甲一邊厚一邊薄或至船脇處有彎曲者別用橢圓錘壓之壓成之後置巨木架上鋼刀四面截齊再穿四寸徑螺絲孔四或六即成一甲既又觀鎔鋼法銕桶徑三尺餘長五尺上頸稍偏窄如葫蘆嘴形旁有兩耳皮懸能轉動底係夾層內一層小孔若干外層有風門三桶初平置鎔鋼汁熱至三千度啟爐承以澗槽引灌桶內灌畢即轉桶直竪使其嘴向上乃閘底門鼓風筒吹之鋼渣噴出丈許如萬星流墜大類烟火約半點鐘星漸少紅色漸次轉白知鋼質已淨即攙入一種銅質名

始鑄以模凝結成塊觀畢總辦出一圖指示拼甲之法船身既成將鐵甲緊貼於外內實以徑尺許厚木枋再加寸許厚鋼板一層用螺絲巨柱轉入銕甲只穿三分之二不使柱鈕外露自外觀之

猶如無縫天衣也船内皆露紐惟砲門處不露恐於施放有礙故令與板平又有鐵甲數塊曾以試驗砲力者一穿巨穴一穿其半一微有擊損痕總辦曰始用鐵鋏質脆故洞穿繼用鋼鋼性過堅亦易裂故穿其半後以鋼鐵融合鑄居三分之二鋼居三分之一剛柔得中故微損其精如此

蟬生玻璃廠

蓺齋雜記玻璃為用之廣與木石同英国之伯爾明根有製造玻璃廠數家而以名蟬生者為最大火輪公司道經其廠中是廠監時工作日七八百人令減至一二百人辛巳七月初十日余在伯爾明根特往一觀是日適值停工之期因留以待逾日再往詢以玻璃料質廠主云凡地上細沙石之發光者皆是但其質不淨本廠所用係從山内開出其質最佳質内須攙和細沙石灰疎打（一種洋藥名）砒霜煤炭等物使配合成料爐底一巨鍋置料入内

用大火燒至二十五點鍾將火力減微再燒七點鍾料已鎔化如米瓷人持鐵桿長五尺餘中空而細其下端巨如拳入鍋内匀攪紅質即膠粘於拳工取置鋏槽内團裹使圓再入匀攪如是者三四傅質既厚即從桿之上端吹之吹如瓶大提向地溝内左右摔動屢吹屢摔少頃即成巨筩如桶大長三尺許横置鋏橋上是時質在綿碎之間用刀剪脫其桿別攪紅質拉成絲条横圍兩端敲之即斷如刀截然旋用金剛石刀劃破舉長杆挑置平爐内煤氣烘之徐徐漸輭撥使擗闢推放爐内空處重疊壓平即得一片如褁大塊厚塊則用平鐵案施条為邊界一視所需之大小厚薄為之或中間加条為方斜紋一一鉗緊持巨勺盛紅質傾置案工兩人手扶巨軸壓過即成法甚簡易其刻花先搗本質為粉塗於燒成之玻璃片上令乾别鏤鉛板為加於其上用布摩擦則空處粉去而花紋現出再入爐燒之

花即凝結如一或於花紋處塗用顏料將鏹水刷過自分兩色
至於各種玻璃但將化學所化五金之色配入料内燒出即成
不假人力玻璃成後付機罷磨平磨法合置兩板於機罷架上
板面加氈片使澀灑以細沙機動則推移上板與下板自相摩
盪迨粗滓漸去加用一種化學所分之料如土紅末即細瑩
而發光矣吹玻璃極傷氣廠中工匠久役者多病肺云

西洋襍志卷四終

西洋雜志卷第五目録

西洋雜志卷第五

倫敦集略

羅禄豐與友人書云倫敦古名伶仃譯言湖城也羅馬據英訛爲蘭仃舊環以城周圍十里城高二十二尺堡高四十尺分布十五處今皆廢惟城門巍然獨存故事君主巡視老城必候城門外美延上門官君主乃入以示老城之民不屬於君主之意倫敦跨代模司江而立距海口百五十里於北極出地五十一度三十一分庶富爲天下冠隸四府曰迷德勒塞斯曰蘇勒曰根德曰厄塞斯分爲九區其江北者曰倫敦曰明士達曰馬理立肴曰非興士伯吏曰塔村曰側落時曰赫克尼各舉議政紳二人其在南岸者曰南瓦曰蘭伯各舉議政紳一人英制每十年稽户籍一次一千八百年之前民數不甚真確因不稽籍也一千八百七十一年倫敦計籍三百二十六萬四千五百三十人以車林克老司爲中樞畫一半徑十二里之大圈約有居民四百萬房屋四十一萬九千二百二十二所居民較之十年前增四

十四萬七千八百十五每七日闔城生子千六百人亡者千一百人每年四十五人輙死一人謂之亡率倫敦亡率較之他城邑皆少論者歸功於引泉通渠之力云羅馬入英时開闢道路置石於老城之礮衢為測量遠近之準迄今猶存英人呼為倫敦石倫敦老城商賈雲集銀行滙兑局保險局俱在馬地一洋畝直至金錢九萬磅懋遷之盛可想見矣

張斯栒集譯一千八百七十七年倫敦為地球上第一大城無論何國莫之與京在赤道北五十一度三十一分經度在中國北京偏西一百十六度二十三分縱二十餘里橫三十餘里跨連四府西北密達而色克司東北曰愛色克司東南曰蓋音塔西南曰色爾里其最繁盛之處大半在密達而色克司界中城中有大江名代模司東距海口二百里君主宮殿及議政院大園囿船塢公所行店等俱在江北作房棧房等俱在江南自不頼克華耳至中城兩岸均係船塢碼頭自中城至威司得泯司得

兩岸皆土石築成隄上有大橋十餘橋以下東首第一條為倫敦大橋係林南所建橋北為金緯良街橋南為博老夫掃夫華克橋長九十二丈八尺寬五丈四尺一千八百二十五年六月所建費金鎊二百五十六萬六千二百六十八磅東岸有石塔名卜令司戲中有魚市南岸係從卜來敦反東南路火輪車棧次為東南路之輪車橋在喀舒街輪車棧旁第二條為掃夫華克橋亦林南所建費金錢八十萬磅皆公司會集而成長七十丈八尺寬若干丈用鐵五千七百八十頓以第三條為不賴克法剌亞司橋長一百二十七丈費金錢三十二萬磅東首為開達姆與陀弗之輪車橋長一百四丈寬五丈五尺第四條為華得盧橋最為壯麗亦公司合股所建圖樣出於林南之手長一百三十八丈寬四丈三尺費金鎊一百萬磅有奇第五條為亨葛福爾橋亦公司所建專為橋西車林克老司火輪車過江而設橋面可容輪車四輛兩旁走道皆寬丈餘以第六條為威司得泯司得橋長一百十六丈寬八丈五尺費金鎊二

十一萬六千碼橋之西岸即議政院東岸即湯美司醫院第七條為藍白浦橋亦公司所建長七十九丈八尺寬三丈六尺第八條為智而西橋此八條皆當城內繁盛之處其餘阿爾白塔橋白得西橋克隸們輪車橋卜的尺橋亨墨司密司橋等皆在迤西（以下街道園囿房屋）街道之最著名者曰司脫令得曰奧格司付而脫曰脫真自曰溪下肥得曰必克地利園囿之大者曰銳真自巴爾克海得巴爾克房屋約有三十五萬所皆分單双編列號數大小街道一萬條長約七千英里（以下人數）其居民之數當一千三百七十七年時僅三萬五千人至一千八百一年有八十六萬四千七百五十五人一千八百十一年有一百萬九千五百四十六人一千八百二十年有一百二十二萬五千六百九十四人一千八百三十一年有一百四十七萬四千六十九人一千八百四十一年有一百八十七萬七百二十八人一千八百五十一年有二百三十六萬二千二百三十六人一千八百六十一年有二百八十萬三千九百二十一人一

千八百七十一年有三百三十萬人近年京府名册則有四百萬餘人每日匀派約五分时添一人八分时死一人故有增無減合城房租約有一千八百七十萬磅（以下執業）其各種生業酒店約六千七百家牛肉店約一千七百家麪包店約一千五百家茶葉店約二千六百家加非館約一千一百家賣牛乳者約一千五百家烟店約一千三百五十家做女衣者約一千五百六十家成衣店約二千九百五十家鞋業者約三千家菜店約二千四百家以押舖約二百九十家大礼拜堂六百二十所小礼拜堂四百二十三所講堂二百九十一處又有天主堂約九十處學館一千五百四十所合城窮民約十二萬九千人天主教人多於羅馬猶太教人多於白拉士丁愛爾蘭人多於法布靈蘇葛蘭人多於意丁伯（以下食物）每年用物麥約一百六十萬挂得（每挂得四百二十斤）牛約三十萬頭羊約一百七十萬頭小牛約二萬八千頭猪約三萬五千隻乳牛約一萬三千頭末滕霍爾一市所售之雞鴨等約四百零二萬五千隻魚三百萬條包爾兜酒與比

兒酒約四千三百二十萬轄倫（每轄倫八斤）卜藍地等酒約二百萬轄倫舍利
等酒約六萬五千拜滌（每拜滌）各街煤氣燈約三十六萬枝每二十四點鐘
所用煤氣一千三百萬立方尺每日用水四千四百三十八萬三千三百二十
八轄倫內有九百五十萬二千七百二十立方尺棄去之水每年用煤
由帆船載來者三百萬頓輪車運來者二百萬頓一千八百七十二年
用煤五百萬七千零六頓煤氣燈約用十萬頓專供搬煤之水手工
人等約二萬名煤氣公司十八家水業公司八家（以下地方官）合城所轄四府之地
分二十六縣每縣有阿爾得們一即縣官也城內有巴立時九十七城外有
巴立時十一巴立時者耶蘇教牧師宣教所及之地二十六阿爾得們
之外有洛爾得美亞一總縣官也又有康门康西爾二百零六即理事
官悉由民間公舉（以下公舉紳士之地）其選舉下議院紳士之地有七一在中城
一在彼老一在威司得泯司得一在芬司伯里一在叨甫赫模拉枝一在
馬雷頓本一在藍伯士惟中城得舉四人餘均兩人（以下工部局）工部局有三

十八處總局設於中城所覆之地則修理街道疏通陰溝（以下信局）信局地段共分八處一東城首局在生馬丁利葛倫即總信局也一東路首局在拿掃滌雷司羅賣街之東一東南首局在白顆克曼街第九號一西南首局在柏金哈穆門第八號一西路首局在佛亞而街第三號一西城首局在梅和爾本一百二十六號一西北首局在愛佛沙塔街第二十號一北路首局在金巴壩街此外又有小信局及沿街收信之桶甚多各局信箱均以六點鐘關閉如至六點三刻有信當至置此箱內者須加信費一佩尼至七點半則加二本司新聞紙及書包等須收至五點半鐘止若至六點三刻則加一發爾英至七點一刻則加半佩尼七點半則加一佩尼（四發爾英為一佩尼佩尼與本司係一物第言一則曰佩尼二以後皆曰本司）凡送信注冊取收條者加四本司沿街信桶所收之信約一點鐘分送一次每日十次第一次開取信桶在每晨五點鐘至每晚五點半鐘止小信局亦然夜間及禮拜日一概關閉信桶記號在倫敦者紅字四號及外國者黑字其寄信之費本國每封重不及一兩者一佩尼不及

二両者一佩尼半不及四両者二本司以後每重二両遞加半佩尼如重十二両
以上者自一両起每両加一佩尼若紙片則每件半佩尼書包每重二両
者半佩尼長不得過十八寸寬不過九寸厚不過六寸分両不過五磅
又當絨露両端封閉紙每件或一二件為一束者半佩尼若銀飾之屬
數在十施令以內者一佩尼一磅以內者二本司二磅以內者三本司以次
加至十磅為止大數則歸銀號滙寄滙寄之法每次必發票兩件將
票對截作兩次封寄為前票已到後票即作為廢紙慮有遺失之患
故立法如此（以下寄物包） 又有遞送物包公司曰倫敦巴什兒地方弗利康信
尼首局在羅尔士必爾丁街郄得倫街法利塔街分局頗多皆附於
各店之內專寄大件為信局所不收者寄從之地不出倫敦九里之外寄
貲每重四磅以內四本司十四磅以內六本司至一百二十磅止一施令二本
司若出九里之外每重一磅以內者四本司七磅以內者六本司一百十二
磅者一施令六本司（以下輪車棧房） 火輪車發軔之棧共有十四處從此路者

左白羅達街東南路至左車林克老司及堪餘街倫敦大橋往南路至卜未敦武多福海口左維克多尔利亞大东路往西印度船埠等處左苏這尔智街及立弗普尔街沙雷的志中路左聖本克扯司又有往东路多弗等處左和尔本維也達克往西南路者左倭得魯往大西路者左巴定敦西北路者左尤斯登斯脫大北路者左經司克老司（以下鐵路馬車）又有奥模尼伯司長車也往来於各大街有双馬者有三馬者內容十二人外項容十四人自阿克登波東波模至威貼義伯尔之車其色绿其經過之地為世法枝布时句坳克斯付而得句車林克老司句生坡尔司礼拜堂等處自栢恩司百利巴尔克至全窜登蓋塔之車其色棕經過之地為奥弗達句當喜爾句栢恩司百利句哥士威尔総信局句生坡尔司礼拜堂句白頓克法未士句全窜登等處自士華得至倫敦大橋輪車棧之車其色绿經過之地為海得巴尔克句坳格斯付而脱句和尔本句溪卜腮得大銀行等處自北立士登至大北路輪車棧之車其色绿經過之地為全窜登句

藍白甫向威司得泯司得大橋向威咕霍尔向車林克老司向司塔藍塔
向添巴尔柏向川色里倫向葛雷司音等處自白郎登至倫敦大橋之車
其色白經過之地爲南枝白雷智向必克地列向海馬克達向司塔藍塔
向法剎塔向生坡尔司礼拜堂向溪卜肥得向金維良模等處自大西路
至倫敦大橋之車其色棕經過之地爲智威向坳格司付而脫向剎其
街之園圜處向和尔本向紐蓋塔向溪卜肥得大銀行等處自亨墨
司密司至倫敦大橋之車其色紅經過之地爲鑑星敦向南枝北雷
智向必克地列向海馬克塔向車林克老司向司塔藍塔向法剎塔
向溪卜肥得大銀行等處自亨模对達至大銀行之車其色綠經過之
地爲哈法司多克向喜兒閘模登當向亨模司对達向多登向亨模
壳尔塔向新奥格司付而脫向和尔本向紐蓋塔向溪卜肥得等處自海
伯里至大銀行之車其色綠經過之地爲衣司林登向錫締向非音司
伯里至總信局之車其色綠經過之地爲衣司林登向晋司威尔向總信

局至海蓋塔及洪賽至威司得泯司得之車其色綠經過之地為和老威句海伯里向衣司林登向聖常向葛雷新蘭向和朵本向川色里蘭向司塔藍塔向車林克老司向議政院等處自賓利哥至芬這朵智輪車棧之車其色藍經過之地為轄羅芬納滌雷司 向必克地列向司塔藍塔向大銀行向来登霍朵向必立得等處自卜得尼橋至倫敦大橋之車其色白經過之地為富朵亨模向伯郎模登向必克地列向司塔藍塔向溪卜腮卜等處自生章司勿得至倫敦大橋之車其色綠經過之地為威林登向貝葛向奥格司付而脱向和朵本向紐蓋塔向溪卜腮得向大銀行等處又有倭得魯之長車其色　經過之地為愛拉芬向闌士朵向倭得魯向西南路輪車棧向倭得魯橋向司塔藍塔向巴朵麻朵向利真向波得倫卜頼司向利真街圓圈等處車價每二本司至六本司視路遠近為定此外尚有四輪小車曰喀布双輪小車曰罕色模每次不及一點鐘價一施令或一施令半為按时雇用則一點鐘兩旋令半以後

每一刻逓加半施令（以下救火局）救火局五十處每局有水龍一二座頭拳救火之人一聞火警立即往赴赴救之時車頭東新迷火各車見之俱為辟易其局係一千八百三十三年保火險公司集貲所成合城分九十三方每方半洋里各皆備長梯以通達救火局之電線約長三十二洋里水路別有救火艇四處又有君家公会曰羅威尔瑣賽也地備有引導之人於救火时保護人命者也（以下巡捕）巡街捕役共七千名分地二十二段每段有巡捕頭目外城巡捕衙署在蘇葛蘭哈尔達中城衙署二一在门申犴司即美亞公所一在倭尔球里其餘尚有十三處在洼什尔伯句保烏句克頓根威尔句藍白甫句馬雷隶本句麻尔波老句掃夫華克句代模司句威司得泯司得句汪溥洼尔司句亨墨司密司句箇林为枝句烏尔为枝句章程皆遵一千八百二十九年所定

倫敦王宮

羅豐祿與友人书云倫敦王宮六曰柏金哈恩君主宮也曰聖瞻士宮

臣工朝見之宮也曰耿信頓宮古之廢宮也曰側百児盧雷耳宴會之所也曰馬巴路威士児王邸也曰客拉豁冷斯一丁不尔厄公府也柏金哈恩本柏金哈恩公府建於一千七百零三年及一千七百六十一年若耳治第三以金錢二萬一千磅購為私宮若耳治好藏書乃設藏书樓於其中今已移置博物院矣威廉第四皆不御是宮至一千八百三十七年今君主維多利亞以之為私宮者乃更拓东宇一區長三百六十尺高七十七尺闊於舊宮亦七十尺糜金錢一十五萬磅一千八百五十一年添建跳舞場一長十一丈闊六丈場中設查理第一王后兩像及今君主與贅壻象寶座房長六丈四尺設白石雕刻玫瑰派争戰故事君主恒接見大臣议政於此歐洲人好油畫宮中亦有藏畫樓一所為畫二百值八萬金磅宮外有園大四十洋畝中有亭一所承塵上畫密爾頓詩意為一时八大畫家云亭外有礼拜堂一君主礼拜之所也宮外馬廄王車一值七千六百磅常車四十英人呼廄為籠詢其故曰英王盧力赤好鷹馬之廄

與鷹籠司接收人乃呼廐為籠云英國朝見之禮有二曰朝曰謁朝見惟臣工及外國使臣謁見則多女眷其禮皆於聖瞻士宮行之宮為顯理第八所建一千八百一十四年俄布二王來英親聘彼是宮焉宮外為旗場禁衛之旗皆刻於此左其西者為接見各國使臣之宮外有禮拜堂一所王族婚嫁多於是堂行禮意樂貝亦入教於是堂焉馬巴路宮一千七百一十年所建本馬巴路公府俐百兒盧雷耳宴客之宮長十一丈高深各五丈五尺五寸一千六百二十二年所建靡金錢一萬四千九百四十磅耗信宮用紅磚所建維多里亞生於此宮初登位時諸大臣議政於此倫敦六王宮之大凡也

倫敦套

羅豐祿與友人書云達眉之北老城之外鑄局之旁有宇焉方十二洋畝有奇倫敦套是也倫敦套昔為礮台繼為王宮又為監獄今為軍器局又為珍藏寶玩之所為用不相倫類屋宇亦新故不同每禮拜一六兩日縱

人入観鎧日则入存盔甲之所者輪銕亦佩尺入存寳玩之所者亦如之其砲台曰懷脱譯言白塔也一千零七十八年所建外環深濠则一千一百九十年所增也法王约翰为英人所虜監禁於此瀛環志畧載英女主下馬環於獄即此地守者四十八人皆为老兵服軍服進觀者每十二人即有一兵帶入有所謂逆臣门逆臣就法均由是门引入懷脱墉厚十三尺南北長一百十六尺东西濶九十六尺高九十二尺格林未設觀象台之先欽天監常以其东北一隅为馮相之所白塔之下馬甲房之前有古砲数尊内有一尊为中國砲也上鐫阮芸台相國銘曰赤堇之質黄金之色瀆神修貢自交趾國長嬴西尋規貝絕直嘉慶五年天風蕩賊敗而扳焉全其本德守我浙东制彼遐域有所謂馬甲房者则藏各種馬甲之所也有所謂監塔者则監禁之所也有所謂珍玩房者则王冕王杵皆在焉其太平刀持平劍手劍水盂则英主登極行礼所用者也倫敦奁内多藏軍器刀鎗劍戟之屬每紮成花卉外多史中故事以彰素不讀英文

閲之殊少趣味

倫敦街道

劉京堂英軺私記倫敦街道兩旁白石平墊通男女往來中則沙土碎石築成車馬所經也道之廣者可七八車并行狹者亦可四五車皆潔淨無稍垢穢民居官署規模不甚懸異結構類四層并入地一層計之則五層（各家皆有入地一層爲下房廚房及煤所）白石爲牆爲柱鑄鐵爲護柵爲闌干環於門外其內糊壁以花錦鋪地以細氈毯嵌窗以玻璃數尺亦鐵柵護之估肆臨街大玻璃櫥長輙丈許貨物咸鑒澈於外惟耶蘇堂銀行客店信局電報局養病院議政院制度獨崇閎每游騁道上觀之左右房舍精整華潔數百街如一式問其房價動須數十萬金錢可以知其地之富足矣數街輙有廣園一區樹木鳥獸充實其中有池沼而無亭臺樓榭沿路安長椅几以便游人憩息地由國主建置而百姓男女皆往焉蓋其人所居均層樓叠閣無呼吸通天處慮鬱蒸生疾疫故特闢

以次原闕

園囿以散舒之所重育民也每夜十二點鐘前市肆烘閙男女絡繹途間
數丈輒有煤氣燈照之

倫敦地底火輪車

巴黎街道

莼齋雜記西洋都会街道之潔淨首推巴黎而巴黎又以肥商利賽及布爾瓦得意大里兩街為最精致意大里街係貿易繁盛之區商肥利賽去為游憩而設規模尤為濶大東起自舊王宮埃及石柱前抵極西盡處約计七里中跨石牌樓名為阿頼克脱利庸夫拿破崙第一所建之得勝紀功坊也坊外為圓圈環以街道十二條亦不軒敞商肥利賽特其一也兩旁餘地甚宽悉皆種樹樹林中小加非館五六座大加非館三座油畫院馬戲館皆在焉其最寬處約有十三四丈正中一條约宽五丈為車馬經行及停歇之所路皆碎石碾平取其耐久左右各有一條約宽四丈又於中間用石腦油和細沙面平約宽一丈為行人走道兩旁皆舖細沙是一條而得三條之用近正中一條處兩边皆植一種野栗樹每樹相距不過丈許枝葉茂时最為繁茂中間以煤氣灯樹陰之下安設木凳任人憩息此外始為兩边人家房簷外之走道

点條石腊油和沙面平宽約七八尺以白石鑲边是商腮利賽一街合
九條而成为一條者也东边大加非館一帶公司設坐椅数千每坐取
十系的模有扶手者取二十系的模用人經紀每年大加非館亦闹
冬闭门閙平安玻璃燈旱繁密成行〻者数千萬盡夜從石牌樓
门正中左右四望十二街之灯火歷〻在目而商腮利賽一街又雜以馬
車往来之灯如貫珠如游龍論者推为地球上街道第一殆非誣也

巴黎水溝

蒓齋雜記己卯四月某日予偕聯春卿等往觀水溝先期由本城知府
送致照票是一點半鐘從溝者閞溝门從沙得頼戲館前而下三
十餘级至溝底甚宽有車四輛每輛容坐十二人車軸与溝之宽反適
合印駕於溝上前後四人推挽以行四角有灯懸照溝宽約四尺溝兩旁
之路約宽三尺溝面至顶約高一丈顶如城甕溝之左有鉄管徑可
三尺为引清水總管右有徑尺許之錢管为分清水之别管洞顶有

以鉄筒數十則電線也和行不數武即左轉諦視溝中之濁水其流頗潔急深可五尺許其氣味略之而旁皆標明上面为某街某處每隔數十步即有一旁溝微露天光聞水淙瀧瀧即街中濁水流入處也至舊王宮前曾見灯火光明人聲喧閙則游人之由他道至此者候吾輩下車後即坐此車至沙得頓戲館前而出余与同游之數十人換船而行每船可容二十人有六人牽之溝至此約宽五尺至不拉司得拉媽得溢天主堂边而出每夫各予一佛郎管溝者予以二十佛郎此巴黎水溝極宽大處約三里其他處亦不能容車船也聞其水引至數十里外使不与城中之江水相混予嘗謂倫敦城內之地底火輪車与巴黎之水溝可称兩绝

巴黎骨壙

蒓齋雜記巴黎城西南有地名加達工布在不拉司當費爾公廠之旁古时開石礦處也後改为瘞埋人骨之所今年二月有送照票者

請游焉至則男女數百人齊集門首人各攜白蠟燭削木為柄然而持之下至八十餘級始到平地有灰巷數轉約里許始見人骨其法於石內有泥處挖使寬平留石礎承之將人骨堆置其間以類相從外層皆係兩臂及腳脛骨之大者作為洞闌或堆作花紋另以頭顱橫挂三排其下數百萬具可謂天下之至奇矣石礎皆聯以鐵索彎環曲折寬深可二里許游人入其中者往往迷路後至一處石頂向上鑿出一二丈如小亭為游人舒氣之所地最潮溼堆骨處未嘗有氣味游畢從他道而出

西洋園囿

蓴齋雜記西洋都會及近郊之地其中必有大園囿多者三四少亦一二皆由公家特置以備國人游觀為散步舒氣之地囿中廣種樹木間蒔花草樹陰之下安設櫈几或木或鐵任人憩休間有水泉以備渴飲又有馳道可以騎馬走車有池可以泛舟各國布置章法大略

相同𢦙余所見者言之倫敦有大園四曰海得巴爾克曰鋭真巴爾克曰維克多爾利亞巴爾克曰巴特爾色拉巴爾克而海得鋭真二園游者獨多以其近於繁盛之處海得則尤爲富貴人所喜長夏之際車馬如雲絡繹不絶而利禁特嚴游者皆鮮車寶馬街市編歸之車轍不得入在巴黎者曰布洼得不朗曰巴克莫松曰比得郎夢曰布洼得第生而布洼得不朗最著名布洼者譯言木不朗者白也園内鑿池長三里環抱一小島島盡處喬木森然有亭翼其上景致絶佳池西皆樹林又里許有假山布瀑旁有加非館一座游車卒至此而回巴克莫松園小有而精餘二處皆近鄉矣在伯爾靈者曰替愛加爾敦有池有橋大可二百洋畝曰地茸費爾納海意得近郊一大松林清氣襲人最爲幽静在維馬納者亦曰替愛加爾敦馳道縱横加非館二十餘座景象頗類巴黎又一小而精者曰阿根加爾敦在馬得利者曰巴細要得爾賴依爾漏廻抱平園日落景致亦

雅惟於園内鑿一方小池小火輪舟游泳其間殊少意趣左驛馬者曰平蕉擄城内高處一小山為之樹木亦多而夏时游人甚衆此外各都会及城鎮之巨者大率有園規模如一難以悉舉也

阿魁爾亞模魚館

郭少宗伯日記阿什伯里邀至卜来敦觀阿魁尔亞模魚館館主斯諦文森導之歷視魚池數十處館置海濱歷下石級數十前廳設玻璃罩有獺骨二具及海苔海石之内又海馬數十頭如馬形似蝘蜓而小色緑魚池皆為大屋累石其中若崖若洞而鋪小碎文石其下引海水貫之外施玻璃為牆其中澹水魚别貯淡水大小各體皆備彩色魚狀如金鯽背紅色身兼黑白黄諸色所戢魚扁而長黑白二色節節相兼類蛇而實魚體也扁魚類龜而體薄尾長於龜貼沙如苔石館丁用木鉤撥起之則上浮拍而掖為划翅亦有圓者如鱓而身類白條魚若有長嘴狰惡而身類鰕魚者又有魚體而鳥形尖嘴長足恃而翼飛水中往来迅疾其

十三

呼異形蠃蚌之屬亦大悉備又有異體八足頭眼在背中兩旁及腹皆
空可藏小蝌三四隻時足持蝌納之腹中而徐吸之八足長輭盤旋伸縮
如群蛇相聚足皆色如蝦蟇下爲白點每取蝌則足下白點皆能開闔鉗
制蟹足使不得動蓋八足又得數十百足之用亦一奇也又有華石生
以石上汁爲柱圓白黏石若菌而上開花作淡紅色花心一小竅魚蝦近其
竅則其旁花蕊悉收入外邊起而捲之爲饅頭食訖復開花蕊繽紛外
垂蓋草木而含生質能食魚肉其沙石不能食者收合久之又吐出其理
有不可解者旁一石洞中鑿以石屋蓄鼉四頭又電氣魚二頭形如蛇
轉入一洞畜狗鯊一頭豎立如人甚馴又入一洞置吸水機器館主云吸
數十年者云此魚最壽可養至數百年其大亦不過尺也又別爲院
上下鑿二池上池畜海獅二頭下池畜蝴蝶魚兩翅大而圓五色花紋如蝶
男女游者如雲前爲旁廳設樂器經過其地樂工皆立奏君主慶樂以
娛賓示敬其於賓禮可云周至矣回至阿什伯里處晚飯又至一公所觀

阿什伯里游歷各國圖皆小鏡長方不過三寸張布幔其前用灯光射之居至二丈許人身皆視常人為大矣阿什伯里立布幔前指示一切此邦好奇与衆同之不憚煩如此凡得五百餘圖

巴黎油畫院

蒓齋雜記數十百年来西洋争尚油畫刻板照印之法漸居其柞作畫以種各顔色調攙油塗於帋板上板寛尺許有一橢圓長孔以左手大指貫而鉗之使布於坐前用毛筆蘸調畫於布上遠視之粗劣無比至離尋丈以外山水人物層次分明莫不畢肖真有古人所謂繪影繪聲之妙各國皆重此物往往高樓巨厦懸掛數千百幅備人覧觀摹繪大者盈二三丈以至數尺或尺許價貴者動至數千金磅巴黎商腮利賽之旁有大玻璃房十年前賽会所建今為陳設油畫處四月間國人為畫会將舊畫移出另陳新畫諸多闘靡愈出愈奇夜間然電氣灯照之通明如晝有最出色者數幅一畫歐費尔掩地名瀑布從懸崖跌紆

卷五　十四

徐委曲奔赴注壑而旁亂石撐柱浪花噴激如霧如烟一畫石山荒地淺
草迷離山脚皆累砌細石群雁爭飛啄食有平沙落雁之致一巨鷹
攫魚騰起瓜目生動一畫女子衣白紗斜坐樹下手持日照旁有白鶴求食
萍花滿地蕉綠掩映其間清氣襲人袂一畫無髻女子六七人裸浴溪澗
中若聞林中颯然有聲一女子持白紗掩其體一女子以手掩額偷目
窺伺餘作驚怖之狀一畫命婦赴茶會歸與其夫反目擲花把於地掩袂
而泣花皆繽紛四落散滿坐榻其夫以手支頤作無主狀此外海景山景
月景雪景以及花卉等物精妙者尚多此舉隅耳

馬得利油畫院

蒓齋雜記馬得利向有油畫院其畫多舊今年新添一所開院之日
君主親臨閱視學部先期以函請予以在國恤穿孝期內辭未赴也迨
後始一往觀其中有絶佳者每幀需價動以數千金計予力不能致因
記之一二爲鉛筆紙畫日國地名瓜達伊尔納嶺道坡陀斜上衆松雜立

残林岭以外天光微透山凹處烏雲一片映带之时有乱鴉数點飛點
缀山麓浅草乱石棉羊十余頭放牧牧童箕踞倚石而坐筆墨蒼润古
味蓋然王麓台石谷之徒也一畫荷蘭之阿卜姑得地池边野鶴数羣儼
如人立水痕悠遠環带疏林蘆葦蕭踈風景幽绝一畫玻璃暖房窗
外雪痕隱约有瑞典人母女在中其母倚石柱而坐仗垂棕葉分列唐
花数盆女方八九龄髮垂覆額向母耳語歡欣之態溢人眉際一畫日國
海口邑塞夜景夜深人静桅檣林立星點燦然时有薄雲掩月月光
透入水面躍躍欲出天光闇淡隱見路灯將軍馬地勒司剛波司潛出馬
隊覘賊剛波司現任之兵部尚书也一畫日國女子名馬達拉納悔過圖
身为由太妆錦衣繡带擲棄其首飾珍玩等物长髮委地跪而禱天
一畫十二三龄小女名馬利亞莫尔額诺獨立庭内神采奕然其父手
筆也予叩之主者其人不以出售西人作畫從從於人物山水必求其地其
人而貌肖之不以有地有人可指名所記僅得彷彿惜乎其神皆不够

使也莊生所謂以指喻指之非指者也

布國圍攻巴黎油畫

蒓齋雜記商腮剎賽之前有一大圓頂玻璃房內畫一千八百七十至七十一年布魯斯圍攻巴黎圖景國人為此以示不忘復仇之意其法以布繪成油畫而帖黏於四壁房頂全蓋玻璃別以布帖從近玻璃處離牆一二尺四圍點結之使紛綸下垂而收繫帖心於頂正中通令天光斜射牆上中有圓台距牆丈許環以鐵闌人從台上觀之如立城中最高處直視遠近數十里淺深高下絲毫畢肖不知其為畫也闌外置一鐵礮與畫上之礮處處從識別四面礮烟環起近城數段則礮彈炸入牆垣崩裂各兵士有從牆缺施放鎗礮處處有為炸礮轟擊肉血縱橫處處房屋延燒紅燄四出其北山空際有輕氣球蓋當時乘以偵敵兵隱約可見樓下進門處另有一畫係圍城時民變攻毀王宮百姓扶老攜幼逃難之狀當時情事歷歷在目先是拿破崙第三在位

意氣甚驕日斯巴尼亞女主伊薩伯尔以淫放無度爲國人所逐共議奉布魯斯之王名荷恩刈勒尔能方爲君主拿破侖謂布人爲君於法不利行文布國詰問布人謂此由日人自主與布無干某王之議旋亦罷論拿破侖意猶不慊欲布人立一永不能爲日君之約布人不從以此啟釁當是時法人頗思革爲民主之國不喜拿破侖拿破侖欲以兵事示武自固先以書詰難布主與其相畢司馬克先示以弱布法交界之處有大江曰尔蘭法恃此江以爲布兵未必即能跨越詎畢司馬克已先期有備密製一鉄橋繪圖散之各局分趕製造眾莫測所用及兵事起法兵尚未齊集布兵已架橋徑渡法不能禦布兵直抵巴黎圍攻一百三十餘日（自一千八百七十年九月十五日起至次年正月二十九日止）城中食盡國人議割東北邊之巴尔蘭及莫塞尔倭尔蘭三郡地屬布賠償兵餉以和法人恨拿破侖致啟兵禍逼令退位逃居英國其後拿破侖死亦不得歸葬

巴黎倭必納戲館

蒓富雜記：巴黎倭必納推爲海內戲館第一，壯麗雄偉殆
莫與京。先至巴黎者，人輒問看過倭必納否，以此詫耀外人。
其館創建於一千八百六十一年，成於一千八百七十五年，國
家因造此館，購買民房五百餘所，費價一千零五十萬佛郎，
一律拆毀，改造以取其方廣爲式，占屋基一萬一千二百
三十七建方買特尔，深十五買特尔，正面兩層，下層大門七座，上
層爲步散步廳，後面樓房數十百間，爲優伶住處，望之如離
宮別館也。步廳之內，階墀闌柱皆白石及錦紋石爲之，中間
看棧五層，統共二千一百五十六座，其第一層附近戲台兩廂
專爲伯理璽天德上下議政院首領座次，餘皆各官紳論年長
租，或由官紳送看之者，從得其出票上之層坐位，始由館主租
售。戲台後亦有步廳，爲演戲者散步之所。優伶以二百五十
人爲額，著名者辛工自十萬至十二萬佛郎，編戲填詞者

每演一次取费五百佛郎，至四十次後減為二百。國家每年津貼該戲館八十萬佛郎，可以知其取費之宏富矣。其第一層房所有时亦偶然購得，然是僅有之事。巴黎大会时，予素識之英國密思盧碧者，其父富紳也，有儒者氣象，携其女来游巴黎，予邀至俸必納觀劇，不意適得伯理爾天德坐所，兼請朕春卿、馬眉叔、陳敬如陪叙，刘和伯適自伯爾靈至，亦與焉。數君皆善談說，父女盡欢，殊以為荣。盧碧歸後，即寄其照相以為謝。

巴黎大會紀畧

一千八百七十八年五月中歷之光緒戊寅年三月也法國開賽会堂於巴黎至冬十月盡而散名曰哀克司包息松先未開会之前一年法以書徧騰各國請以珍物来会至是殊方異物珍奇瑰瑋之觀無不畢至其堂設于商得媽司舊時練兵之所巨廈穹窿梁棟榱桷悉皆鉄鑄而頂蓋玻璃下鋪地板東西相望升級園亭池館市肆酒館規模壯濶自西洋賽会以来詫為未有余數數往觀焉志厓畧蓋千百中之十一耳地分三大區其第一區為各國房式及寒暑衣食貨處在三納河西其第二區為製造各季及日用飲食之所在三納河東又東為賽会堂之長二百十四丈寬一百五丈兩旁四圍升梯刻石為四大洲人物中左右三樓高聳而其中分三區左區陳設本國之貨物中區油畫石像右區為各國貨物其三區又分界出若干小區甬道縱横物皆以類相從一類之中又分

数十百類夜則照以煤气燈華麗宏博至不可名状入其中者但覓千门万户光怪陸離目迷五色自西槅栅入大门為脱漏加禱諾高楼二上下两重上一重為作樂處容坐数千人下一層左右長廊環抱為伸两臂近肩處為有小楼旁聳高出正楼数丈中懸径尺餘樁長五六丈以汽機懸轉之可升降自為正楼東向地漸低迤平處鑿大圓池累石層級而上引水于楼欄外鉄筒赴注之為瀑布然池旁環踞石獅銅牛池内别設鉄管激為飛泉百道西洋水法類多如此循池左轉為法國飯館飯館之西有小花園三北則累石為數池三高三下三名為阿魁尔亞模養魚處也東為寰衡公所東之北有屋數椽為自陳式徑徑倣效野人所居茅茨樹幹互相支拄内陳百穀蔬果種類及山林材木之屬又一間悉食穀果小虫蝕人宜知其形狀也又一間以玻璃酒瓶砦為城甕日光射之五色璀璨成文又一間為風雨寒暑針表再北為阿尔及耳

房又東則為唐花小玻璃房約十餘座再東則為講求百工新法法之所東之北為巡捕房至此近河沿而止循池右轉為白圍飯館飯館之西南有大花園五唐花房三極西高處因石壁為園卉木翼然已在長廊之外東為日本房白板矮扉以修潔勝迤南為瑞典挪耳威雅義司埃及波斯房波斯房內陳設無多而承塵特為精緻概用五色小方塊玻璃嵌成淺深凸凹為石洞鐘乳然再南稍高為東華公所東向左右兩轅門飛簷正廳三間陳設螺鈿几榻院中央一小亭兩廂十二間為售貨處所售磁茶葉古銅器雕刻象牙摺扇獨多會畢後中國以此房贈伯理璽天德務建布達得不朗園內又東為暹羅房屋為唐花房為馬尔哥小園再東為陳設各種車輛處又近河沿而止是為河西之一大區由正中渡大板橋而東為中區沿河左轉為考求救生救火航海諸法圖器之所北為水龍會再東為唐花房又東為烟鉄兩作

房為法国飯館飯館之北為石板印像處保衛牲畜会處再北為唐花房為煤氣公司為巡捕房為飯館稍東有建造房屋灰石式樣所再北為克魯數製造廠徛亦路瓦鉄廠由此轉東為工部局為三汊孟鉄廠又東為火油木炭公司為唐花房克雷數以製造鋼鉄並講礦務著名与英之烏魯沿得之克魯卜鼎足而三徛亦路瓦三汊孟亦其次也油炭公司之南法飯館之東有大花園一小花園入大園中引泉為池至此已近会堂門首矣沿河右轉為通商海口公局再東為唐花房及種花器具所唐花之中又有一所為英国花房又東為比利時飯館其旁有小房為英太子下馬廄南為葛納哥房再南為日国四式房稍東又一花園日国房之西為醫學館南為水龍会再南為輪車公司為海關即城稅局稅局之東為英国農務機器廠廠之北比国飯館之東北皆花園布置界与左方同是為河東之中一區由此斜階為会堂正有

平台，以石欄為護。入会堂，大门東向，正中一長间，樓左右兩區為狹而横分十四區，正中一區為法国古像古衣冠，以次而英，而美，而意与挪，而威，而德，皆油畫及白石雕琢人物。德与法為仇讐，洵不以他貨入会，只以此存盟邦之誼而已。土耳其以有兵事，亦不与。其亦區為巴黎本城之物，地段极長，為全堂中央樞紐。中左兩區交界處，巷中突然一石墩，建方五尺塗式，以金一千八百七十一年法所償德国兵費也。又次而法，而奧，而日，而俄，而比，而葡，而瑞士与丹，而荷，亦皆油畫石像。極東區為法国工作藝術諸器用及珍奇寶玩之物，皆国家官物也。左一長间，雜陳法国百貨，横分之區，犬牙相入，尤為细碎，而直分者共八行。第一行首為學部章程，次大學，次中學，次小學，多堂應用書籍圖畫器物，次印書局書坊之圖籍，次文足勾股權衡，次醫學，次文房百家，次照像，次畫繪及顔料，次天文地理，次音樂，音樂以被阿魯琴為多，凡十二區。第

肩

二行精致古銅及鏨花新銅器次貴重精細之家具次粗賤之
家具次磁器次時辰鐘表次刀劍鞍糊壁花紙次香水脂粉胰皂
梳篦之屬入之異等總人凡八區第三行織花錦毯次簾幔几榻所用
之織繡花邊次五色玻璃及玻璃掛鐙瓶盤銅管等類四方亭
一具最偉次金銀刀叉等日用器具次粗細氈毯次煤氣爐竈次
鍼黹盒繡織筐竹籃等九小車之類凡七區第四行鎗炮及炮台圖
式次粗細麻綿麻布次各布匹繡様次手巾包頭領帶手套
次金鋼鑽石真金首飾鍍金盤盞次男女裹衣睡帽衾枕次
各種戲玩器具凡七區第五行棉花綿布次花素綢緞五色
絲繡皆用光字分別淺深攢集次大絨大呢次毛織粗褐次錦繡
花邊次男子冠服次婦女衣裙鞋襪及剪綵雜花駝鳥毛等萬
卉叢中穠艷極矣次女披肩次行裝衣履以相代行凡九區第六
行礦務所產次山林所產次農田所產次印花布次漁獵之具次

卷五　二十

醫學化學材料次生熟皮貨又七區第七行寒暑機器大者數丈小者盈尺無下數十百種兩端雜以銅條銅管此一行又并兩行之地而為一第八行分種車式及鞍韉鞭韁嚼鞚之屬次紹為酒及造酒盛酒之器次曲果蔬菜次食油次麪包次白糖蜜餞牛奶次豆穀籽種凡七區總五十八區右一長間為分国之物横列十八區中右兩區之間有露空院落十八區又分自為門以像其本國之形第一區為英国英国之器約分四類一為局廠机器一為縫紉之器一為百工小技之器一為光化気重等學之器次美国次瑞典挪威次意大利次日本日本間一小區為農務局亦頗別致次中国所陳磁器木器為多而其出色者以廣東漆房為最次日斯巴尼亞次奧司脫利亞次俄羅司多綵松石器物次瑞士金表首飾獨精次比利時次希臘丹麻尔克次南亞墨利加共為一国次馬尔哥堆義司暹羅波斯安南次呂克桑波尔

莫納哥莫納哥法國南邊一小國呂克桑諸王則荷蘭君主自屬地也葡萄牙次荷蘭總三十二國由是而言其四周南北兩周已了惟東西二周兩長廊西廊即大門進處也右邊皆英太子威爾斯所陳珠寶玩具蓋自印度攜來者左邊為哥布蘭織尼花錦毯賽勿尔磁器二廠皆極有名故特設于此又有伽尔勤蒲尼一舊箱未知何所取義東南雜陳男女百工技藝佐以音樂極東北隅掛法國大地圖中梁懸一金球有机擺動之以象地行四角皆加非酒館堂以內規模備矣至于堂之外東南北三面又分自為區南北分兩層近堂一層皆汽爐雜以花圃東一區有銅鉄大鐘有電气机器有磁器有玻璃有唐花之從屬地來者有分南小屋有大会章程所有作冰机器局有奥國麪包鋪西端有飯館皆分自為室不相聯屬南之外一區由西而東為英國農務机器處精致馬車處次為瑞典挪威房

次為意大利房次為學習兵船挂旂傳話處次為粵国廳房次為瑞士房次為比国廳房次為丹蔔二國小房次為荷蘭酒店次為水龍局次為巡捕房東一區之飯館擺至呼有角門可出北之外一區之西西而東有兩廊皆机器再東為飯館與東一區之飯館擺之有角門可出兩机器房之中為北路大門東為辦公所西為供事人役住處並以外規模亦備甚習有不以者

巴黎燈會

蓬壺雜記六月初一日法人以開辦賽奇大会各国之人皆來遊覽特于是日張燈開市作長夜之遊以示相賀名為普天同慶是夜演放烟火三處一在大会堂門前一在蒙馬大街一在布洼得不朗園圃各街張列旗幟懸挂燈彩燈上作愛而工愛弗下字蓋言勤于工作共享昇平也布洼得不朗園內樹上挂五色紙燈

十方斤沿池兩岸懸玻璃燈三万盞圍之外又懸三万二千盞自布洼得不朗至商腿利賽石牌樓懸玻璃鐙二百二十二挂每挂二百盞共四万四千盞商腿利賽大街兩旁路燈上横置鉄管管皆有齒罩以玻璃直抵王宮花園園內竪立木架架挂五色玻璃燈共三万五千盞池內遊船一百廿隻樂船五支又懸鐙一万二千盞通共官設之燈二十五万三千而人家自懸之鐙又數十万盞不入此數另有電氣鐙二十四座王宮花園鐘樓前建木台樂工三百人歌者四百人坐于其上歌唱作樂予隨郭星使步至樂台前復轉而沿河西行但見玉宇珠霄無不通明透徹真極耳目之大觀矣其一切經費皆由富商籌辦猶須不足之則國家撥款協济之總五十万佛郎云後數月予至一戲館適演燈會之劇台上張布幔鑽鑿细孔用鐙光從裏射之正如万點煩星一一閃閃在目從横疏密無不肖亦一奇也

輕气球

萬希雜記上年巴黎大会時有一大气球予未及見上會畢敍
聞英國欲買此球以為探北極之用價六万佛郎议成而錢久不付復
為法人索回安置于舊王宮内備礼餘日遊人坐而上升予亦
隨衆一試球下懸大圓木筐護以鐵欄為站立處可容多人
中心之正空有一巨如手臂之麻繩陸繫長五百買特尔力能受
二千頓穿球之心安一大机環以為管约使可動蕩有力引其繩
千百步外用螺旋鐵軸收放三百匹馬力之汽机進退之軸心徑
三尺許長可三丈繩軸共重四万吉羅三器價值八十万佛郎欲
上升者納十佛郎買票上升在空中五分時一人牽紅旗數纛招徠之
而下升降時推覺身中發熱若有風則增頭暈目眩故以表驗
其輕气若過限量則曳小繩洩之台上作架為節制下則人處一徑[illegible]寸
大之銅牌面鑄球形極其精致用為記念球皮用布縫成塗以印

度膠松香白油日晒雨淋不易敗壞其大徑三十五買特尔圓一百零五買特尔容輕氣二万六千建方買特尔空中壓力每建方買特尔重一百吉羅司球者云若無縋可升至四五千買特尔再則人不能呼吸矣此球因有繩繫故下降時不用洩氣同一百繳有走漏則增氣填塞之晝夜每放彼二十餘日余亦擬乘夜再升而其球為繂繩磨破輕氣走出不能用矣幸其破時在夜深未曾傷人其貫氣之法球下有一管徑六七寸長可二丈先將球皮平置地上外絡網繩方目不過一尺引皮管套于鐵筩上用繩紮緊用煤氣貫入球即漸漸浮起曳其偏重四面皆挂沙袋墜之候其漲足則去沙袋而聯以大索然後係筐籃而坐以上升予曾在伯尔雨郎呼諾園內見之并記于此

萬倫賽船之戲

蓴齋雜記戊寅六月二十八日兩點鐘赴武官枯卜家茶會其所

居地曰甫倫宅之前面，推以矮墻之下，即代模司江也。隔墻而望，江景幽絶。是日適有賽船之戲，江之下流有橋，對岸停泊遊船數支，張旗挂綵，車槳兵士約可百人，餘則觀者多堵。先有兩小船排列橋邊，窄狹僅容坐一人，前後有銳木挺出，約長丈許，如鰣鰉魚背，安設雙槳，大者以次遞增，至容坐九人而止。須臾兩小船動槳如飛，後一小火輪船隨之往，行多人聚觀，以覘勝負。駛至上流約十五里之某地而回，觀者歡呼，揺巾摘帽以賀勝者，兵士奏樂為節。次易兩人同坐之船，校勝負如前。次又易四人同坐之船，最後九人同坐四船并出，群舉槳爭先，浪花亦沸矣。聞此係好奇者聚為一會，每年校勝負數次。觀畢，偕德明在初往溫博尔敦營中赴格汝弗士茶會。溫博尔敦，操演鄉兵之所也。每歲必有兩礼拜聚鄉兵于此演習放鎗，先期支白布棚數百于原野，或圓頂，或人字形，頗類中国營盤之式。其演鎗分二法，一

為單演于對坡三里許築一土梗長可二百步兩頭有土堆高高能
隱人刻薄木板為一去鹿之躝四机輪曳之以繩閘搖鈴聲人曳繩
鹿即走出演槍者從對面擊之洞穿處望見白光又圓鏡形
往往十中八九一為合演以十人為一排立于前面里許有土堆處安
設木把寬可四丈中塗一大圓心以為的或紅或黑十人牽槍齊擊
子聲如雨中者六十之八九五人旋導至一大帳棚內陳設銀盤銀
壺之類甚多皆獎賞之具復至設筵處飲噗男女數百人棚外
軍士一隊奏樂候賓至七點鐘散主人格汝弗士該官職如中國副將

賽馬之戲

蒓齋雜記賽馬為英人所重在倫敦阿思葛得賽馬国人艷
稱余未及往其後得尔比賽馬始隨星使一觀得尔比地名在倫
敦西南可七十里国人先期于圍場外租賃駐車之所地價倍增
一車之地租至金錢若干磅否者車不能入外部亦于是日停辦

拘学

以事至期星使坐四馬車兩往至則停車觀者男女十餘万人轂擊肩摩衣裠相躡予始知西人賽馬之盛然亦只是歲中舉行一二兩日非如巴黎之每禮拜一次也但維賽馬處在布洼得不朗園之棚列坐可容二万餘人每歲自夏徂秋宗禮拜日皆有之觀者動以十万計其盛不減德京比校賽之法樹欄杆于看台前面正中上懸綵旗使騎者易于識別一人手紅旗而立騎馬者金花綵衣以五色為記先于欄杆前遊奕排列成行主校者以旗麾之各皆從轡西馳至數里外繞行而東將近欄杆處爭先奔急至校者觀其人之馬首先到疾過旗一次衆即知衣某色衣者為勝勝之者予金錢若干或賞以他物皆公會所為初次赴觀見首賽者九馬第一次七馬并馳距台不遠即有人墜馬馳未及半又墜一人至欄杆者只五馬一黄衣者勝大衆摘冠歡呼讚美第二次五馬并馳將及欄杆復墜一人受傷甚重第三次則三馬并馳而已聞率西洋各国都會類往往有之国人莫不以為盛事百觀不厭成為風俗并以行于中国上海之請求馬改之一端也

鬬牛之戲

蒓齋襍記鬬牛之戲惟日斯巴尼亞有之為國俗一大端距馬得利二里許山岡略平處有房傑然特出鬬牛場也圓墉四周而空其中央徑八九十丈外為走廊內列坐可容一萬數千人坐分三等上一層為有房倉之坐正中一廂較大該國君主之次第二層為中等坐位正對君主坐為軍士作樂所此兩層皆設几櫈上有房簷罩之第三層為下等坐位露空櫈皆石條累下十二級三層各有鐵闌為護下層鐵闌外有走巷一條再外以木板植立為大圓圍高可及肩中鋪細沙為牛鬬處其房係馬得利地所建而租與公司歲取其息日國分四七十府每府各有其一多者二三較法國賽馬之風為尤盛每年自西歷三月公司開辦至秋末冬初下雨時為止禮拜日其鬬牛之日舉國若狂城外城外另有一鬬牛場係禮拜一中四月初一日予買票往觀坐定兵士奏樂

卷五　二十四　茹經堂

一通公司二人騎馬前行鬥牛之士二十餘人衣五色衣各隨其後繞行圍內一周而出始開門縱牛入騎馬者二人手持木桿上安鐵錐先入以待所踢腳鐙係鐵鞋如斗形牛不能傷又有數人各持黃裏紅布一幅長約六尺寬約四尺誘張於前牛望見紅布即追而觸之一彼一此或先或後使其眩惑誘至馬前牛輒怒而觸馬角入馬腹肚腸立出若迫近人身則以鐵錐錐之再誘再觸凡三四觸而人馬俱倒於地馬無不死者而人大率無恙俟鬥傷兩馬後即易以人誘法如前牛有時不觸或遽急其人即棄紅布於地而躍出圍外有持雙箭者箭皆以五綵布箭後裹束捷出牛之左右插入背脊隆起處箭有倒鉤即懸掛於脊上血出淋漓如是者三插入六箭再易一人用劍刺之其人右手持箭左手持紅布一幅且誘且刺劍從脊背刺入心腹牛即倒地大眾拍手懽呼亦有擲帽於圍內以賀刺者如法

而不前或多刺不中脊縫劍隨墜於地眾皆喧譁呵斥刺中後兵士作樂爲節有馬六匹入分爲兩駕一拖死牛一拖死馬如喪車然既出再易他牛入其鬥法大略如此善鬥者每次可得一千備細達是日凡鬥七牛第一牛鬥傷兩馬一馬死於圍一馬騎出死用劍者六刺始中脊縫第二牛鬥傷兩馬一馬死於圍內一馬騎出死牛怒逐人躍出圍外二次用劍者三刺始中血從牛口噴出第三牛鬥死兩馬如前用劍者一刺即中第四牛鬥死兩馬一馬腹裂肚腸全墜於地立死一馬腸拖丈餘倒地騎者用帶束之鞭起再鬥然後死又別傷一馬牛躍出圍外者一次用劍者七刺始中牛倒地後尚欲起立另一人刺其頸始斃予觀至此已倦即歸越五日聞第六牛所傷之馬騎者亦因馬鞍築胸而死是日在坐前餘人該國君主亦與焉此事西洋各邦無不訝其殘忍然成爲國俗終不能革并屬地古巴亦有此風觀其房式正與

騾馬鬥獸處廢址如一闈騾馬古时以罪人與各種猛獸徒搏此秖用牛則習俗由來已久矣數月前有上議政院紳名生達納者新聞紙館總辦也發論於議院請設一鬥牛學堂以備選人練習其視重如此旋為他紳議駁格不行

溜冰之戲

蓮齋襍記溜冰之戲西洋風俗大同名為司蓋丁爾令克其法用皮條作如中國草鞋或木屐樣式底安鐵骨長齊而背其棱掌心前後橫貫鐵條各一鐵條兩端安四小木輪務令堅實圓滑轉圜如意着时用帶着緊每逢冬令水澤腹堅相與游行冰上以為嬉戲各國近郊皆有溜冰之所如法之替愛加爾敦法之布陸得不朗日之王宮前皆有大水池俟冰結之後男女喜作此劇多者數百人少者數十人甚則天氣晴明於池旁列設坐位佐以音樂國主以下親臨往觀鄭重其事日國則閉

池之日君主必躬自為之以示倡導于平時溜冰處所長廊巨廈其地用石脂油和沙土築平人行其上與真冰無異環以闌干亦設音樂每日男女買票入戲有一人獨溜者有數人合溜者有勇力而捷出在前者有怯而蹇不成步須人持扶持者有溜不成熟一足往來飄飄若仙者跌而卧者起而扶闌者兩足作騎馬狀蹬而溜者亦有裝束女子數人結隊而溜者種種情狀不一而足觀此者至于如堵牆余嘗問西人何為樂此其人答以不過借此娛戲勞動筋骨耳然此祇中人以下多為之富貴巨室不輕為也若俄羅斯都城大雪後概用冰車瑞典挪威人足躡一鐵棱其尖上昂兩手張棚御風而行如挽弓狀則更為出奇矣

馬戲

蒓齋雜記馬戲亦戲館也無台而於中央鑲木板為大圓圈篆以紅絨高二尺許寬四五丈鋪墊細沙南北有門可啟閉還

馬之臕壯調養馴良錦韉珠絡裝飾之華麗無比試戲之前或
館主主婦先騎馬出繞行數周與衆客摘冠點頭示敬然後縱他
馬入騎者以鞭語之鳴左則左鳴右則右或緩行或急行超控馳
騁無不如人意指有時騰踔背上馬雖跑而步實緩大或令作交
蹄之舞馬即昂首點足隨之音節為起止如擊節然或以身中
所挪巾帶等物擲置於地將沙掩覆另撮沙堆數處使相混亂
令馬尋之馬必尋得而銜遞與其人或用四几横列令以蹄蹋倒
而後銜起或作為遇敵狀騎者倒地馬亦佯死而卧於其旁伺
敵退徐徐起立或用馬八匹六匹人居中央縱横鞭之往復馳騁
不失行列或鞭之昂起如人立以後兩蹄趲行而前可數分鐘
之久或女子結束於馬背作跳繩及翻筋斗諸戲或牽布數幅
横張於前一一超越或用巨圈糊紙一人牽之使女子觸破從圈
内躍過多者躍至四圈六圈可謂至難亦有鞭馬疾馳立於背上

絛將鞍轡籠絡之類全數解擲於地而御空馬者又有御兩馬而以左右足各踏其一旁牽一女子者或用小馬四匹駕以小車數輛并馳以賭勝如賽馬者無不飛騰如意可称神勇又有以象戲者用大小象六七隻擲木桶於中央象即登蓋盤旋而舞又有橫列木板數重縱馬與鹿追逐鞭使越過此外用獅用豹用犬用羊用猴戲法尚多不能盡記姑就所見者彙敘之非馬戲之次第如此也又有人戲如以巨砲懸於梁上去地四五丈下張網棚令女子倒臥砲心內設機關點激用火藥於砲門燃火灼之須臾藥發砲響其人即彈出落於二丈之外網棚上又懸一丈許寬鐵盤於空中盤旋三四轉釘以二尺許寬鐵皮儼如一條徑路一人駕獨輪手車盤旋而上復盤旋而下或踢皮球圓轉以行又於戲台底安設機器使女子站立台上空立良久機關陸發忽彈至數丈之高其人即攀梁間而懸繩索作鞦韆舞又於梁間釘鐵環數

十每離尺許一女子猱援而上以兩足套入環内人即倒垂次第退換如步行然又牽長繩數丈使一端略高貫以鐵環環有小柄一女子從高處蹈銜環柄垂兩手斜溜下此皆可謂奇險之極矣正如吞刀吐火（一中國人為之）援柱走繩之類則亦數見不鮮矣

呂宋賭票局

蒓齋襍記曰國賭票局中國謂之呂宋票其局設於鑄錢局内國家所開也距使署本街南一里予坐馬得利年餘本年三月二十一日始一往觀是日為揭彩之期進門轉入廳堂一間於平台上設三坐前列桌棹各攤紙筆總辦見予與繙譯玉為增設兩坐台下長櫈數排候彩者坐立於此台之下左方置六方木棹施銅絲為闌高尺餘每絲相距二三分其一方開小門有舌下垂再左一徑尺許轉筒長丈餘亦銅絲為之上端不動如北極下端有承器如仰盂運以機軸可縱橫轉動筒心釘銅版

一條爲水槽螺旋而上極顛亦有小門左之旁別置銅絲大圓球形似雀籠上下有門在下者僅容出一子鉗以發條又有大小兩柄大柄以動全球安於球腰（以）小者以出籌子繫於發條台之前面亦設一球其巨藏串制度如一是日出票一萬八千號得采者祇八百九十號左右以籌子皆黃（本）木圓子上刻號數線結成串絕似中國朝珠特稍大耳總辦入坐搖舉籌子入闌桌內剪斷其線在旁一人運動機軸轉筒之下端即漸漸平起而與桌門相屬左右以木錘翻動籌子皆流入筒內復橫轉之舉子隨銅槽上叶有如珠跳雨濺停匀不斷至頂門處接以喇叭形銅絲管而屬於大球紛紛墮入球內須臾而畫此以杜手力不均之弊然尚未掣數也一人別取采籌置諸小球如上法然後令四童子至兩人司球兩人報數置扦板於前若算盤然每二百爲一板共二十扦先豎起其二扦總辦搖銃左右動球數轉兩童子即掣

下柄而出一子兩童子各拾其一而朗報號數以貫於杆上一為票可上之數一為彩數至此始定得失遇大彩則持至總辦前覆驗別有一人記數付印一人檢冊須臾即知中在某處某局每滿二十子總辦操鈴左右轉球一次則別豎第二杆至滿一板則鎖固之而上鑰於總辦四童子亦易其法可謂無弊矣是日頭彩十六萬備細達二彩八萬三彩四萬以次遞減事畢幫辦導至樓上下觀其印票處數籌處數籌之法於案桌兩端抽屜每分兩格桌面平列十餘孔有筒下通於屜檢籌者視其號而以類區之每百一格取出再列入平板圓孔內分出次第用線穿之一串日數萬子可畢事叩以彩數多寡幫辦曰每月開三次每次皆不同有票多而彩少者有票少而彩大者通國有售票處四百其人不給辛工每出售百元則抽一元半或三四元不等視地酌定此次票價一百零八萬得彩者只七十八萬八千四百輸入國家者二十八萬一千六百其

未經售出之票退還總局有中彩者亦歸國家每年計可得七八
百萬備細達國家不費一文而坐收巨款其取民之術亦巧矣乎又聞
每次票售竣或曰不能大率賸一二千號不等其票十分為一號全
買分買均可全買者得全彩買十分之一者得亦十分之一惟中彩甚
難往往有購票數年而絕一獲者然其足以動人全在頭數彩可以
一日而暴富數萬數十萬故國人趨之若鶩耳

加爾得隴大會

蔻齋雜記曰國中人名加爾得隴者以能詩及善撰戲曲稱始為
兵繼為日主召入宮中作侍從之臣終為教士死已二百年矣一千八百
八十一年西歷五月二十五日國人為作百年大會予初意以為不
過尋常出會而已豈知鋪事增華竟是小題大做先期馬得
利知府移書各國請派員前來觀會又徵詩於歐洲各國以相唱和
本地富貴之家以及文人學士亦各自為會或萃聚名家珍寶之

物羅列陳設備人游觀感厥績文人講論加爾得隴故事誦其
遺詩或攷試學徒散給獎賞有一會最雅將各國寄到之詩彙
印成冊赴之者各贈其一其不入選者則用信封封之書其人姓名於
外遞一唱名置銀不碗內用燒酒焚化之以示予加爾得隴也君主
又於半月內開油畫院開花會開禽獸會以張助之游人頓增
十餘萬家家張燈結綵大街之上趕會者陳列雜戲百貨又為
假山一座高八九丈上塑加爾得隴像引水為瀑布夜燃電氣燈
射之又於他處然放烟火馬得利知府大設茶會延客甚不惜煩費
如此二十五日為加爾得隴死期君主至禮拜堂致予陳列馬步
砲三軍一萬四千人二十六日令各館學生五千人會齊從大
街結隊步行從宮門外加爾得隴像前經過示敬二十七為出
會正日君主請至宮中觀看首為巡捕馬兵一隊內有八騎係
二百年前裝束次為各戲館旗幟次為鐵作之車工匠十餘人

燒爐鎔冶錘鐵之聲與音樂相間自成節奏次印書作之房
之車二人坐於車中用機器印書隨印隨散次鐵路街車行
之車次各教習會車旗次賣酒會白鉛所鑄二尺許高大杯兩
人扛之以行次木匠作房之車次醫學會旗幟次初學之堂教習
旗幟次商會車旗次修造房屋會總監工旗幟次各工藝會
總監工旗幟次新聞紙館之車旗次葡萄亞派來與會者之旗
次文學會之旗及車次學生百餘人服古裝奏樂其前行一隊
爲女學生衣被白紗次別國派來入會作戲曲之教習次屬
地古巴之車上塑果隆像即初尋得亞墨利加地者次步兵
馬兵砲兵水師四軍車旗砲位每軍之中又分兩隊一今
式一舊式兩相比較利鈍懸殊次各地方與會者之旗幟次各
省辦會者之車駕以十六馬馬皆蒙飾錦緞次二百年前黃衣
兵次馬得利辦會者之車次馬得利都城民人合製之車次加

爾得隴後嗣次君主墨梨木雕花舊車次君主親兵一隊而畢每三兩隊之中間以軍樂車旗之後隨行者少則數十人多則數百人過王宮前男則摘帽女則搖巾向君主致敬亦向加爾得隴塑像為禮每隊會首各持花圈置於像之左右西洋上墳禮也車皆裝束故事最後一車中塑加爾得隴前後飛仙四人全身裸體護之尤覺壯觀

耶蘇復生日

蓮齋雜記西洋教堂林立予來歐洲踰年從未一窺教士等所為西歷四月十九日為耶蘇刑死之期至二十一日傳為復生此兩日中西人信教者率皆素餐或餓而不食如中國寒食為介之推不舉火故事復生之日各禮拜堂皆諷經作樂予在伯爾靈是日曾赴大禮拜堂一觀堂圓頂縱橫八九丈環列十二楹中央坐位數百北面有台鋪墊紅毯近壁有石龕上設寶座供鍍

金十字架上懸耶穌像以緗色綢帳罩之前列巨燭十餘金瓶插花與之相間左楹植四小柱於地張布為棚又左一楹一玻璃匣盛紅絨包上綴金線卷右楹為耶穌像再右為教士宣講台仄小僅容一人度置在兩楹之間南面小樓三間中設大風琴左右為女子諷經歌唱之所寶座兩旁張掛五色旗幟然紅燈二既入坐男女數百千人環台跪立教士衣白衣襲金短襖如背心式一童子衣黑旁侍須臾持金碗盛白餅小如錢以次納環跪者口中一教士持短金棒兩童子衣紅挾經冊隨之下台以水洒於人叢夾道中畢取案上金盞所盛水自飲之滅燭樂暫作一教士宣講眾跪起立聽畢復然燭搖鈴鐸者三教士出兩童子持鈴與燭隨後一教士捧金牌至案前圓心而有金絲數十道四出取像日光又從寶座下取一小者出而合之供於座上諷經作樂教士伏眾亦伏旋起至案前持小手爐焚香薰之

三教士合掌退樓上諷經相應一人移白旗置桌上三教士復出撤下傳壽宣講樓上女士歌樂并作教士再然爐香揚之樂止捧經宣讀眾或伏或以指傳觀歌樂復作是時有二教士捧袋向人叢中斂錢多寡隨意布施教士退而復出取白綾一幅上飾金十字横加於肩數數接鈴起伏未從寶坐下取出金盞二内盛小白餅捧向眾前一一納諸口中已納者退餘人以次進前接受一教士舉日光牌與眾視眾皆伏旋納其小者於座下遂合掌退眾散其服教之深者尚跪於台右約數十百人堂後一圓房設有耶穌像亦有捧經跪伏未去者耶穌竊釋氏緒餘以設教其立言雖以勸人行善為主而詞皆膚淺遠不如釋理之深西人雖陽為遵從實迫於習俗使然不過奉行故事而已非真於此心折也

西洋雜志卷五終